증보판

평등의 역설

William H S Lee 저

다솜출판사

감사의 말씀

이번에 출간하는 저서는 2022년 출간했던 저서인 평등의 역설을 대폭 수정, 개편하여 출간한 책이다. 지금의 시각에서 보건 당시의 저서가 담고 있는 내용이 너무 부족하다는 느낌이 나에게 다가와 다시 출간하게 된 것이다.

한편, 지구 반대편 Vancouver 한 모퉁이에서 살고 있는 평범한 은퇴자인 나의 저서를 출판하도록 도와준 김현수 박사님과 다솜출판사 박중열 대표님께 진심으로 감사드린다. 그리고, 나의 노후 생활의 하나로 경제학과 세계사에 대한 독서와 이에 대한 사색에 빠져들게 되었는데 내가 책을 쓰기 시작한 동기일 뿐만 아니라 글을 쓰는 작업에 힘을 주면서 격려하고 있는 사랑하는 며느리와 아들들 -Bri, Ashley, 동훈, 동호-과 아내와 세 손자, 손녀인 Benji(한국명: 이인교)와 Noah(한국명: 이지명), Evie(한국명:이시현), 그리고 앞으로 태어날 많은 후손에게 고마움을 전하고 싶다.

이야기를 시작하기 전에

♧ 논의의 시작

정치 분야에서 1600년대의 John Locke로 대표되는 자유주의는 자연 상태에서 인간은 생명, 자유, 재산에 대한 권리를 가진다고 주장하며, 국가는 이러한 인간의 권리를 보장하기 위하여 존재한다고 하였는데 그의 사회계약론에 입각한 자유주의 사상이 미국의 독립운동에 큰 영향을 주었으며 독립선언문에도 반영되어 있다.

한편, 경제 분야에서 1776년 Adam Smith의 "The Wealth of Nations" 이후 시장을 기반으로 한 자유경제를 주장하면서 탄생한 경제학은 꾸준한 이론의 발전을 통하여 현재까지 이르렀으며 현대경제학의 주요 과제는 항상 "평등과 성장 중에 무엇을 먼저 해결해야 하느냐."를 가지고 논쟁하였다.

이처럼, 정치와 경제는 각각의 영역에서 이론을 발전하였지만, 20c로 진입하면서 법치주의를 기반으로 한 민주주의와 시장경제를 중심으로 하여 경제가 발전하기 시작하면서 이 두 영역은 사회 전반에 걸쳐 인간의 삶에 커다란 영향을 미치면서 이론적으로도 서로 밀접한 관계를 유지하게 되었으며 상대의 영역을 제대로 이해하지 못하면 사회 전체를 왜곡된 방향으로 이끌 가능성이 높게 되었다. 즉, 정치는 경제를 이해하고 협조하여야 하며 경제는 정치를 이해하고 협조하여야 사회가 안정된 발전을 지향할 수 있게 된 것이다.

♧ 신자유주의의 부상과 불평등의 심화

♤ 신자유주의의 부상

미국의 경우를 살펴보면, 제2차세계대전 이후 미국이 주도하면서 세계 경제를 이끌어 온 Bretton Woods System을 미국의 37대 대통령인 Nixon(임기: 1969년 1월~1974년 8월)이 폭증하는 재정적자와 무역적자를 감당하기 힘들어지자 1971년 8월 15일 일방적으로 파기하였으며, 1970년대에 미국의 경제가 1차와 2차에 걸친 Oil 파동, 높은 물가와 높은 실업률 등으로 인하여 침체의 늪에서 허우적거리게 되었다. 또한, 정치적, 사회적으로는 Vietnam 전쟁에서의 패배감 등으로 인하여 국가에 대한 자긍심이 추락한 시기에 1981년 미국의 40대 대통령으로 Ronald Reagan(임기: 1981년 1월~1989년 1월)이 등장하여 MAGA(Make America Great Again)라는 Slogan 아래 진보적 세금 제도를 대폭 후퇴시키면서 동시에 USSR과의 무력 대결을 명분으로 국방비를 큰 폭으로 확대하여 결과적으로 국민에 대한 각종 복지정책을 후퇴시켰으며 이러한 흐름이 민간 분야에도 영향을 미치게 되어 신자유주의 경제사상이 최근까지 미국 경제와 경제학에서 주류사상으로 자리를 잡게 되었다. 이와 함께 복지 분야에 대한 예산 집행도 민간기업의 효율성을 강조하면서 복지 예산 집행을 민간기업이 대행하도록 하였다. 예를 들면, Iowa 주의 2018년 자료에 따르면, 민간으로 이관한 Medicaid 사업에서 관리 비용이 12%에 이른다고 하였는데, 정부가 직접 이 사업을 하였다면 관리 비용이 4%~8% 정도 소요되었을 것으로 추정하였다. 즉, 신자유주의 경제이론에 따라 효율성을 제고한다는 명목으로 민간 분야로 이관한 정책은 허상에 불과하였다. (Poverty For Profit Published by The New Press 2024 by Anne Kim 122 page 참고)

한편, 영국은 소위 영국병이라고까지 회자하였던 만성적인 강성 노동조합과 이로 인한 과도한 복지 비용으로 끝없이 후퇴하고 있던 영국경제를 제71대 총리로 등장한 Margaret Thatcher(임기: 1979년 5월 4

일~1990년 11월 28일)가 "철의 여인"이라고 불릴 정도로 과감한 복지정책의 축소와 소득세율과 법인세 인하, 기업활동 규제 완화, 민영화, 정부지출 억제 등을 통하여 영국의 신자유주의 정책을 주도하여 영국경제를 회복하였다. 물론, 이 시기부터 미국과 마찬가지로 영국의 평등도 악화하기 시작하였다.

한국도 1997년 외화 부족으로 인하여 IMF(International Monetary Fund)로부터 IMF의 경제회복 계획을 따른다는 조건으로 긴급자금을 융자받았으며 그 이후 신자유주의 경제정책을 지금까지 이어오면서 평등이 악화하기 시작하였다, 물론 다른 이유도 복합적으로 작용하는 것은 당연하지만.

♤ Heterodoxy(이단) 경제학의 등장

앞에서 신자유주의 경제정책에 대하여 간단하게 언급하였지만, 현재 우리가 겪고 있는, 세계적인 현상으로 자리매김하고 있는 불평등과 부정당함의 현상은 신자유주의 경제정책에 더하여 앞으로 언급할 다양한 요인들이 복합적으로 충돌하고 영향을 미치면서 악화하고 있다. 즉, 이러한 현상을 더욱 정확하게 이해하고 극복하기 위해서는 첫 단계가 미시경제적 요인과 거시경제적 역동성, 문화와 정치적 상황, 국제정치적 요인과 영향 등이 서로 영향을 주면서 움직이는 경제외적인 복잡한 상황을 이해하려는 Heterodox 시각을 가진 경제학의 연구가 더욱 필요한 시점이다. Heterodoxy 경제학의 핵심은 Complexity 이론을 반영하여 경제 영역과 경제 발전 과정이 시간과 장소에 따라서 매우 다르게, 다양한 방향으로 나타날 수 있으며 심리학, 사회학, 정치학, 인류학 등의 사회과학에서 나타나는 다양한 현상을 분리하여 보지 않고 통합하여 종합적으로 관찰하는 방식을 요구하게 된다.

따라서, Heterodoxy 경제학은 기존의 경제학을 부정하는 것이 아니라 경제학에 대한 다양한 이론적, 방법론적, 이상주의적 시각을 제시함으로써 경제적 현실에 더욱 적합한 경제학 이론과 경제정책을 실행토록 하여 이론의 오류로 인한 정책의 실패가 없도록, 또는 오류를 최소화하도록 하기 위한 것이다. (Decolonizing Economics Published by Polity Press 2025 by Devika Dutt 등 4인 128, 140~141, 215 pag 참고) Complex 체계에 대한 Idea를 경제학에 적용하는 Complexity 경제학은 현재 발생하고 있는 혁신적인 새로운 환경에 적절한 대응을 하여 더 나은 세계를 만들고자 하는 것이다. 예를 들면 신자유주의 경제와 같은 Orthodoxy 경제학은 시장에서 가격의 균형상태가 이미 존재한다고 가정하지만, Complexity 경제학은 이러한 과정을 고려하지 않고 시장에 지속적인 변동성이 내재하며 균형상태가 존재할 수도 있지만 존재하지 않을 수도 있다고 주장한다. 즉, 균형상태의 중요성을 인정하지 않을뿐만 아니라 표준화한 Model이 있는 것이 아니다. Complexity 경제의 시각에서 바라보면 각 요인이 서로 혼재하거나 충돌하는 상황이 발생하면서 Model A가 Model B에 사용되는 상황이 사용되는 경우가 발생할 수도 있다는 것이다. (Making Sense of Chaos Published by Yale University Press 2024 by J. Doyne Farmer XX, 115, 274 page 참고)

이러한 이론의 차이를 한눈에 알 수 있도록 Graph로 제시하면 아래와 같다.

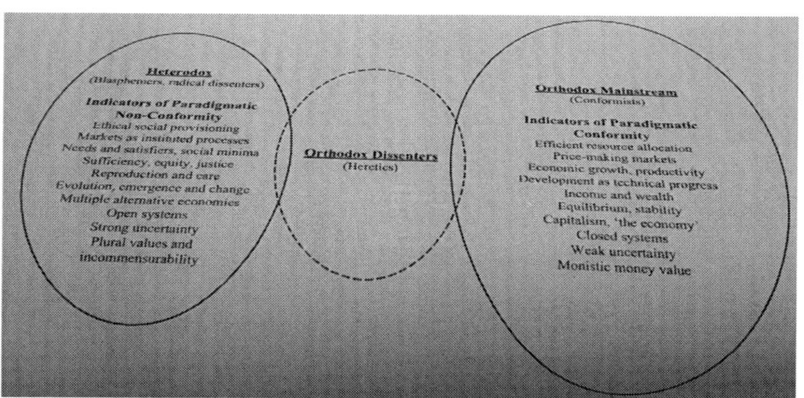

(Foundations of Social Ecological Economics Published by Manchester University Press 2024, paperbook 2025 by Clive L. Spash 26 page 참고)

또한, 이 이론에 의하여 이야기를 전개하면서 대부분의 논리가 긍정적인 결과로 도출할 수 있겠지만, 이 이론과 정책 역시 완벽하지 않기에 본래의 의도와는 전혀 다른 결과가 나오면서 만족한 결과를 이끌어내지 못하거나 실패로 나올 수 있다. 현대경제에서 이러한 예는 셀 수 없이 많지만 여기서 간단한 예를 들면, 1997년 아시아의 외환위기와 2008년에 발생한 미국의 Subprime Mortgage로 인한 금융위기이다. 즉, 정부의 부적절한 법적 제도적 관여로 인하여 시장의 불완전성을 더욱 악화시킨 결과로 이러한 결과가 나온 것이다.

♧ Populism의 그림자

♤ 성장 없는 분배

미국의 경우, 신자유주의 경제정책은 미국 정치권의 공화당과 민주당의 정권 변화와 무관하게 지금까지 이어져 왔으며 1995년 WTO(World Trade Organization)의 등장과 2001년 중국의 WTO 가입 등으로 Globalization이 본격화하면서 세계 경제가 급격하게 성장함과 아울러 Internet 시대의 등장 및 제4차 산업혁명의 태동과 함께 1990년대 후반의 아시아 금융위기와 2000년대 초입의 .com Bubble, 2008년의 미국의 금융위기와 2020년부터 세계를 전염병의 암흑 속에 빠뜨린 COVID-19 전염병 등의 발생과 이러한 경제위기를 회복하는 과정에서 일어난 중산층 이하의 사회적 계층에 대한 상대적 박탈감과 진보적 조세제도의 퇴보가 계기가 되어 "불평등"-미국의 99% 운동-문제가 크게 부각함으로써, Thomas Piketty의 "Capital"이 전 세계의 서점가를 휩쓸게 되었으며, 경제학에서 "equality"가 모든 사회적 문제의 해결이며, 만병통치약처럼 대부분의 사람에게 인식되었다. 세계의 많은 국가 중에는 여론에 편승한 탐욕스러운 일부 정치꾼들이 국가의 미래를 위한 성장에는 관심이 없고, Venezuela와 Argentina와 같은 Latin America의 일부 국가나 2009년 유럽의 Greece나 2025년의 France처럼, 국가의 재정 규모와 경제 수준에 비하여 과도한 규모나 비생산적인 Populism 정책을 남발하여 경제가 혼돈에 빠져 후퇴를 거듭하게 되는 경우가 빈번하였다.

옛 말씀에 "과유불급"이라 하지 않았던가!

아래의 그림은 현재 미국, 한국을 포함한 세계 많은 국가에서 부와 가치의 격차, 생산성의 격차 등으로 인하여 나타나고 있는 정치적 양극화 현상을 보여주고 있다. 즉, 민주주의가 부정부패, Crony Capitalism 등으로 인하여 불평등의 확대와 사회적 소득계층 상승의 기회에 대한 기대 약화에 대한 불만으로 증폭하면서 선전과 선동에 익숙한 새로운 독재정권이 Populism과 함께 출현하게 되는 것이다.

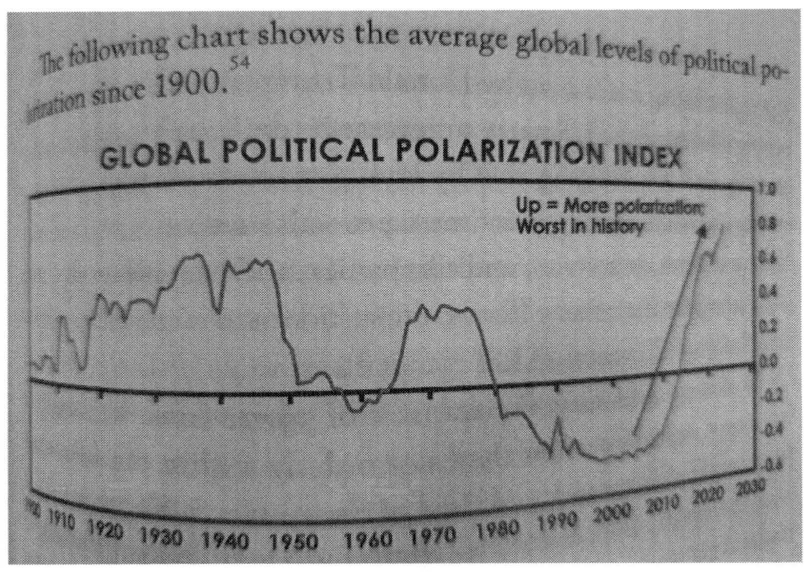

(How Countries Go Broke (The Big Cycle) Published by Avid Reader Press 2025 by Ray Dalio 375 page 참고)

따라서, 균형 감각을 잃은 복지정책은 혜택을 받는 당사자를 포함하여 다음 세대에게도 결코 좋은 결과를 줄 수 없기에, 안타까운 마음으로 이 글을 시작한다. 현대경제의 상황이 매우 복잡하기에 단순하면서도 불필요한 Chicken-or-Egg 논쟁을 가급적 피하면서...

♧ 한국경제의 과제

♤ 불평등과 저성장의 덫

한편, 한국은 1997년 발생한 외환위기와 이로 인한 IMF의 구제금융을 받으면서 IMF가 주도한 신자유주의를 기반으로 한 경제정책이 지금까지 이어졌으며 COVID-19 전염병으로 인하여 불평등이 더욱 확대한 결과를 가져왔다. 불평등은 한국에서 서울을 중심으로 한 주거용 부동산 가격의 급등, 인구의 노령화와 인구 감소, 정치적 양극화와 부채 증가, 앞에서 언급한 요인들로 인한 성장률 저하 등의 다양한 부정적 요소들이 복합적으로 발생하도록 하였으며 매우 획기적인 정치적, 경제적 전환이 필요한 시기가 다가오고 있다.

그러나, 이러한 경제위기를 이용하여 한국의 12대 대통령인 문재인(임기: 2017년 5월~2022년 5월)은 선심성 자금 살포, 경제성을 도외시한 태양광 발전, 풍력 발전, 원자력 발전 폐기, 통계 조작, 언론 통제, 부정선거 등의 다양한 형태의 Populism 정책과 정치적 득재를 실행하면서 한국경제를 위태로운 국면으로 다가가게 하였으며 14대 대통령인 이재명(임기: 2025년 7월~현재)은 강성 노동조합에 대한 친화적인 정책을 펼치면서 문재인 대통령과 유사한 극좌적이면서 Populism 정책을 실행하고 있는 것으로 보이며 정치체제의 근본적인 변화와 앞으로 언급할 다양한 부정적인 요인으로 인하여 한국경제의 후퇴 가능성이 조심스럽게 예상되고 있다.

한편, 앞으로 이야기를 전개하는 과정에서 상대적으로 중요하다고 생각하는 주제-예를 들면, 환경, 문화, 법치주의, 교육 등-에 대해서는 다른 장에서, 다른 시각으로 중복된 주제로 제시할 수 있으나 실질적인 내용에서 다른 의견을 제시하여 다양한 시각으로 접근한 결과임을 미리 밝혀

둔다. 이것은 독자들에게 한 주제에 대하여 다양한 의견이 나올 수 있다는 사고의 탄력성을 제공하기 위함이기에 판단은 스스로의 몫일 뿐이다.

그리고, 이야기를 전개하는 과정에서 과거에 내가 출간했던 저서와 중복된 내용에 대해서는 과거의 저서를 참고하여 작성하였다.

또한, 이 글을 전개하는 과정에서 나의 논리와 최근 유행하고 있는 AI와 비교하기 위하여 일부분은 AI 중의 하나인 Chat GPT를 이용하여 비교하였다.

나의 게으름 때문에 언제 끝날지도 모르지만.

차례

1. 이야기를 시작하면서

1) 인간의 본능

지구의 모든 동물 중에 유일하게 이성(Reason)을 갖고 있는 동물로 추정되는 "인간(Human)"이라는 동물은 이성을 잘못 이용하면 다른 어느 동물보다도 잔혹하고, 사악하며, "Jekyll과 Hyde"처럼 극단적이면서 이중적인 동물이다. 물론, 이성을 가진 동물인 인간은 가정, 학교, 사회 등에서 지식교육과 인성교육을 통하여 이러한 포학성과 이중성을 순화시키기도 하지만, 세상의 모든 일이 그렇듯이, 인간이라는 동물은 완벽하지 않기에 절제되지 않는, 탐욕에 가득 찬 사건은 세계 곳곳에서 항상 발생하여 세상을 불안정하게 만들고 있다.

흔히들 "Humanism"이라고 얘기할 때는 좋은 의미로 얘기하지만, "인간"이라는 동물이 Islamism의 수니파에 속하는 종교적 극단주의 Terror 집단인 ISIS와 같은 종교적 Extremist나 Antisemitism, 백인우월주의를 표출하는 Supremacist처럼 인종적 극단주의자나 제2차세계대전을 일으켰던, 그리고 이제는 세계를 휩쓸고 있는 정치적 극우집단에 속하는 Fascist나 정치적 극좌 세력에 속하는 Communist르 변질되면서 절제와 관용, 사랑, 법치주의, 자유와 평등의 정신을 상실하고, 그 어떤 동물보다도 이기적이고 포악하게 바뀐다.

그러나, 이 글에서는 일반적으로 사용하는 Humanism의 긍정적인 의미를 그대로 사용하기로 한다.

2) 몇 가지 전제

이미 언급한 인간의 포악성과 이중성, 불완전성 등을 포함한 인간의 본능에 대한 전제들을 제시하면서 이 글을 시작하고자 한다.

즉, 이러한 이중성에는 극단적인 이기심도 언급하지 않을 수 없는데 인간은 단순한 자신의 재산적 이익이나, 사상의 차이 또는 종교의 차이, 권력에 대한 이해관계 등으로 살인을 쉽게 자행하기도 한다, 자신은 죽지 않으려고 하면서...

이러한 일들은 결국 삶에 대한 인간의 단견적 시각으로 발생할 수밖에 없다. 따라서, 시장의 완전경쟁을 전제로 하는 고전적 경제이론은 전제 자체가 매우 비현실적이기에 실패할 수밖에 없었다, 인간의 불완전성은 시장의 불완전경쟁 및 정부 개입의 불완전성과 필연적인 관계가 있기 때문에. 물론, 시장의 불완전성이 정부의 개입을 불러일으키고 이것 또한 불완전하지만, 시장의 불완전성을 일정 부분을 보완할 수 있기에 정부의 개입을 무조건 반대할 수 없다. 즉, 정책 실행 시점의 경제적, 사회적, 국제적 상황 등을 종합적으로 고려하면서 정부가 개입하는 것이며, 지속적인 Feed Back을 통하여 정부의 개입이 오히려 시장의 효율성과 자율성을 악화하면서 사회의 불안정을 일으킨다면 더 이상의 시장 개입을 중단하거나 긍정적인 효과가 발생할 수 있도록 정책 전환을 하여야 한다.

이에 더하여, 현대 경제는 인간이 예측하기 힘든 너무나 다양한 변수들이 상호작용하면서 진행하기 때문에 정확하게 추정하거나 예상하기가 매우 힘든 Complexity 상황이기에, 앞으로 내가 얘기하고자 하는 내용도 내 생각을 밝히는 것뿐이지 절대적으로 "정확하다."는 것이 아니며, 내 생각보다 훨씬 정치한 의론이 나온다면 "내 생각을 수정할 의사는 항상 있다."는 것을 미리 밝히고자 한다. 예를 들면, 앞으로 이야기할 평등을 위한 방안을 살펴볼 때 점진적 접근방법과 소위 완전한 민주주의를 주장하는 급진적 접근방법이 있으나 여기서는 선천적인 불평등을 일정 부분 인정하면서 인간적인 삶의 절대적 평등을 점진적으로 확대할 수 있는 다양한 방법을 중점적으로 이야기하게 될 것이다.

또한, 미국이나 한국뿐만 아니라 세계의 많은 선진국이나 일부 중진국에서 성장률이 지속적으로 낮아지거나 둔화하고 있는 현상에 대한 주요 원인은 첫째, 평등의 악화 및 둘째, 인구의 노령화-일본, 중국, 한국과 같은 일부 국가의 경우는 인구 감소 포함-셋째, 부채 증가, 넷째, 정치적, 사회적 불안정과 다섯째, 혁신기업의 출현 약화 등으로 꼽을 수 있지만, 이 글에서는 평등을 주제로 하고 있기 때문에 직접 관련이 있는 부분을 제외하고는 언급하지 않을 것이다. 사실 여기서 언급하지 않는 많은 부분도 경제를 바라볼 때 매우 중요하다는 것을 알아야 한다. 즉, 자유와 평등의 문제는 인간의 삶을 소위 "인간다움"을 유지하면서 살아가는 필요조건이며 충분조건이 아니라는 것이다.

3) 탐욕과 희망의 차이

경제적 측면에서 얘기하자면, 현대사회에서 대부분의 인간은 본인을 위하여, 가족을 위하여, 그리고 사회를 위하여 잘 살고자 하며, 육체적, 정신적 노력을 하면서 끊임없이 연구하거나 사업을 하기도 한다. 이를 Grit라고 하는 것이다. 특히, 세계 많은 국가가 지식 재산권을 강하게 보호하고자 하는 이유도 경제발전의 바탕이 되는 측면이 있지만, 이에 더하여 성공에 대한 보장도 없이 자신의 인생을 걸고 수많은 시간과 재산을 투자하면서 노력한 끝에 완성한 신제품과 신기술을 일정한 기간의 독점력을 보장하여 노력에 대한 보상을 정부에서 주는 것이다. 즉, 많은 연구인과 사업가들이 성공할 경우의 보상을 기대하면서 개발이 가능하다는 희망을 갖고 많은 시간과 재산을 투자한 것이다.

그러나, 이와 반대로 이러한 피나는 노력이 없이 안일하고 나태하게 살다가 다른 사람이 노력한 과실이나 받아먹거나 탈취하려고 하는 것은 탐욕이다. 2018년 7월 6일 미국이 중국으로부터 수입한 918가지 품목에 대하여 25%의 보복관세를 부과하면서 발생한 미국과 중국과의 전쟁 이유 중의 하나가 중국에 의한 미국의 신기술 절도인데 이러한 것은 집단적, 국가적 탐욕의 한 사례이다.

이에 반하여, 스스로 끊임없는 노력을 함으로써 그에 대한 과실로 가족과 사회가 발전하며, 이처럼 자신과 자신의 가족, 그리고 나아가서 사회를 좀 더 잘 살아보자고 하는 것은 희망과 이를 위한 노력이다.

4) 평등(Equality)이란

(1) 절대적 평등과 그 의미의 확장성

인간의 역사를 보면, 귀족과 평민, 왕과 신하, 있는 자와 없는 자의 생명에 대한 가치의 차이는 분명히 있었으며, 지금도 대부분의 사회에서 인간 생명의 존엄성과 가치를 차별적으로 적용하고 있지만, 현대의 민주주의, 법치주의 체제를 유지하고 있는 사회에서는 "지위의 고하를 불문하고 모든 인간은 똑같은 생명의 가치를 가지고 있다."는 것을 전제로 하며 이를 위하여 지향하고 있다. 이것이 바로 고전적 의미의 "절대적 평등"이다.

이에 더하여, 현대사회에서 제2차세계대전 이후 경제가 급속히 발전함에 따라 미국과 유럽국가들을 중심으로 하여 제2차세계대전의 발생 이유를 살펴본 결과, 제2차세계대전의 발생 이유 중의 하나가 1919년 6월 28일 제1차 세계대전의 종전을 위하여 체결한 Treaty of Versailles(베르사이유 조약)에 의하여 과도한 전쟁배상금을 독일에게 부과하였으며 1930년대의 대공황으로 인하여 독일의 경우에는 40%에 달하는 높은 실업률과 국민의 미래에 대한 실망감으로 인하여 극우주의 사상인 Fascism의 하나에 속하는 Nazism이 독일에서 정권을 잡아 결과적으로 제2차세계대전이 발생하였다는 것을 깨닫게 되어 불평등의 해소를 국가적 과제로 삼아 각종 법적, 제도적 장치를 통하여 "최소한의 인간다운 삶을 보장"하기 위하여 노력함으로써 절대적 평등의 의미가 다양한 측면에서 확대되었다.

그리고, 최근에는 세계 많은 국가에서 국민의 소득 수준이 점차 상승함에 따라 각종 사회보장제도를 확대하고 있다.

몇 가지 예를 들면, 최저임금제도, 국가가 주도하는 전 국민에 대한 의료보험제도, 의무교육, 실업수당, 노령연금 등은 상대적 평등에서 절대적 평등의 개념으로 흡수, 확대되어 가고 있으며 이러한 제도는 사회를 안정적으로 발전시킬 수 있는 중산층 확대의 기반이 되는 것이다. 최근에는 선진국을 중심으로 한 일부 국가가 최저임금을 일정한 생활을 보장할 수 있는 "기본소득(Universal Basic Income)"으로 확대하면서 결과적으로 "절대적 평등"의 범위가 꾸준히 확대하고 있다.

(2) 상대적 평등

이 의미는 주로 경제적 시각에서 다루어질 수 있으며, 내가 앞으로 전개할 내용도 정당함(Fair)의 관점에서 이 상대적 평등을 다루게 될 것이다.

즉, "상대적 평등"이라 함은 "기회의 평등(The Equality of Opportunity)"을 의미하는 것이지 앞에서 언급한 절대적 평등을 의미하는 것이 아니다. 따라서, "경제적 측면에서의 평등"이란 "능력에 따라 기업에, 나아가서 사회에 기여한 정도에 비례하여 사회 구성원에게 적절하게 배분하자."는 것이다. 이에 비춰보면, "99% 운동"은 소득 기준 상위 1%가 GDP 성장률로 인한 소득 상승의 많은 부분을 사회에 대한 기여도에 비교하면 과도하게 취득함으로써 중산층 이하는 상대적으로 소득 상승이 더디거나, 오히려 후퇴했다는, "소득의 배분이 불공정하다."는 불만에서 폭발된 것이다. 2016년과 2024년 미국의 대통령으로 Trump가 당선된 것도 그 불만이 정치적으로 표출한 중요한 요인이 되었다.

그러나, 그는 국가와 국민을 위한다는 철학에 기초한 정치를 하는 것이 아니라 대중을 선동하는 Populism 성향이 강한 정치인일뿐만 아니라 자신의 이익이 1순위에 있으며 백인우월주의적 인종차별을 당연시하는 사람이다. 심리학자인 그의 조카가 삼촌은 "Sociopath"라고 밝힌 것처럼 극단적으로 이기주의적 성향을 지닌 사람이기 때문에 결과적으로 그에게 투표한 많은 사람들이 제일 먼저 피해를 볼 가능성이 매우 높지만...

이러한 가능성이 2025년 10월 현재 관세정책을 포함한 다양한 정책에서 현실로 나타나고 있다.

(3) 평등과 자유의 조화

"모든 인간은 평등하며, 자유롭게 삶을 영위할 권리가 있다, 이는 신으로부터 물려받은 천부의 권리다."라고 하지만, 현실적으로는 모든 인간이 평등과 자유를 누리기에는 많은 험난한 길을 걸을 수밖에 없다. 다시 말하면, 능력에 따른 상대적 평등을 누리기 위해서는 사상과 종교의 자유, 정치적 자유, 거주 이전의 자유 등을 보장받아야 하는데, 상대적으로 권위주의 체제인 국가나 인종 차별적인 국가에서는 정치적, 종교적인 이유로 국민을 억압하고, 자유를 박탈하며, 절대적 평등을 무시할 뿐만 아니라, 상대적 평등도 보장받지 못하고 있다.

즉, "모든 인간은 평등하다."는 천부의 권리는 문화적, 정치적, 체제적 한계 때문에 현실적으로 허상에 불과할 수도 있다는 것이다.

이에 더하여, 인간의 극단적인 이중성으로 인하여 자신의 자유를 극대화하면서 상대적 약자의 자유를 억압함으로써 절대적, 상대적 평등권이 의미가 없어질 수도 있는 것이다.

따라서, 견제와 균형을 보장하는 삼권분립을 원칙으로 한 법치주의와 언론의 자유, 사회보장제도를 통한 교육, 그리고 포용과 관용으로의 문화적 혁신, 타협을 통한 정치 혁신, 법적으로 강화된 사회적인 제도와 다양한 산업 발전을 통한 국민에 대한 적절한 혜택 등이 달성되어야 자유와 평등이 조화를 이룰 수 있을 것이다, Laissez Faire가 아닌.

(4) 자유와 평등의 가치 실현

현대사회에서 한때 거대한 공룡과 같았던 USSR의 멸망과 미중전쟁 및 중국에 의한 Hong Kong의 민주주의 체제 파괴, 티벳의 장족, 신장의 위구르족을 비롯한 중국 변방 지역의 주민에 대한 인권탄압과 COVID-19 전염병의 발생지인 중국의 예에서 역설적으로 보여 주고 있는 것처럼, 자유와 평등의 고귀한 가치는 인간에게 항상 양립해야 할 가장 중요한 가치이다. 심지어 우리가 중요하다고 항상 얘기하는 (좋은) 교육, 법치주의, 부정부패의 극복, 불평등의 극복 등도 결국에는 인간의 삶에서 소중한 기본 가치인 "자유와 평등"을 유지하기 위한 것이다. 이 두 가치는 어느 하나를 희생시켜 다른 하나를 얻을 수 있는 것이 아니다. 즉, 역사를 통하여 알고 있는 것처럼, 어느 하나를 지나치게 강조하면서 다른 하나를 얻으면 이는 곧 두 가치를 모두 잃어버리는 심각한 결과를 가져오게 되는 것이다.

여기서 자유와 평등을 함께 향유할 수 있는 "핵심적인 원칙"을 간단하게 언급하면, 앞에서 언급한 것과 같은 소위 정당함(Fair)을 왜곡하는 요인-첫째, 있는 자에 의하여 지배되고 있는 정치제도, 둘째, 사회적 계층, 인종, 남녀 사이의 차별, 인종 또는 성소수자, 사회적 약자에 대한 차별 등으로 인한 기회의 불평등에 대한 영향, 셋째, 부와 권력과 사회적 특권에 의한 불평등한 배분, 넷째 우리와 후세대가 직면하게 될, 빠르게 변화하고 있는 기후와 환경의 변화 등-을 최대한 제거하면서, 먼저 "기본적인 자유의 원칙", 즉, 자유는 민주적 헌법과 정치제도를 구성하는 기본을 제공하며, 다음에는 사회적, 경제적 구조를 구성하는 틀을 제공한다. 이것이 바로 계급과 인종, 성별과 무관한 평등한 사회를 이룰 수 있는 이론을 제공하는 것이며 미국의 정치학자인 Rawls가 주장한 "기회가 공평하고 평등한 사회"이다.

정의와 관련한 핵심 요소는 자유와 평등이며 이것이 세대에 걸쳐 이루어질 수 있는 것도 소위 "정의의 지속성"이라고 할 수 있다. (Free and Equal Published by Alfred A. Knopf 2023, 2024 by Daniel Chandler 11, 22 page 참고)

인간의 역사에서 수없이 많은 예를 제시할 수 있지만, Russia를 간단히 언급하면, Russia 혁명이 일어나면서 부패하고 무능한 왕정 체제가 몰락하고 평등을 강조하는 Soviet Union을 건국하였지만, 지나치게 자유를 말살하는 폭정과 견제와 균형을 위한 정치제도 부재, 부정부패 등으로 결국에는 스스로 역사의 뒤안길로 사라져 버린 것이 그 좋은 예이다. 그리고, 이에 반하여 자유와 평등이 조화롭게 양립하면서 불평등을 최소화하고자 노력하는 법치주의와 사회민주주의를 기반으로 한 정치체제가 Belgium, Netherlands, Luxemburg 등의 북구 유럽의 사회민주주의 제도이다, 이 또한 완벽한 것은 아니지만.

(5) 공정한 기회의 평등

기회의 평등을 위한 중요한 출발점은 교육이다. 따라서, 교육은 개방된 인생의 행로뿐만 아니라 모든 사람이 교육을 받을 수 있는 동일한 출발선에 있어야 한다. 따라서, 한국에서 문제가 되는, 유치원 때부터 사교육을 받아야 하고 고등학교도 학비가 상대적으로 많이 소요되는 외국어 고등학교나 과학고등학교와 같은 사립학교가 우수 학생을 받고 있는 상황은 불평등을 더욱 악화시키는 중요한 요인의 하나로 작용하고 있다. 즉, 교육을 통하여 빈곤 상태를 축소하면서 불평등도 완화할 뿐만 아니라 사회적, 경제적 계층 상승의 가능성도 향상함으로써 안정적인 사회를 유지하면서 지속적인 경제성장을 지속하여야 하는데, 한국의 경우는 반대로 지나친 사교육의 성장으로 인하여 사회의 안정화를 저해하고 있는 상태이다.

또한, ”공정한 평등“에 대하여 중요한 역할을 하는 것이 Medicaid, Medicare와 같은 의료제도이다. 즉, 건강은 교육과 직업을 안정적으로 수행하기 위한 핵심 요소 중의 하나이다.

이와 같은 공정한 기회의 평등이 확립되면 사회 전체가 “차이의 원칙”을 인정하면서 정당화할 수 있다. “차이의 원칙”이란 궁극적으로 모든 사람이 혜택을 받을 수 있으며, 사회적으로 가장 약한 위치에 있는 집단이 가장 많은 혜택을 받을 수 있는 상황에서 사회적, 경제적 불평등이 정당화할 수 있다는 것이다. 번영을 함께 누린다는 “차이의 원칙”은 사실상 강력한 평등주의 사상이며 “차이의 원칙”이 의미하는 핵심적인 사상은 최저 생활을 유지하는 집단이 이 제도가 다른 경제 제도하에서 삶을 유지하는 것보다 더 나은 삶을 영위할 수 있다는 확신이 전제되어야 한다. 그리고, 이것을 위하여 단지 정부의 세금에만 의지하는 것이 아니라 시장과 기업가와 노동자 사이의 권력관계, 공권력과 사적 소유권의 균형 등과 같은 경제체제 전반에 대한 기본 틀(Framework)을 제시하여야 한다.

따라서, "차이의 원칙"은 사회에 대한 대안적 관점, 즉 호혜주의의 원칙을 제시한다. 이러한 원칙 아래에 모든 사람에게 도움이 되는 방향으로 "자연적인 차이"를 이용하는 것이다. 여기서 언급하는 차이는 단순히 소득과 자산뿐만 아니라 경제적 권력과 통제력과 기회의 배분 등도 관련이 된다. (상기의 저서 35, 40~41, 46 page 참고)

5) 신뢰

(1) 사랑과 신뢰

Adam이 Eve의 유혹에 넘어가 사과를 먹은 것은 그녀의 말을 믿었기 때문이며, 그 믿음이 흘러가 사랑으로 변하게 된 것이다. 즉, 개인적인 측면에서 신뢰는 사랑으로 승화되는데, 이는 사랑은 신뢰의 결정체라는 것이다.

그러나, 이 양자의 정신적 작용은 각각 다른 뇌 부분에서 출발하게 되는데, 사랑은 감정을 주로 통제하는 뇌 부분에서 출발하며, 신뢰는 이성을 주로 통제하는 뇌 부분에서 출발하여 어느 시점에서 이 양자가 조화를 이루어 개인적인 차원에서 사랑이라는 결정체를 만드는 것이다.

이 문제를 더 살펴보기 위하여 철학적 관점과 심리학적 관점에서 바라본 차이를 Chat GPT를 이용하고자 한다.

먼저, Erich Fromm의 철학적 관점에서 보면,

Fromm은 『사랑의 기술』 에서 사랑을 단순한 감정이 아니라 책임, 존중, 배려, 지식이 결합한 능동적 실천으로 보았다. 여기서 신뢰는 사랑이 가능하기 위한 기본적인 믿음으로 등장한다. 예를 들면, "상대가 나를 배신하지 않을 것"이라는 최소한의 신뢰가 없으면 사랑의 행위는 불안 속에서 무너지게 된다. 즉, 사랑은 창조적 실천이고, 신뢰는 그 실천을 가능케 하는 전제조건이다.

심리학의 사회교환이론(Social Exchange Theory)에 의한 관점에서 보면,

사랑은 감정적 친밀감과 만족감이 크면 유지된다. 신뢰는 상대가 공정하고 일관되게 행동할 것이라는 기대가 반복 경험을 통해 형성되며 여기서 신뢰는 사랑이 장기적으로 유지되기 위한 관계적 안정장치 역할을 한다.

이 부분에 대해서 Chat GPT의 견해를 간단히 살펴보면,

철학적 관점에서 보면

사랑은 인간 존재의 긍정, 타인에 대한 열림으로 이해되며, 신뢰는 사회적 계약과 인간관계의 기반으로, 타인의 자유를 인정하고 예측 불가능성 속에서도 믿음을 유지하는 태도이다. 더 자세히 살펴보면,

첫째, 형성 과정

사랑은 감정의 작용으로 시작됩니다. 외모, 성격, 공감 등에서 오는 감정적 끌림이 중심이다.

신뢰는 경험과 일관된 행동을 통해 서서히 형성된다. 반복된 진실함과 책임감이 바탕이 된다.

즉, 사랑은 "느낌"에서 시작되고, 신뢰는 "행동"에서 쌓인다.

둘째, 지속성

사랑은 감정의 변화에 따라 커지거나 약해질 수 있다.

신뢰는 한 번 깨지면 회복하기 어렵지만, 유지되면 오히려 관계를 단단하게 만든다.

(2) 신뢰와 경제적 효과

앞에서 얘기한 것처럼, 신뢰는 개인 차원을 넘어 사회적 경제 활동의 원천이 되기에, 신뢰의 수준에 따라서 한 사회의 발전, 한 국가의 발전 등에 강력한 영향을 미치게 된다.

시장과 기업을 중심으로 신뢰를 언급하자면, 현대사회는 특정 기업이

불특정 다수를 상대로 제품을 판매하기도 하며 수천 Km 떨어진 개인이나 기업과 물건을 매매하기도 하는데 이러한 거래는 신뢰수준의 강도에 따라서 거래 양태가 다양하게 바뀌는 것이다.

즉, 인간이 사회적 동물인 한, 앞으로 이야기할 여러 가지 요인으로 인하여 사회나 국가의 구성원 사이의 신뢰가 형성되지 않거나, 이루어진 신뢰가 무너지면, 더 이상 사회가 유지될 수 없게 되고 결국에는 옛 Rome이나 현대의 USSR처럼 국가라는 조직이 멸망하게 된다.

여기서 자료를 인용하자면, 경제학자인 Knack와 Keefer 박사가 공동으로 연구하여 발표한 분석에 따르면 "다른 모든 조건이 동일하다고 가정하면, 한 국가의 신뢰수준이 10% 하락하면, 경제성장률이 0.8% 하락한다."는 결과를 보여주었다.

이처럼 신뢰는 국가 흥망과 경제발전에 매우 중요한 역할을 하며 경제에 대해서만 집중하여 언급하면 신뢰 관계가 향상되면 거래비용이 감소하고 시장의 효율성이 상승함에 따라 투자가 촉진되며 협력 관계가 강화함으로써 혁신을 앞당길 수 있게 된다.

Chat GPT를 이용하여 신뢰의 경제적 효과를 살펴보면,

① 거래비용(Transaction Costs) 감소

신뢰가 높은 사회에서는 계약, 감시, 소송 등의 비용이 줄어든다.

즉, 사람이나 기업이 서로를 믿을 수 있을 때 계약서를 복잡하게 만들 필요가 없고, 협상이 빠르게 진행된다.

예: Denmark, Norway 등 북유럽 국가는 신뢰 수준이 높아 행정비용과 계약 비용이 낮음.

② 투자와 성장 촉진

기업 간, 정부와 국민 간 신뢰가 높을수록 경제활등에 대한 불확실성이 줄어든다.

이는 장기 투자, 혁신, 창업을 촉진한다.

예: 신뢰수준이 높은 국가일수록 1인당 GDP 성장률이 높다는 실증연구(OECD, 2015).

③ 시장 효율성 향상

신뢰는 비공식적 규범으로 작용하여 부패를 억제하고, 공정한 경쟁 환경을 만든다.

이는 시장의 투명성과 자원배분 효율성을 높인다.

④ 금융시장 안정성 강화

금융거래에서 신뢰는 유동성 위기나 뱅크런(bank run)을 방지하는데 중요하다.

정부, 은행, 소비자 간 신뢰가 깨지면 금융 시스템 전체가 위태로워질 수 있다.

2008년 금융위기 당시 신뢰 붕괴가 신용경색을 악화시킨 사례.

⑤ 협력과 사회적 효율성 증대

신뢰가 높으면 공공재(도로, 교육, 복지 등)에 대한 자발적 협력과 세금 준수율이 상승한다.

이는 사회 전체의 생산성 향상과 불평등 완화로 이어질 수 있다.

(3) 신뢰와 국가발전과의 관계

최근 70년 동안 Argentina, Philippines, Brazil, 중국, 남유럽의 여러 국가 등, 많은 국가가 급격한 성장을 보여주었지만, 신뢰수준이 국가의 경제성장에 따라가지 못하면, 어느 시점에서는 그 성장이 멈추거나 오히려 후퇴하여 또 다른 혼란의 악순환으로 들어가는 것을 우리는 목격하였다. 이에 대한 참고 자료를 제시하자면, 2015년 Data Quality Index에 따른 154개국의 자료 신뢰도 조사에서 1위 스위스, 2위 미국, 14위 독일, 18위 영국, 19위 프랑스, 22위 일본, 53위 인디아, 63위 중국 등으로 나타나고 있다.

(4) 신뢰와 기본 가치들과의 관계

앞에서 살펴본 것처럼 인간이 사회생활을 할 때, 법치주의를 넘어선 윤리적, 도덕적 가치들이 있는데, 이러한 도덕적 가치를 지키지 못하면 국가가 더 이상 발전할 수도 없으며 나아가 불평등도 심화할 가능성이 높다. 이러한 측면에서 보면, 우리가 무심코 간과할 수 있는 이러한 무형의 기본 가치들은 경제적 가치보다 훨씬 높게 평가할 수밖에 없는데, 그 무형의 가치들이 곧 자유와 평등, 희망, 사랑 등이며 이러한 가치들은 서로 긴밀하게 연결되어 있다. (국가발전을 위한 구조적 분석 2017 by William H S Lee 참고)

Chat GPT를 이용하여 자유, 평등, 사랑, 희망 등에 대한 신뢰와의 관계를 간단하게 살펴보면, 신뢰는 사회적 가치들의 "중심축"이다. 자유가 신뢰의 바탕 위에 서고, 평등이 신뢰를 통해 유지되며, 희망은 신뢰에서 피어나고, 사랑은 신뢰로 지속된다.

6) 서양 철학의 약사: 인물 중심으로

여기서는 The Philosophy Book Published by DK 2011를 참고하여 요약 정리하고자 한다.

경제학이 영국을 비롯한 서양에서 시작하여 발전하였기에 경제학에 내재하고 있는 서양의 철학에 대한 역사를 중요한 인물을 중심으로 하여 간단하게 간단하게 살펴보면서 이 글을 시작하고자 한다. 물론, 동양에서도 India의 Gautama(BC563년~BC483년)는 불교를 창시하였으며 중국의 공자(BC551년~BC479년)와 맹자(BC470년~BC380년) 등의 많은 철학자가 있었다.

한편, 이 저서의 진입부에서 Adam Smith(1723년~1790년)와 John Locke(1632년~1704년)에 대하여 언급하였기에, 그들이 정치철학과 경제학에 획기적인 역사를 이루었지만, 여기서는 생략하고자 한다.

Thales of Miletus(BC624년~BC546년)는 지금의 Turkey 지역의 해안가에서 살았는데 세상의 모든 물질은 물로 만들어진다고 주장하였다.

Pythagoras(BC570년~BC495년)는 삶의 목적이 궁극적으로 환생의 굴레에서 벗어나는 것이라고 하였으며, 모든 수치는 사고의 지배라고 하였다. 그리고, 환생의 굴레를 벗어나기 위하여 스스로 절제의 삶을 살아야 한다고 하였다.

Parmenides(BC515년~BC445년)는 "모든 것은 하나이다.(All Is One)"라고 하였다. Pythagoras의 철학적, 과학적 사고에 의하여 영향을 받은 Greece 철학이 그에 의하여 커다란 전환점을 받았다고 할 수 있다. 그는 세계의 실질적인 물리적 자연현상을 발견하기 위하여 연역적 사고를 이용하였다. 그는 영원한 형태는 영원함을 멈추지 않고는 다른 것으로 변할 수 없기 때문에 영원한 것은 변할 수 없다고 하였다. 따라서, 근본적인 변화는 불가능하기에 "모든 것은 하나이다."라는 결론이 가능한 것이다.

Democritus(BC460년~BC371년)와 Leucippus(BC 5c 초반) BC 6c부터 철학자들이 우주는 근본적으로 단 하나의 본질로부터 형성되었는가를 사색하기 시작하였으며 그 가운데 상기의 두 철학자는 모든 것은 더 이상 분리할 수 없는 매우 작은 개체로 구성되어 있으며 이 물체는 변화할 수 없는 것이며 이 물체를 "Atoms"라고 불렀다.

Socrates(BC469년~BC399년)는 사고의 새로운 방법 또는 우리가 생각하고 있는 것을 시험하는 새로운 과정을 모색하였다. 따라서, 그의 철학을 한마디로 정리하면 "시험하지 않는 삶은 가치가 없는 삶이다."라고 할 수 있다. 그가 언급한 유명한 어록은 "내가 알고 있는 것은 나의 무지함을 제외하고는 없다." 그의 제자로 Plato가 있었다.

Plato(BC427년~BC347년)는 Socrates와 유사하게 "맞다(Right)" 또는 "틀렸다(Wrong)"를 상대적인 현상으로 파악하면서 "정의(Justice)"와 "미덕(Virtue)"를 탐구하였으며, 유명한 저서인 Republic에서 도시국가의 이상을 제시하였다.

Aristotle(BC384년~BC322년)은 Plato의 제자이었으며 자신의 주장을 뒷받침하기 위한 증거를 제시하면서 진실은 우리 주변에 있다고 주장하였다. 따라서, Plato와는 달리 자신이 이미 믿고 있는 사실을 확인하는 것에 주력하였으며 경험으로부터 배우는 것이었다.

Epicurus(BC341년~BC270년)는, 당시의 철학적 사색이 형이상학에서 도덕(Ethics)으로 변화하고 있었으며 철학의 관점이 정치로부터 개인적인 윤리로 변화하고 있었지만, Socrates가 추구했던 "기본적인 인간의 개념과 가치"의 시험을 요구도 탐구하였다. 따라서, 그가 발전시켰던 철학의 중심은 마음의 평화, 고요함"이 삶의 목적이라는 것이었다.

Diogenes of Sinope(BC404년~BC323년)는 사회적 관습과 예절 등의 구속에서 벗어나 가능한 한 자연 상태로 살아가는 삶을 추구하였다. 따라서, "가장 작은(또는 적은) 것을 가지고 가장 만족한 삶을 살아가는 사람이 가장 행복한 삶이다."라고 주장하였다.

St. Augustin of Hippo(354년~430년)는 Plato와 그의 제자들로부터 사상의 영향을 받았으며 신이 악마를 세상에 보내지 않았다고 주장했다. 그는 인간이 자유의지(free Will)를 갖고 있는 이성적인 존재이며 인간은 착한 행동 또는 나쁜 행동을 스스로 선택할 수 있다고 주장하였다. 즉, 신은 세상에 존재하는 모든 것을 창조하였지만 악을 창조하지 않았다는 것이다. 그 이유는 악은 창조물이 아니라 부족함의 문제의 문제로 인식하였다.

Boethius(480년~525년)는 Augustine과 마찬가지로 기독교 신자이었으며 신은 영원한 존재라고 믿었다. 또한, 신은 현재에 존재하고 있지만 미래를 알 수 있기에 우리의 자유로운 사고와 행동을 예견할 수 있다고 믿었다.

Thomas Aquinas(1225년~1274년)는 기독교 신자이면서 유명한 철학자이었는데 우주라는 주제에 대하여 Aristotle의 영향을 받았다. 따라서, 성경에서 주장하는 우주의 시작이 있었다는 주장을 받아들이면서도 우주가 항상 존재하였을 것이라는 주장도 배제하지 않았으며 Aristotle의 철학이 비논리적이라고 하지 않았다.

Niccolo Machiavelli(1469년~1527년)는 1500년대에서 1700년대 중반까지 유럽에서 번창하였던 Renaissance와 이성의 시대(The Age of Reason)에 살았던 인물로 사실주의에 입각한 정치철학자이었다. 그는 정치의 핵심 가치로 도덕(Virtue)을 주장하였지만, 그가 주장한 도덕이란 현대적 의미의 도덕이 아닌, 중세 시대에 유행하였던 자연의 힘을 의미한 것이었다. 따라서, 이러한 사고를 바탕으로 하여 지배자는 자신의 영광과 자신이 지배하는 국가의 성공을 위하여 지배하는 것이며 이것이 현실주의(Realism)로 알려졌다. 또한, 국민이 지배자를 좋아하거나 사랑하는 것보다는 두려워하는 것이 더 좋은 통치 방법이라고 주장하였다. 그러나, 국민이 지배자를 혐오하거나 배척하도록 하여서는 안된다고 하였는데, 그 이유는 이런 상황이 되면 반란이 발생할 수 있기 때문이라고 하였다. 또한, 그는 전통적인 기독교적 도덕성이 강력한 국가를 달성하기에는 너무 나약하여 부적절하다고 주장하였다.

Francis Bacon(1561년~1626년)은 영국의 첫 경험주의적 철학자로 알려졌다. 그는 모든 지식은 궁극적으로 경험으로부터 온다고 주장하였다. 그는 교회의 가르침을 받아들여야 한다고 주장하는 한편, 과학은 교회로부터 분리하여 지식을 더 빨리, 그리고 더 쉽게 받아들여야 한다고 주장하였다. 같은 시대에 종교 개혁가인 Martin Luther가 활동하였다.

Blaise Pascal(1623년~1662년)은 자발적 행동주의자이었으며 마음을 중시하는 철학을 발전시켰다. 그는 상상(Imagination)이 인간에게 가장 강력한 힘이며 잘못을 일으키는 가장 첫 번째 힘이기도 하다고 주장하였다. 따라서, 상상은 이성을 무시하고 왜곡된 사실로 유도하여 우리를 혼돈의 길로 안내하기도 한다고 주장하였다.

Benedictus Spinoza(1632년~1677년)는 17c에 형이상학을 발전시킨 철학자인데 본질은 "신" 또는 "자연"이며 오직 하나라고 주장하면서 이 본질이 우주 안에 있는 모든 것을 제공한다고 주장하였다.

Jean-Jacques Rousseau(1712년~1778년)는 사회는 곧 계약이다라고 주장한 Edmund Burke(1729년~1797년)와 같이 사회계약 이론을 강조한 정치철학자이며 사유재산권에 대한 사상이 발전함에 따라서 사회는 사유재산권을 보호하기 위한 제도를 발전시켜야 하였으며 사유재산권을 획득한 사람들에 의하여 법이 정당하지 않은 방향으로 제정되었다고 주장하였다. 따라서, 인간은 자유로운 존재로 태어났지만, 결국 불평등을 조장하면서 모든 사회가 구속된 상태가 되었다고 주장하였다.

Immanuel Kant(1724년~1804년)는 인간은 두 개의 세계에 살고 있는데 하나는 자신의 몸이고 다른 하나는 세계이다라고 주장하였다. 그는 철학을 형이상학적 측면으로 접근한 철학자이었다.

Georg Hegel(1770년~1831년)은 19c 전반 독일에서 형이상학을 탐구한 가장 유명한 철학자이다. 인식에서 정치적 제도에 이르는 모든 현상은 시간이 경과하면서 "마음(Mind)" 또는 "Idea"라는 하나의 형태로 통합된다고 주장하였으며 그는 이것을 변증법(Dialectic)이라고 명명하였다. 이것을 일반적인 시각으로 보면 역사라고 할 수 있으며 그는 현실이 궁극적으로는 물체로 존재하지 않고 단 하나로 존재한다는 이상주의자라고 할 수 있다. 이러한 측면에서 Hegel은 철학의 영역을 급진적으로 변화시킨 철학자이었다.

John Stuart Mill(1806년~1873년)은 최대 다수의 최대 행복을 추구하는 공리주의를 주장한 정치철학자인데 1930년대 영국의 경제학자인 John M. Keynes에게 강한 영향을 주었다. 이 철학은 18c에 미국의 독립과 유럽의 혁명에 커다란 영향을 주기도 하였다.

Karl Marx(1818년~1883년)는 인간의 역사는 "계급투쟁의 역사"라고 주장한 정치철학자이며 자신만의 독특한 정치철학적 시각으로 복잡, 다난한 인간의 역사를 한 문장으로 정리하였다. 이에 더하여 그는 계급투쟁의 이면에는 경제가 자리하고 있다고 하였다. 즉, Karl Marx는 이전의 역사를 기술한 학자들이 지도자와 영웅 중심의 역사이었던 시각을 전혀 다른 각도에서 접근하여 집단 간의 분쟁으로 인간의 역사를 바라보았다. 특히, 18c 말부터 시작한 제1차산업혁명 초기부터 새롭게 출현한 계급인 자본가(Bourgeoisie)계급과 노동자(Proletariat)계급 사이의 관계를 중심으로 투쟁을 바라보았으며 이 논리를 바탕으로 19c 후반부터 출현한 극좌세력인 Communism이 탄생하였다.

그러한 영향으로 인하여 도덕과 윤리를 집중적으로 탐구한 철학자이었다. 그는 독특하게 서로 연결된 인간의 본질(Human Nature)과 신, 윤리(Ethics) 등의 세 가지 주제를 집중적으로 연구하였다.

Edmund Husserl(1859년~1938년)은 수학자로 시작한 철학자이었으며 과학은 세계에 대한 확실성을 제공한다고 주장하였다. 또한, "과학은 경험에 의존하지만, 경험은 가정과 편견에 의존하는 경향이 있기에 경험 자체가 경험이 아니다."라고 주장하였다. 그는 이러한 접근방법을 현상학이라고 하였다.

John Dewey(1859년~1952년)는 Darwin의 진화론에 강한 영향을 주었는데 인식론에 바탕을 두고 철학을 실용주의적으로 접근한 철학자이며 철학이 세상의 모든 모습을 밝히지는 못하지만, 실질적인 문제를 해결하는 과정에서 도움을 준다고 주장하였다.

George Santayana(1863년~1953년)는 역사철학자인데 지식과 믿음은 논리로부터 나오는 것이 아니라 마음과 환경의 상호작용에 의해서 얻어진다고 주장하였다. 즉, 인간은 경험뿐만 아니라 경험으로부터 얻을 수 있는 것이 있기 때문에 발전한다고 주장하였다.

William Du Bois(1868년~1963년)는 미국 Harvard 대학교에서 처음으로 박사학위를 받은 철학자이었다. 윤리학을 바탕으로 한 실용주의자면서 사회적, 정치적 활동가이었던 그는 인간이 꾸준히 발전할 수 있다고 믿었으며 실용주의로 알려진 미국의 철학에 강력한 영향을 주었다. 그는 평생을 살면서 인종차별과 사회적 불평등의 두 가지 문제에 집중하였다. 특히, 사회적 불평등이 미국에서 발생하는 범죄의 중요 요인 중의 하나이며 교육과 직업의 부족이 높은 범죄율과 서로 밀접하게 연결되어 있다고 주장하였다.

Bertrand Russell(1872년~1970년)은 윤리와 관련하여 분석적 접근방법을 이용한 철학자로서 철학의 발전에 중요한 역할을 철학자의 한 사람으로 지목되고 있다. 1930년대의 세계적 대공황을 겪으면서 그는 대공황의 발생 원인이 노동에 대한 뿌리 깊은 잘못된 인식에서 발생하였다고 주장하였다. 그의 논리는 노동을 두 가지로 규정하면서 시작하였는데, 첫째, 지구상에 있는 물질의 변화를 일으키는 것이 노동이며, 둘째, 다른 사람에게 현재의 물질을 다른 물질로 변화하라고 지시하는 것이라고 하였다. 즉, 노동의 종류를 노동자와 감독자로 분리하였다. 또한 여기서 더 나아가 노동을 하지 않는 계급, 즉 지주계급도 인식하였다. 그는 Marxism을 언급하는 것을 싫어하였지만, 이러한 측면에서 보면 실질적으로 Marx의 주장과 유사하였다. 물론, 그는 다른 시각에서 접근하면서 삶에서 Leisure의 중요성도 강조하면서 의미가 있는 창조적 활동으로 보았다.

이와 같이 서양의 철학사에서 중요한 역할을 하였다는 인물들을 간단히 살펴보았지만, 사실 헤아릴 수 없는 수많은 동양과 서양의 철학자들이 사유를 기반으로 한 인간에 대한 사고의 폭을 넓히면서 과학의 발전에 직간접적으로 영향을 주었으며 그 규모는 자연과학과 사회과학 전반에 걸쳐 가히 가늠하기 힘들 정도의 엄청난 규모이었다. 즉, 그 결과로 지금의 Complexity 시대까지 온 것이다.

물론, 시장의 변화에 따른 노동과 자본가와의 관계를 새로운 시각에서 정밀하게 분석한 독일의 Karl Marx(1818년~1883년)의 철학이 그의 의도와 달리 1922년 새로운 형태의 극좌적 독재정권인 Soviet Union의 탄생에 이론적 기틀을 제공하였으며, 진화론자인 Darwin(1809년~1882년)의 영향을 받아 19c 후반에 출현하여 인종차별을 정당화한 사회적 진화론자들의 영향으로 인하여 인종차별이 악화하였던 부작용이 발생한 면도 있었지만...

2. 역사적 사례로 본 평등을 위한 투쟁
– 미국의 남북전쟁(Civil War)과 수정헌법 등 –
수정헌법 제13조, 제14조, 제15조, 제19조

1) 남북전쟁 이전의 미국 사회

1850년대를 맞이하면서 남부 지역의 흑인 노예들이 노예제도가 없는 주로 탈주하는 사태가 빈번하게 발생하였으나, 노예제도를 찬성하는 주에서는 노예제도에 대하여 찬성하는 주민이 급증하였다. 또한, 이 시기에 노예 1인당 평균 매매가격도 빠르게 상승하였는데, 예를 들면, 1850년의 US $900에서 10년 이내에 US $1,600으로 상승하였다. 그런데, 남부 지역의 노예제도를 찬성하는 비율이 상승한 것은 노예 가격의 상승에 기인한 것보다는 노예들이 노예제도가 없는 주로 탈출하는 것에 대한 반작용에 더 기인한 것이다.

한편, 1859년에 USA에 33번째 주로 가입한 Oregon 주는 흑인뿐만 아니라 중국인 등의 유색인종을 받지 않는 조건을 내세우면서 주 헌법을 개정하기도 하였다. 이와 함께, 노예 가격이 너무 상승하면서 South Carolina와 같은 주에서는 노예를 다시 받아들이자는 주장도 강해지고 있었으며, 한발 더 나아가 연방정부에서 탈퇴하자는 주장도 있었다.

이러한 복잡한 상황과 함께 노예해방을 주장하는 미국 제16대 대통령인 Abraham Lincoln이 대통령으로 당선되면서 남북전쟁의 가능성이 더욱 높아지고 있었다. 그는 미국 독립 당시의 13개 주 이외의 주에서 탄생한 첫 공화당 출신의 대통령이었다. (이하 상기의 저서라 함 280~283 page 및 ko.wikipedia.org 참고)

또한, Mexico와의 전쟁(1846년 4월 25일부터 1848년 2월 2일까지) 과정에서 "법 앞에서의 평등"은 급격하게 약화하여 1850년대에는 흑인뿐만 아니라 사회적 정의를 요구하는 백인까지도 살인하는 경우가 있었다. 이 시기에는 인종차별 현상이 남부에 국한된 것이 아니라 미국 전역으로 확산하여 Know-Nothing이라는 정당이 탄생하게 되며 Jackson이 이끄는 민주당과 경쟁하였다. 이 정당은 Catholic과 같은 종교를 믿는 이민자의 권리를 부정하였다. 미국의 역사에서 19c 전반은 불평등의 확산과 사회적 자유가 제한되었던 시기였다. (Inventing Equality by Published with ST. Martin's Press 2020 by Michael A. Rellesiles 29~30, 33 page 참고, 이하 이 저서는 상기 저서 2로 인용함)

미국 제7대 대통령인 Andrew Jackson(임기: 1829년-1837년)은 Catholic 신자인 Roger B. Taney를 1835년 사망한 John Marshall을 대신하여 연방대법원장으로 임명하였는데, 1937년에 노예 문제를 해결할 수 있는 Dred Scott 사건에 대한 판결이 그에게 배당되었는데 "인간이 인간의 재산으로 될 수 있는가?"에 대한 근본적인 문제에 대하여 그는 "No"라고 하지 않고 "Yes"라고 했다.

독립선언문에서 강조했던 "The Person"을 연방대법원에서 "백인 남성"으로 좁게 해석함으로써 1820년의 Missouri 주의 협정을 뒤집어 버린 것이며 "흑인은 미국의 시민이 될 수 없다."는 것을 명확히 한 것이다.

이 판결로 인하여 미국의 독립전쟁과 건국이념을 주도한 사람들의 의도를 왜곡하여 미국의 역사를 수십 년 뒤로 후퇴시킨 것이다. 즉, Taney가 판결한 시기에 이미 5개 주에서는 흑인을 시민으로 인정하였고 흑인이 제한적이나마 투표권을 행사하고 있었다. Dred Scott에 대한 Taney의 판결로 인하여 미국이 인종 간의 화해가 사망에 직면한 것이다. (상기 저서 2, 40~45 page 참고)

그러나, Dred Scott에 대한 연방대법원의 인종차별적 판결은 남부 지역을 제외한 많은 지역의 미국인에게 수정헌법의 불완전성과 미흡함을 각인시켜 주었으며, 보완의 시급함을 알려준 결과를 가져왔다. 특히, 미국의 제16대 대통령(임기: 1861년 3월~1865년 4월)인 Abraham Lincoln은 노예제도는 매우 비도덕적이며, 헌법을 반드시 수정하여야 한다는 것을 절실하게 느끼게 되었다. 또한, 그는 이 문제를 정치적으로 해결하여 미국에서 노예제도를 없애야 한다고 생각하였다.

한편, 미국의 Elite 집단은 노예 문제를 불평등 문제로 인식하고 노예제도를 없애지 않으면 인간의 불평등이 해소할 수 없을 것이라고 심각한 인식을 하게 되었다. (상기 저서 2, 55, 64 page 참고)

즉, 남북전쟁 중에 New York 주의 하원의원인 Thomas T. Davis가 Lincoln과 만났을 때 말한 것처럼, "역사의 발전은 매우 천천히 진행하지만, 진전하고 있다는 것은 확실하다. 정치적, 사회적 계층 간의 갈등이 깊이 내재하고 있는 것은 확실하기에, 노예해방이 백인과 흑인을 즉시 동등하게 취급하는 것은 아니지만, 인간의 발전 과정에서 중요한 첫걸음이 될 것이다. 나는 모든 인간이 법 앞에 평등하고 자유로운 세상을 만들고 싶다."고 했는데, 다음 단계는 교육을 위한 기회의 평등이다. (상기 저서 2, 99 page 참고)

2) Abraham Lincoln 대통령의 취임과 남북전쟁

Abraham Lincoln 대통령이 취임사에서 언급한 것처럼, "나에게 패배한 후보는 노예제도를 유지, 확대하자는 주장을 했으나" 대통령으로 취임한 자신은 "노예제도를 더 이상 유지할 수 없으며, 확대도 불가능하다."는 주장을 했다는 것이다. 그러나, 선거운동 시기에 토론을 통하여 상대 후보의 주장이 받아들여지기를 원했지만, 실패하고 말았다.

1861년 4월부터 시작한 남북전쟁은 1865년 5월까지 4년여에 걸쳐 진행되었는데 북부의 연방군으로 참여한 주는 25개 주-각종 군수물자를 지원한 5개 경계 주 포함-였으며 연방정부의 해체와 노예제도 유지를 주장하는 남부군에 편입된 주는 11개 주였다. 11개 주의 총인구는 12 백만명이었으며 이 가운데 노예는 약 4백만명이었다.

최근에 발생한 Russia의 Ukraine 침략전쟁이나 제1차세계대전처럼 많은 전쟁이 처음 시작될 때는 단기간에 끝날 것으로 예상하였으나 미국의 내전인 남북전쟁도 결과적으로 4년여에 걸치면서 많은 전사자가 발생한 긴 내전이 되고 말았다. 수치로 살펴보면, 북부의 연방군이 2,100,000명이 참전하였으며 남부군은 750,000명이 참전하였는데 750,000명 이상의 미국인이 전사하였다. 미국과 Mexico와의 전쟁에서 발생한 미국인의 전사자가 2,000명 미만인 것을 비교하면 엄청난 인명피해가 발생한 것이다. (상기 저서 291~293 page 참고)

남북전쟁에서 남부군이 패배한 결정적 계기가 된 전투는 1863년 7월 1일 Pennsylvania Gettysburg의 3일 동안의 전투에서 남부군과 연방군의 전사자가 각각 20,000명 이상이 발생하고 남부군이 퇴각하면서부터였다.

한편, 1862년 9월 22일 Lincoln은 "1863년 1월 1일부터 미국의 모든 노예는 자유인이 될 것이다."고 공식적으로 선포하였다. 드리고, 1863년 1월 1일 오후 2시에 노예해방을 선포하였다. 그는 "오늘은 단순히 서류에 서명하는 것 이상이며 나의 인생에서 지금처럼 바른 일을 하고 있다는 확신에 찬 감정을 가진 적이 없었다."고 강하게 달했다. (상기 저서 294~297 page 참고)

남북전쟁은 1865년 4월 남부군의 장군인 Robert E. Lee가 항복을 선언하면서 남북전쟁이 종전하게 되었다. (상기 저서 305 page 참고)

3) 미국 공교육의 탄생

연방군은 전쟁 중에 과거 남부 소속의 주 정부들이 전혀 하지 않았던 노예의 전력이 있는 흑인과 가난한 백인들에게 교육의 기회를 제공하였다. 즉, 남부의 Elites는 가난한 백인들에게 교육에 필요한 세금을 거부하였으나 전쟁 중에 공공교육제도가 연방군에 의해 전파되었으며 결과적으로 미국 전역으로 확대하게 된 계기가 되었다.

예를 들면, 1864년 3월, 연방군의 Banks 장군이 Gulf 지역에 최초의 공립학교를 설립하였다. 이어서 연방군 소속의 자원봉사자를 동원하여 Arkansas 주에 최초의 공립학교를 설립하였다.

같은 시기에, 과거 노예였던 흑인 여성 Suscie King Taylor는 흑인 어린이를 위한 최초의 학교를 설립하기도 하였다.

결과적으로, 연방군은 전쟁 중에 백인이나 흑인을 가리지 않고 향학열에 타오르는 많은 사람을 위하여 공교육 System을 도입하게 된 것이다. (상기 저서 2, 95~96 page 참고)

4) 수정헌법 제13조의 통과 및 Abraham Lincoln 대통령의 암살

헌법을 수정하여 노예제도를 종식하기 위한 노력은 1963년 1월 상원의원인 Charles Sumner가 수정헌법 제13조의 초안을 제시하면서 시작되었다. 그의 초안은 "법 앞에 모든 인간은 평등하다."였는데 의회에서 거절될 것으로 생각하여 실제로 의회에 제출하지는 않았다. 같은 해 12월에 Iowa 주의 하원의원인 James F. Wilson과 Ohio 주 하원의원인 James M. Ashley가 법안을 작성하여 하원에 제출하였다. 이들이 각각 제안한 두 개의 수정안은 자유를 위하여 의회와 연방법원을 찾는 노예들을 보호하기 위한 제도적 장치를 설립하는 것이었다. 그러나, 연방 수정헌법 제13조가 재적의원 2/3 이상의 표결로 확정되면서 이들의 제안은 자연스럽게 소멸하였다. 결과적으로 자유를 찾는 흑인들의 권리가 확실하면서 보장되지 않는 상태로 남겨지게 된 것이다. 즉, 백인우월주의자이면서 인종차별주의자인 Missouri 주의 상원의원 John Henderson이 연방 수정헌법 제13조를 제시하면서 단순히 "범죄에 대한 징벌 목적의 노예 또는 강제 노동은 미국에서 존재하지 않는다."로 연방 수정헌법 제13조가 통과된 것이다. (상기 저서 2, 112 Page 참고)

노예제도를 폐지하는 미국의 수정헌법 제13조가 1865년 1월 31일 119:56으로 하원의원 2/3 이상의 찬성으로 통과하였다. 그가 두 번째 임기를 시작하기 위하여 1865년 3월 4일 Washington에서 연설한 취임사의 내용은 수정헌법 제13조를 재확인한 것이다. 즉, 노예해방을 위한 남북전쟁의 당위성과 남북전쟁 과정에서 직접적, 간접적인 희생자들에 대한 위로를 담은 내용이었으며, 이 내용은 그의 묘지 비석에 그대로 새겨져 있다.

1865년 4월 14일(금요일) 백악관에서 6 Block 떨어져 있는 Ford 극장에서 암살자인 Booth가 소형권총을 이용하여 Abraham Lincoln을 향해 사격하였으며 Lincoln은 의자에 앉은 채로 의식을 잃었다. 총격 이후 즉시 한 군인이 뛰어들어 Lincoln을 Carpet에 눕힌 후, 두 명의 의사와 함께 그를 10번가에 있는 하숙집의 1층으로 옮겼다. 이때 대통령의 나이는 56세였으며 머리에 치명적인 총격을 맞았기 때문에 생존하기는 어려운 상황이었지만, 혹시 사망 전에 몇 마디의 말이라도 할 수 있기를 바라면서 12명 이상이 그의 주변에서 꼬박 밤을 새우면서 그의 주변에서 머물러 있었다.

그러나...,

그는 의식을 회복하지 못한 채 사망하고 말았다. 그는 대통령 재임중에 암살당한 미국의 첫 번째 대통령이 되었다.

일요일 한 성직자가 설교하면서 "우리는 국가를 위한 위대한 순교자를 맞이하게 되었다."고 말했다.

Abraham Lincoln은 미국에 "노예해방"이라는 새로운 사상을 불어넣은 것이며, 위대한 순교자의 역할을 한 것이다. 또한, 4년 동안의 남북전쟁을 통하여 결과적으로 연방국가로서의 미국을 더욱 강화한 것이다.

검시에 참여했던 의사들은 검시 결과를 발표하면서 "해골이 산산조각이 났다."고 했으며, 시신을 처리하는 사람들은 "대통령의 시신이 영원히 부패하지 않도록 하겠다."고 말했다.

한 흑인 여성은 Lincoln의 관을 보기 위하여 기다리면서 "우리의 Moses를 잃었다."고 말하며 흐느끼고 있었다. 또 다른 흑인은 "그는 우리를 위하여 십자가를 진 것이다."고 말했다.

Lincoln이 누워있는 장례 열차는 12일 동안 밤과 낮을 가리지 않고 벌판과 시가지를 불문하고 굽이굽이 미국 전역을 계속 달렸다.

1865년 5월 4일, 그의 시신은 영원히 안치할 수 있는 기념관을 건축할 때까지 Illinois 주에 있는 Springfield에 임시로 안치하였다.

1865년 12월 6일, 수정헌법 제13조를 최종적으로 인증하였다. 그러나, 평등을 위한 험난한 과정은 이제 시작에 불과하였다. (상기 저서 305~306 page 참고)

미국의 건국 대통령인 George Washington은 건국을 위하여 노예제도의 해결을 다음 세대에게 맡겼으며, Abraham Lincoln은 노예해방을 위하여 흑인의 실질적인 정치적, 사회적 평등을 또 다음 세대에게 넘긴 것이다. 그들이 국가의 문제를 잘 인식하고 있었지만, 해결해야 할 과제가 너무나 중대하기에 사회적 변혁을 위하여 몇 단계를 한 번에 해결하려고 시도하다가는 자칫 의도하지 않은 방향으로 나갈 수 있어 단계적 해결을 모색한 것이다.

5) 수정헌법 제14조 및 제15조

남북전쟁 당시 장교로 복무했던 James A. Garfield는 높은 학문적 식견을 가지고 있었는데, 수정헌법 제13조가 미국의 역사를 위하여 진전한 것은 맞지만 더욱 근본적인 문제를 해결하지 못하고 있다고 판단하였다. 즉, 시민권에 대한 명확한 규정을 하여야 Dred Scott 판례와 같은 "백인으로 한정된 시민권" 판결이 도출될 수 없다는 것이다. 이것을 위하여 의회가 "평등을 보장하고 노예제도와 유사한 새로운 형태의 강제노동이 발생하지 않도록" 수정헌법을 통하여 명확하게 하여야 한다는 것이다.

한편, 남북전쟁 종료와 수정헌법 확정 이후 남부의 실태를 정확하게 파악하기 위하여 Lincoln의 사망 후 부통령에서 대통령을 승계한 제17대 대통령인 Andrew Johnson(임기: 1865년~1869년)이 Schurz를 남부 지역으로 보냈다. Schurz가 작성한 보고서에 따르면, 백인에 의한 새로운 형태의 테러가 흑인들에게 자행하고 있으며 해당 지역의 공화당원들은 이러한 상황을 외면하고 있다는 것이다. 수정헌법 제13조의 제정과 남북전쟁이 끝났음에도 불구하고 남부 지역의 백인들은 흑인을 여전히 백인의 "재산"으로 생각하는 경향이 깊이 내재하고 있었다. 이것은 바로 공화당 중심의 의회가 또 다른 행동을 하여야 한다는 것을 의미한 것이다.

그러나, 전임 Lincoln 대통령이 대통령 당선을 위하여 전략적으로 Johnson을 부통령으로 지명하였는데, Johnson 대통령은 인종차별주의자들로 구성된 National Union 당 소속이었다. 즉, 그는 전형적인 남부의 인종차별주의자이었다. (상기 저서 2, 155~159, 163 page 참고)

따라서, 상원과 하원을 각각 2/3 이상(1866년 초 연방하원은 191석 중 145석, 연방상원은 50석 중 39석을 공화당 소속) 장악하고 있는 공화당에서는 남부의 주들이 의원을 선출하여 연방의회에 참가하기 전에 수정헌법 제13조를 보완하기 위한 새로운 수정헌법을 완료하기 위하여 준비하고 있었다.

수정헌법 제14조 초안을 작성한 사람은 헌법전문 변호사인 John A. Bingham이었다. 그는 1866년 1월부터 Thaddus Stevens와 함께 수정헌법 제14조 초안을 보완, 작성하였는데, 초안의 핵심은 "미국은 백인의 국가가 아니다."라는 것과 "흑인의 권리를 확인하는 것", "자유와 함께 강력한 국가로 진전한다는 것" 등이었으며 이들은 흑인의 투표권을 명문화하자고 하였다.

그러나, 공화당 의원들은 흑인의 투표권 "명문화"에 소극적이었으며 자유가 곧 투표권까지 이어지기에는 준비가 되지 않았다는 것이다. "그들은 내심 흑인과 백인은 차이가 있다."고 생각하고 있는 것이었다. (상기 저서 2, 167~168, 171 page 참고)

수정헌법 제14조가 상원에서 부결되자 전략을 수정하여 투표권의 보장에서 백인우월주의자들의 폭력으로부터 흑인을 포함한 모든 미국인의 표현의 자유와 종교 선택의 자유 등을 포함한 시민권을 보호하는 방향으로 전환하였다. 즉, 공화당이 미국 시민으로서의 평등한 권리를 보장하는 방향으로 헌법을 수정하기로 결정한 것이다. 단, 정치적인 평등은 언급하지 않았다. (상기 저서 2, 176~177 page 참고)

Johnson 대통령의 거듭된 거부권 행사에도 불구하고 마침내 상원에서 33:11, 하원에서는 120:32로 수정헌법 14조가 1866년 6월 13일에 통과되었으며 미국 각주의 동의를 얻어 마침내 1968년 7월 9일에 비준되었다. 수정헌법 제14조가 미국인 전체의 선거권 보장과 같은 새로운 권리를 규정하지는 못하였지만, 시민권을 구체적으로 규정하여 현재의 권리를 더욱 확실하게 보호하는 긍정적인 역할을 함으로써 또 한걸음의 진전을 한 것으로 볼 수 있다.

한편, 수정헌법 제14조가 통과되었지만, 법 제정과 효력의 핵심인 공권력의 실행이 남부 지역에서 정상적으로 행사할 수 있는지는 여전히 의문점으로 남을 수밖에 없었다. (상기 저서 2, 194, 198 page 참고)

또한, 공화당(Republican Party)이 시민권을 보유하고 있는 모든 시민으로부터 시민권을 박탈할 수 없도록 하는 수정헌법 제14조를 협의하는 과정에서 연방군의 승리를 위하여 커다란 노력을 했던 여성의 투표권을 배제하기 위하여 “Male(남성)”이라는 단어를 기재하였다. 수정헌법 제14조를 논의하기 위한 소위원회에서 여성인 Stan은 “만일 참정권을 남성으로 제한한다면 이 단어를 없애기 위하여 100년이 걸릴 것이다.”라고 경고하였는데, 1920년 수정헌법 제19조에 따라서 여성의 참정권이 최종 확정되었으며 결과적으로 그녀의 경고는 크게 틀리지 않았다. 또한, 이 시점을 기화로 하여 참정권을 포함한 여성의 인권운동이 본격적으로 시작하였다.

또 다른 문제는 “미국에서 태어난 모든 사람(Persons)”의 진정한 의미를 해석하는 것이었다. 최종적으로 “Persons”의 의미를 “거주하고 있는 남성”이라고 협의의 해석을 했음에도 불구하고 당시의 Andrew Johnson 대통령의 인증을 보장하기가 어려웠다. 1866년 공화당원이 하원 선거에서 많은 당선을 하면서 공화당이 수정헌법 제14조에 대한 계속된 거부권 행사를 한 Johnson 대통령에 대하여 탄핵을 진행하기도 하였다.

결과적으로 공화당이 탄핵에는 실패하였지만, 후임 대통령으로 Ohio 주 출신인 Ulysses S. Grant(임기: 1869년~1877년)가 공화당의 대통령 후보로 출마하여 미국의 제18대 대통령이 됨으로써 수정헌법 제14조의 법적 절차를 마무리하였다. 한편, 공화당 대통령 후보의 당내경선 과정에서 KKK(Ku Klux Klan)단이 흑인들의 투표를 조직적으로 방해하였지만, 많은 흑인이 공화당의 대통령 후보로 Grant를 당선시키기 위하여 적극적으로 참여하였다.

마침, 이 시기에 서부의 금광개발 바람을 타고 1849년부터 중국인들이 미국으로 이민을 오기 시작하였는데 1849년에 California 주에서 거주한 중국인이 49명에 불과하였지만, 1850년 491명, 1851년 7,000명 이상, 1852년 25,000명으로 급증하였다. 그들의 대부분은 광동성 출신으로 Hong Kong에서 배를 타고 미국의 San Francisco에 도착하였다. 이들은 서부의 여러 주로 분산하여 이주하였는데 1860년의 연방 인구조사자료에 따르면, 34,935명의 중국인 중에 24,282명의 중국인이 광산에서 일하고 있는 것으로 파악되었다. 1870년에는 중국인 이민자와 그들의 자녀를 합하면 California 주 인구의 9%를 차지하게 되었다. 따라서 중국인의 급격한 증가로 인하여 수정헌법 제14조에 규정된 간단한 시민권 조항이 백인 위주의 미국 사회를 위협하는 또 다른 요인으로 등장하게 되었으며, 중국인을 투표권에서 제외하기 위한 다양한 토론을 정치권에서 시작하였다. 그리하여, 1870년 수정헌법 제15조가 최종적으로 확정되었지만, 중국 이민자에 대한 미국의 시민권 인정에 관련된 문구는 전혀 없었다. 또한, 여성의 참정권 문제도 함께 관련되어 있었기 때문에 이것을 다시 수정헌법으로 해결하기에는 매우 힘든 상황이었다. 따라서, "미국 시민의 투표권은 인종, 피부색, 예속 상태로 인한 투표권을 거부할 수 없다."는 내용으로 포괄적으로 규정하면서 훗날에 문제가 발생할 수밖에 없는 상

황이 된 것이다. (상기 저서 322, 324~327 page 참고)

1870년 수정헌법 제15조가 제정된 진행 과정을 살펴보면, 1868년에 흑인들의 실질적인 투표권 행사가 더욱 어려워지자, 하원에서는 새로운 수정헌법을 제정하기 위하여 움직이기 시작하였다.

Anna Dickinson은 처음으로 수정헌법 제15조를 제정하자고 제시한 사람인데 그녀는 "여성을 포함한 모든 시민권자에게 선거권을 부여함으로써 자유민주주의와 함께 완전한 평등을 달성하자."고 제안하였다. 그녀를 포함한 시민운동가들이 여성의 선거권을 수정헌법 제15조에서 보장하자는 운동을 시작한 것이다.

그러나, 앞에서 언급한 내용과 같이 중국인을 포함한 유색인종 이민자의 급증, 공화당 의원들(하원의원 126석, 상원의원 48석 등 수정헌법 제정을 위한 안정 의석을 확보하고 있었다.)의 흑인을 포함한 유색인종에 대한 투표권 부여와 여성에 대한 투표권 부여에 대한 소극적인 자세 등으로 인하여 수정헌법 제15조의 제정 과정이 난관에 부딪혀 있었다. 즉, Thaddeus Stevens, Benjamin Wade, John Bingham, Charles Summer 등의 공화당 지도자들이 "완전한 평등"을 지지하고 있다고 말하면서도 유색인종과 여성에 대한 선거권의 확대가 "정치적 이익"에 도움이 되지 않는다고 생각하고 있었다. 그들의 기득권을 지키기 위한 노력에는 적극적이지만 선거권의 확대에는 매우 소극적이었다. 그러나, 북부 지역에 거주하는 대부분의 시민은 흑인을 포함한 모든 시민에게 선거권을 부여하여야 한다는 인식이 확산하고 있었는데, 선거권의 확실한 보장이 백인우월주의자의 폭력으로부터 보호할 수 있는 최선의 방법으로 생각하고 있는 것이었다.

드디어, 1868년 초에 Thaddeus Stevens가 흑인에게 선거권을 부여하는 수정헌법 제15조 초안을 작성하여 하원에 제시하였다. 그는 동료 의원들에게 "흑인에게 선거권을 부여하는 것이 남부 지역이나 북부 지역 등, 전 지역에서 공화당에게 매우 유리하며, 공화당이 의회 권력을 계속 장악할 수 있다."고 설득했다. (상기 저서 2, 199~203 page 참고)

그리하여, 수정헌법 제15조를 제정하기 위한 실질적인 움직임이 의회에서 시작한 것이다. 수정헌법 제15조의 제정 과정에 핵심적인 역할을 한 또 다른 의원인 Nevada 주의 상원의원 William M. Stewart는 미국 제18대 대통령인 Ulysses S. Grant(임기: 1869년~1877년)를 만나 "남부에서 흑인들이 다시 노예가 되는 상황을 예방하고 정치적인 힘의 균형을 위하여 흑인에게 선거권을 부여하여야 한다."고 설득하여 대통령의 동의를 얻어냈다. 이어서 공화당 내부의 반발을 극복하기 위하여 "흑인에게 선거권을 부여하는 것은 우리에게 부여된 정당한 일을 하는 것이며, 공화당이 계속 의회를 장악할 수 있다."면서 설득하였다.

수정헌법 제15조에 대한 상원과 하원의 의견 조정이 어려워 1869년 2월 24일 상원과 하원의원들이 합동회의를 개최하여 수정헌법 초안을 마련하였는데,

Section 1에는 "미국 시민의 선거권이 피부 색깔이나 인종 또는 과거에 노예였다는 등의 이유로 인하여 연방정부나 주 정부에 의해서 부정될 수 없다."고 규정하였으며, Section 2에는 "의회는 적절한 입법을 통하여 이 조항을 강화한다."고 하였다. Section 2에 의하여 인종차별로 인한 선거권 행사가 제한당할 수 있다고 예상하였지만, 장기적으로 이 문제를 해결할 수 있다고 생각한 것이다. 즉, 선거권을 적극적으로 인정하지 않았지만, 부정하지 않아야 한다는 것이다.

한편, 이 과정에서 여성 시민운동가들의 강력한 요구에도 불구하고 여성의 선거권 행사는 수정헌법 제14조에 이어서 또 한 번 철저하게 외면당했다. 수정헌법 제15조는 37개 주 가운데 28개 주 이상이 인증하여야 하는데 1869년 2월 26일에 상원과 하원의 가결을 얻어 각 주의 인증 절차를 거쳐 1870년 2월 3일에 확정하였다. (상기 저서 2, 207~213 page 참고)

노예해방 과정에서 남부 지역의 민주당은 일시적으로 의원의 진출이 제한되었다. 따라서, 여성의 선거권 외면과 같은 한계가 있음에도 불구하고 공화당만의 의회가 주도하여 제정한 수정헌법 제13조, 제14조, 제15

조는 미국의 역사에서 현대국가로 거듭나기 위한 커다란 진통이었으며, 노예해방과 더불어 이 3개의 수정헌법은 연방국가로서의 결속력을 더욱 강화하게 되었다.

그러나, 많은 국가가 그러하듯이 오랫동안 유지되어 온 문화가 법의 제정으로 일시에 100% 변화하기가 매우 힘든 것이기에 미국 남부의 흑인에 대한 인종차별 문제는 수정헌법 제13조와 제14조와 제15조가 제정되었다고 백인의 흑인에 대한 차별 대우가 사회적, 문화적으로 즉시 효과를 얻기는 쉽지 않은 것이며, 이러한 변화는 매우 오랜 시간이 걸린 것이다. 또한, 수정헌법 제13조, 제14조, 제15조를 통한 흑인과 유색인종에 대한 차별을 금지하는 헌법 제정에도 불구하고 흑인의 투표권은 Martin Luther King을 포함한 수많은 흑인 인권운동가의 생명을 담보로 한 투쟁으로 36대 대통령인 Lyndon Johnson(임기: 1963년~1969년)이 1965년 투표권법을 서명함으로써 비로소 일단락되었다.

물론, 정치, 사회, 경제, 문화 등의 여러 가지 측면에서 보면, 인종차별 문제의 해결은 지금도 진행되고 있는, 해결해야 할 과제로 보아야 한다.

한편, 미국과 같은 노예해방을 위한 내전이 없었지만, 유럽의 많은 국가가 1800년대 중반까지 노예제를 폐지하였거나 노예무역을 중단하고 있었다. 여기서 유럽의 주요 국가들이 노예제와 노예무역을 폐지한 과정을 간단하게 살펴보면, Denmark 경우에는 1803년 유럽 국가 중에 최초로 노예무역을 금지하였으며 영국은 1807년 노예무역을 금지하고 1933년 대영제국 내의 모든 국가에 대한 노예제도를 전면 금지하였다. 그리고 France에서는 혁명정부가 들어서면서 1794년 노예제도를 폐지하였으나 1802년 Napoleon에 의해서 부활하였는데 1848년 4월 27일 노예제 폐지법을 통과시키면서 영원히 폐지하였다. 한때 유럽의 강대국이었던 Netherlands는 1863년 노예제를 폐지하였으며 Spain은 1886년 본국과 식민지에서 노예제를 폐지하였다. Portugal은 노예제를 1869년에 폐지하였다.

이와 같은 세계적인 노예제도 폐지 현상은 커다란 정치적, 사회적 변화와 제1차산업혁명의 영향, 계몽주의 사상의 영향이 복합적으로 작용하면서 새로운 권력구조로의 변화를 일으키면서 현대국가르 진입한 결과를 가져온 것이다. 즉, 19c에 들어서면서 노예제도가 차츰 사라지기 시작하였다.

6) 여성의 평등권 확보와 인권 신장

각 국가의 역사적, 문화적, 사회적 상황에 따라 여성의 인권과 참정권, 경제적 능력이 다르게 나타나지만, 남성과 비교하여 경제적 평등이 상대적으로 낮게 나타나는 것이 일반적인 현상이다.

미국의 경우 앞에서 언급한 것처럼, 1866년 수정헌법 제14조 제정 시에 여성 인권운동가인 Stan은 여성의 참정권을 주장하면서 “만일 지금 여성이 참정권을 확보하지 못한다면 앞으로 100년이 걸릴 것이다.”라면서 여성의 참정권을 주장하였지만 실패하였으며 그녀의 주장가 유사하게 50년 이상 흐른 뒤인 1920년 수정헌법 제19조에 의하여 여성의 참정권을 인정하게 되었다.

또한, 미국 남성의 11%가 빈곤층으로 살고 있는 반면에 여성의 경우는 14%가 빈곤층으로 살고 있다.

영국 여성의 참정권과 경제활동 등을 살펴보면, 여성의 참정권 운동을 1860년부터 시작하였으며 1918년 2월 6일부터 30세 이상의 여성에게 참정권을 인정하였는데 10년 후인 1928년부터 남성과 동일한 참정권을 갖게 되었다. 당시 남성의 참정권은 21세이었다. 이와 같은 여성의 사회 진출 제한은 남녀 간의 불평등을 야기하는 중요한 원인이다. 그러나, 아이에 대한 권리 등의 사회적, 경제적 권리는 제1차세계대전과 제2차세계대전 이후 자유와 평등의 중요성에 대한 인식이 확대하면서 1900년대 중반과 후반에 들어와서야 빠르게 확대하기 시작하였다. 예를 들면, 영국의 국영방송국인 BBC나 학교 교사에 대한 결혼 후의 근무 제한을 삭제하였다. 즉, 서구사회에서 “인간”으로서의 천부의 권리를 이야기할 때 “인간”에 여성을 제외한 좋지 않은 문화는 오랫동안 내려온 것이다. (Why Women Are Poorer Than Men Published by Penguin Random House UK 2021 by Annabelle Williams 15, 38, 41, 52,54 page 참고)

이처럼 꾸준한 노력에도 불구하고 남성 중심의 문화에 의한 여성에 대한 차별은 지금도 여전히 사회 각 분야에서 진행 중에 있는데, 학문 분야를 살펴보면, 영국의 경제학자 중에 단지 15%가 여성이며 미국에서는 13%에 불과한 상태이다. 남성과 여성의 구성 비율 차이는 사회과학 분야와 자연과학 분야가 유사하다. 단지, 전문 영역 분야는 이러한 구성 비율이 과학 분야보다 약간 개선된 상태에 있다.

여성과 남성의 소득 차이를 다양한 방법으로 조사할 수 있는데 여기서 한 방법을 제시하면서 보여줄 수 있는 것은 영국에서 조사한 남성과 여성의 중간 소득의 예금 자료이다. 즉, 남성의 경우는 11,660 Pounds이며 여성의 경우는 5,621 Pound로 나타났다. (상기의 저서 98, 151 page 참고)

한국에서 중위소득 50% 이하를 빈곤층으로 보았을 때 1인 가구 노인의 빈곤층 가운데 여성은 55.7%, 남성은 34.5%로 나타났다. (Chat GPT 참고)

3. 빈곤의 탈출

1) 개관

먼저 빈곤과 빈곤선의 사전적 의미를 정의하면, 소득이 부족하여 기본적인 삶을 영위하기 힘든 상태를 의미하며 국가에 따라서 빈곤을 의미하는 소득수준이 다를 수밖에 없으며, 빈곤선이란 개인 또는 가족이 정부가 지정한 가난한 수준의 아래에 있는 것을 의미하는데 Oxford English Dictionary는 "삶을 보장하는 가장 낮은 수준으로 측정되는 것"이라고 규정하고 있다.

한편, 영국 수상이었던 Churchill(임기: 1940년~1945년 및 1951년~1955년)은 2001년 York에 거주하고 있던 주민 중에 약 1/5이 빈곤 상태로 살아가고 있는 것에 충격을 받고 2006년 당적을 보수당에서 노동당으로 옮겼다. 결과적으로 유럽 정치에서 빈곤에 대한 새로운 인식을 통하여 빈곤 퇴치를 위한 새롭고 획기적인 정치적 혁신을 이루는 계기가 되었으며 지금은 SDGs(Sustainable Development Goals)로 확대하여 2030년까지 새로운 세계적 목표가 되어 경제적, 사회적, 환경적 우선순위로 확대하였다. (Measuring Poverty Around World Published by Princeton 2019 by Anthony B. Atkinson 30 page 참고)

1700년대 후반 영국에서 증기를 이용한 제 1차산업혁명을 시작으로 하여 가난과 배고픔을 하늘로부터 인간에게 주어진 업보로 생각하며 살아왔던 인간의 삶이 차츰 바뀌기 시작하였지만, 1900년대에 진입하면서 많은 인간이 나도 잘 살 수 있다는 희망을 갖고 소위 중산층이라는 사회계층이 처음으로 형성되기 시작하였다. 이 시기는 자동차 기업인

Ford 사가 처음으로 Conveyor Belt를 이용하여 Model T 자동차의 대량 생산과 이를 위한 노동자의 대량 고용을 시작한 1900년대 초부터 자동차 대중화와 중산층 형성이 시작되었다.

그러나, 1918년 제1차세계대전이 종전하면서 1920년대에 들어와 세계 경제가 호황으로 접어들고 노동조합의 조직이 확대되고 협상력이 강화하면서 안정적인 삶을 희망하는 중산층이 확대할 수 있는 초기 단계에 진입하였지만, 1930년대의 세계적인 대공황과 1939년부터 1945년까지 진행된 제2차세계대전으로 인하여 사회의 안정판 역할을 할 수 있는 중산층의 형성이 지연되고 말았다. 제2차세계대전이 종전되고 미국을 중심으로 한 선진국들이 경제의 지속적인 성장을 위해서는 안정적인 사회가 중요하며 강력한 중산층의 사회구조를 형성하는 매우 중요하다는 것을 느끼게 되었으며, 동시에 국가는 빈곤층을 보호하기 위한 최소한의 사회안전망을 마련하는 것도 중요하다는 것을 인식하고 다양한 사회복지 제도를 적극적으로 실행하게 되었다.

그들의 이러한 판단은 시의적절하였으며 결국 1950년대부터 1970년대 초까지 미국과 유럽 국가들, 일본을 중심으로 한 선진국은 빠른 경제성장을 이루는 소위 세계 경제의 "황금시대"를 맞이하게 되었다.

그런데, 1971년 8월 15일 미국의 37대 대통령인 Richard Nixon은 일방적인 Bretton Woods System 폐지를 발표하면서 "황금시대"를 차츰 마무리하게 되었으며 1973년의 제1차 Oil 파동과 1979년의 제2차 Oil 파동은 전 세계 경제에 높은 Inflation을 발생시키고 신자유주의 경제이론과 정책의 출현과 금융의 자유화, 변동환율제의 도입 등의 세계 경제의 근본적인 변화를 일으키게 되었다.

또한, "황금시대"의 경제발전은 중산층의 빠른 확대와 더불어 경제발전에 따른 혜택을 대부분의 국민이 적절한 혜택을 받는 결과를 가져왔지만, 1970년대를 지나면서 경제의 근본적인 변화를 겪으면서 중산층 이하의 계층이 차츰 경제발전의 혜택에서 소외되는 경향이 강해졌다. 여기에 더하여, 아시아의 외환위기, 2008년 미국의 Subprime Mortgage 금융위기, 미중전쟁, 2019년 발생한 세계적인 COVID-19 전염병, Russia의 Ukraine 침략전쟁, 갈수록 악화하고 있는 기후 온난화 등으로 인하여 중산층의 약화에 더하여 불평등의 심화와 빈곤층 삶의 위기 등이 세계 경제에 새로운 사회적 문제로 나타나고 있다.

"황금시대"를 지나면서 빈곤층은 빠르게 줄기 시작하였지만 1990년까지를 살펴보면 중국과 India가 세계 인구의 30% 이상을 차지하고 있기 때문에 이 두 국가의 빈곤이 줄어들지 않는 한 빈곤층 감소가 세계로 확대하기에는 여전히 힘든 상황이었다. 그런데, 2001년 중국이 WTO에 가입하면서 빠른 속도로 성장하면서 수치로 보여주는 것처럼 세계의 빈곤율도 빠르게 감소하게 되었다.

한편, 21c에 들어서면서 빠르게 진행하고 있는 지구온난화와 함께 지식을 기반으로 하면서 다품종 소량 생산과 Network, AI, AM 등을 이용하는 제4차산업이 본격적으로 발전하면서 Gig Job, Freelancer 등의 새로운 노동의 형태가 출현하고 노동조합의 약화와 평등의 악화 가능성이 더욱 높아질 수 있기에, 그리고 이것으로 인한 결과로 정치적, 사회적 불안정과 극단화 가능성이 있기에-이미 미국, 한국을 비롯한 세계의 많은 국가에서 이러한 현상이 나타나고 있는 것으로 보이지만-국가와 사회 구성원 전체가 함께 삶의 질이 향상할 수 있는 방향으로 큰 흐름의 방향 수정이 절실한 상황이다.

따라서, 비록 성공에 대한 보장을 단정할 수는 없지만, 이에 대한 문제 인식에서 시작하여 적극적인 행동을 함으로써 빈곤의 감소와 국민의 평등을 향한 긍정적인 방향으로 나가는 첫걸음을 딛는 것이다.

한편, 지구온난화로 인한 빈곤과 불평등에 대한 영향은 앞으로 다루게 될 "환경 및 지구 생태계 보호과 불평등의 극복"에서 자세히 언급할 예정이기에 여기서는 추가로 언급하지 않을 것이다.

2) 빈곤 기준의 변화

(1) 빈곤선의 한계

빈곤선의 기준에 관하여 구체적으로 언급하기 전에 대부분의 사회과학에서 언급하는 기준에 관한 수치는 매우 상대적이며 절대적 기준이 아니라는 것을 보여주기 위하여 사례를 통하여 먼저 보고자 한다. 2013년~2014년 사이에 Uganda에서 조사한 자료에 따르면, 금전적 측면에서 조사한 국가 빈곤선에 대한 자료는 19.7%로 나타났지만, Uganda 국민의 70%가 스스로 "매우 가난한" 또는 "가난한" 상태라고 느낀다고 밝혔다. 즉, 객관적 조사와 주관적 조사와의 괴리가 매우 크다는 것을 유념하면서 아래에서 보여주는 World Bank의 조사와 빈곤선을 참고하는 것이 좋은 것이다. (상기의 저서 34~35 page 참고)

(2) 빈곤선의 추이

1990 년: 전체 인구의 약 43%가 극심한 빈곤 상태

2011 년: 극심한 빈곤율은 21%까지 감소

2015 년: 10% 아래로 감소

2020 년: COVID-19 전염병 여파로 증가하여 29.7%로 반전

2022 년: PPP 조정 후 약 10.5% (약 8억 3천만 명)까지 상향 조정

2025년 전망: 9.9% 수준으로 점진적 완화 예상

상기의 자료는 World Bank 자료에 의한 세계의 절대 빈곤율(하루 US $2.15 이하 기준)로 하였다.

(3) 빈곤선 기준의 변화

World Bank가 규정한 빈곤의 기준은 주로 절대 빈곤선(absolute poverty line)으로 제시되며, 하루 US $2.15 미만(2022년 기준, 2020년 US $, PPP 기준)의 생활비로 생계를 유지하는 경우를 극심한 빈곤(extreme poverty)으로 분류한다.

1985년대: 하루 US $1 미만

2005년 개정: 하루 US $1.25 (2005 US $ 기준)

2015년 개정: 하루 US $1.90 (2011 PPP 기준)

2022년 개정: 하루 US $2.15 (2020 PPP 기준)←최신 기준

World Bank는 국가의 소득수준에 따라 상대적 빈곤선도 함께 제시한다.

하루 US $3.65: 저소득 국가(LICs) 기준

하루 US $6.85: 중상위소득 국가(UMICs) 기준

이러한 수치는 각국의 물가 수준을 반영한 구매력평가(PPP: Purchasing Power Parity)를 기준으로 계산한다. 참고로 중국은 사실상 극빈을 제거했으며, 2020년 말 ""절대 빈곤"을 공식적으로 종식했다는 발표를 했다, 물론 기준을 적용하였는가에 따라서 달라질 수 있지만.

(4) PPP(Purchasing Power Parity)의 한계

GDP, 행복지수, 빈곤 Gap 등의 사회과학에서 조사한 자료를 바탕으로 하여 제시하는 대부분의 수치는 각각 한계를 가지고 있지만, 현실을 최대한 정확하게 반영하기 위하여 꾸준히 꾸준히 노력하고 있으며 PPP도 비록 한계를 가지고 있지만, 이러한 시각에서 긍정적으로 바라보아야 한다. 여기서 PPP의 한계에 대하여 간단하게 언급하면,

첫째, 다양한 방법으로 PPP를 측정할 수 있기 때문에 각 국가가 PPP를 측정하는 방법을 어떻게 반영하느냐에 따라 다르게 나타날 수 있다. 둘째, 방법보다 더욱 근본적으로 접근하여 PPP를 반영하는 요소에 대한 차이가 나타날 수 있다. 즉, GDP를 이용할 수 있으며 ICEH(Individual Consumption Expenditure Households)를 이용할 수 있다. 셋째, PPP의 기준이 시장에서 거래를 하고 있지만, 빈곤층과는 무관한 품목을 산정 수치에 반영함으로써 결과가 왜곡될 수 있다. (상기의 저서 68 page 참고)

(5) 빈곤 Gap

빈곤 Gap은 빈곤의 정도를 측정하는 지표로, 단순히 빈곤 인구의 수

뿐 아니라 이들이 빈곤선 아래 얼마나 떨어져 있는지를 평균적으로 보여주는 지수이다.

빈곤 Gap은 빈곤선(z)과 빈곤층의 평균 소득(y) 간의 차이를 전체 인구 대비로 표현한 것으로, 빈곤선 대비 부족한 소득의 평균 비율을 나타낸다.

빈곤 갭 비율(Poverty Gap Ratio, PGR):

PGR=1/N∑(-yi)/z

z 빈곤선(예: 하루 US $2.15 또는 국내 기준 중위소득의 50%)

yi: 빈곤 인구 중 개인 i의 소득

q: 빈곤 인구의 수

N: 전체 인구의 수

0%: 빈곤 인구가 없거나 빈곤선에 딱 맞는 경우이며

값이 클수록 빈곤층의 소득이 빈곤선보다 더 멀리 떨어져 있어 빈곤의 깊이(심각도)가 크다는 것을 의미한다. 예를 들면, 빈곤율이 10%인데 빈곤 Gap이 1%라면→빈곤층이 빈곤선에 비교적 가깝다는 것을 의미하며 빈곤율이 10%인데 빈곤 Gap이 5%라면→빈곤층의 소득이 빈곤선에서 멀리 떨어져 있다는 것을 의미한다.

빈곤선이 정책 설정에서 중요한 이유는 단순한 빈곤율로는 빈곤의 심각성을 알 수 없으며 정책 우선순위(예: 기본소득 vs. 집중적 지원)를 정할 때 유용하다. 한편, 국제기구(World Bank 등)에서도 지속가능발전목표(SDGs) 지표로 사용할 수 있다. World Bank는 2013년에 이 빈곤 Gap을 이용하여 당시의 빈곤선인 US $1.90을 빈곤선으로 제시하면서 빈곤 Gap을 3.23%로 측정하였으며 빈곤선 이하에 있는 빈곤층의 수를 세계 인구 대비 10.67%로 지시하였다. 즉, 빈곤층의 수를 7억 6,700만명으로 제시하였다. 이 계산에 따르면, 전체 빈곤 GDP의 규모는 1년에 US $1,610억이었다.

3.23%*7.180억명*US $1.90*365일=US $1,610억으로 계산된다. 세계적으로 가난한 사람들이 하루 평균 58 Cent로 살아가고 있으며 2013

년 당시 World Bank가 제시한 빈곤선인 US $1.90의 31%로 살아가고 있다는 것을 의미한다.

아래의 Graph는 World Bank에서 조사한 빈곤과 빈곤선의 추이를 보여주고 있으며 세계의 빈곤과 빈곤 Gap이 차츰 감소하고 있는 것으로 나타났다.

(상기의 저서 154 page 참고)

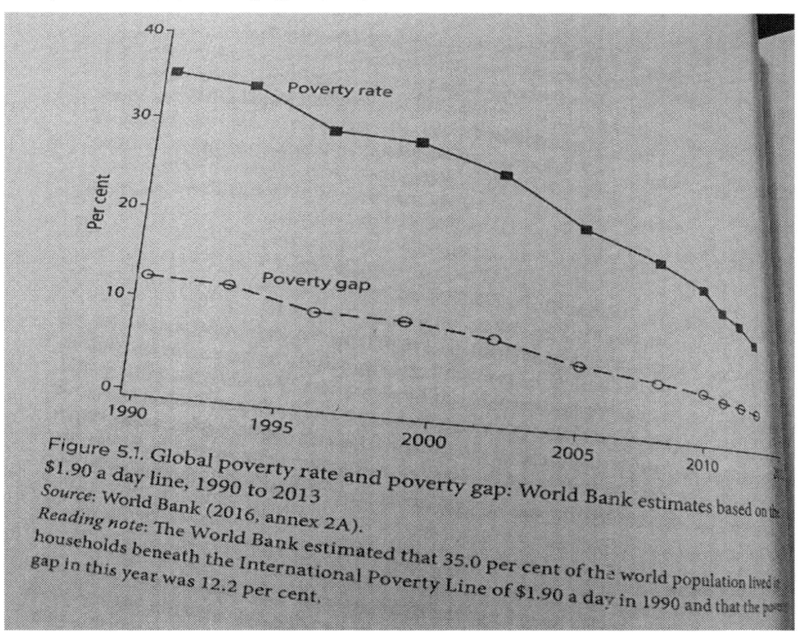

Figure 5.1. Global poverty rate and poverty gap: World Bank estimates based on the $1.90 a day line, 1990 to 2013
Source: World Bank (2016, annex 2A).
Reading note: The World Bank estimated that 35.0 per cent of the world population lived in households beneath the International Poverty Line of $1.90 a day in 1990 and that the poverty gap in this year was 12.2 per cent.

3) 지역별 현황

Sahara 사막 이남 Africa: 2022년 극심한 빈곤율 약 45.5%, COVID-19 전염병 이후 가장 높은 수준 유지하였다.

남아시아: 2022년 7.3%, 2019년 대비 크게 개선되었다.

India: 2024년, World Bank는 약 1억 2,900만 명이 여전히 극빈 상

태에 있다고 추정하였다.(9%~10% 수준) 참고로, 다른 추정치도 존재하는데 SBI 연구에서는 India 2023년~24년 회계연도 심각한 빈곤율을 4.0%~4.5%로 보고 있으며 다른 조사에서는 10.8%로 제시하기도 한다.

Bangladesh: World Bank 기준으로 보면 12% 이상

2015년 World Bank 기준으로 몇 개 국가의 빈곤율을 더 살펴보면,

Fiji: 0%, Georgia: 3% 내외, Indonesia: 5%, Malaysia: 0%, Nepal: 12%, Solomon 군도: 23%, Botswana: 15%, Ethiopia: 25%, Ghana: 10%, Kenya: 43%, Liberia: 30%, Malawi: 70%, Mozambique: 60%, Niger: 40%, Sierra Leone: 50%, South Africa: 15%, Tanzania: 2.5%, Uganda: 30%, Zambia: 53%, Bolivia: 7%, Brazil: 3%, Dominican Republic: 0%, Guatemala: 8%, Mexico: 2%, Panama: 3%, Peru: 3%, Uruguay: 0%, 한국: 0% 등이다. (상기의 저서 251~371 page 참고)

4) 빈곤 측정을 위한 다양한 접근방법

World Bank가 제시한 절대적 빈곤율을 기준으로 하여 접근하고 있지만, 세계 대부분의 국가가 금전적, 비금전적, 문화적 접근 또는 절대적 빈곤뿐만 아니라 상대적 빈곤 등을 통하여 빈곤에 대한 접근방식을 매우 다양하게 진행하고 있다. 1968년 The Swedish Level Living Survey 예를 살펴보면, 비금전적 접근방법을 이용한 포괄적 접근방법으로서 건강보호에 접근하는 가능성 여부와 고용과 근무조건, 경제적 자원, 교육과 기술, 가족과 사회적 결속력, 주택, 영양상태, 여가생활과 문화, 정치적 영향력 여부 등으로 빈곤을 평가하는 방법이다. 그리고 UN은 2015년 빈곤의 평가 요소에 대하여 수정하여 제안하였는데 소득의 빈곤, 물질적 고갈, 건강 보호에 대한 접근 여부, 교육, 고용, 주택, 노동단체의 참여 여부 등이었다.

이와 같이 소득, 또는 소비와 같은 경제적 요소뿐만 아니라 다양한 측면에서 빈곤을 접근하는 것은 훨씬 현실적이면서 지속 가능한 발전을

달성하기 위한 것이다.

지금까지 언급한 방법 이외에도 도시와 농촌을 구분하여 빈곤을 접근하는 방법도 있으며 이러한 접근방법도 빈곤을 보다 현실에 가까운 접근을 위한 방법의 하나이다. (상기의 저서 80~81, 117 page 참고)

5) Engel's Law로 바라본 빈곤율

소득이 낮을수록 가계 지출에서 식료품비의 비중이 높고, 소득이 높아질수록 상대적으로 식료품비 비중은 줄어들며, 교육, 문화, 여가, 보건 등 비필수 부문의 지출 비중이 증가한다는 것을 의미하는데 Engel's Law는 빈곤 상태를 측정하거나 진단하는 지표로도 활용할 수 있다. 다음과 같은 방식으로 빈곤과 연결되며

첫째, Engel's coefficient:= 식료품비 / 총소득 (또는 총소비지출)

일반적으로 Engel's Coefficient가 높을수록 빈곤 상태에 가깝다는 해석이 가능하다.

예를 들어, 한 가계가 전체 지출의 50% 이상을 식비에 쓰고 있다면, 이는 소득이 낮아 생존을 위한 기본적 소비에 대부분을 쓰고 있다는 의미이다.

둘째, 빈곤층의 소비 구조 분석 도구

빈곤 가계는 주로 식량, 주거, 기본 의료에 지출이 집중된다.

Engel's Law에 따라 소득이 낮을수록 소비의 다양성과 자율성이 낮아져 삶의 질을 제한한다.

셋째, 빈곤 지표의 간접 측정

일부 국가에서는 공식 빈곤선 대신 Engel's Coefficient의 추이를 사용하여 가계의 빈곤 정도를 파악한다.

넷째, 정책적 시사점

Engel's Coefficient가 높다는 것은 빈곤층의 가처분소득이 부족하다는 것을 의미한다.

복지 정책의 목적 중 하나는 Engel's Coefficient를 낮추는 방향, 즉 식료품 외 소비의 여유 확보를 통해 삶의 질 향상을 유도하는 것이다.

다섯째, 한국의 전체 평균 Engel's Coefficient의 변화를 보면, Engel's Coefficient(최근 통계 기준)

2019년 약 13.5%, 2020년 약 14.8%(COVID-19 전염병의 영향), 2021년 14.3%, 2022년 약 14.1%, 2023년 약 14.5%(물가 상승의 영향, 출처: 통계청 가계동향조사 참고)

여섯째, 소득 5분위별 Engel's Coefficient(2023년 기준 예시)

소득 5분위	월평균소득	Engel's Coefficient	특징
1분위:하위20%	약 110만 원	약 **20~25%**	식비 비중 매우 높음
2분위	약 240만 원	약 **18~20%**	식비 지출부담 큼
3분위	약 370만 원	약 **15~17%**	평균 수준 근접
4분위	약 520만 원	약 **12~14%**	여유소비 가능
5분위:상위20%	약 880만 원	약 **9~11%**	식비 외 지출 비중높음

특기사항: 상기의 수치는 연도 및 조사 방식에 따라 약간의 차이가 있으며, 위는 추정값이다.

6) 빈곤과 평등, 지속적인 성장의 관계

지속 가능한 발전을 위한 조건은 경제에 관한 시각에 따라 다양한 측면에서 제시할 수 있는데 여기서 UN에서 제시한 조건과 내가 국가발전을 위한 구조적 분석에서 제시한 조건을 간단하게 제시하고자 한다.

(1) UN이 제시한 지속 가능한 발전을 위한 조건

UN에서 17개의 조건을 제시하고 있는데, 빈곤 "0", 굶주림 "0", 건강한 삶과 복지, 교육의 질, 남녀 평등, 맑은 물과 청결함 유지, 친환경적이면서 충분한 Energy, 청결한 노동환경과 경제 성장, 산업과 혁신 및 사회간접자본 유지, 불평등의 감소, 지속성이 있는 도시와 공동체, 절제된 소비와 생산, 기후변화에 대한 적극적 대응, 수자원 보호, 지상의 생태계 및 환경 보호, 평화와 정의를 실행하기 위한 강력한 기관과 제도, 목적을 달성하기 위한 국제적 우호 관계 형성 등이다.

(2) 국가발전을 위한 구조적 분석에 의한 조건

"7장 빈곤의 극복과 평등의 역설"에서 다시 언급하겠지만, 나의 저서에서 제시한 지속적인 국가발전의 조건을 살펴보면,

1, 점진적인 인구의 증가와 노령화의 방지 2, 인성교육과 지성 교육이 잘 어우러진 좋은 교육 3, 국가 권력 구조의 분권화 4, 소위 "내로남불"을 없애는 법치주의의 확립과 강화 5, 국가 권력을 견제하는 언론의 자유 6, 종교의 자유 7, 국가를 발전시키고자 하는 지드자의 강한 의지 8, 많은 기업가의 출현과 산업의 다양화 9, 국민 서로의 신뢰의 형성 10, 부정부패의 해소 11, 문화의 혁신 12, 사유재산권 보장 13, 친기업적이면서 친 근로자의 균형 잡힌 제도 확립 14. 군대를 보유하지 않은 국가도 있지만, 적대 국가의 무력 침략을 방어할 수 있는 강력한 군대의 유지(Soft 침략 포함) 15. 마지막으로 지금까지 언급한 이러한 요소들이 문화로 정착하면서 꾸준한 발전이 되도록 서로 긴밀하게 연결하여 조화롭게 "선순환"하면 국가가 지속적으로 발전하며 빈곤과 불평등이 함께 해소될 것이다.

한편, 나의 다른 저서에서 국가발전의 조건들을 언급하면서 좀 더 객관적인 분석을 제시하기 위하여 수치를 대입하여 분석한 적이 있으나, 각 국가의 역사적, 문화적, 사회적, 정치적 상황에 따라 각 요소가 영향을 미치는 정도가 달라질 수 있기에 수치로의 제시가 오히려 정확성을 감소시킬 수 있다. 따라서, 여기서는 단지 조건들을 제시하는 것으로 마칠 것이나 만일 자신의 국가에 대한 분석을 위하여 이러한 조건들을 더욱 정밀하게 파악하고자 한다면, 연구자 스스로 국가의 상황에 맞게 수치를 부여하여 분석할 수 있다.

(3) 빈곤의 감소와 평등

빈곤과 불평등은 서로 밀접한 관계를 갖고 있는데, 비단 빈곤의 상대적 평가의 기준으로 중위소득을 활용하여 중위소득의 30% 이하, 40% 이하, 50% 이하 등을 이용하여 빈곤을 평가하는 것도 이러한 이유이다. 또한, 불평등의 기준을 최저 소득계층에 대한 소득 배분에 먼저 집중하는 것도 이러한 이유이기도 하다. 물론, 각 국가의 빈곤에 대한 기준의 변화-한국의 예를 보면, 생활보호대상을 소득 기준으로 중위소득의 30%를 기준으로 함-는 경제발전과 생활 수준의 변화에 따라서 차이가 발생하기 때문이다.

아시아 국가들의 경우를 보면 20년, 또는 30년 동안 지속적인 경제발전의 영향으로 빈곤은 빠르게 감소하였지만, 불평등은 확대된 결과를 가져왔다. 즉, 성장의 과실 가운데 10%는 자연스럽게 많은 사람에게 돌아가면서 빈곤 탈출의 인구가 확대하였다. 그러나, 성장의 10% 혜택조차 받지 못하는 인구가 발생하면서 빈곤선과 빈곤 Gap이 형성하게 되었으며 여기에 속하는 사람들이 정부의 Life Net이나 Social Safety Net의 보호를 받게 된 것이다.

이러한 시각으로 중국을 바라보면, 1990년~2012년에 중국 전체 인구의 2/3가 빈곤에서 벗어나 정부가 중국에는 더 이상의 빈곤층이 없다고 선언할 정도가 되었다. 그런데, 같은 기간에 Gini's Coefficient에 따른 불평등은 0.35에서 0.47로 빠르게 상승하여 이 수치만 보면 불평등으로 인한 사회 불안이 매우 심할 가능성이 높은 것으로 나타난다. 이러한 현상은 India에서도 유사하게 나타나는데 World Bank가 제시하는 빈곤선을 기준으로 하여 살펴보면, 1993년 India 전체 인구의 46%가 빈곤선 미만이었는데 2011년 21%로 감소하였다. 그러나, 성장에 따른 혜택이 평등하게 이뤄지지 않으면서 불평등은 증가한 것으로 나타났다.

이와 반대로 유럽에서 가장 가난한 국가의 하나인 Moldova를 보면, PPP를 기준으로 하여 US $5를 빈곤선으로 보았을 때 2010년 21.9%에서 2015년까지 연평균 8%의 성장률을 보여주면서 2015년의 빈곤이

9.6%로 크게 감소하였으며 Gini's Coefficient도 0.32에서 0.27로 감소하였다. 즉, 경제 성장에 따른 분배 또는 재분배 효과가 매우 중요하다는 것을 보여준 사례이며, 분배 중립적인 성장을 위한 정부와 사회, 기업의 정책에 따라서 성장에 의한 빈곤과 불평등의 감소를 함께 달성하였다.

(4) 성장과 불평등의 관계

성장이 모든 소득 계층에게 동일한 영향을 미치면서 소득 상승에 동일한 비율로 영향을 주는 "분배 중립적 성장"은 사실상 불가능한 일이다. 즉, 제4차산업의 성장과 농업 분야의 성장, Service 분야의 성장, 제조업의 성장 등이 동일한 비율로 성장한다는 것이 비현실적인 이야기이다. 2019년에 발생한 COVID-19 전염병은 이러한 상황을 극명하게 보여주었다. Hotel, 식당, 관광 등의 Service 산업과 공장을 운영하여야 하는 제조업 분야는 매우 부정적인 영향을 받았지만, Internet을 기반으로 한 비대면 산업은 오히려 빠른 성장을 보여주었다. 또한, 산업이 발전하면서 도시지역과 농촌지역과의 더 확대하게 되었다. Kuznets는 영국과 미국, 독일의 역사적 사례를 제시하면서 20c 후반의 경제성장에 따른 불평등의 확대와 20c 전반의 경제 성장에 따른 불평등 감소를 보여주었다. 이것을 Graph로 보여주는 것이 역-U자형으로 나타난 "Kuznets Curve"이다. 그러나, 세계 각 국가의 불평등을 조사하면, 이러한 현상은 체계적이고 논리적인 것이 아닌, 각 국가의 다양한 문화적, 정책적 차이에 따라서 다양하게 나타나고 있다. 좋은 예로 사회민주주의를 기반으로 한 북구유럽 국가들과 신자유주의 정책을 기반으로 한 미국과 영국, 한국 등의 불평등 정도를 살펴보면 쉽게 알 수 있다. 결과적으로 국가 또는 시대에 따라서 분배와 성장 사이의 영향은 매우 다양하게 나타난다.

(5) 불평등이 성장에 주는 영향은?

여기서는 불평등과 조세정책이 성장에 어떻게 영향을 주는가에 대한 견해를 제시하면서 나의 의견을 전하고자 하는데, 첫 번째 견해는 성장이 조세 제도와 밀접한 관계를 갖고 있으며 기업의 투자를 장려하기 위하여 법인세 감소와 자본세의 축소 등은 경제발전과 함께 불평등을 유발한다는 견해이며 결과적으로 불평등이 성장에 긍정적인 영향을 미치는 것으로 평가한다. 그러나, 실증적 조사에 따르면 이러한 조세정책이 성장에 미치는 영향은 매우 미미한 것으로 밝혀졌다.

두 번째 견해는 수요 측면에서 경제를 바라보는 견해인데, 불평등이 심화하면 상품과 Service에 대한 수요가 감소하여 투자감소와 성장률의 저하를 유발하며 투자를 위하여 저축한 자금이 해외로 유출된다는 주장이다. 이 견해는 미국과 북구 유럽 국가들의 불평등과 성장률을 비교하면 실증적으로 보여줄 수 있다.

세 번째 견해는 불평등이 성장을 위축시키지만, 신용을 일으켜 수익이 발생할 가능성이 있는 분야에 투자함으로써 빠른 성장을 일으켜 소득의 증대를 일으킬 수 있다는 주장이다.

이러한 주장들은 각각 한 측면을 보면서 주장하는 견해인데, 빈곤, 불평등, 경제성장은 서로 보완관계에 있으며 지속적이고 장기적인 성장의 관점에서 이러한 현상이 서로 긍정적인 효과로 나타날 수 있도록 정책을 결정하는 것이다. 물론, 어려운 과정이고 완벽할 수는 없지만.

최근, 미국과 중국, 한국의 Gini's Coefficient가 보여주고 있는 것처럼 과도한 불평등이 지속적으로 진행하면서 소득계층의 상승 가능성이 낮아지면 사회적 긴장과 정치적 불안정이 지속되면서 정치권력과 정치제도의 변화를 유발할 가능성이 높아지고 투자 환경이 악화하여 성장이 위축되는 결과를 가져온다. 따라서, 진보적 조세정책에 의하여 확대한 정부의 재정을 저소득 계층에 대한 교육과 사회간접자본 등에 투자하여 인간자본의 성장에 기여한다면, 결과적으로 빈곤의 극복과 지속적인 성장 및 평등한 사회를 함께 달성할 수 있다. 빈곤의 해소, 평등, 경제발전은 매우 다양한 형태로 나타날 수 있지만 국가의 정책과 문화의 긍정적인 방향으로의 변화 등을 통하여 이러한 문제들을 함께 해결할 수 있을 것이다. (Measuring Poverty Around World Published by Princeton 2019 by Anthony B. Atkinson 218~230 page 참고)

7) 한국의 상대적 빈곤율

World Bank의 빈곤 기준은 2022년 현재 US $2.15이지만 선진국에 속하는 한국의 경우는 이 기준으로 보면 빈곤이 "0"이기 때문에 한국이 정한 별도의 기준, 즉, 절대적 빈곤을 한국의 특성을 고려하여 반영하면서 상대적 빈곤을 위주로 하는 혼합형 기준을 설정하여 국가에서 금전 등의 지원을 하고 있다.

(1) 한국의 빈곤 기준

일반적으로는 중위소득의 50% 이하를 상대적 빈곤선으로 설정하며, 이 기준보다 낮은 소득을 가진 사람들을 상대적 빈곤층으로 본다.

상대적 빈곤율(2023년 기준 추정)을 전체 인구 대비 약 15% 내외로 보며 OECD 평균보다 높은 수준이다. 특히, 노인층(65세 이상)의 상대적 빈곤율은 약 40% 이상으로 OECD 국가 중 최고 수준이다.

(2) 각 연령층에 따른 특징

청년층(20~30대): 비정규직, 취업 불안정으로 상대적 빈곤에 취약하다.

중장년층: 자녀 부양, 주거비 등 부담이 크며, 소득 대비 지출 압박이 크다.

노년층: 공적 연금 미수급자 비율이 높아 빈곤 위험 극심하다.

(3) 주요 원인

다른 국가에 비하여 상대적으로 높은 비중을 차지하고 있는 국방비 지출로 인하여 OECD 평균 대비 공공사회복지 지출 비율이 낮다.

고령층 대상의 기초연금 수준이 충분하지 않다.

노동시장 이중구조(정규직 vs 비정규직)가 여전히 존재하고 있으며 이에 따른 임금 격차도 다른 OECD 국가에 비하여 크다. 그리고, 사교육의 과다한 투자로 인하여 자산 및 교육 격차의 대물림도 지속되고 있다.

또한, 오랫동안 지속되었던 사농공상의 신분사회와 군대문화, 경쟁위주의 교육 등으로 인하여 약자에 대한 배려와 같은 인성의 상대적 부족도 한국에서 빈곤층의 존재에 역할을 하고 있다.

(4) 한국의 정책적 대응

빈곤층의 지급 대상 기준을 아래와 같이 구분하여 지원하는데,

첫째, 소득 기준

가구의 "소득인정액"이 기준 중위소득의 일정 비율 이하이여야 한다.

생계급여는 기준 중위소득의 30% 이하일 경우 대상이며, 2024년부터 단계적으로 최대 35%까지 확대 예정이다.

둘째, 재산 기준

차량·부동산 등의 재산도 일정 기준 이상이면 소득인정액에 포함되며, 자동차 재산 기준은 최근 완화되어 다자녀 가구나 도서 지역 거주자는 제외되기도 한다.

셋째, 근로 능력 및 취약성

생계급여 및 의료급여 1종은 근로 능력이 없는 경우에 해당한다. 예: 18세 미만, 65세 이상, 중증 장애인, 장기 요양 1~5등급, 질병, 부상 등으로 근로 능력 없다고 판단된 경우인데 근로 능력이 있다면 조건부 수급자로 분류되어, 자활근로 참여 등을 조건으로 수급이 가능하다.

빈곤을 해결하기 위한 정책으로는

기초생활보장제도로서 생계, 주거, 의료, 교육, 급여 등 제공과 기초연금제도는 만 65세 이상 저소득 노인에게 월 최대 약 30만원 지급하는 제도를 실시하고 있다. 또한, 청년 및 취약계층 일자리 지원으로 청년내일채움공제, 자산형성지원 사업 등이 있으며 맞춤형 복지와 확대맞춤형 복지 확대를 위하여 지역사회 중심 복지서비스 제공(예로는 복지사각지대 발굴) 지역

즉, 절대적 빈곤은 감소했지만, 상대적 빈곤과 소득 격차는 여전히 심각하여 복지 사각지대 해소 및 노후 소득 보장 강화, 포괄적 사회안전망 확대가 핵심 과제로 지적되고 있다. (한국 보건복지부 자료 참고)

4. 불평등 극복을 위한 기본적 사상과 정치제도

1) 불평등의 가속화

(1) 개관

철학에서의 인식론은 지식에 대한 이유와 근거를 제시하면서 지식의 한계와 원천을 제시하는 이론이다. 그리고 방법론은 인식론으로부터 유래하며 조사와 탐구를 통하여 발전하는 이론이며 두 가지를 내포하고 있다. 즉, 특정 영역에 대한 조사를 위한 원칙과 실행 및 전체 지식을 형성하는 일반적인 원칙이 요구된다. 따라서, 경제학에서 방법론과 인식론을 적용하면, 접근방법의 단점과 부족함을 밝힐 수 있으며 역사적 사례에 대한 고찰과 철학적 사고를 통하여 무엇이 최선이고 무엇을 피하여야 하는가를 알 수 있다. (Foundations of Social Ecological Economics Published by Manchester University Press 2024, paperbook 2025 by Clive L. Spash 60 page 참고)

이와 같은 방법으로 세계 경제를 바라보면, 사회가 발전하고 경제 규모가 확대됨에 따라 인간의 탐욕이 발동하여 민주적 정치제도의 기본인 1인 1 투표(one person one vote) 제도가 1 Dollar 1 투표(one dollar one vote)로 변질되고 노골화되어 민주적 정치제도의 근간이 흔들리게 되었으며, 이에 더하여 1980년대 이후에는 미국의 Reagan 대통령과 영국의 Thatcher 수상이 주도하는 신자유주의 경제를 국가 정책에 도입하여 소득 재분배에 일정한 역할을 하는 진보적 조세 제도의 약화와 함께 민간 부문에서도 기업친화적인 정책과 단기적이고 좁은 시각의 주주 우선-특히 대주주-정책을 받아들이고 화석연료 사용으로 인한 기후변화에 대한 비용을 사회로 넘기면서 사회적 약자의 부담이 점증하였으며 최근에는 제4차 산업이 빠르게 발전하면서 환경에는 긍정적 영향이 있겠지만, 다른 한편으로는 국가 내적, 또는 국가 사이의 빈부격차가 심화할 가능성이 높아지고 있다.

제4차 산업의 태동과 발전은 대량생산, 대량소비가 차츰 사라지면서 개성적이고 지적이며 환경친화적이지만, 다른 한편으로는 국제 분업의 감소, 즉 산업 세계화의 약화, 대량 고용의 점차적 감소 등을 이유로 21c 길목에서 정치, 경제적으로 매우 중요한 전환점이 될 것이다.

특히, 미국의 경우에는 1980년대 이후 진보적 조세 제도의 약화와 여러 차례의 커다란 금융위기 등에 기인하며 여기에 더하여 오랫동안 이어져 내려온 고질적인 부정적 문화인 인종차별 문제와 함께 교육비의 상승과 국가적 지원의 감소 등이 복합적으로 작용하여 중하위 계층의 교육을 통한 신분 상승의 기회가 축소됨으로써 상대적 박탈감이 더욱 확대되는 경향이 있다.

자료를 살펴보면, 1980년부터 2016년 사이에 수십 년 동안 유럽국가와 North America 국가에서 소득 상위 1%가 소득 증가의 28%를 점유하였으며 소득 하위 50% 소득의 3배 이상을 점유하였다. 이미 언급한 것처럼 이러한 현상은 세율뿐만 아니라 경제 제도, 교육제도, 소유권, 기업인과 노동자와의 힘의 균형 관계 등의 다양한 요인에 기인한다.

Rawls가 언급한 것처럼, 모든 인간이 꼭 같은 가지고 태어날 수 없는 “자연적 사실”을 인정하지만, 경제성장에 따른 과실이 한 집단에 과도하게 집중되는 부분은 부당함이나 정당함이 아니다.

즉, 부당함이나 정당함은 사회가 이러한 사실에 대하여 어떻게 반응하는가의 문제이다. (Free and Equal Published by Alfred A. Knopf 2023, 2024 by Daniel Chandler 45 page 참고)

(2) 산업의 변화에 따른 불평등 문제

화석연료를 기반으로 한 자동차 산업의 쇠퇴와 전기자동차, 수소

Truck 등의 등장과 Block-chain과 AI를 이용한 driverless car의 현실화가 다가오는 시점에서 이러한 전환점을 시의적절하게 대응하지 못하는 기존의 많은 자동차 부품회사가 업종 다변화 또는 공장폐쇄 등으로 현실적인 대응을 함으로써 기존의 산업 현장에서 종사하는 노동자들이 실업의 상황에 직면할 가능성이 매우 높아지고 있는데, 이들이 재교육을 통한 새로운 산업으로의 재취업으로 빠르게 직업의 전환을 하지 않는 한, 빈부격차가 확대될 가능성이 높다.

앞으로 산업의 혁신과 이에 따른 실업 등의 부작용 및 이에 대한 대응을 어떻게 하는 것이 불평등을 극복할 수 있는 좋은 방법인가에 대한 다양한 방법을 정부와 시민사회 및 각 조직의 구성원 등이 협의하여야 하는 구체적인 방법을 제안하면서 함께 생각해 보게 될 것이다.

(3) AI(Artificial Intelligence) 시대의 도래

Platform Business, 3D, Quantum Computer와 Robot의 빠른 발전으로 인간이 담당하고 있던 cashier, 청소부, 경비원 등의 직업이 사라지고, 앞으로 멀지 않아 운전기사라는 직업도 사라질 것이며, 심지어는 비행기 조종사, 회계사, 의사, 변호사 등의 전문 직업도 서로 보완관계를 유지하면서 축소될 것이다. 물론, AI와 관련한 산업과 Bio 산업의 발전 등을 포함한 새로운 산업과 직업으로 대체할 수 있기에 이에 대한 교육을 지속적으로 시행하면 어느 정도는 대량 실업의 위험을 해소할 수는 있겠지만, 제4차산업으로의 빠른 변화는 필연적으로 실업 문제와 불평등의 가속화가 일어날 가능성이 매우 높다.

이에 더하여, 국제적인 산업 환경을 언급하자면, 대량 고용이 차츰 사라지면서 인건비에 대한 부담의 상대적 감소와 국제간의 이동에 따른 새로운 전염병에 대한 우려 등으로 국가 간의 불평등도 더욱 심화할 수 있다.

물론, 앞에서 언급했던 것처럼, 이를 대비하기 위하여 개인, 기업, 사회, 국가 등이 실시하는 끊임없는 재교육과 경쟁의 문화에서 공존의 문화로 변화함과 동시에 신자유주의 경제이론을 바탕으로 한 경제정책의 획기적 변화를 통하여 불평등을 완화하면서 개개인이 새로운 산업에 적응하도록 함으로써 이를 어느 정도 해소할 수 있을 것이다.

(4) 인구의 급격한 노령화

인구의 급격한 노령화는 생산성 및 소비의 저하, 국민소득의 감소, 산업 발전의 침체 등에 영향을 미칠 뿐만 아니라, 의학의 발달 등으로 인한 인간의 평균 수명의 빠른 연장이 곧 빈부격차를 악화시키는 주요 원인이 될 것이다. 물론, 환경 관련 세금, 진보적 조세 제도, 임금 Peak제 등의 도입을 활용한 정년제도의 폐지, 노후연금과 의료복지 등의 각종 사회복지 제도의 확대가 이러한 노인 인구의 가속화로 인한 불평등을 완화할 수 있겠지만.

(가) 산아제한 정책의 폐해와 노령화로 인한 경제 위축

지진, Hurricane, Typhoon 등의 각종 천재지변 등으로 많은 사망자가 발생하지만, 14c 중반부터 수십년 동안 유럽 전역을 휩쓸었던 흑사병으로 인하여 유럽 인구의 약 30%~60% 감소와 1800년대의 Cholera로 인한 수백만명의 사망, 제1차세계대전으로 인한 약 2,500만병의 사망자 발생, 제2차세계대전으로 인한 약 8,500만명의 사망자 발생, 중국에서 발생한 1950년대 후반과 1960년대 전반에 걸쳐 발생한 대약진운동으로 인한 약 2,000만명에 달하는 사망자와 1966년부터 1976년에 이르기까지 문화혁명으로 인한 약 300만명 이상의 사망자 발생과 같은 동시다발적으로 발생한 많은 인구의 사망으로 인한 인구 감소를 제외하고는 대체로 인구는 꾸준히 증가하는 추세에 있었는데 최근 50년 동안에는 인구가 더욱 폭발적으로 증가하여 이제는 80억명을 초과하고 있다. 그중에서도 중국 약 14억명, India 약 14억명, Indonesia 약 2.5억명 등 아시아에서만 세계 인구의 60% 이상을 차지하고 있다.

이렇게 급증하는 인구를 인위적으로 억제하고 경제발전을 촉진하기 위하여 중국은 1978년부터 1가구 1자녀 정책을 시행했지만, 이제는 역으로 이에 대한 Bumerang을 맞고 있어 세계에서 가장 많은 인구의 노령화를 걱정할 처지에 놓이게 된 것이다. 중국이 뒤늦게 인구 감소와 노령화의 심각성을 인식하고 최근에 3자녀 우대 정책을 실행하겠다고 발표했지만, 다른 국가들의 예를 보면 성공할 가능성이 매우 낮다.

즉, 경제발전 속도는 늦어지더라도 "인구의 증가를 인위적으로 억제하면 안된다."는 좋은 교훈을 준 것이다. 모든 동물은 본능적으로 생존을 위한 본능과 종족을 지키기 위한 본능이 있는데 이성을 가지고 있는 인간에게는 여기에 더하여 잘 살고자 하는 본능이 있다, 물론 예외는 항상 존재하지만. 그런데, 중국과 한국과 같이 경제성장을 위하여 인구를 강제 혹은 반강제로 억제하면서 다른 국가와 비교하면 경제가 빠르게 성장하는데 일부 도움을 주었지만, 다른 한편으로는 결국 bɔomerang을 맞아 중국과 같이 선진국에 진입하기도 전에 인구 감소에 더하여 노령화 국가로 진입하여 국가의 경제가 위축하면서 세계 경제와 무관하게 내수경제가 지속적으로 축소되어 장기 불황이 지속할 가능성이 매우 높다. 이러한 상황은 한국도 유사한 상태이지만. 산아제한 정책을 강행하지 않은 일본도 이미 30여년 전부터 심각한 불황을 겪고 있지 않은가.

2006년의 일본과 2014년의 독일에 이어서 한국은 2024년을 지나면서 전체 인구의 20% 이상이 65세가 넘어서는 초고령사회로 진입하였다. 2023년 중국 정부의 자료에 따르면 2023년 말 현재 전체 인구의 15.4%에 해당하는 2억 1,676만명이 65세 이상에 해당하는 고령사회로 진입하고 있는 중국의 경우는, 내가 획기적인 인구 증가 정책을 시행하지 않는 한 밝은 경제의 앞날을 기대하기가 매우 힘들다. 즉, 다른 동물에게는 없는 인간의 본능인 “잘 살아보자고 하는 본능”이-과거와 달리 유아사망률이 매우 낮고, 평균 수명이 급격하게 늘어나게 되어-작동되면서 아예 결혼하지 않거나 하더라도 1명만 낳겠다고 하는 경우가 급증하고 있으며, 여기에 더하여 대부분의 국가에서 거주용 부동산이 급등하는 현상이 발생한 것도 인구 증가에 부정적인 요인으로 작용하고 있다.

또한, 미국과 영국, 한국 등이 실시하고 있는 신자유주의 정책과 제4

차산업의 도래로 인한 직업의 불안정 등으로 인하여 젊은 사람들이 집을 구입하는 경제행위를 사치로 생각할 정도로 포기할 수밖에 없는 상황을 맞이하면서 "둘이서만 잘 살아보겠다."는 방향으로의 변화와 70세, 80세가 넘는 노부모를 모셔야 하는 상황 등의 부정적인 문제들이 상승 작용하면서 아이를 낳는 것이 부담되는 경우 등이 복합적으로 작용하여 인구의 노령화가 진행되는 것인데 이 문제는 이제 세계의 문제가 되고 있다. 우리는 Malthus가 이야기하는 인구 폭발을 걱정할 것이 아니라 인구의 급격한 노령화와 인구 감소를 걱정하여야 하는 시대에 살고 있다.

한편, 2019년 말에 발생하여 3년 넘게 전 세계를 괴롭혔던 COVID-19 전염병, Terror, Russia의 Ukraine 침략전쟁 등으로 인하여 세계 경제는 더욱 위축한 상태에서 회복하는 속도도 늦어지고 있었는데 2025년 1월 취임한 미국의 Trump 대통령이 그동안 진행하였던 기술과 무역을 무기로 한 중국과의 Soft 전쟁에 더하여 새롭게 추진하고 있는 세계를 상대로 한 관세를 이용한 무역 전쟁으로 인하여 세계 경제가 더욱 침체의 늪으로 가속화하고 있다.

그는 미국으로 수출하는 기업의 물품 또는 Service에 대하여 높은 관세를 부과함으로써 관련 산업이 미국에서 생산하도록 유도하는 방법을 선택한 것이었으나 긍정적 효과보다는 미국경제의 침체와 관련 산업의 인구 감소라는 이중적 부담을 갖게 될 것으로 보인다. 물론, 그동안 적극적 이민정책으로 인구 노령화에 대한 걱정을 하지 않았으나 이러한 상황이 장기화하면 미국도 인구 노령화의 길을 가면서 미국뿐만 아니라 세계 경제를 더욱 암울하게 할 것이다.

(나) 인구의 노령화(Ageing) (65세 이상 규정) 극복

(a) 노령화에 대한 현실적 진단

앞에서 언급했던 것처럼 이 문제는 환경문제와 함께 이제 더 이상 어느 한 국가의 문제가 아닌, 전 세계적인 문제가 되고 있다. 사실 India와 Bangladesh, 그리고 동남아 국가들과 Latin America 국가들 및

Africa 국가들을 제외하고는 많은 국가가 2050년에는 저출산과 함께 심각한 인구의 노령화 문제를 갖게 될 것이다.

이를 좀 더 구체적으로 들여다보면, 2050년에는 일본의 경우, 지금의 상황이 지속한다면, 전체 인구의 37%가 노령인구가 예상되며 한국의 경우 통계청의 예측에 따르면 최대 45%까지 예상하고 있다. 또한, Italy, 독일 등이 뒤를 이어가고 있으며, 중국은 비록 비율로는 상대적으로 낮을지라도 워낙 인구가 많아 3억명 이상이 노령인구에 해당한다.

(b) 노령화의 극복 방안

노령화 문제를 해결하기 위해서는 Pull-Out 방식이 아닌 Pull-In 방식으로 진행하여야 하는데, 웃기는 얘기이지만, 지금이라도 국민소득 수준이 상대적으로 높은 국가의 국민이 많은 자녀를 출산하면 된다. 그러나, 이것이 말처럼 쉽지 않으니 문제인 것이다. 이 국가들의 국민은, 대부분의 경우 본인의 삶의 질을 고려하기 때문에, 낮은 영아사망률, 여성의 활발한 사회생활, 이미 언급한 급격히 상승한 높은 주택 가격 및 제3차산업 시대에 비하여 상대적으로 불안정한 직업 등으로 많은 아이를 낳을 생각을 하는 경향이 낮아지고 있다. 즉, 많은 선진국이 1.5% 내외의 극히 낮은 인구증가율을 기록하고 있는 것이 이러한 이유이다.

따라서, 이러한 현실을 인정하고 적극적인 이민정책-물론 이를 위해서는 정착화를 위한, 이민자를 위한 각종 정책 등이 부수적으로 필요하지만-과 신축적인 고용정책(고용의 안정성 보장과 함께 각종 무노동, 무임금 휴가제 도입)과 같은 복지정책 및 임금정책의 개선(예를 들면, 임시직과 정규직의 임금 차별 폐지) 등과 함께 임금 Pick 제 도입을 통한 정년제 폐지(이는 부수적으로 국가의 복지비용 절감 효과도 있음) 등을 시행할 수 있을 것이다.

이에 더하여, 단순반복적인 저임금의 산업이 아닌, 노령인구를 활용할 수 있는 다양한 산업을 개발하여 이를 정책과 연계하면서 20c의 빠른 산업 발전 과정에서 출현한 Computer, 자동차 산업, 항공산업, Cruise

Ship, Cell Phone과 같은 다양한 새로운 산업과 같은 Blue Ocean을 창조하여야 할 것이다. 불가능한 일은 아니지 않는가?

(다) 미국의 DACA 제도

제44대 대통령인 Obama가 신설한 규정으로서 부모가 미국에 불법적으로 체류한 사람들인데 어린 시절에 부모와 함께 입국하여 성년이 된 뒤에야 불법체류자인 부모 때문에 자신도 함께 불법체류자라는 것을 뒤늦게 알게 된 사람들에게 추방을 유예하고 교육과 취업의 기회를 배려하는 제도로서 이들을 소위 Dreamer라고 부른다. 이 제도에 대한 시각의 차이 때문에 찬반양론이 있을 수 있는데 2016년 취임한 제45대 대통령인 Trump의 백인우월주의적 성향으로 인하여 불법 이민자에 대한 강경정책의 하나로 DACA를 전격 취소하고 이들을 추방하는 정책을 시행하였다. 그런데, 2020년 새롭게 취임한 46대 Biden 대통령은 취임하자마자 이 제도를 회복시켜 즉시 시행하였다. 이 제도에 대한 부정적인 시각은 불법 이민자로 인하여 합법적으로 세금을 내는 시민들이 취업의 기회가 상실되고 있다는 것이며, 긍정적인 시각은 DACA 제도가 부정적인 측면이 있는 것은 사실이지만, 건실하게 성장한 젊은 사람들에게 학업과 취업의 기회를 제공함으로써 중, 장기적으로 미국의 경제에 도움이 될 것이라는 전망과 어릴 때 입국한 이들을 강제로 추방한다는 것은 매우 비인도적이며, 이들은 사실상 미국인으로 살아왔다는 것이다. 물론, 노령화의 극복을 위해서는 분명한 좋은 점이 있기에 지금 이것을 언급하는 것이다. 최근 한국에서 지속적으로 시행하고 있는 인구에 대한 각종 정책이 사실상 실패하고 있기에.

그런데, 2025년 1월 20일 47대 대통령으로 취임한 Trump가 불법 이민자들에 대한 강한 출국 명령을 시행하고 있는 것과는 달리 그의 1기 재직 시에 강하게 시행하였던 DACA 제도의 폐지에 대하여 2025년 7월 현재 특별한 언급이 없으며 더 지켜보아야 할 상황이다.

(라) 이민과 관련하여

대부분의 이민은 상대적으로 소득이 낮은 저개발국가에서 문화가 전혀 다르고 소득이 높은 국가로의 가족 단위의 집단적 이주를 얘기하는데 이러한 자발적인 이민은 이민자가 삶의 질의 향상을 위한 것이지만, 결과적으로는 이민을 받아들이는 국가의 발전에 다양한 측면에서 긍정적인 효과를 주고 있다.

사실, 1인당 GDP가 일정 소득 이상인 소위 선진국이라고 물리는 국가에서는 교육, 의료, 주택, 노령연금 등의 다양한 복지제도를 국민에게 제공하고 있으며 한국이나 중국처럼 산아제한 정책을 시행한 적도 없지만, 인구가 차츰 노령화에 진입하고 있다. 심지어 일부 국가에서는 출산을 장려하기 위한 여러 가지 정책을 적극적으로 시행하고 있음에도 불구하고 국가 예산의 집행 규모와 비교하면 매우 낮은 효과가 나오고 있다. 즉, 이러한 국가의 정책 집행자들이 내가 이미 언급한 셋째 인간의 본성-최근에는 영아의 사산율이 극히 낮아졌기 때문에 1-2명의 아이, 혹은 자신과 부부만 즐겁게 한세상을 살겠다는-을 간과한 것이다. 미국과 북구 유럽의 여러 국가나 독일, France 등의 유럽 국가와 Australia, New Zealand, Canada 등을 보면 쉽게 알 수 있지 않은가? 이러한 문화가 정착된 국가에서는 출산을 늘리기 위한 여러 가지 정책은 효과를 보지 못할 가능성이 높다. 오히려. 비용에 대비하여 높은 효과를 가져오는 적극적인 이민정책이 인구의 증가와 함께 노령화의 예방에도 훨씬 많은 도움이 될 것이다. 최근 Trump 대통령이 취임한 이후에는 매우 다른 방향으로 움직이고 있지만 그동안 적극적인 이민정책을 지속적으로 시행한 미국을 보면 아직도 인구의 노령화에 대한 걱정을 하지 않고 있지 않은가. (UN의 인구에 대한 통계자료 및 wikipedia.org 및 극가발전을 위한 구조적 분석, 지식과 감성출판사 발간 2021 by William H S Lee 참고)

(4) COVID-19 전염병 및 관세 전쟁 등으로 인한 장기적 경기침체기 진입

2018년 1사 분기부터 시작된 미중전쟁, 영국의 EU 탈퇴, India의 경제발전 둔화, 계속되는 중동 지역의 불안, Venezuela, Brazil, Argentina

등의 Latin America의 Populism과 부정부패로 인한 끝없는 경제 추락, 그리고 그에 더하여 2022년 2월 24일 발발한 Russia의 Ukraine 침략 등은 서로 복잡하게 얽히고(Complexity) 섞여(Connection) 필연적으로 세계 경제를 장기적 침체기(Recession)으로 이끌고 있으며 Trump 대통령이 시작한 한국을 포함한, 세계를 상대로 한 관세 전쟁의 악영향은 사회적 약자에게 먼저 타격을 주어 불평등이 더욱 악화할 것으로 보인다. 물론, 2019년에 시작된 COVID-19 전염병은 세계 경제를 언제 회복될지도 모르는 침체의 늪으로 빠뜨려 불평등이 악화하였으며, 경제적으로 악화한 불평등으로 인하여 국내, 외적으로 사회가 과격해지면서 양극화하고 있다. 민주주의 국가와 권위주의 국가 모두...

(가) 전염병의 확산에 따른 경제의 부정적 효과를 아래의 도표에서 보여주고 있다.

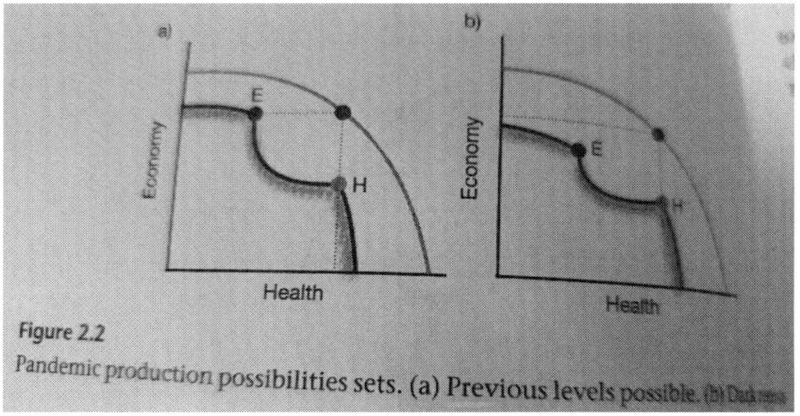

(The Pandemic Information Gap published with The MIT Press 2020 by Joshua Gans 26page 참고)

즉, Graph의 윗부분은 전염병 이전의 정상적인 경제를 나타내며, 아래의 그래프는 전염병이 확산한 상태에서 경제활동과 건강을 조율해야 하는 것을 보여준다. 물론, 수입은 대폭 줄어든 것을 보여준다.

또한, 미국을 포함한 많은 국가의 지도자들이 자신들의 정치적 이득을 위하여 보여준 거짓과 위선, 극단적인 이기심은 국민 사이에 불신을 조장하여 그 후유증은 상당한 기간 지속할 것으로 보인다. 전염병으로 인한 부정적인 효과가 너무나 많이 있기 때문에 일일이 나열하기도 힘들지만, 앞서 언급한 예를 제외한, 그 가운데 중요한 몇 가지를 언급하자면, (a) 불평등의 가속화, 이 요인 중에 특히 언급할 점은 2세대가 학자금을 대출하여 학교를 마친 후 취업이 어려워 학업을 포기하는 경우가 늘어나게 되는데 이 경우는 불평등의 고착화로 이어져 사회적 갈등이 더욱 심화할 것으로 보인다. (b) 출산율의 감소로 인한 노령화 촉발 (c) 이것은 (a)와 밀접한 관계가 있는데 그렇지 않아도 양극화되고 있는 세계적 현상이 COVID-19 전염병으로 인하여 더욱 심각한 갈등을 유발할 것으로 보인다. (d) 이미 언급한 바 있지만, 그동안 세계화를 내세우며 산업의 세계적 분업을 통한 국가 간의 불평등 해소와 함께 세계가 함께 발전하였지만, 미국을 필두로 한 선진국들이 제3차산업뿐만 아니라 제4차 산업의 제조공장을 자국 중심으로 진행할 것으로 보이며 이러한 추세는 상당 기간 계속될 것이기에 국가 간의 빈부격차는 심화할 것으로 보인다. (e) 또한, 전염병이 장기화하면 이로 인하여 발생하는 사회에 대한 부정적인 영향 중의 하나는 중산층의 삶이 추락하면서 극우적인 성향과 극좌적인 성향의 국민이 많아지면서 사회가 폭동과 폭력 사태, 공권력의 무시 등이 통제가 힘들 정도로 다발적으로 발생하고 심하면 삶을 포기하는 극단적인 자살과 살인까지 자주 발생할 것이다. 비록 소설이긴 하지만, 1300년대에 수십년 동안 유럽에서 진행되었던 흑사병으로 인하여 대낮부터 술에 취하여 길거리에서 잠을 사람과 길거리에서도 Sex를 하는 도덕적 무감각, 아무도 찾는 이 없이 길거리에 널려있는 시체 등 삶이 곧 지옥이라는 것을 느끼게 하는 상황까지 가게 된다. (World Without End 2007 by Ken Follet 참고)

즉, COVID-19 전염병은 제1차세계대전, 제2차세계대전 등의 전쟁으로 인한 부정적인 효과, 1990년대 후반에 발생한 아시아의 금융위기,

2000년대 초의 .com bubble, 2008년의 Sub-prime Mortgage 금융위기 등을 훨씬 넘어선 개인적, 사회적, 경제적 부정적인 효과를 세계 전반에 퍼뜨렸다. 다행히도 약 4년에 걸친 전염병과의 긴 전쟁 끝에 2023년 하반기부터 차츰 잦아들고 있으나, 전염병의 역사를 보면 새로운 형태의 변종을 전염시키면서 언제든지 다시 발발할 가능성은 항상 있기에 세계 각국이 지속적으로 관찰하면서 만일 자국에서 재발하면서 빠르게 확산하면 즉시 이 사실을 WHO 등의 국제기구를 통하여 전 세계에 알려 빠르게 공동 대응을 하여 최초 발생했던 시기의 늦장 대응과 같은 잘못을 하지 말아야 할 것이다.

한편, 전염병으로 인한 불평등의 확대는 사회적 빈곤층의 죽음으로까지 이어지는데 이것은 세계적 현상인 것이다. 마침, 한국의 Internet에 "소득이 낮을수록 사망 위험이 높다."는 연구가 발표되었기에 이것을 기재하고자 한다.

소득이 낮을수록 COVID-19 전염병 사망 위험이 높아진다는 국내 첫 연구 결과가 나왔다. 의료급여 수급자는 고소득자와 비교하여 사망 위험이 3배 가까이 높은 것으로 나타났다.

전문가들은 소득뿐 아니라 주거 환경, 고용 조건, 성별, 인적 Network 등 사회적 요인에 따라 달라지는 감염 및 사망 위험을 분석해 방역 대책에 반영해야만 "감염 불평등"이 없는 COVID-19 전염병 대응이 가능하다고 말한다.

김동욱 국민건강보험공단 건강서비스지원센터장과 김재용 연세대 원주의과대학 인공지능(AI)·빅데이터 의학센터 연구교수 등은 국내 COVID-19 전염병 환자 9148명(사망자 130명 포함)의 질병관리본부 데이터를 건강보험공단 Big Data와 연계해 분석한 결과 이같이 나타났다고 9일 밝혔다. 이 연구 결과는 국제학술지인 대한의학회지(JKMS) 6일자에 발표됐다.

연구 결과 소득수준이 최하위인 의료급여 수급자의 경우 사망 위험이 건강보험료 상위 20%에 해당하는 직장보험 가입자보다 2.8배 컸다.

연구진은 “상위 소득자와 비교해 건강 상태가 더 나쁘다 보니 사망할 위험이 높아지는 것”이라고 분석했다.

COVID-19 전염병은 기저질환이 있을 경우 사망 위험이 급격히 높아지는데, 소득이 적은 의료급여 수급자일수록 만성질환을 앓는 비율이 높기 때문이다.

당뇨병의 경우 소득 하위 20%는 유병률이 12.9%이지만, 상위 20%는 7.9%로 훨씬 낮다. 실제 연구진이 환자 기저질환과 사망의 연관성을 분석한 결과 혈액 및 조혈기관 관련 질환을 앓았던 COVID-19 전염병 환자는 그렇지 않은 환자에 비해 사망할 위험이 3.88배, 급성 심근경색은 2.38배, 당뇨병은 1.82배 높은 것으로 나타났다.

소득수준은 사망 위험뿐 아니라 COVID-19 전염병 감염 위험도 높인다. 앞서 김종헌 성균관대 의대 연구교수 등이 대구 지역 확진자의 건보공단 Data를 토대로 분석한 대한의학회지 논문에 따르면, 소득이 높아 건강보험료를 많이 낼수록 COVID-19 전염병에 걸릴 확률이 낮아졌다.

전문가들은 COVID-19 전염병 유행이 장기화할 것으로 예상되는 상황에서 어떤 사회적 격차가 감염 위험과 사망률을 높이는지 더 정교하게 분석해 방역 대책에 반영해야 한다고 말한다.

이상윤 건강과 대안의 책임연구위원(노동건강연대 공동대표, 의사)은 “유행이 단기간에 종식될 것이라고 보면 무조건 환자 수를 줄이는 게 중요하겠지만, 지금은 어떤 집단이 특히 더 감염에 취약하고 많이 사망하는지 분석한 후 그 결과를 토대로 개입하는 방역정책이 필요한 시기”라고 말했다.

한국보다 COVID-19 전염병 환자 규모가 훨씬 큰 영국, 미국 등에서는 이미 감염에 영향을 미치는 사회적 요인 연구가 활발하다. 지난 6월 영국의학저널(BMJ)에 실린 “COVID-19 전염병의 건강 격차 해소를 위한 사회경제학” 논문을 보면, 영국 통계청 분석 결과 육체노동자의 사망률이 전문직에 비해 4배가량 높았다. 지난달 영국 공중보건국의 발표에 따르면 영국 내 흑인에 대한 COVID-19 전염병 진단율은 백인보다 2배 이상 높게 나왔고, Bangladesh 출신은 백인보다 사망률이 2배 높았다.

이 연구위원은 "미국, 영국 등은 인종이 감염 위험에 영향을 미치는 주요 요인이지만, 한국은 다른 요인이 COVID-19 전염병 감염에 영향을 미칠 수 있다."며 "소득, 직업 외에도 가족관계나 인적 Network, 주거지역 같은 사회적 자본에 따라 사망률이 달라질 수 있다."고 말했다. 이어 "어떤 사회경제적 배경이 사망률에 영향을 주는지 학계에서 활발히 연구하는 것도 필요하지만, 통계청 등 국가 기관에서 Data를 제공하고 정부가 연구과제를 제시하는 식으로 연구를 장려해 "감염 불평등"을 줄이는 방역 대책을 세워야 한다."고 말했다. (경향신문인터넷 2020년 7월 9일)

한편, Digital 시대의 도래로 인하여, 일부 국가에서는 전염병 추적을 이유로 하여 개인의 사생활을 심각하게 하고, 개인의 자유를 억압하는 전제주의적 성향까지 보이고 있다.

(나) CDC(Centers for Disease Control and Prevention)의 역할과 한계에 대하여 언급하자면,

CDC가 2007년 George W. Bush 대통령의 지시로 Avian flue가 미국으로 전염되었을 때 미국 국민을 보호하기 위한 대책을 미리 검토하기 위한 조치(Roadmap)에 대해서 작성하였으며, 2017년에 이것을 수정, 보완하여 이번 COVID-19 전염병 대책에 적극 활용하였으나 이 조치에는 관료주의의 한계로 인하여 인간 행동의 다양성, 실질적인 상황에 대한 대응책 등이 적절하게 반영되지 못하였다.

사실, Dr. D. A. Henderson이 CDC와 Coronavirus Task Force Team에게 이에 대한 보완을 제안했지만, 이것을 무시하였으며 그 값를 미국 국민이 톡톡히 치른 것이다. 자유의 소중함을 경험한 인간은 봉쇄나 자가격리, 임시 폐교 등과 같은 국가의 강제적인 수단에 대하여 관대하지 못하기 때문에 그에 따른 자살률 증가, 알코올 중독 증가, 다른 병에 대한 치료 중단, 실업자 증가, 저소득층의 생활 극복 불가 등의 경제적, 사회적 비용이 엄청나게 큰 것에 비하여 효과가 매우 미흡하다. 오히

려, 국민에게 Mask 착용, 손 자주 씻기, 사회적 거리 두기, 노약자의 경우 외출을 자제하기 등의 자발적인 행동을 유도하는 것이 가장 효과적이다. (The New Great Depression published with Penguin Random House LLC 2021 by James Rickards 39~43 page 참고) 앞으로 COVID-19 전염병과 같은 상황이 재발한다면 또 다른 시행착오를 겪지 않기 위하여 명심하여야 할 과제이다.

(다) COVID-19 전염병으로 인한 미국경제의 충격

2008년 이후의 임금 상승률을 보면 2008년의 금융위기를 완전히 극복하지 못한 것으로 나타나는데 이러한 상황에서 부딪힌 미국경제에 대한 전염병의 충격은 20c 이후 여러 차례의 불황과는 비교할 수 없을 정도의 엄청난 인명피해와 함께 커다란 경제적 충격이며, 최근에 개발한 Vaccine으로 이러한 경제적 충격의 흐름을 되돌이킬 수 있는 실마리를 찾겠지만 2019년의 경제 흐름을 회복하기까지는 3년은 족히 걸릴 것으로 예상되었으며 실제로도 그렇게 되었다. 그리고, 만일 미중전쟁이 진정되지 않고 확대하고 있으며 남중국해를 중심으로 한 무력 충돌의 긴장과 Russia의 Ukraine 침략전쟁 등이 계속되는 상황에서 Trump 대통령이 시작한 관세전쟁으로 인하여 지금은 경제회복의 시기를 기대하기가 훨씬 어려워지고 있다. 물론, 세계 경제의 침체가 지속되면 국민 사이의 불평등도 심각해지고 있는데, 특히 전염병으로 인하여 산업의 생존이 문제가 되는 관광업이나 Hotel 등의 숙박업, 항공업 등에 종사하는 근로자를 중심으로 하여 엄청난 실업자를 양산할 수밖에 없었지만, 이에 반하여 제4차산업의 비대면 산업, AI 등의 자동화 산업, 3D를 기반으로 한 AM(Additive Manufacturing), 기타 Digital 산업, Bio 산업 등에 종사하는 근로자는 상대적으로 그 충격이 덜하면서 일부 산업에서는 일반적인 상황보다 훨씬 빠른 성장을 보여주고 있어 산업 사이에 전염병으로 인한 부정적 충격이 다르게 나타났다. 따라서, 이에 따른 불평등과 사회적 이질감은 국가가 시급히 해결해야 할 문제가 될 것이다.

특히, 산업 위험도의 심각성 인식과 장기화, 현금과 현금성 자산 보유 및 투자 위축과 실업자 급증 및 소비 위축, 전염병 이후에도 지속되고 있는 Great Depression과 개인 및 국가부채 급증, 노령화 가속화-한국, 일본, 중국 등이 특히 심각-와 금융기관 부실 가능성 증가, 새로운 위험 인식과 Great Depression 장기화에 따른 경제의 악순환이 예상되는데 정부가 주도적으로 이러한 악순환의 흐름을 끊고 경제의 선순환으로 전환하여야 할 것이다. 물론 정부를 포함한 모든 경제주체의 공동 노력이 절실한 상황이다.

2020년 2월 24일 미국의 주식시장에 엄청난 폭락이 있었는데, 이것이 일면 COVID-19 전염병이 세계적인 전염병으로 확산하였다는 것을 보여주는 신호탄으로 인식되기도 하였다. 이와 함께, 미국의 실업자 수를 살펴보면 2020년 3월 1일과 10월 1일 사이에 6,000만명 이상의 실업자가 발생했으며 지금도 회복되지 않고 있는 상황에서 삶을 지탱하기 힘든 중산층이 갈수록 늘어나고 있었다. (The New Great Depression published with Penguin Random House LLC 2021 by James Rickards 46, 53 page 참고)

이 실업자 수를 미국의 인구와 대비하여 세계 인구와 단순 비교를 하면, 이 기간 미국의 실업 증가율이 17%이므로 77억명을 세계 인구로 보면 17%인 13억 인구가 7개월 동안에 실직하였다고 추정할 수 있는데 그나마 미국의 경우는 의료보험이나 실업보험, 복지 수준이나 의료 수준이 상대적으로 나은 상태이지만, 이보다 훨씬 낮은 수준을 보이고 있는 India나 Brazil 등의 경우는 여러분이 상상하기 힘들 정도의 힘든 삶을 하루하루 살았으며 2025년 중반이 지나고 있는 지금도 그 후유증을 벗어나지 못하고 있을 것이다. Gini’s Coefficient를 기준으로 한 국가들의 불평등 수준은 미국보다도 훨씬 높아 사회적 충격과 혼란은 매우 심각한 상황으로 이어질 수 있다.

미국의 중소기업은 GDP의 50% 가까이 책임지고 있는데 이런 측면에서 보면 미국의 Apple, Facebook, Google 못지않게 중소기업의 역할이 중요하다는 것을 알 수 있으며, 이들의 대부분이 단순히 돈을 찍어내어 도와주거나 주가를 상승시켜 도와줄 수 있는 상황이 아닌 엄청난 재정적 고통을 받고 있다. 극단적인 예를 들면, 2020년 9월 21일 현재 New York 시의 거의 90% 정도의 식당과 bar가 8월분 임대료를 지급하지 못하고 있으며 2020년 3월 1일부터 8월 31일사이에 97,966개의 사업체가 폐쇄되었는데 이것은 미국의 9/11사태 시기와는 비교가 되지 않을 정도로 심각한 것이다. 또한, 2020년 6월 8일 NBER(the National Bureau of Economic Research)가 "미국경제는 2020년 2월에 경기후퇴기에 진입했다."고 선언했다. 그리고, 2020년 2사 분기 미국의 GDP는 재난 수준이었는데 미국이 경제지표를 조사한 이후 가장 심각한 상황이었다. 즉, 연간을 기준으로 하면 GDP의 32.9%가 추락한 것으로 나타난 것이다. 2사 분기만 보면, GDP의 9.5%가 추락한 것인데 이 역시 당연히 미국의 역사상 최악이다. 1929년~1933년의 경기 하락, 2008년~2009년의 경기 하락과 비교할 수 없을 정도로 최악이었다. 어찌 미국만이겠는가. 전 세계가 최악의 진통을 겪었으며 특히 각종 보험제도가 제대로 가동되지 못하고 있는 중진국과 후진국의 경우에는 그 고통이 더욱 심하였다. 한편, 미국의 경우 2020년의 2사 분기의 Deflation이 2.1%로 집계되었는데 국민의 대다수가 빚더미에 쌓여있어 구매력을 거의 상실했으며, 한편으로는 앞날이 불안하여 조금이라도 현금을 아끼자는 본능적인 반응이었다. 이것은 전염병이 극복되더라도 단기간 내에 경제가 회복되기 힘들 것이라는 것을 예고하는 것이었다. 유럽의 경우를 보더라도 2020년 유럽 전체의 GDP가 7.7% 정도 하락할 것으로 예상하였으며 제2차세계대전 종전 직후의 유럽 경제 상황과 유사할 것으로 예상되는데 IMF는 2020년의 세계 경제가 3.9%가 하락할 것으로 예상하였다. New York 시의 경우에도 2012년 이후 2,000명의 공무원을 해고하였는데 이것은 1970년 이후 가장 많은 공무원을 해고한 것이다. (The New Great Depression published with Penguin Random House LLC 2021 by James Rickards 54~58 page 참고)

앞에서 언급한 것처럼, 장기적이고 부정적인 사회적 영향이 나타나고 있지만, 이 사태가 장기화하면 젊은 다음 세대가 대학을 졸업해도 취업은 되지 않는데 학자금 융자만 늘어날 뿐이니 스스로 학업을 포기하고 사회적 신분 상승의 기회를 상실하고 극단적으로는 장래의 삶에 대한 희망을 버리고 사회와 기성세대에 대한 분노만 쌓이며 극단적인 정치적 성향을 띨 가능성이 높아지는데 이는 결국 경제가 정체 또는 후퇴하면서 사회가 불안정해지며 붕괴하는 길로 갈 수 있다.

2009년~2019년까지의 미국의 연평균 성장률이 2.2%에 불과하였다는 것은, 내가 이미 언급한 외형적으로는 완전고용의 수치를 나타내고 있었지만 Under Employment로 인하여 근로자의 임금 상승률이 상대적으로 낮았다는 것과 함께 감안하면, 2008년 미국의 Subprime Mortgage로 인한 경제적 후유증을 완전히 극복하기도 전에 커다란 사회 재난인 COVID-19 전염병이 미국 사회 전반에 충격을 주어 이를 완전히 극복하기 위해서는 상당한 시간이 필요할 것으로 보이는데, 그나마 다행인 것은 제4차산업의 발전을 가속화하고 이와 관련된 제조공장을 미국에서 설립함으로써 경제적 상황의 악화를 진정시킬 수 있을 것이다. 그러나, 이 또한 미중전쟁이 확대되거나 지속하면 미국경제의 회복이 지연될 것인데 2025년 6월 현재 새로 취임한 Trump 대통령의 세계를 상대로 한 관세전쟁과 Medicare, Medicaid 축소, 연방교육부 폐쇄 등은 약간의 회복 기미를 보이던 미국경제의 침체를 지속하도록 하면서 불평등을 확대할 것으로 예상된다.

한편, 비록 Vaccine 접종이 진행되고 있지만, 전염병으로 인한 두 번째의 대규모 실업 사태가 2021년 상반기까지 지속되었는데 지난 1년여의 기간보다 2023년 상반기까지 미국을 포함한 모두에게 더욱 힘든 시간을 겪었으며 국가 재정은 바닥이 나고 추가적인 세수 확보도 쉽지 않아 산업의 기반이 약화하여 특히 중진국 이하의 국가에서 실업률은 지속적으로 증가할 수밖에 없을 것이다. 이러한 상황은 실업자의 가족을 포함한 세계의 많은 사람을 집단적인 Trauma 상태로 몰아갈 수 있다.

(The New Great Depression published with Penguin Random House LLC 2021 by James Rickards 60~63 page 참고)

COVID-19 전염병은 워낙 변이가 빨리 진행되어 남아프리카공화국이나 영국 등에서 이미 또 다른 변종이 나타나고 있는데 현재의 Vaccine이 효과를 보아 대행이지만, 만일 새로운 변종이 현재 거발한 Vaccine에 효과가 없다면 제2, 제3의 파도가 세계를 휩쓸 가능성도 있을 것이다. 그러나, 당시에는 최대한 빨리 Vaccine 접종을 세계로 확산시켜 집단면역이 가능하도록 하는 것이 가장 시급한 과제이었다. 세계의 많은 사람이 Spain에서 bar를 운영하는 사장 다음과 같이 말하고 있는 심정과 같았을 것이다. "내가 더 이상 이 삶을 버티기 힘들기에, 누군가가 차라리 단두대의 날카로운 칼로 나의 목을 토막내 주었으면 좋겠다." 또한, New York Times는 COVID-19 전염병의 충격을 심장마비에 비유하기도 하였다. 사실 New York 시 소상공인의 230,000개의 사업체 중에 1/3 정도는 재개할 수 없을 것이다. 참 슬픈 현실이었다… (The New Great Depression published with Penguin Random House LLC 2021 by James Rickards 68~69 page 참고)

이러한 상황은 국가에 따라 각각 다르게 나타나고 있지만, COVID-19 전염병이 종료한 뒤에도 경제가 크게 개선되지 않는 상황이 계속되는 경우가 많고 그 충격은 소득 중하위 계층이 가장 심각하게 맞고 있다.

최근 한국경제의 2025년 한국경제에서 20% 이상을 차지하고 있는 도소매업의 현실을 밝힌 자료가 있어 아래에 기재하고자 한다.

이재명 정부 출범과 함께 소상공인 등 취약계층의 채무 소각을 위한 "Bad Bank" 설립 논의가 본격화되면서 50조원 규모의 "COVID-19 전염병 대출" 탕감 방식과 범위에 관심이 쏠리고 있다.

8일 업계에 따르면 금융위원회는 이재명 대통령의 주요 공약으로 언급된 코로나 대출 탕감과 조정 방안을 구체화하는 작업에 돌입했다. 핵심은 "COVID-19 전염병"이다. 이 대통령이 직접 언급한 만큼 대규모 원금 감면이 현실화할 수 있다는 관측이 나온다. Bad Bank는 자영업자의 부실자산을 인수, 정리하는 특수기관으로, 통상 정부 재정으로 손실을 보전받는 구조다.

이재명 정부가 구상 중인 Bad Bank는 일반 장기 소액 연체 채권 소각을 기본으로 하되, 일정 요건을 충족한 소상공인과 자영업자까지 채권 소각 대상에 포함할 것으로 알려졌다.

금융당국은 이번 Bad Bank 설계 시 2022년 10월부터 운영 중인 새출발기금 운용 경험을 참고할 계획이다.

한국자산관리공사 (캠코)에 따르면, 4월 말 기준 새출발 기금에 접수된 채무조정 신청 규모는 총 20조 3,173억원 (차주 수 12만 5,738명)에 달한다. 이 가운데 실제 약정이 체결된 금액은 매입형(원금 감면) 2조 9,609억원(3만 3,629명), 중개형(금리, 기간 조정) 2조 8,388억원(3만 7,950명) 등 총 5조 7,997억원에 불과하다. 약 15조원의 채무가 여전히 남아 있어 채무자의 상환 부담은 지속되고 있다.

이처럼 약정 체결률이 28% 수준에 그치는 배경에는 까다로운 신청 절차와 조정까지 길게는 1년 이상씩 걸리는 느린 속도 등이 꼽힌다.

캠코 관계자는 "과거처럼 금융기관 채권을 일괄 인수해 신청받는 방식이 아닌, 자활 의지가 있는 채무자가 먼저 신청한 뒤 채권을 인수하는 구조이기 때문에 실제 승인 건수와 체감은 차이가 있다."고 설명했다.

이러한 한계를 보완하기 위해, 이재명 정부의 Bad Bank는 지원 규모와 속도 면에서 보다 투명한 부채 탕감과 조정을 내세울 것으로 보인다.

금융당국 관계자는 "새출발기금의 운용 경험을 갖고 있어 작동 Mechanism 등을 달리하게 될 것"이라며 "여러 고민을 하고 있다."고 말했다.

특히 COVID-19 전염병으로 피해를 본 중소기업과 소상공인 대출 중 약 50조원(만기 연장 47조 4,000억원 +원리금 상환 유예 2조 5,000억원)이 9월 말 만기가 도래한다는 점도 시장에 부담스러운 부분이다.

금융당국과 금융권은 2020년 4월부터 COVID-19 전염병으로 인해 유동성 문제를 겪는 중소기업과 소상공인 대출에 만기 연장과 상환 유예를 제공하여 왔는데, 이 중 50조원에 달하는 COVID-19 전염병 대출의 만기가 곧 돌아오는 만큼 파격적인 방안이 나올 수 있다는 관측도 나온다.

Bad Bank 설립과 운용에 있어 가장 큰 과제는 재원 조달 방안과 도덕적 해이 우려다. 현재로서는 정부 재정과 민간 금융사(은행권)의 공동 출자 방식이 유력하게 검토되고 있다.

금융권은 Bad Bank에 출자해야 한다는 시각에 조심스러운 반응을 보였다. 은행들이 COVID-19 전염병 이후 이익을 많이 냈다는 평가가 있는 만큼 정부의 정책 기조에 동참하는 방안을 내부적으로 논의하고 있지만, 문재인 대통령과 윤석열 대통령 시절에도 상생금융 자금을 조 단위로 부담한 터라서 자산 건전성에 악영향이 생길까 걱정하고 있다.

채무를 성실히 상환해 온 차주에 대한 형평성 문제, 즉 "역차별" 논란과 함께, 과도한 탕감 정책이 자칫 도덕적 해이를 조장할 수 있다는 우려도 있다.

또한 Bad Bank 운영 주체로 유력한 캠코의 재정 상태도 변수다. 캠코의 부채비율은 2022년 말 145.13%에서 2023년 말 213.73%로 빠르게 증가했으며, 내년에는 이자보상비율이 1 미만으로 하락할 가능성도 제기되고 있다 . 이는 영업이익으로 이자조차 감당하지 못할 수 있다는 뜻으로, 정책금융 전반의 지속 가능성에 대한 우려로 이어지고 있다. (스카이데일리 2025년 6월 8일 김나윤 기자 기사 참고)

(라) COVID-19 전염병 이후의 불평등 확대

1990년대 후반 아시아의 외환위기와 2008년 미국의 Subprime 금융위기에서 보여준 것과 같이 대부분의 위기는 불평등이 확대하는 결과를 가져오지만, COVID-19 전염병은 전염병 통제라는 이름으로 소위 "Coronavirus Capitalism"이 출현하면서 개인의 자유를 심하게 침해하였다. 또한, 비록 각 국가에서 발권력을 동원하여 긴급자금을 국민에게 투입하였으나 결과적으로 불평등은 세계적으로 더욱 심화하였다. 미국의 경우 2020년 말에는 COVID-19 전염병의 확대로 인하여 1960년대 이후 빈곤율이 가장 심각한 상태로 증가한 것을 목격하였으며 800만명 또는 1.8%에 해당하는 미국인이 빈곤 상태에서 살게 된 결과를 가져왔다.

영국의 경우에는 저소득 계층의 50%가 직업을 잃는 결과를 가져왔다.

2021년 말에는 COVID-19 전염병의 결과로 세계 인구의 1.1%가 세계 부의 약 46%를 차지하는 결과를 가져왔다. 결과를 놓고 보면, 정부와 대기업들은 서로 협력함으로써 서민과 노동자의 희생을 이용하여 사회에 대한 통제와 부를 확대하여 불평등이 확대한 모습을 보여주게 된 것이다. (Vulture Capitalism Published by Atria Books 2024 by Grace Blakeley 60~61 page 참고)

(5) Lorenz 곡선과 Gini's Coefficient

이 방식에 따르면, A/(A+B)에서 완전 소득 평등의 경우 0, 완전 소득불평등의 경우 1로 계산되는 방식인데 현대사회의 소득불평등은 앞에서 얘기한 여러 가지 요인들로 인하여 지속적으로 확대되어 가고 있다.

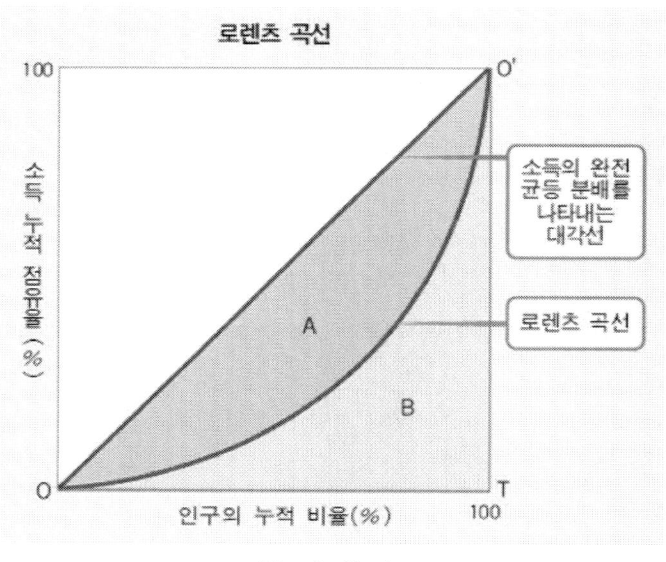

(Graph 참고)

(6) 한국의 소득불평등에 대한 구조적 문제

(가) "부의 불평등이 제1차세계대전 이전 수준으로 심해졌다." "최상위 부자들에게는 80%의 소득세를 부과해야 한다."

언뜻 과격하게 들리는 이 같은 주장은 전 세계적인 화제를 모으고 있다. 방대한 자료를 분석해 불평등 현상을 짚어내고 부자증세 대안을 제시한 Thomas Piketty 교수의 "21세기 자본론"으로 인하여 2014년을 관통하는 가장 뜨거운 용어가 됐다. 한국에서도 Piketty 열풍 분위기가 갈수록 무르익고 있었다. 관련 주제를 다룬 논문과 보고서가 잇따라 나오는가 하면 한국경제학회는 2014년 9월 "21세기 자본론"의 한국어판 출간에 맞춰 소득불평등과 자본주의의 미래 등을 주제로 한 Seminar를 개최하였다. 부의 집중과 소득불평등 문제에서 한국도 예외가 아니기 때문이었다.

창간 35주년을 맞아 매경이코노미는 한국의 소득불평등 양상을 조명하고 대안을 모색했다.

중견기업 회사원인 최 모 씨(42)는 초등학교와 중학교에 재학 중인 두 아들의 교육비에만 월평균 300만원 가까이 쏟아붓는다. 학원은 기본이고, 방학 때면 영어 Camp와 Coaching School까지 브낸다. 집 장만을 포기했다는 최 씨는 "애들에게 남부럽지 않게 교육이라도 시킬 작정이다. 대학을 졸업하고 괜찮은 기업에 들어가면 중산층에 진입할 수 있을지 알았지만 착각이었다. 소득은 맨날 제자리고 집 하나 장만하기도 힘들다. 열심히 노력해도 금 숟가락 물고 태어난 사람들과 격차는 더 벌어진다. 애들이라도 남부럽지 않게 키워 중산층에라도 진입시키는 게 목표가 됐다."고 자조했다.

최 씨 경우처럼 한국 사회에선 명문대학을 졸업하고 정규 직업을 갖고 있지만, 사실상 서민을 자처하는 사람들이 늘고 있다. 본인의 노력과는 무관하게 소득 양극화가 심각하다고 느끼는 사람들이 많기 때문이다.

Syndrome이라고 할 만큼 뜨거운 논쟁을 불러일으키고 있는 Piketty의 주장을 한 줄로 요약하면 "돈이 돈을 낳는 속도가 사람이 돈을 버는

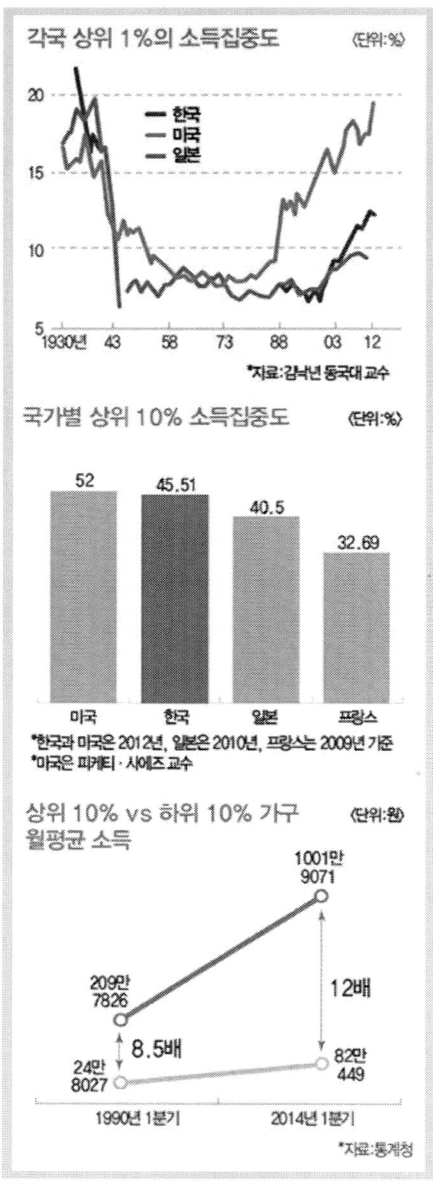

1990년 1분기~2014년 1분기(통계청 자료 참고)

속도보다 빠르다."는 것이다. 이를 규명하기 위해 Piketty 교수는 상위 10% 계층이 차지하는 소득이 전체에서 차지하는 비중을 분석했다. 2012년 미국 Data를 살펴보면 미국인 전체가 벌어들인 소득의 52%를 상위 10%가 차지했다. 1917년 이후 가장 높은 수치다. 같은 방식을 한국에 적용해보면 어떨까.

(나) 외환위기 이후 심화 추세

김낙년 동국대 경제학과 교수가 분석한 2012년 기준 우리나라의 상위 10% 소득 비중은 45.51%였다. Piketty 교수의 미국 수치와 비교하면 낮은 수준이지만 일본 40.5%, France 32.69%에 비하면 훨씬 높다.

한국의 경우 1990년대 중반까지 30%대에 머무르던 상위 10% 비중이 IMF 경제위기를 기점으로 늘어나기 시작해 2000년대 중반 40%를 넘어섰다. 김낙년 교수에 따르면 2000년대 이후 지속적으로 불평등이 증가한 나라는 미국과 한국 정도밖에 없다. 소득 구조만 놓고 보면 미국 수준에 접어들었다는 분석도 나온다. 한국 상위계층 0.05%는 금융소득으로 전체 소득의 28%를 올린다. 미국 역시 상위 0.01%가 전체 소득의 30%가량을 차지한다.

소득불평등 심화 문제는 상위 1%나 0.1%로 범위를 좁히면 더 명확하게 드러난다. 1997년 상위 1%의 소득 비중은 7%대에 머물렀지만 2012년에는 12.41%로 나타났다. 이 역시 외환위기 이후 지속적으로 증가하기 시작해 2005년 10%를 넘어 일본, France 등을 앞질렀다. 상위 0.1%를 조사한 결과도 비슷하게 나타난다. 한국에서 소득 상위 0.1%에 포함되려면 연간 세전소득이 3억 3,000만원 정도 되어야 한다. 이들의 소득 집중도는 2001년 2.6%를 기록한 이후부터 일본, France 등을 넘어섰다. 김 교수는 "상위 1%의 소득 집중도를 조사해 보면 1990년대 중반까지의 고도 성장기에는 5%대로 일본에 가까웠지만, 의환위기 이후에는 급속히 상승해 집중도가 높은 미국 쪽으로 다가서고 있다"고 분석했다.

소득불평등 심화의 배경에는 상위층 집중 외에 하위층의 상대적 소득 악화도 내재하여 있다.

김낙년 교수가 국세청 소득세 자료를 분석한 결과 외환위기 이후부터 하위 20%의 소득 비중은 하락하는 추세다. 정부 통계에 따라도 상위 10%와 하위 10% 간 격차 역시 날이 갈수록 커지는 추세다. 통계청 자료에 따르면 소득 상위 10% 가구의 월평균 소득은 1990년 1분기 209만 7,826원에서 올해 1분기 1,001만 9,071원으로 5배 증가했다. 같은 기간 하위 10%의 소득은 24만 8,027원에서 82만 449원으로 3.3배 증가했다. 상위 10%와 하위 10%의 소득 격차는 같은 기간 8.5배에서 12배로 벌어졌다. 이 격차는 다른 OECD 국가 독일(6.7배), France(7.2배), Canada(8.92배)보다 높은 수준이다.

주요 국제기구들도 최근 일제히 한국의 소득불평등 구조 악화를 경고하고 나섰다.

대외경제정책연구원이 국제노동기구(ILO) 의뢰로 조사한 77개국 Gini's Coefficient를 비교하면 1981~2007년 우리나라의 Gini's Coefficient는 선진국 그룹 28개국 중 8번째로 높다. 소득불균형의 악화 속도도 빠른 편이다. 아시아개발은행(ADB)은 1990~2010년 아시아 28개국 Gini's Coefficient 추이를 분석해 이런 결과를 내놨다. ADB에 따르면 한국의 Gini's Coefficient 상승 폭은 중국, Indonesia, Laos, Sri Lanka에 이어 5번째로 컸다. 최근 한국경제 관련 보고서를 내놓은 OECD 역시 소득불평등에 대해 경고했다. OECD 보고서에 따르면 한국의 중산층(국내 평균 임금의 50%~150% 사이) 비율은 1990년 75.4%에서 2000년 71.7%, 2010년 67.5%로 갈수록 줄어들고 있다. 물론 원인은 소득불평등이다. 한국의 경우 중간 임금의 3분의 2 미만을 받는 근로자 비중이 25% 안팎으로 미국과 함께 OECD 국가 중 가장 높았다.

(다) 최상위 계층 비근로소득 늘어

Piketty 교수가 세계 경제계에 파장을 일으킨 배경은 상위층의 “부 집중도“에 대한 연구 덕분이다. 자본 소유자가 막대한 부를 보유하고 이것을 높은 자본수익률로 운용해 부의 불균형을 심화한다는 논리다. Piketty는 특히 자본수익률이 경제성장률보다 높을 경우 자본의 집중도가 갈수록 심해져 경제의 효율성을 크게 떨어뜨리는 원인으로 작용한다는 점을 강조했다.

Piketty의 주장을 국내에서 검증할 만한 정교한 Data나 연구 결과는 아직 없다. 재산을 숨기는 사례가 많아 Data 자체의 신뢰도가 떨어지기 때문이다. 일부 학자들이 재산 불평등 역시 소득불평등처럼 외환위기 이후 심해졌을 가능성이 높은 것으로 추정하는 정도다.

장기간의 연구 결과는 아니지만 자본소득이 증가하는 경우 소득 분배가 악화할 가능성이 높다는 분석은 나와 있다. 박기백 서울시립대 세무학과 교수는 "유형별 소득이 소득불평등에 미치는 영향"이란 제목의 논문에서 "자본소득이 증가하는 경우 소득 분배가 악화될 가능성이 높은 것으로 나타났다."고 밝혔다. 박 교수 분석에 따르면 노동소득이 증가하더라도 소득 분배를 악화시킬 가능성은 낮았다. 반대로 이자나 배당소득, 임대소득 등 자본소득은 이 소득의 증가 시 소득 분배를 악화시킬 가능성이 큰 것으로 나타났다. 같은 규모의 소득이 증가한다면 일해서 버는 노동소득이나 사업소득보다 자본이 벌어다 주는 자본소득이 소득 분배에 악영향을 준다는 의미다. Piketty의 주장과 일맥상통하는 측면이 있다.

근로소득보다 금융소득 등 다른 소득에서의 소득 격차가 훨씬 커지고 있다는 조사도 있다. 김상조 경제개혁연구소장이 국세청의 통합소득 100분위 자료를 활용해 2007년~2012년 기간의 소득 분배와 실효세율 추이를 분석한 결과에 따르면, 근로소득보다 종합소득과 통합소득에서의 소득 격차가 훨씬 더 큰 것으로 나타났다. 2007년~2012년 평균을 기준으로 보면 연말정산 근로소득의 경우 최상위 100명의 소득은 중간값의 452배로 나타난 반면, 통합소득의 최상위 100명이 버는 소득은 중간값의 무려 1,512배에 이르는 것으로 분석됐다. 최상위 소득자의 경우 근로소득 이외에 이자, 배당 등의 금융소득과 임대소득을 포함한 사업소득 등의 비중이 더 높았다. 최상위 계층의 비근로소득이 많이 늘어나면서 소득 격차가 확대하였다는 분석이 가능하다.

반대 논거도 있다. 김낙년 교수의 분석에 따르면 2007년 상위 0.05% 계층의 소득에서 배당이 차지하는 비중은 24%였지만, 2012년에는 22.7%로 감소했다. 국책연구원의 한 관계자는 "한국의 경우, 국세청이 자료를 통째로 내놓기 전에는 정확한 분석을 하기가 어렵다. 더욱이 자산 중 부동산이 차지하는 비중이 워낙 높아 외국과의 단순 비교도 쉽지 않을 것"이라며 "자본수익률이 성장률보다 높다는 점이 불평등의 근본 원인이라는 Piketty의 가정 자체도 의문"이라는 의견을 내놓았다.

(라) 경제성장률 하락이 한 요인

계층 간 이동 안 돼 사회 갈등 커져

소득불평등 문제는 단순히 현상으로만 그치지 않는다. 범죄나 자살, 세대 갈등 등 한국 사회 불안 요인으로 연결될 개연성이 높기 때문이다. 실제 소득불평등이 범죄 발생을 증가시킬 수 있다는 주장은 국내외에서 꾸준히 제기돼왔다. 신동균 경희대 경제학과 교수는 "소득 상위층과 하위층이 극단적으로 구분되는 양극화가 범죄와 자살 같은 병리 현상의 증가와 밀접하게 연결돼 있다. 특히 하위층에서 상위층으로 올라갈 수 있다는 희망이 사라지는 순간 범죄 동기나 자살 충동이 높아지면서 전반적인 사회 불안 수위가 높아진다."고 설명했다.

소득 분배가 개선될수록 범죄 발생이 줄어든다는 구체적인 연구 결과도 있다. 변재욱 성균관대 경제학과 교수 연구팀의 "소득불평등과 범죄 발생에 관한 실증분석" 논문에 따르면 Gini's Coefficient가 높은 연도나 지역일수록 범죄 발생률이 높았고, 반면 Gini's Coefficient가 낮은 연도나 지역일수록 범죄가 덜 발생했다. 2009년 기준으로 Gini's Coefficient가 0.0388만큼 개선되면 범죄 발생이 1만 4,000건 감소할 것으로 분석했다.

소득불평등에 따른 범죄 발생은 중하위 소득층에서 더 뚜렷이 나타났다. 하위 소득에 속한 사람들은 그들 주변의 중위 소득자(전체 국민을 소득 기준으로 일렬로 세웠을 때 한중간에 해당하는 소득자)와의 소득 격차가 심할수록 범죄를 저지를 가능성이 높다는 것이다. 반대로 소득불평등을 개선하면 범죄 증가를 억제할 수 있다는 얘기가 된다. 소득 양극화는 세대 갈등으로도 이어진다.

따라서 소득 혹은 재산 불평등이 고착하면 사회 병리 현상도 치료하기 어려운 단계에 접어들 수 있다. 한국의 소득불균형 심화에 대해 시급한 원인 분석과 처방이 필요한 이유다.

전문가들 상당수는 불평등의 원인으로 성장 둔화를 지목한다. 김낙년 교수는 "1990년대 중반 고도 성장기에는 소득이 같이 증가했기 때문에 큰 문제가 없었다. 성장 문제가 불평등 악화의 원인일 수 있다."고 설명한다. 그는 외환위기 이후 경제 성장이 사회 저변에 미치는 효과가 크게 줄고, 성과주의 보수 체계가 확산하고 상위 소득자에게 적용된 한계세율이 지속적으로 하락한 점이 소득불평등도를 높인 원인이라 지목했다.

OECD는 노동 시장의 이중 구조가 심각한 불평등의 요인이라는 분석을 내놓았다. 다른 OECD 국가들도 마찬가지로 한국은 지난 1997년 이후 소득불균형과 상대적 빈곤이 심화하였는데, 이는 비정규직 근로자 비율이 증가한 데다 이들이 정규직보다 현저하게 낮은 임금을 받게 된 게 배경으로 작용했다는 분석이다. 또한, 대기업과 중소기업, 제조업과 Service 업 종사자 간 임금 격차가 벌어진 점도 소득불균형을 심화시킨 원인으로 지목된다. 낙후된 Service 산업이 일자리 창출에 별반 기여하지 못하면서 발생한 일이다. 이동은 대외경제정책연구원 국제거시팀장은 "기술 발전이나 세계화와 같은 공통 원인 외에도 교육 기회 불평등, 비정규직 문제, 사회보장제도 등이 국가별 불평등을 만든다."고 지적했다.

부의 세습과 계층 간 이동성 감소 역시 불평등 심화의 배경이다.

"미국의 소득 불평등은 근로소득 격차에서 나오지만, 한국은 부동산 등 재산으로 인한 격차가 훨씬 크다. 부가 세습되고 그대로 대물림되면 건강한 사회가 될 수 없다." 신동균 교수의 설명이다.

Piketty는 심각한 소득불균형의 해법으로 0.01% 초고소득층에 대한 소득세 강화와 Global 부유세 등을 제안했다.

이에 매경이코노미가 취재한 전문가들 상당수는 비판적인 입장을 취했다. 근로 의욕을 꺾어 성장에 저해가 될 수 있다는 점과 실현 가능성이 높지 않다는 게 이유다. 부유세 문제만 해도 국제 공조가 필수적이지만 기대난이다. 세제 전문가들은 한결같이 "개방화 시대에 글로벌 부유세 같은 정책은 거의 불가능하다. 서로 다른 특성을 가진 국가들의 동시 협조를 구하는 게 어렵다."고 입을 모은다. 허창수 서울시립대 교수는 "한국은 근로소득 과세 비중이 큰 반면, 자산소득 과세가 미약하다. 소득이 있는 곳에 과세한다는 원칙부터 지켜야 한다."고 주장했다. 특정 계층의 부담을 늘리기보다 세원을 넓히는 작업이 먼저라는 것이다.

이 밖에도 전문가들은 교육 개혁을 통한 기회 균등 확대, 저소득층에 대한 의료 지원 등을 주문한다.

(마) 한국 정부의 엉터리 소득불평등 통계

정책 오판 가져올까 우려

"가계조사에 의거한 통계청의 Gini's Coefficient는 고소득층의 실태를 제대로 반영하지 못한다." (김낙년 동국대 경제학과 교수)

"통계청의 Gini's Coefficient는 국제기준에 부합되도록 작성하고 있으며, 경제협력개발기구(OECD)의 통계 품질 관리 항목별로도 문제가 없다." (통계청)

소득불평등에 대한 Piketty 열풍이 국내에서는 통계 지표 논란으로 이어지고 있다. 학계 일부에서 통계청의 Gini's Coefficient 산출 방법이 현실과 동떨어져 있다는 문제를 제기하자 통계청이 발끈하고 나선 것이다. 통계청은 국제기구 통계 품질까지 거론하며 통계청 자료에 오류가 없음을 주장했다. 김낙년 교수는 "통계청이 Gini's Coefficient를 OECD 방식으로 구한 것은 당연한 것이다. 문제는 Gini's Coefficient 계산에 이용되는 가계조사 자체의 품질이 떨어진다는 것이다. 그 이유는 통계청이 가계조사를 할 때 소득의 누락이나 과소 보고를 제대로 확인하지 못하고 있기 때문"이라고 반박했다.

통계청이 발표하는 Gini's Coefficient는 개별 가구의 설문조사(가계동향조사)에 기반을 둔다. 표본 규모는 8,700가구(농가 2,800가구 제외)인데 이들이 충실하게 자신의 소득을 공개했다는 전제하에 통계청은 Gini's Coefficient를 산출한다. 지난 5월 통계청이 발표한 Gini's Coefficient (2013년)는 0.302다. 이 정도 수치면 OECD 중위권 수준이다. 게다가 지난 2008년 Gini's Coefficient 0.314에 비하면 크게 줄었다.

그런데 개별 가구에서 소득을 제대로 보고하지 않았다면 이를 바탕으로 산출된 그간의 Gini's Coefficient도 믿기 어렵게 된다. 그뿐 아니라 한국의 소득불평등 수준이 꾸준히 개선되고 있다는 정부 주장도 무색해진다. 김 교수는 "가계조사에서 파악된 금융소득은 전체의 5%밖에 되지 않는다. 그리고 가계조사와 국세청 소득세 자료의 소득 분포를 비교해 보면 소득이 높을수록 가계조사의 파악률이 떨어져 연 소득 2억원이 조금 넘는 가구는 아예 없다."고 전했다. 표본조사의 문제점도 제기된다. 표본 수를 달리하면 전혀 다른 결과가 나온다. 성태윤 연세대 경제학부 교수는 "기존 가계동향조사는 고소득층이 표본에서 빠져 Gini's Coefficient가 너무 낮게 나오는 단점이 있다. 이 때문에 표본 수를 늘릴수록 소득불평등이 심해지는 웃지못할 결과가 나온다."고 지적했다. 문제는 정부 발표 수치에 오류가 있으면 이에 기반을 둔 관련 정책 역시 잘못된 방향으로 갈 가능성이 있다는 점이다. 전문가들은 국세청 자료와 같이 전수 조사된 자료를 이용해 보완해야 한다고 입을 모은다. 유경준 KDI 선임연구위원은 "국세청 국세 자료를 이용해 전체의 소득 분포 구조에 대한 보완이 필요한 시점이다. 소득세 자료를 활용하면 상위 1%와 10%의 소득 점유율에 대해서도 알 수 있을 것"이라 주장했다.

Piketty 파리경제대 교수의 "21세기 자본론"은 가히 세계적인 돌풍을 불러일으켰다. 그만큼 찬반 논란도 뜨겁다.

Piketty 교수의 21세기 자본론을 한마디로 요약하자면 자본수익률이 경제성장률보다 높은 상태를 유지하면서 소득과 부가 상위층으로 편중됐다는 것이다. Piketty 교수는 앞으로도 이런 추세가 계속되기 때문에 소득불평등은 점점 더 악화될 것이라고 전망했다. Piketty 찬성론자들은 20여개국의 지난 300년간 세금 자료를 분석, 방대한 양의 Data를 통해 소득불평등 문제에 주목했다는 점에 열광한다.

하지만 문제를 지적하는 목소리도 만만치 않다. 영국 일간지 Financial Times(FT)가 Start를 끊었다. FT는 지난 5월 말 " "21세기 자본론"에 나온 유럽과 미국의 경제, 세금 관련 통계를 검토한 결과, 원래 자료를 잘못 인용했거나 부정확한 분석법을 적용한 사례를 발견했다."고 보도했다. Piketty가 1920년 Sweden 상위 1% 부유층을 다루면서 1908년도 수치를 잘못 인용하는가 하면 1970년 미국 1% 부유층의 자산 규모도 임의로 수정했다는 내용이다.

학계 교수들도 Piketty 교수의 분석을 비판하고 나섰다.

Gregory Mankiw Harvard University 교수는 "앞으로 소득불평등이 심화할 것이라는 주장은 추정에 불과하다."고 잘라 말한다. 같은 대학 Martin Feldstein 교수도 "Piketty 교수는 미국의 세금, 상속세 제도를 제대로 이해하지 못했다. 미국은 1980년대 이후 세금 제도가 큰 폭으로 바뀌었기 때문에 소득불평등이 커진 것처럼 보인 것"이라고 주장했다.

국내에서도 Piketty 분석법에 대한 비판은 거세다. 현진권 자유경제원장은 "상대적인 소득 격차는 어쩔 수 없이 존재하지만 그렇다고 해서 Piketty가 주장한 소득 평등 자체가 정책의 목표가 될 수 없다."고 비판했다. 현 원장은 더불어 "소득 분배를 개선하는 방법이 부자 억제를 통해서만 이뤄지지는 않는다."며 "Piketty의 주장에는 빈곤층의 소득을 높여 소득 구조를 개선하는 방법이 언급되지 않았다."고 주장했다.

당사자인 Piketty 교수는 일부 통계 오류가 대세(책의 결론)에는 영향을 주지 않는다는 입장이다. 그는 FT와의 인터뷰에서 "다양한 Data를 조합하면서 일부 원자료는 조정할 필요가 있었다."고 해명했다. (2014년 7월 7일 매일경제 인터넷신문 참고)

2) 법치주의(Rule of Law)

(1) 개관

영국은 1215년 6월 15일에 왕과 귀족이 합의하여 서명한 Magna Carta를 작성하고 1688년 발생한 명예혁명이 1689년 Magna Carta를 기반으로 하여 국왕의 권력을 제한하면서 의회로 분할함으로써 현대 자본주의의 기반이 된 법치주의가 탄생하여 점진적으로 발전하기 시작하였으며 이러한 이유가 근간이 되어 France나 Russia와 같은 많은 희생자가 발생한 혁명이 일어나지 않고 두 국가와 비교하면 안정적으로 자본주의를 안착하게 되었으며 결과적으로 법치주의 역사가 오래되어 법치주의가 엄격하게 유지되는 선진국에서는 한국에서 유행하는 "내로남불"이라는 단어가 유행하기 쉽지 않은 것이다. 다시 말하면, 자본주의 발전 과정은 정치구조와 불가분의 관계를 가지고 있는데-앞으로 언급할 부분임-그 이유는 자본주의의 본질적 사상과 밀접한 관계를 갖고 있기 때문이다. 이미 언급한 것처럼, 대부분의 인간은 "잘 살고자"하는 욕구를 본능적으로 가지고 있으며, 현재까지 이를 가장 잘 반영하고 있는 정치제도가 "자신의 노력에 따라 신분 상승의 기회가 상대적으로 용이"한 민주주의이기 때문이다. 역으로, 봉건주의 정치제도나 Communism 정치제도는 자신의 노력에 따른 사회적 신분(Social Ladder) 상승의 기회가 매우 제약되어 있다. 즉, 왕정 체제에서의 천민이나, Communism 제도에서의 반역자 집안 출신은 생태적으로 신분의 상승이 극히 제약되어 있어 자신의 능력이 뛰어나거나 많은 노력에도 불구하고 사회적 신분을 상승하는 것이 쉽지 않다. 심지어 자본주의제도를 받아들이면서 빠른 경제발전을 성공했다는 중국의 경우에도 농민공이라는 특유의 신분이 있어 신분 상승이 매우 힘든 것이 현실이다. 따라서, 완벽하지는 않지만, 법치주의(Rule of Law)를 시행하려고 노력하는 정치적 자유민주주의 제도는 자본주의와 불가분의 관계를 갖고 있다.

또한, 이론적으로는 법치주의의 확립이 국가의 발전을 위한 최소의 조건이기에 법치주의가 확립되었다고 발전된 국가라고 할 수 없다. 즉, 이론적으로는 법치주의를 확립한 국가가 선진국에 진입한 국가가 아니지만, 앞으로 얘기할 부정부패와 국민소득과의 상관관계에 대한 계량적 분석을 간단히 언급하자면 여러 가지 중요한 요인들이 서로 복잡하게 작용하면서 국가가 발전 또는 쇠퇴하기 때문에 사실 법치주의가 확립되지 않는 국가가 지속적으로 발전하기는 매우 힘들다, 인간사에서 항상 예외는 있지만.

여기서 오해하지 말아야 할 점은 독재국가에서 흔히 발생하는 사건 중의 하나인 독재자나 그 집단의 입맛에 맞지 않으면 입법부를 동원하여 그들의 마음에 들게 법을 바꿔서 법을 집행하고 그들의 하수인인 사법부를 동원하여 그들의 의도대로 법을 판단하게 하는 것은 삼권이 분립된 법치주의가 아닌 법치를 빙자한 독재국가인 것이다. 즉, "Rule of Law"가 아니라 "Rule by Law"이다. 이러한 국가들은 이 글을 읽고 있는 당신의 주변에 널리 깔려있다. 더욱이, 최근 한국에서 일어나고 있는 정치적인 사건들을 바라보면 극좌적인 독재국가의 행태를 보여주고 있는 것으로 보인다.

(2) 법치주의에 입각한 국가 및 기업경영의 확립

그동안 세계적인 기업이 S&P 500위권 이내에 머물러 있는 평균 기간이 33년이었다면, 2027년에는 단지 12년 정도에 지나지 않을 것으로 예상되는데 이는 세계 경제가 과거 어느 때보다도 빠른 속도로 변하고 있다는 것을 의미하며 이것은 곧 치열한 경쟁 속에서 기업의 법치주의를 확립함과 동시에 자유를 기반으로 한 도전 정신과 창의성이 더욱 강하게 요구되는 것을 의미한다. 엄청나게 빨리 변화하고 있는 제4차산업의 시대에는 단순히 남의 제품을 위법, 탈법적으로 모방하여 시장을 따라잡는 방식의 기업은 생존할 가능성이 매우 낮다는 것이다. (The Price of Tomorrow 2020 by Jeff Booth 191~192 page 참고)

이처럼 지식과 산업의 빠른 변화를 인지하지 못하고 과거의 지식에 머물러 있는 당신도 서서히 끓는 물에 머물러 있다가 죽어버린 개구리 수준에 그칠 수 있으니 개구리의 미련함을 비웃지 말기 바란다.

아래의 그림은 국가발전의 중요한 요건의 하나인 법치주의와 그와 관련한 중요 요소들과 정부와 시장의 균형을 나타내고 있다.

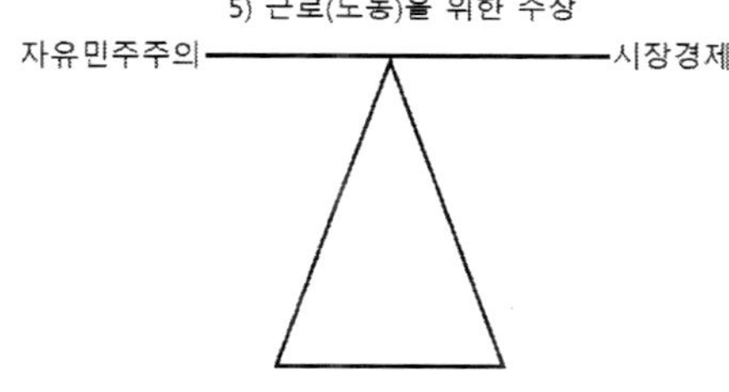

(Reimagining Capitalism In World On Fire 2020 by Rebecca Henderson 211 page 참고)

위의 그림에서 첨언을 하자면, 내가 이미 언급한 (좋은) 교육을 통한 사회의 도덕성과 신뢰성 향상이 사회구조 속에 깊이 내재하고 있어야 한다. (Saving Capitalism 2015 by Robert B. Reich & Predictably Irrational 2008 by Dan Ariely & The Price of Tomorrow 2020 by Jeff Booth 참고)

(3) 시장에 대한 법치주의의 중요성

사실, 현대사회에서 입법, 사법, 행정의 삼권 분립과 언론의 자유 등을 기반으로 한 법치주의(Rule of Law)의 확립은 국가를 유지하고 발전시키며 인간의 절대적 평등과 상대적 평등을 확보하기 위한 최소의 조건이며 매우 중요한 기둥(Pillar)의 하나이다.

특히, 경제 분야에서는 자유를 바탕으로 하면서 삼권 분립과 언론의 자유를 기반으로 한 법치주의 확립을 통하여 산업 친화적이고 시장경제를 기반으로 하면서 예측이 가능한 경제 행위를 하도록 함으로써, 완벽하지는 않지만, 높은 수준의 공정한 사회를 달성할 수 있을 것이다. 현대사회에서 선진국이나 국민소득이 높은 국가일수록 국가의 청렴도가 높고 부정부패가 낮은 것이 바로 법치주의의 중요성을 알려주는 것이다. 역으로, 법치주의가 확립되지 않는 국가는 국가의 투자 위험도가 높아 외국의 투자를 받기 매우 힘들고 투자자도 국가가 발전할 수 있는 기본 여건이 되지 않는 국가로 판단하여 투자를 회피하는 경우가 매우 많다. 이것이 곧 국가위험도이다. 한편, 제4차산업을 발전시키기 위해서라도 새로운 산업을 위한 새로운 법적 장치가 먼저 필요하고 법치주의를 확립하는 것이 바로 이러한 이유 중의 하나이다.

또한, 이 글의 주제인 평등에 대한 관점에서 살펴보아도 민주주의 국가가 독재국가와 비교하여 소득 재분배에 대한 비용이 너무 과다하다는 부정적인 견해도 있지만, 첫째, 예측 가능성과 이에 따른 결과로 인한 투자의 안정성과 둘째, 적절한 소득 재분배를 통한 사회적 양극화를 예방함과 동시에 사회의 안정성 유지 가능 및 셋째, 결과적으로 국내 투자의 활성화를 유도하여 소득이 상승하면서 넷째, 국민 삶의 질을 향상하여 행복감을 증진한다는 점 등을 살펴보면 자유민주주의 체제가 경제적 측면에서도 불평등을 개선하고 경제적 신분 상승이 상대적으로 자유롭다는 것은 다른 정치체제와 비교하면 매우 우월하다는 것을 입증할 수 있다. 물론, 우리가 앞으로 살펴볼 역사적 사례에서도 이러한 사실을 보여주게 될 것이다. 즉, 민주주의 국가 형태와 독재국가 형태가 매우 다양하기 때문에 자유민주주의 국가가 반드시 국가발전과 밀접하게 연결된다고 확정적이고 일률적으로 말할 수는 없지만 다른 많은 요소를 복합적으로 고려하여 살펴보면, 민주주의라는 정치체제는 국가의 장기적이고 지속적인 발전을 위한 필요조건이다. (Constitutional Economics Published by Cambridge 2020 by Stefan Voigt 30~31 page 참고)

(4) 법치주의(Rule of Law)의 후퇴

법치주의는 공동체 사회를 유지하기 위한 최소한의 필수조건이기에 아무리 강조해도 지나치지 않다. 즉, 국가가 발전하기 위해서는 여러 가지 주요 기둥들이 서로 밀접하게 연결되어 선순환 작용을 하여야 하는데 법치주의 확립은 구성원 서로의 신뢰감 형성과 사회적 평등의 기초를 형성하는데 매우 중요한 역할을 한다.

그런데, 법치주의 자체도 완벽하지 않은데, 이 법을 교묘하게 이용하거나(탈법) 위반하는 것에 대한 죄의식이 부족한 사회가 지속되면 결국에는 국가의 발전이 멈추거나 후퇴할 수밖에 없으며 국민 사이에 불신만 증폭될 수밖에 없다. 물론, 이 법치주의를 교묘하게 이용하는 주체는 개인뿐만 아니라 민간단체, 국가기관도 포함되는데, 특히 국가기관이 법을 교묘하게 이용할 때는 국가 전체적으로 신뢰가 급격하게 추락할 가능성이 높다.

법치주의 측면에서 보면, Latin America의 많은 국가나 Africa 국가들, 그리고 Russia, 중국과 Vietnam, 북한과 같은 나라는 이러한 본질에 한참 벗어나며 법을 무시하고 삼권 분립이 확립되지 않은, 일인이나 소수의 집단이 지배하는 독재국가일 뿐이다. 더구나 중국의 경우에는 최근에 발전하고 있는 Digital 산업을 이용하여 중국인뿐만 아니라 정치, 경제, 사회, 학계 등의 한국 사회 전반에 걸쳐 은밀하게 침략하고 있으며 세계인의 자유를 박탈하고 사상을 지배하려는 야욕까지 비치고 있다.

3) 국가발전의 철학적 기초

인간의 기본적 욕구인 “잘 살아보자.”고 하는 희망(Desire)과 그것을 위한 부단한 노력에서 시작한 자본주의가 현실과 이론이 함께 발전하는 과정에서 자본주의의 철학적 의미가 공동체 사회로 점차 확대, 흡수되었다. 이 과정에서 필연적으로 평등과 자유 등의 의미가 서로 밀접하게 부각되고 연결되면서 긍정적인 상승작용(Virtuous Cycle)을 일으켜 국가가 발전하게 되는 것이다.

첫째, 모든 인간은 능력에 따라 평등하게 살 권리가 있다.

둘째, 모든 인간은 평등하며, 자유롭게 살 권리가 있다.

셋째, 이를 달성하기 위하여 사회가 도덕적(Moral)이며 정직(Honesty)하고 청렴(Transparency)하여야 할 뿐만 아니라, 이를 위해 한 사회에서 상대적으로 혜택을 받는 자들이 먼저 솔선수범(Noblesse Oblige)하여야 하며, 부정부패가 최소화하거나 사라져야 한다.

공동체의 모든 구성원이 평등과 자유를 향유하고, 정신적으로나 물질적으로 풍요로운 삶을 누리기 위하여 서로의 존재를 존중하고 인정하기 위해서는 스스로 극도의 절제(Austerity)와 법치주의가 필요한 것이다. 그리고, 이를 제도적으로 보장하기 위한 정치구조 및 사회체제가 필요한데, 이것이 바로 삼권 분립, 언론의 자유 보장, 공교육의 발전, 각종 사회복지제도 개선 등인 것이다. 다시 말하면, 내가 잘 살기 위해서는 사회구성원 모두가 함께 잘 살아야 한다.

이러한 자유, 평등, 정직함, 절제, 법치주의 등은 "어떤 것이 더 중요하다."가 아닌, 모두가 서로 밀접하게 연결되며 함께 중요한 것이다. 즉, 이러한 기본적 사상과 체제 중에 어느 하나가 무너지면, 안정적 사회 발전이 훼손되고 서로에게 Vicious Cycle이 발생하여, 결과적으로 사회가 후퇴하면서 멸망의 길로 들어서는 것이다.

이러한 예는 역사에서뿐만 아니라, 이미 언급했던 것처럼 현재에도 일어나고 있다. 한국 역사에서 보여준 고구려, 백제, 통일신라, 고려의 멸망과 대한제국으로 이어지는 조선 시대의 멸망, 중국 역사에서 보여준 수나라, 당나라, 명나라, 청나라의 멸망, 국민당의 대만으로의 패주, 옛 USSR의 멸망 등, 등… 인류의 역사에서 수없이 많이 있었다.

특히, 1990년대부터 등장하기 시작한 후기산업사회에서는 자칫 불평등이 확대될 가능성이 있어 제2차세계대전 이후의 산업사회에서 손익을 따지는 고전적인 경제이론을 넘어선 Humanism이 이론의 확대와 함께 자본주의의 핵심 요소로 자리를 잡게 되고 경제학의 핵심 요소로 도입되고 있다.

따라서, 경제적 보상을 지급하는 것이 박애 정신이나 애타심을 감소시키고 사회의 도덕성 향상을 위해서는 부정적인 효과(Crowding-Out)를 준다는 주장이 있지만, 사회의 어떤 분야에 경제적 보상을 어떤 형태로 시행하느냐와 각 국가의 문화적 차이, 각 개인의 정치적, 도덕적 수준의 차이 등에 따라 사회에 박애 정신이나 애타심을 증진시키는 효과(Crowding-In) 여부를 결정할 수 있기에 경제적 보상과 애타심 등의 조화를 어떻게 하여야 할 것인가를 일률적으로 확정할 수 없으며 구성원이 참여하여 해당 사업의 보상에 대한 형태를 최대한 긍정적인 효과가 발생할 수 있도록 결정하여야 할 것이다. 긍정적인 효과 여부에 대한 각 개인의 정치적 성향에 따라 어떻게 차이가 나타나는가에 대한 미국의 HIV-AIDS 환자에 대한 여론조사를 보면 민주당 지지자들이 공화당 지지자들과 비교하면 상대적으로 우호적인 것으로 나타난다. (Moral Economy published by Yale University Press 2016 by Samuel Bowles 107, 108 page 참고)

이처럼, Humanism Economics를 시행하는 것도 국가, 사회, 문화에 따라서 다양할 수밖에 없으며, 한 국가가 지속적인 국가발전을 달성하는 것도 다양한 방법이 있는 것이다. 다만, 여기서 이야기하는 것은 국가가 발전하기 위한 공통 분모들을 최대한 자세히 언급하는 것이며 자세한 정책의 시행에는 각 국가의 특성에 따라 차이가 있을 수 있다.

한편, 경제적 보상과 관용 정신의 조화를 후세대에 대한 교육에도 이용할 수 있는데, 학생들이 자원봉사에 적극 참여하도록 함으로써 다른 사람을 이해하고 배려하는 인성교육을 자연스럽게 받게 될 뿐만 아니라 자원봉사를 많이 수행한 학생에게 결과적으로 장학금을 지원하거나 취업과 전공 선택 등에 도움을 주는 것이다, 보장된 것은 아니지만. 신뢰 사회를 공고히 하고 경제 발전을 지속하려면 각종 경제 행위에 대한 경제적 보상과 함께 경제적 대가를 바라지 않는 박애주의 등이 교육을 통하여 문화적으로 깊이 내재하도록 함으로써 지속적인 국가발전에 일정 부분 도움을 주는 것이다.

즉, Humanism 경제학으로의 변화를 통한 정신적인 삶과 물질적인 삶의 조화를 이루어 정치적, 경제적 공동체의 지속적인 발전을 추구하기 위해서는 경제와 Humanism의 조화를 위한 교육이 필수적이며 이런 종류의 교육을 강화함으로써 사회 전반에 문화의 변화가 뒤따라야 하는 것이다. 특히 지금과 같은 위기의 시대에는 이웃과 함께 공존하는 마음을 가지고 위기를 함께 극복하고자 노력하여야 하며, 국가와 사회가 다양한 방법을 통하여 불평등을 완화하여야 사회가 안정적이고 지속적으로 성장할 수 있다. (Sacred Economics published by North Atlantic Books 2021 by Charles Eisenstein 40, 160 page 참고)

또한, 애타심과 관용의 정신과 이와 관련한 감정과 "자유"를 기반으로 한 상호 호혜적인 경쟁심리가 복합적으로 작용하여 경제가 발전하게 되며 경제적 타산을 넘어선 관용과 연민에서 우러나오는 적극적이고 긍정적인 감정은 행복한 감정을 일으키고 이것이 또 다른 관용과 연민을 일으켜 결과적으로 경제적 선순환을 완성할 수 있다. (The Poetry of Economics, Politics and Compassion Published by Design llc/Fresco Books 2021 by Patrick Pietroni 19, 23 page 참고)

아직도 세계의 약 30억 인구가 하루에 3달러 미만으로 살아가고 있으며, 약 22,000명의 어린이가 굶주림으로 매일 죽어가고 있다. 또한, 수백만명이 깨끗한 물을 마시기 위하여 하루에 3마일을 걷고 있는데도, 다른 한편에서는 너무 많은 설탕에 입맛을 잃어버리는 것처럼, 자신의 풍요로움에 도취하여 자신의 풍요로움으로 인하여 직접적, 간접적으로 고통을 받고 있는 이웃을 고려하지 않고 있다. "이러한 상황을 변화시키면서 더 나은 사회로 변화하기 위한 것이 "애타심(Altruism)"과 "관용(Compassion)"에 기초를 둔 사회를 만들자는 것이다. 즉, 부(Wealth)를 추구하는 전통적인 자본주의사회를 넘어서 이웃과 후세대와 지구가 함께 지속적으로 공존하기 위해서는 박애와 사랑과 애타심 등의 감정이 함께 함축되어야 한다. (Compassion INC. Published by Ebury Press 2018 by Gaurav Sinha 2~4 page 참고)

따라서, 선한 인간성은 인간의 구성체인 기업의 가치를 심오하게 형성하고 관용이 내재된 착한 인성은 기업에게 이익과 성장을 가져오게 되어 결과적으로 기업의 성장이 지속적으로 진행하게 될 것이며, 향후 기업에 대한 가치평가는 ROI(Return On Investment)를 넘어서 ROE(Return On Empathy)의 도입을 더욱 적극적으로 검토하여야 할 것이다. 애타적인 자본주의와 금욕적인 자본주의를 포용하는 인간은 자본주의 세계에서 박애 정신을 소유한 시민이다. (상기의 저서 7 page 참고)

5. 정치적, 경제적 제도와 평등

1) 현실적 관점

과거의 왕정 체제나 종교 국가체제-중동 아시아의 많은 국가는 아직도 유지되고 있지만-와 제국주의 정치체제, 그리고 20c의 길목에서 출현하기 시작한 Soviet, 중국, Cuba, 북한 등의 공산 국가들과 독일과 Italy, Spain 등의 Fascist 주도의 극우적인 정치체제를 살펴보면, 부정부패가 만연하고 사회적 계층 간의 "신분 상승의 가능성"이 극단적으로 제한적이며, 사회 전체가 매우 불안정한 상태였다.

이 국가들의 정치, 경제, 사회 등의 각 분야를 살펴보면, 법치주의의 실행이 제한적이고 불신과 부정부패가 뿌리깊게 자리를 잡고 있어 평등과 자유가 매우 한정되어 있었다. 물론, 민주주의를 표방하는 동남아시아의 많은 국가의 경우도 인간에 대한 삶의 존엄성과 평등의 보장이 부정부패, 종교적인 이유, 정치적인 이유 등의 여러 가지 복합적인 이유로 매우 제한적이며, Populism에 빠진 Brazil, Venezuela, Argentina 등을 비롯한 많은 Latin America 국가에 있는 국민의 생명과 삶도 Africa 지역 국가나 중동 지역의 국가들과 마찬가지로 어쩌면 매일, 매일 죽음의 위기 속에 최소한의 삶을 연명하고 있을 뿐일지도 모르는 일이다.

2) 정치제도와 사회적 평등의 관계

(1) 공산주의

사회적 동물인 인간은 원시시대부터 살펴보면 수렵시대를 지나 농경시대로 접어들면서 시작한 역사에서부터 사회적 계급이 있었지만, 이러한 사실을 극단적으로 부정하는 제도인 소위 "공산주의"라는 정치제도는 부정부패에 찌들고 삶의 가치의 평등을 부정하는 왕정 독재체제의 부조리를 극복하기 위하여 탄생하였다. 그러나, Russia의 Lenin과 Stalin, 중국의 마오쩌둥, 북한의 김일성 일가 등의 삶과 정치 행태에서 보여준 것처럼 인간의 삶의 본질을 극단적으로 망각한 환상에서 시작하여 최고지도자 자신의 오류를 인정하지 않고 하늘로부터 부여된 인간의 권리를 무시하면서 "인간 각자의 능력과 무관하게 모든 인간은 평등하다."는 절대적 평등과 상대적 평등의 차이를 극복하지 못한 한계와 현실적(?)으로 상호 견제 장치가 없는 정치제도와 잘 살아보자고 하는 인간의 동물적 욕구를 무시한, 자유시장 경제가 존재하지 않는 국가는 권력이 한 인간에게 집중하면서 견제 장치가 전혀 없는 왕정 체제와 다를 수 없다는 한계에 부딪혀 Soviet Union의 경우에는 100년도 되지 않아 스스로 역사 속으로 사라지게 된 것이다. 물론, 상대적으로 작은 국가인 Cuba나 북한의 경우는 공산주의 독재국가를 유지하고 있으나 경제적으로는 파탄 상태로 추락하여 국가체제를 획기적으로 전환하지 않는 한, 스스로 사라지기 직전에 있으며, 중국의 경우는 이미 40여년 전에 경제적으로 공산주의를 포기하고 덩샤오핑의 "흑묘백묘론"에 의하여 과감히 개방적인 시장경제 체제와 사유재산권을 제한적이나마 적용하여 지금에 이르렀다, 작금에 이르러 견제 장치가 없는 독재국가의 한계를 여실히 드러내고 있지만.

Vietnam도 뒤늦게 중국의 Model을 따라가고 있지만, 중국과 Vietnam의 정치적 독재주의와 경제적 자본주의의 공존 상태가 -각 국가가 지니고 있는 문화적, 경제적, 사회적 상황이 다르기 때문에 - 그 시점이 언제라고 단정적으로 예측하기 힘들지만 이미 언급한 인간의 부정적 본능인 탐욕에 의하여, 장기간 지속하기는 매우 힘들 것이다.

(2) 자본주의와 민주주의의 관계

완벽하지 않은 인간이 만든 모든 제도 역시 완벽하지 않기에 결함이 있기는 하지만, 현존하는 지구상의 정치제도 중에서 견제와 균형을 이루면서 자신의 노력에 따른 "사회적 신분 상승의 가능성"이 매우 높고 소속 구성원의 삶의 가치와 경제적 수준을 향상하면서 서로의 존재에 대한 절대적 평등과 상대적 평등을 인정하는 정치제도인 "자유민주주의 정치체제"가 상대적으로 우월한 정치제도이며, 이것이 경제적으로 사유재산을 인정하면서 자본주의와 결합하여 인간의 삶의 가치와 수준을 꾸준히 향상하고 있다. 물론, 빈부격차(Inequality)의 확대와 단기적 안목에 의하여 장기적으로 인간의 삶을 악화시키는 부작용을 일으키기도 하지만, 사실상 이러한 부작용은 이 제도에서 충분히 극복할 수 있을 것이다. 인간의 역사를 살펴보면, 수백년 동안 발전이 없었던 경우가 매우 많았으며 1300년부터 1400년 사이에 발생했던 흑사병이나 1600년대의 천연두 등과 같은 전염병이 세계를 휩쓸거나 전쟁이 발발하면 인간의 삶이 오히려 수십 년 동안 후퇴하는 경우가 많았다.

한 예로 일본의 경우를 살펴보면, 1000년대의 1인당 평균 GDP가 하루에 US $2.8이었으며 1700년대에는 US $2.9였다. 자식 세대가 부모세대와 비교하여 더 잘 갈 수 있는 역사는 매우 드문 경우였다. (How Economics Explains The World Published by Harper Collins Publishers 2024 by Andrew Leigh 45 page 참고)

India의 경우를 살펴보면, 1961년 India 국민의 평균적인 삶의 수준이 1595년 Mughal 제국의 Akbar 시대에 살았던 Indian의 평균적인 삶의 수준과 크게 다르지 않았다. (An Economic History of India Published by Cambridge University Press 2025 by Bishnupriya Cupta 21 page 참고)

한국을 포함하여 이러한 예는 지구상에 수없이 널려 있다.

그런데, 영국의 경우 1688년 명예혁명을 바탕으로 하여 권력분립과 자유를 바탕으로 한 법치주의와 시장경제가 차츰 확립하였으며 1700 후반부터 증기를 기반으로 한 제1차 산업혁명을 이끌었으며 France의 경우에는 영국에 이어서 1789년의 French Revolution을 바탕으로 하여

Napoleon의 독재를 겪는 우여곡절 끝에 법치주의와 자유, 시장경제를 기반으로 한 산업 발전을 일으켰다. 미국의 경우는 1776년의 독립에 이어서 1860년대의 4년에 걸친 남북전쟁을 극복하고 노예를 해방하여 자유와 평등을 기반으로 한 법치주의를 확립, 확대하면서 1920년 수정헌법 19조를 통하여 여성의 참정권을 확보하고 1965년 8월 6일 미국의 36대 대통령인 Lyndon Johnson 대통령(재임: 1963년 9월~1969년 1월)이 서명한 선거권법을 통하여 흑인에 대한 투표권을 확대하면서 정치적 평등과 경제적 평등의 기초를 더욱 공고히 하게 되었다. 이와 함께 1900년대 초 자동차 제조를 중심으로 하여 "대량생산, 재량 고용"을 기반으로 한 제3차 산업혁명을 일으켰으며 지금은 제4차 산업혁명을 주도하여 지금까지 세계 1위의 경제 대국 위치를 유지하고 있다.

즉, 1950년대 이후처럼 세계 경제가 지속적으로 성장한 경우는 매우 이례적인 상황이었으며 그 핵심 이유가 자유와 평등, 사유재산을 법적으로 보장하면서 모든 국민에 대한 복지제도의 보장과 불평등을 완화하고 법치주의가 확립된 민주주의와 자유시장 경제가 양대 축을 떠받치고 있기 때문이다, 그러나, 이 글의 주제이기도 한, 최근에는 미국을 비롯한 많은 국가에서 불평등이 확대하고 있지만.

물론, 민주주의와 시장을 기반으로 한 자본주의가 앞으로 살펴보게 될 다른 핵심적인 요소와 함께 진행된다면 Synergy 효과를 일으키면서 국가발전을 지속적으로 이룰 수 있는 것은 확실하다. (상기의 저서 50 page 참고)

그런데, 최근에는 미국, Nepal, France, Italy 등을 비롯한 몇몇 국가에서 정치적으로 극우적이거나 극좌적인 Populism 현상이 발생하고 다양한 형태로 진행하는 권위주의 정권의 출현과 기본적 자유의 침해는 경제적 자유의 제한으로부터 발생한 것이 아니라 공정함과 평등을 추구하려는 우리의 노력이 실패함으로써 발생하고 있는 것이며 이것으로 인하여 국가가 중장기적으로 후퇴할 수 있는 현상이 발생하고 있다.

여기서 미국의 정치경제학자인 Rawls의 견해를 인용하자면, 기업과 사적 소유권에 대한 유산이 정당하지 않다는 것이 아닌, 자본주의의 문제점은 사적 소유권의 존재가 문제가 아니며 사적 소유권이 부를 가지고 있는 Elite 집단에게 너무 과도하게 집중되어 있다는 것이다. 1800년대 이후, 세계 경제가 빠른 성장을 이루었던 것은 소유를 선택할 자유와 자신의 재산을 소유한 권리를 기본적인 자유의 핵심으로 인정하면서 시민으로서 실질적으로 도덕적 능력이 발전함으로써 삶에서 우리의 목적을 추구할 수 있기 때문이다. (Free and Equal Published by Alfred A. Knopf 2023, 2024 by Daniel Chandler 81, 83, 85 page 참고)

(3) 정치제도의 취약성과 극복

작금의 대표적인 독재국가인 극우적 성향의 Russia와 극좌적 성향의 중국을 보면 그들의 정치제도는 외견상 삼권이 분립하고 언론이 이러한 국가 System을 감시할 수 있는 것으로 볼 수 있으나 현실적으로는 이러한 국가 제도와 언론에 의한 감시 기능이 제대로 작동하지 않고 있기에 독재국가일 뿐이다. 한편, Russia의 경우에는 국민이 투표하는 제도는 이지만 이 역시 유명무실한 것에 지나지 않은데 USSR의 멸망 후 Yeltsin이 최고지도자로 선출되었을 때는 지금의 정치제도로 민주화를 추구하였으나 경제가 피폐해지자 옐친이 스스로 퇴임하고 국민의 투표로 Putin이 대통령으로 취임하였으며 그가 취임한 후에 헌법을 교묘하게 이용하면서 장기 집권을 하게 되어 국가가 극우적인 독재국가로 변모하게 되었다. 극좌적 독재국가인 북한, 중국, Cuba 등의 경우에는 민주적 의미의 국민 참정권이 아예 없으며 권력에 대한 통제와 외부의 감시가 전혀 작동하지 않으며 어쩌면 특권계층이 주도하는 현대적 의미의 왕조 독재정권이라고 볼 수 있다.

이처럼 한 국가의 정치제도는 실질적으로 국민의 교육 수준과 의식 수준, 문화 등에 의하여 좌우되는 것이기에 헌법에 규정된 법인 제도는 제도도 중요하지만, 이 법과 제도를 지키고자 하는 지도자와 기득권 계층, 국민이 함께 노력하여야 하는 것이 매우 중요하다. 즉, 교육을 통하여 국가의 제도와 그 중요성을 국민이 인식하도록 하고 유지하기 위한 국가에 대한 자부심을 함양하는 것이 함께 중요하다.

이와 관련한 자료를 살펴보면, 1990년대에는 민주주의가 발전한 국가의 국민 2/3가 민주주의 정치체제에 대하여 만족한다고 응답하였지만, 오늘날에는 과반수가 민주주의 정치체제에 대하여 불만을 나타내고 있다. 민주주의 정치체제에 대한 불만의 주요 요인을 살펴보면, 빈곤, 불평등, 기후변화 등이며 이 문제들은 서로 밀접하게 연결되어 불만을 가중하고 있다.

20c 후반기부터 부각한 불평등, 기후 온난화 등의 문제는 단기적이고 지엽적인 문제가 아닌, 지구 전체의 문제 또는 국가가 내부적으로도 심각하게 받아들여야 할 문제다. 즉, 최근 선진국에서 발생하고 있는 정치적 양극화의 문제와 Populism 문제의 근본 원인 중에는 현재의 민주주의 체제가 집단적 의사결정 과정에서 이러한 문제들에 대한 국민의 의사를 진지하게 받아들이는 노력을 게을리하였기 때문이다. 따라서, 민주주의에 대한 신뢰가 회복하려면, 국민이 절실하게 원하는 방향으로 가기 위한 민주주의 근본부터 재건할 필요가 있다. 이것을 위하여 개선해야 할 과제는 Rawls가 주장한 평등한 투표권, 언론의 자유, 결사의 자유 등과 같은 "평등한 정치적 자유"이다. 즉, "One Dollar, One Vote"가 아닌 정치적 평등이다. 이 의미는 단순히 평등한 정치적 자유가 아닌, "공정한 가치"에 관한 것이다. (상기의 저서 137~139 page 참고)

또한, 제도의 취약성을 보완하기 위한 주요 정책으로는 첫째, 기후변화에 대한 적극적인 대응과 둘째, 공공교육에 대한 투자, 셋째, 정부가 주도하는 건강보험 수혜자 확대, 넷째, 진보적 조세정책 확대. 다섯째, 실업보험, 여섯째, 고수익을 올릴 수 있는 다양한 좋은 직업의 창출 등이다. (상기의 저서 142~143 page 참고)

이러한 노력을 통하여 제도의 취약성을 극복하면서 제도와 정책에 대한 국민의 신뢰를 높이면서 국민 투표권을 적극적으로 행사하도록 함으로써, 동시에 불평등을 극복할 수 있는 방향으로 향하면서 국가 경제가 지속적인 발전이 가능한 선순환의 흐름을 탈 수 있다.

그러나, 최근 OECD 국가에 속하는 국민의 정치 행태는 이와 반대 방향으로 나가면서 정치적 양극화와 불평등의 악화 현상이 나타나고 있다. 이것을 투표 행위로 나타난 추세를 이용하여 살펴보면, 1990년대 초에는 투표율이 평균 75%이었지만, 2010년대에는 65%로 하락하였다. 이에 더하여 상황이 더욱 좋지 않은 것은 투표율에서 부유층이 차지하는 비중이 더 상승하였다는 것이다. 즉, 소득계층 상위 20%의 투표율이 하위 20%의 투표율보다 더 높게 나타났다. 특히, 미국의 경우를 보면 차이가 20%까지 발생하였다. 이것은 우리가 미국의 경제정책에서 보고 있는 것처럼 정부 정책의 왜곡 현상으로 나타난다. (상기의 저서 142~150 page 참고)

이러한 현상을 줄이기 위하여 일부 국가에서는 필수적 또는 강제적 투표권 행사 제도를 도입하기도 한다.

또한, 정치제도의 취약성을 보완하면서 건강한 민주주의 사회를 유지하기 위해서 언론은 신뢰할 수 있는 정보를 제공하여야 하며 소수의 Elite에 의해서 통제하는 것이 아닌, 사회를 구성하고 있는 다양한 집단의 다양한 시각과 의사 표시를 제공하는 것도 중요하다. 즉, 다양성을 바탕으로 하면서 동시에 정확한 사실 제공과 사회의 통합성, 법에 대한 존중 등을 기반으로 하여 다양한 언론 환경을 조성하는 것이다. (상기의 저서 157, 161 page 참고)

3) 사회적 계층 이동의 자유와 평등

이미 언급한 것처럼, 300만년이 넘는 인류의 역사에서 인간이 국가를 설립한 이후에도 수많은 국가가 흥망성쇠를 거듭하면서 수천년의 세월이 흘러왔는데, 한 국가의 흥망성쇠는 많은 요인에 의하여 작용하지만, 그 중요한 원인 중의 하나인 사회적 계층상승의 비합리적 제한-그 원인이 천부적이든, 부정부패에 의한 것이든-은 한 국가를 쇠퇴와 멸망의 길

로 가게 만드는 지름길이었다. (국가 발전에 대한 구조적 분석-경제적 관점에서 참조)

그런데, 이러한 자신의 노력에 의한 사회적 계층에 관한 이동의 자유화는 국가 전반에 내재하고 있는 도덕성(moral) 및 신뢰(trust) 수준과 밀접한 관계가 있을 수밖에 없다. 이야기를 시작하면서 이미 언급한 것처럼, 신이 부여한 인간의 생명은 모든 인간에게 동일한 가치를 부여하지만, 인간 개개인의 능력에 따른 상대적 평등은 매우 상이하기 때문에 이러한 능력을 최대한 공정하게 발휘할 수 있도록 하는 사회가 도덕과 신뢰가 높은 사회이며 국가에 대한 자긍심을 높이고 구성원의 결속력을 향상함으로써 장기적으로 꾸준히 성장, 발전할 수 있는 사회이다, 물론 다른 중요한 요인들이 복합적으로 선순환하여야 하지만.

국가에서 이러한 환경을 현실적으로 조성하기 위해서는 첫째, 진정한 기회의 평등 사회가 잘 작동하여야 하는 것이며 "가장 바닥에 있는 사회적 집단이 가장 큰 혜택을 받는 조건"이 잘 작동하는 것을 의미한다. 둘째, 개방된 사회질서를 유지함으로써 어느 특정 Elite 집단이 특별한 대우를 받는 경우가 없이 모든 국민이 같은 혜택을 받아야 한다. 셋째, 정부나 제3의 기관으로부터 제한을 받지 않고 정부를 비판할 수 있어야 한다. 즉, 다수의 불법적이고 억압적인 행태로부터 소수를 보호하여야 한다. (상기의 저서 168 page, Constitutional Economics Published by Cambridge 2020 by Stefan Voigt 39, 44 page 참고)

사회적 계층 이동의 자유와 평등은 Rawls가 언급한 "경제적 정의"와 밀접하게 연결되어 유사한 의미로 받아들일 수 있는데 공정한 경쟁을 확신하는 것을 넘어서 각자의 사회적 위치-소득, 부, 사회적 특권 등에 대한-에서 공정한 보상을 받는 것이며 소득 최저계층을 포함하여 사회를 구성하고 있는 모든 계층이 함께 기회를 누릴 수 있다는 것이다. 여기에는 미래세대에 대한 의무도 포함한다.

기회의 평등은 평등이라는 의미에서도 매우 중요한 위치를 점하고 있으며 두 가지에 의존하고 있다. 첫째, 직업과 직업에서의 지위나 위치가 족벌주의나 편견에 의존하지 않고 재능을 기초로 하여 결정하는 것이며 둘째, 사회를 구성하는 모든 사람에게 자신의 특성과 능력이 발전할 수 있는 동등한 기회가 주어져야 한다. 여기서 더 나아가 완벽한 기회의 평등은 부모의 능력과 자녀 소득 사이의 관계가 약화한다는 것을 의미하며 사회적 계층상승의 가능성에 관한 것이다. 따라서, 유전적 영향을 무시할 수는 없지만 높은 수준의 사회적 계층 이동을 의미한다.

그러나, 현실적으로 각 국가에 따라서 부모와 자녀 사이의 소득 관계에서 다양한 수준으로 영향을 미치고 있는데 미국과 영국의 경우에는 50% 정도이며 Norway, Denmark, Finland 등의 경우에는 20% 미만이다. 물론, 여기에 더하여 정부의 정책도 사회적 계층 이동에 영향을 주고 있다.

계층 사이의 이동을 더 깊이 살펴보면, 중위소득 계층의 이동은 활발하지만, 가장 높은 상위 소득계층과 가장 낮은 하위 소득계층의 이동은 거의 발생하지 않고 고정되어 있는 상태이다. 이러한 현상을 역으로 살펴보면, 상위 20%의 소득계층과 하위 20%의 소득계층이 사회적 계층 이동에 대한 같은 기회를 가질 수 있다면 완벽한 평등 사회로 볼 수 있다. (상기의 저서 170~172 page 참고)

여기서 기회의 평등을 위하여 가장 중요한 교육에 대하여 언급하자면, 국가가 조기교육에 대한 투자를 더욱 확대하면 기회의 평등을 촉진할 수 있으며 사회 안정화의 첫걸음이 될 수 있다. (상기의 저서 176 page 참고)

또한, 교육을 포함하여 취업과 각종 사회보장제도도 각 국가의 역사적, 문화적 차이로 인하여 기회의 평등에 대한 특별한 시각이 필요한데 미국과 같이 노예제도를 오랫동안 유지하였던 국가의 경우 인종차별로 인한 공정한 기회가 상대적으로 미흡할 수 있으며 여성과 소수자에 대한 기회의 평등도 세계 각국에서 여전히 침해당하고 있다.

한편, India와 같이 수천년 동안 내려온 종교에 의한 신분 사회를 유지하였던 국가와 한국의 경우처럼 문화에 의한 계급사회가 1000년 이상

내려온 국가는 비록 법적으로는 민주주의 체제를 유지하고 있더라도 내면에 잠재하여 있는 종교적, 문화적 영향으로 진정한, 공정한 기회를 유지하는 것이 어려울 수 있다.

여기서 세계적으로 선진국 대우를 받는 한국에서 여성의 차별에 대한 자료를 제시하면서 한국에서 남성과 비교하여 상대적으로 큰 차이를 보이는 여성의 사회적 지위와 여성을 위한 기회의 평등도 살펴보면 아래와 같다.

한국이 올해 성평등 지수가 101위로 전 세계에서 하위권에 속하는 것으로 나타났다.

지난 11일(현지시간) 세계경제포럼이 발표한 2025 성평등지수 보고서에 따르면 한국은 0.687점을 기록해 전체 148개국 중 101위에 머물렀다. 이는 지난해 94위와 견줘 7위나 떨어진 수치다.

보고서는 경제 참여, 교육 기회, 정치 권한, 건강, 생존 부문에서 성평등 지수를 매긴다. 1에 가까울수록 성별 격차가 적다는 것을 의미한다.

경제 참여 부문이 0.608을 기록해 114위로 가장 낮았다. 지난해 112위보다는 2단계 상승했다. 여성 고위공무원, 관리자가 현저히 부족해 경제 참여 부문에서 성 격차가 심각한 것으로 나타났다.

경제 참여 하위 항목인 고위공무원, 관리자 비율 성평등 지수는 0.213으로 124위에 불과했다.

경제활동 참여율(80위), 동일 노동에 대한 임금 평등(94위)도 모두 중하위권 수준이었다.

정치 권한 부문에서는 0.182를 기록해 92위를 차지했다. 지난해 72위보다 대폭 하락했다. 특히 하위 항목 중 여성의 정치 참여율 지수가 0.255로 102위에 그쳤다.

교육 성취도는 98위로 집계됐다. 문해율은 지수 1로 전 세계에서 1위를 차지했다.

건강, 생존 부문은 0.976을 받아 35위에 올랐다. 출생성비는 0.944로 전 세계 1위를 차지했으며 건강 기대 수명은 1.048을 받아 42위에 올랐

다. (아시아투데이 2025년 6월 13일 정아름 기자 기사 참고)

4) 중산층의 중요성

중산층의 의미를 학문적으로 접근하여 규정하면, 소득 수준에서 중위 소득의 50%에서 200% 사이에 있는 집단을 의미하며, 중위소득이란 국가 전체의 소득 집단 가운데 정확하게 가운데 있는 집단의 소득을 의미한다. 또한, 중산층은 경제적 안정과 사회적 지위를 누리면서 중산층으로서의 자의식을 가지고 생활하는 집단으로 볼 수 있다.

이러한 중산층의 개념을 역사에서 바라보면, 18c와 19c에 걸쳐 미국의 독립, 영국에서 발생한 제1차 산업혁명과 French Revolution과 미국의 남북전쟁(Civil War)을 통한 현대국가로의 재탄생과 20c에 전기를 이용한 제3차 산업혁명의 “대량생산, 대량 고용”이라는 300년에 걸친 긴 여정을 통하여 인간의 역사에서 처음으로 중산층의 형성이 가능했던 시기는 제1차세계대전이 마무리되고 1939년 제2차세계대전이 발발한 시기 이전 미국 Roosevelt 대통령이 주도한 New Deal 정책이 도입되면서 중산층이 형성할 수 있는 계기를 만들었으며 1930년대의 세계적인 대공황과 독일의 Hitler가 주도하여 극우적인 세력이 일으킨 제2차세계대전을 거치면서 사회의 안정적인 발전을 위하여 불평등을 극복함과 동시에 강력한 중산층의 형성이 장기적으로 안정적인 사회를 유지하면서 국가발전의 기초가 된다는 사실을 깨닫게 되었다. 그리하여, 유럽 국가들과 미국, Canada, 호주, New Zealand 등의 선진국이 앞장서 교육을 포함한 실업보험, Medicare, Medicaid 등의 각종 복지정책을 국가가 주도하여 정책적으로 사회 안전망을 마련함으로써 1950년대 이후 이 국가들을 중심으로 하여 강력한 중산층을 형성하였으며 뒤이어 일본, Singapore, Taiwan, 한국 등 다른 국가들도 경제의 발전과 함께 유사한 길을 밟으면서 지금은 많은 국가에서 중산층을 형성하고 있다. 정도의 차이는 있지만.

또한, 국가에서 중산층이 차지하는 비중이 높을수록 사회가 안정적으로 성장할 수 있다는 것은 우리가 살펴본 역사에서뿐만 아니라 심리학적으로도 입증되고 있다. 즉, 중산층의 일반적인 성향은 사회가 안정적이기를 바라며, 급변하는 혁명과 coup를 혐오하는 계층이다. 심정적으로 "큰 재산은 없지만, 이만하면 먹고 살만하다."고 생각하는 계층이 중산층이며, 이러한 중산층의 사회적 비중이 증가할수록 사회가 안정화되는 것이다. 물론, 경제발전에 따라서 스스로 중산층이라고 느끼는 계층의 구성이 다양화될 수는 있지만 그 성향은 본질적으로 "많지는 않지만, 지금까지 어렵게 이룬 재산과 가정을 보호하고자"하는 보수성이 매우 강한 집단이다.

이러한 인간의 심리를 학문적으로 연구하여 발표한 "Nudge"라는 저서를 보면 더욱 확실하게 알 수 있는데, 예를 들면, "인간이 200원을 획득했을 때 느끼는 기쁨의 정도는 100원을 잃었을 때의 슬픔의 정도와 같다."는 것은 곧 중산층의 보수성을 적나라하게 보여주는 것이다.

따라서, 이러한 사회에서는 극우적인 Fascist나 극좌적인 Communist가 발호하기 힘든 것이다. 현대사에서 예를 들면, 극좌적인 성향인 USSR의 Stalin이나 중국의 공산당 정권, 북한의 김일성과 그의 후손들이나, 극우적인 성향인 독일의 Fascist인 Nazi의 Hitler와 Spain의 Franco, Italy의 Mussolini 등의 출현은 중산층의 존재 자체가 극히 미미할 때 발생한 것이며 이는 결국 제2차세계대전과 한국전쟁의 발발로 이어져 세계적인 재앙을 가져오게 된 것이다.

그런데, 1980년대에 미국의 신고전학파이면서, 신자유주의 경제정책을 이론적으로 뒷받침한 Milton Friedman과 영국의 경제학자인 Friedrich Hayek이 주장한 신자유주의 경제정책을 미국의 Reagan 대통령과 영국의 Thatcher 수상이 주도하고 민간 기업들이 이 정책을 뒤따르면서 발생하기 시작한 불평등의 확대가 20c 말과 21c에 들어와서는 한국을 비롯한 Asia의 금융위기를 시발로 하여 미국의 .com bubble 및 2008년에 발생한 Subprime Mortgage 사태와 이로 인한 Greece, Spain, Portugal 등에서 발생한 유럽의 금융위기와 뒤이어 세계적으로 확대한

COVID-19 전염병 발생과 이러한 위기들을 회복하는 과정에서 상대적으로 정책적인 배려를 적절하게 받지 못하여 박탈감을 느끼게 된 중하위계층의 반발과 엷어진 중산층의 비중으로 인하여 Latin America의 국가들은 말할 것도 없고 미국, 유럽, 아시아의 여러 나라에서 Fascism 성향과 Communism 성향이 거의 100년만에 새로이 재현하고 있다. 여기에 더하여 "대량생산, 대량 고용"으로 표현되는 제3차산업 시대와 달리 지식을 기반으로 하면서 "다품종, 소량 생산" 및 3D, AI 등을 이용하는 제4차산업 시대가 도래하면서 교육을 통한 사회적 계층상승 가능성의 약화와 소규모 전문가 집단이나 1인기업, Gig Job과 같이 직업의 환경이 크게 변화하면서 중산층의 약화와 함께 불평등이 확대하여 이러한 경제적 양극화에 한몫을 하고 있는데 정치적으로 극단적인 세력이 이러한 경제현실을 교묘하게 이용하고 있다. 미국의 경우 그 결과물 중의 하나가 45대와 47대 대통령으로 당선한 공화당의 Trump 대통령의 탄생으로 볼 수 있다.

6. 문화적 측면에서의 고찰

1) 개관

과거의 정통경제학은 경제 현상을 분석하고 미시적, 거시적 경제정책을 어떤 방향으로 진행하여야 할 것인가를 결정하는데 여러 많은 한계를 노출하였으며 그 가운데에서도 각 국가에 따라 매우 다른 문화적 요인들이 직. 간접적으로 경제에 미치는 영향을 전혀 고려하지 않은 것이다. 그러나, 최근에는 행동경제학을 넘어서 Complexity 이론으로 발전하면서 국가의 역사적 배경과 함께 가시적, 비가시적인 다양한 문화적 요소가 경제와 국가발전에 미치는 영향이 매우 크다는 것을 인식하기 시작하였고 이에 대한 연구가 시작하게 된 것이다. 이러한 시각으로 문화의 본질과 문화가 어떻게 경제에 긍정적인 효과를 가져올 수 있도록 하는가를 여기서 살펴보고자 한다.

문화를 바람직한 방향으로 변화시키기 위한 노력은 (좋은) 교육을 통하여 형성되지만,

문화를 변화시키기 위한 국가와 사회, 기업 등의 지도자와 지도 계층의 지도력 또한 매우 중요한 역할을 한다는 것을 역사가 우리에게 보여주고 있다. 여기서 몇 가지 예를 언급하자면, 영국의 법치주의 문화와 Singapore와 한국의 국가발전을 위한 지도자의 헌신적인 노력 등이 국가발전을 빠른 속도로 달성한 좋은 예이다.

그러나, 이 시점에서 경제발전을 위하여 문화의 혁신적인 변화를 위한 더욱 세밀한 접근을 하려면 한 사회나 국가에서의 "문화"란 과연 무엇이며 어떤 구성요소를 가지고 어떻게 움직이며 변화하고 있는가를 살

펴보고 문화의 바람직한 방향으로의 변화를 위한 직, 간접적인 영향을 어떤 방법으로 진행하는 것이 효과적인가를 살펴보아야 할 것이다. 특히, 많은 실험을 통해서 보여주고 있는 것처럼 개인적인 능력을 통한 목표 달성과 경제발전의 시대가 차츰 사라지고 집단지성의 중요성과 상호 협력을 통한 목표 달성이 훨씬 용이할 뿐만 아니라 지식을 기반으로 하면서 복잡성과 상호 연관성을 특징으로 한 후기산업사회가 다가오면서 국가발전에서 문화의 중요성이 더욱 부각하고 있다. (The Culture Code Published by Bantam Books 2018 by Daniel Coyle Vii 참고)

2) 문화의 본질

사회적 동물인 인간이 소속감과 정체성을 인지하고 유지하도록 하는 것이 문화인데, 이것을 다른 측면에서 보자면 신뢰의 상실이 곧 사회와 문화의 파괴로 이어질 수 있는 것이다. (상기의 저서 XiX 참고)

이러한 면에서 보더라도 지도자의 중요성이 더욱 명확하게 된다. 즉, 신뢰를 바탕으로 한 문화의 긍정적인 방향으로의 변화와 기술혁신, 경제발전 등에서 지도자가 앞장서는 것이 매우 중요한데, 세계의 많은 국가가 발전하지 못하거나 국가발전이 중도에서 멈추고 후퇴하는 것은 표피적인 경제 발전에 집중하여 근본적이면서 혁신적인 문화의 변화를 일으키지 못하기 때문이다. 다시 말하면, 경제가 지속적이고 안정적으로 발전하기 위해서는 그 이면에 내재하고 있는 법치주의 확립과 함께 후기산업사회에서 더욱 중요시되고 있는 관용과 배려, 부드러움 등이 문화화하여야 자연스럽게 소속감과 안정감이 작동하는 것이며 이것은 논리적이고 이성적인 것이 아닌 감정적인 요소이다.

한편, 후기산업사회를 맞이하면서 문화는 더욱 세분화하여 한 사회 내에서도 나이와 성별, 직업에 따라 다르게 형성되며, 역으로 Internet의 발달로 인하여 국가를 초월하여 문화적 동질성을 보일 때도 있다.

3) 소속감

문화의 핵심 요소는 오랜 시일에 걸쳐 형성된 소속감에 기초를 두기 때문에 이것이 스스로 변화한다는 것은 극히 힘들다. 따라서, 한 국가의 경제가 발전하기 위해서는 교육과 지도자의 끊임없는 관심과 노력을 통하여 문화를 변화시켜야 하는 것이다. (상기의 저서 25 page 참고)

이러한 소속감이 발생하는 이유는 셋으로 나눌 수 있는데 첫째, 교감을 가지려는 노력, 둘째, 상호 존중에 바탕을 둔 개인주의, 셋째, 교감을 하려는 노력과 상호 존중에 바탕을 둔 개인주의가 미래에도 지속될 것이라는 믿음으로 구성되어 이웃과 관계를 유지하며 안전하다고 느끼는 것이 소속감이다. (상기의 저서 11 page 참고) 오랜 시일에 걸쳐 형성된 소속감에 기초를 둔 부정적인 문화-예를 들면 중국의 꽌시와 같은 부정부패의 문화 등-를 변화시키면서 국가의 경제가 발전하는 방향으로 변화하기 위해서는 교육, 지도자의 지속적인 노력, 사회 전반의 각성 등의 다양한 노력이 서로 작용하면서 긍정적인 효과가 발생하는 것이 필요하다. (상기의 저서 25 page 참고) 한국의 새마을 운동이 국가를 농경문화에서 제조업을 중심으로 한 제3차산업을 위한 문화로 변화시키는 좋은 예가 될 수 있다.

물론, 미시적인 측면에서 보면, 소속감의 강화가 전혀 다른 성격의 조직으로 전환되는 것을 언급하는 것이 아니다. 즉, 숙련도가 필요한 군사 조직이 새로운 창조가 필요한 연구조직이나 예술조직으로 전환되는 것이 아니라 조직이 기존에 추구하는 목표를 극대화하고 효율성을 높이자는 것이다. 또한 거시적인 측면에서 소속감의 강화는 이미 몇 차례 언급한 바와 같이 국가나 사회의 안정적이고 지속적인 경제 발전을 하자는 것이다.

여기서 소속감의 의미를 긍정적인 측면에서 구체적으로 살펴보면, 사회 구성원이 서로 감정적으로 교감하면서 안정감을 느끼고 미래에 대한 희망이 보인다는 것을 의미한다. 따라서, 미래에 대한 희망, 예를 들면,

열심히 노력하면 사회적, 경제적 계층상승이 가능하다는 믿음이 있는 사회가 되는 것이다. 역으로 이러한 미래가 보이지 않는 사회는 계층 사이의 균열이 발생할 수밖에 없고 결과적으로 극단적인 상황이 발생하여 자칫하면 시민혁명이나 Coup과 같은 극적인 상황까지 발생할 수가 있다. (상기의 저서 44~45 page 참고)

그런데, 소속감을 갖을 뿐만 아니라 이것을 증대시키는 방법은 문화적, 종교적, 정치적 배경에 따라서 다양하게 나타날 수 있지만, 여기서 일반적인 장법을 간단하게 언급하자면, 법치주의와 박애 정신, 애타심, 각종 사회보장제도의 확립, 공교육의 활성화를 통한 기회의 균등 등이 직접적인 영향을 주게 될 것이다.

또한, 이러한 직접적인 영향을 넘어선 간접적인 영향을 줄 수 있는 요인으로는 삼권 분립 등의 정치제도의 민주화와 정치권력과 자본 권력을 감시하는 언론의 자유가 될 것이다.

이러한 직, 간접적인 요인들이 상호작용하면서 소속감의 향상에 긍정적인 영향을 주게 되면 사회의 신뢰가 상승하고 사회가 안정화되며 경제발전의 기반을 다지게 될 것이다.

특히, 제4차산업을 기반으로 한 후기산업사회는 고소득층, 중산층, 저소득층의 상대적으로 단순한 사회구조를 갖는 "대량생산, 대량 고용"의 산업사회와 달리 고소득계층, 신중산층, 구중산층, 위태로운 저소득층뿐만 아니라 세계적인 주택 가격 상승에 따른 주택 소유자와 무주택자 집단과 House Poor 계층, 교육을 받았으나 그에 맞는 적절한 직업을 찾지 못한 Student Poor 계층 등으로 다양하고 복잡하게 사회적 계층이 분화하고 있다.

따라서, 국가와 사회가 이러한 다양한 집단과 계층의 의견이나 정치적, 경제적 지원을 적절하게 수용하지 못할 때는 소속감이 약화하면서 다양한 형태로 분열되어 국가 경제의 안정적이고 지속적인 성장이 어렵게 된다. 여기에 미중전쟁과 COVID-19 전염병에 더하여 최근에 발생한 Ukraine 전쟁, 미국의 세계를 상대로 한 관세 전쟁 등의 국제정치적 환경까지 부정적인 요인으로 더해지면 더욱 빨리 위기를 맞이하게 될 것이다.

4) Allen Curve의 한계와 극복

미국 MIT 교수이면서 사회과학자인 Thomas Allen은 가장 성공적인 조직은 지식수준이나 숙련도의 정도가 아닌 조직원의 자유스러운 소통을 통하여 강한 소속감이 조성되는 조직이라는 것을 보여주었는데 이것을 실험으로 밝힌 것이 아래에서 볼 수 있는 Allen Curve다.

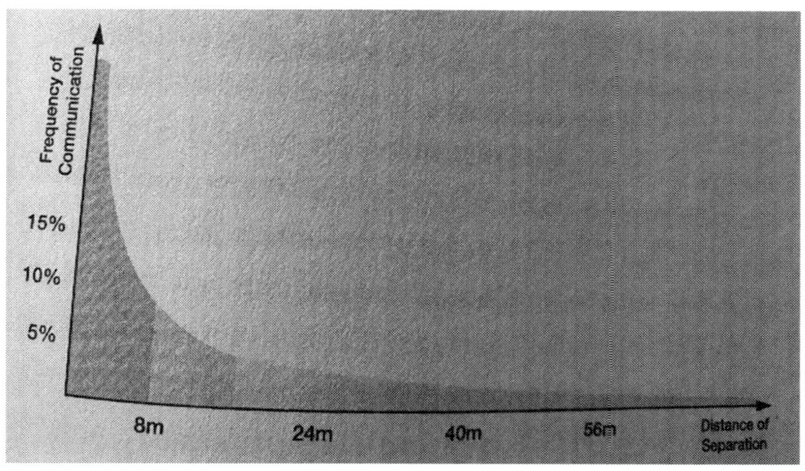

신체적 접근이 가능한 거리가 소속감을 증가시키는 데에 효율적이기는 하지만, 후기산업사회에서는 접근의 방법이 매우 다양하다. 전통적인 방법인 직접적인 대화에 관한 위의 Graph를 살펴보면, 6m 이내에서는 대화의 빈도가 기하급수적으로 증가하지만 8m를 넘어서면 거의 대화하지 않는 것으로 나타나고 있다. 즉, 접근의 용이성과 지속성이 구성원 사이의 소속감을 증대시킨다는 것을 의미한다. (상기의 저서 70~72 page 참고)

신체적 접근이 가능한 거리가 소속감을 증가시키는 데에 효율적이기는 하지만, 후기산업사회에서는 접근의 방법이 매우 다양하게 나타나고 있는데 어떤 경우에는 지리적 국경을 넘어서 소속감을 유지할 수 있으며 그 반대의 경우도 나타나고 있다. 또한, 부정부패가 심한 사회는 신체적 거리와 상관없이 불신이 심화하며 소속감이 급격하게 약화한다.

소속감을 증대하는 요인으로는 겸손과 감사함의 표현이 될 수 있으며 특히 국가나 사회의 지도자가 이러한 자세를 보이면 조직원이 안전함을 느끼면서 더욱 효과를 발휘하게 된다. 특히 지도자가 많은 의견을 경청하고 "비록 지금의 사업에는 이 의견을 반영하지 못하더라도 다른 사업이나 기회에는 반영할 수 있다."는 긍정적인 태도로 접근하는 것이 중요하다. 즉, 이렇게 접근하는 것이 상대방에게 우리는 운명공동체라는 강한 소속감을 주기 때문이다. 이와 함께 지도자는 다정한 분위기로 소속감을 강화하면서 미래의 긍정적인 행동에도 영향을 미치는 것이다.

이처럼 거리와 무관하게 다양한 요인에 의하여 소속감을 증대시킬 수 있는데 그 가운데 몇 가지를-일부는 현실적으로 발생한 예를 들면서-얘기하고자 한다.

5) 아픔의 나눔과 약점 노출

화재, 홍수, 가뭄, 지진, 전쟁, Terror, 교통사고, Typhoon과 Hurricane, 기타 지구온난화로 인한 새로운 형태의 재난 등의 천재지변과 인재와 후기산업사회의 도래로 인한 불평등 심화 가능성이 복합적으로 발생하면서 국가의 재정적 지원과 함께 사회 공동체가 고통을 분담한다는 자세로 사회적 약자와 피해자를 따뜻한 마음으로 포용하여야 국가와 사회가 안정적이고 지속적인 성장의 초석을 다질 수 있을 것이다.

특히, 후기산업사회는 한 사람의 뛰어난 창의력과 능력에 의하여 발전하는 것이 아닌, 다양한 사고를 조합한 창의력과 사회 구성원의 적극적인 협력을 통하여 발전하며 이 과정에서 사회 구성원이 긍지와 소속감을 갖도록 하는 것이다. 즉, 작고 보잘것없은 것도 서로 미세하게 영향을 미치기 때문에 사회 구성원이 서로 협력하는 집단지성과 창의력이 주도하는 발전적이고 새로운 문화의 정착이 필요하다. (상기의 저서 89 page 참고)

자신의 나약함이나 상처를 받기 쉬운 부분을 노출하여 솔직하게 대화하였을 때, 그리고 그것으로 인하여 도움을 받았을 때 신뢰가 강하게 형성되어 결과적으로 조직이나 사회가 훨씬 강한 소속감을 갖게 된다. (상기의 저서 102~104 page 참고)

여기에 더 나아가 한 사회를 정서적, 감정적으로 지배하는 요소가 문화이므로 구성원 각자의 나약함을 표출하고 이것을 극복하기 위한 대화와 몸짓을 통하여 공유하고 협조함으로써 신뢰가 더욱 강화될 수 있는 것이다. 물론, 이러한 신뢰를 바탕으로 하여 사회가 발전하도록 협조하는 것이다. 이러한 바탕 하에 지속적으로 훈련하는 대표적인 예가 미국 육군의 특수부대인 Delta Force와 해군의 특수부대인 Navy SEAL이다. 즉, 약점이 있다는 것과 근저에 있는 유대감이 서로를 의지하는 방향으로 발전하여 신뢰가 더욱 깊어지게 되며 문화적 공동체로서 인식되어 소속감이 강화되고 협조하게 되는 것이다. (상기의 저서 112, 120 page 참고)

2011년 5월 2일 미국의 특수부대인 Navy SEAL이 테러단체의 수장인 오사마 빈 라덴을 사살하기 위하여 앞에서 언급한 종류의 훈련을 수없이 반복하고 지속적인 AAR(After-Action Review)가 있었기 때문에 결과적으로 작전을 완료한 것이다. (상기의 저서 145 page 참고)

6) 권위의 편견(Authority Bias) 극복과 소속감 강화

지속적인 훈련과 교육을 통하여 권위에 대한 편견-예를 들면, 독재국가에서 말하는 최고지도자의 무오류성-을 극복하는 것이 소속감을 강화하는 또 다른 중요한 요소이다. 이를 위하여 지도자가 스스로 계급을 의식하지 않고 자신의 실수를 언급하면서 함께 올바른 길을 찾기 위하여 노력하는 것인데 이러한 노력은 결과적으로 신뢰를 형성하는 과정이며 앞으로의 과제를 달성하는데 도움이 되는 것이다. 지도자가 자신의 실수를 언급할 때 좋은 문장의 하나는 "내가 참 멍청한 행동을 했다"라는 것이다. (상기의 저서 139, 141 page 참고)

물론, 조직의 지도자가 스스로의 약점을 솔직하게 얘기하는 것은 심리적인 고통과 비효율적으로 보여질 수도 있지만 AAR(After-Action Review)와 Brain Trust를 잘 조화하여 반복하면 조직의 나약함을 극복하면서 조직을 더욱 강화하여 조직의 목표를 달성할 수 있을 것이다. (상기의 저서 166 page 참고)

이상과 같은 지도자의 자세와 함께 지도자가 구성원의 적극적인 참여의식을 강화하는 방법은 첫째, 배려의 정신과 둘째, 관계를 갖기 위한 다양한 방법을 끊임없이 탐구하고 셋째, 말을 하는 것보다는 상대방이 말하는 것을 성실하고 주의 깊게 듣는 것 넷째, 끈기를 갖고 대화하며 지속성을 유지하여 대화를 바람직한 방향으로 진행하며 상대방이 원한다면 관심을 갖고 듣는 것이다. 이때 상대방의 의견을 진심으로 경청하는 태도가 관계를 빠르게 발전시키는 방법이다.

건전한 문화를 형성하기 위한 노력은 근육을 강화하고 키우는 운동과 같이 고통을 극복하여야 하는 것이며, 약점을 극복하고 타인과의 관계를 형성하면서 동정심과 함께 연대감을 강화하는 것이다. (상기의 저서 146~151, 157~158 page 참고)

이와 함께 후기산업사회를 맞이하여 기업의 목표를 단순한 이익의 극대화를 넘어서 소비자, 직원, 사회, 주주로 변화, 확대하고 더 나아가서는 세계와 지구와 인류의 생존으로 확대하는 것이다.

하나의 예를 들자면, 1982년 9월 30일 미국의 Chicago에서 발생한 Tylenol 사건으로 인하여 Jonson & Jonson은 제약회사에서 사회적 책임을 지는 "공공안전을 위한 조직"으로 획기적인 전환을 하는 결단을 단행하여 이익을 추구하는 데 우선하는 회사의 목적을 사회적 책임과 인간의 생명을 존중하는 조직으로 확대하였다.

한편, 여기서 Jonson & Jonson의 Tylenol 매출액의 추이를 살펴보면, 회사의 적극적인 대응과 신뢰의 회복으로 사건 발생 이후 "0"까지 추락했던 매출액이 사건 이전의 수준을 회복하고 이후에도 꾸준히 증가하였다. 다시 말하면, 사실과 진실에 근거하여 적극적으로 대응함으로써 신뢰를 유지, 향상하여 사회의 응집력과 소속감을 강화하여, 결과적으로 기업의 성장을 가져온 좋은 예이다. (상기의 저서 172, 176~177 page 참고) 이러한 논리는 국가나 사회에도 마찬가지로 적용된다.

7) 국가발전을 위한 문화의 변화 과정

(1) 개관

국가발전이라는 국가와 사회의 공동목적을 달성하기 위하여 문화의 혁신적 변화를 위한 국가 지도자의 역할과 교육의 중요성에 대하여 여러 차례에 걸쳐 언급하였지만, 문화의 혁신적 변화는 어느 시점에서 일시에 일어나는 것이 아닌, 수많은 작은 변화들이 결합하여 상호작용하면서 문화의 변화가 일어나고 이와 함께 국가가 지속적이고 안정적으로 발전하는 것이다.

앞으로 문화의 혁신적 변화를 위한 단계적 진행을 자세히 언급하기 전에 몇 가지 간단한 언급을 하자면, 첫째, 실질적이고 달성이 가능한 목표를 설정하고 둘째, 이 목적을 달성하는 과정에서 나타날 장애물을 예상하면서 적극적인 대응책을 마련하여 진행하는 것인데, 이것 또한 변화를 일으키는 과정이다.

물론, 이 과정에서 이미 언급한 사회 구성원 사이의 연락을 긴밀하게 하면서 서로의 약점을 진솔하게 노출하고 이것을 보완하기 위하여 노력하여 공동체 일원으로서의 일체감을 유지하며 신뢰를 형성, 강화하는 것이 중요하다. 또한, 이것을 위하여 공동체의 현재 위치와 공동체가 협력하여 노력한다면 도달할 수 있는 실현 가능한 목표를 자세히 제시하면서

꾸준한 의사소통과 서로의 약점을 보완하기 위하여 노력하는 것이다. (상기의 저서 180~182 참고)

(2) 발전 구조의 수립

먼저 국가발전을 위한 문화의 혁신을 어떻게 일으킬 것인가를 위한 계획을 수립하는 것인데 이 과정에서 최대한 다양한 집단이 참여하여 비록 자신이 제시한 방안이 채택되지 않더라도 소속감을 갖도록 함으로써 사회 구성원 각자가 적극성을 갖도록 하여야 한다.

(3) 공동체의 이해를 위한 지도자의 노력

지도자는 구성원들에게 왜 문화의 혁신이 필요한가를 잘 이해시킴으로써 스스로 적극적으로 참여하도록 유도하여야 하는데, 여기서 중요한 것은 구성원 개인과 전체가 문화의 변화를 통하여 성공하여야 하는 절실한 이유가 무엇을 설명함으로써 구성원이 마음과 행동으로 나타나도록 하여야 한다.

(4) 지속적인 Feedback

문화의 변화를 위한 끊임없이 반복된 훈련과 노력이 필요하며 이 과정에서 시행착오가 발생하면 지속적인 Feedback을 통하여 즉시 시정하여 사회와 국민에게 알려주며 수정된 방향으로 훈련하도록 한다.

(5) 지도자와 구성원 사이의 지속적인 대화

문제가 발생하면 지도자와 구성원 사이의 솔직하고 흉금없는 대화를 하여 문제해결을 위하여 함께 노력함으로써 구성원 모두가 자신이 참여하고 있다는 소속감을 강하게 인지하도록 한다.

(6) 지속적인 Feedback과 구성원 사이의 대화

대부분의 과제를 한 번의 시도로 100% 성공하는 것이 극히 어렵다. 따라서, 앞으로의 과제에 대하여 어떻게 대응할 것인가를 구성원이 토의하고 지속적인 교감과 Feedback을 하여야 하는데 이러한 분위기를 조성하기 위해서 지도자는 조직의 한 일원으로서 참여한다는 자세가 중요하다. 따라서, 토론 과정에서 지도자가 의견을 제시할 때 하나의 의견일 뿐이지 지도자로서 결정하는 것이 아님을 분명히 하여야 한다. 조직원 각자의 자유로운 사고와 창의력을 존중하고 만일 그 가운데 하나의 의견을 현실화한다면 조직의 생산성과 사회에 대한 기여도나 환경 등을 조직 전체가 공유하면서 문화화할 수 있는 것이다. (상기의 저서 195~196 page 참고)

(7) 결론

모든 조직이나 인간은 대체로 실수할 수밖에 없는데 이러한 실수에 대한 문제를 지혜롭게 해결하면서 반복된 훈련을 함으로써 오히려 조직원 사이의 결속력을 강화하는 계기로 삼아 조직이 추구하는 목표를 달성할 수 있다. (상기의 저서 212 page 참고)

8) 창의성을 강화하는 조직의 문화는?

(1) 교육

대부분의 인간은 각기 다른 특성을 가지고 태어나는데 창의성 또한 마찬가지이다. 다만, 비록 선천적으로 창의성을 가지고 태어났다고 하더라도 창의성을 발전시키는 교육이나 훈련이 미진하거나 사회의 문화가 창의성이 지속적으로 발전하지 못하도록 한다면 창의성이 후퇴하거나 고갈될 수밖에 없게 된다.

특히 창의성을 유지하고 발전하기 위해서는 개인이나 조직의 자율성과 자유로운 사고를 존중하여야 한다. 즉, 항상 새로운 무언가를 찾기 위하여 노력하고 조직 내에서 자유로운 토론이 지속되어야 하는 것이며, 이러한 측면에서 보면 집단지성이 강조되는 시기에 과학과 예술의 조화가 중요할 뿐만 아니라 실패를 또 다른 성공을 위한 과정이라고 생각하는 문화가 중요하다. 물론, 이러한 문화를 뒷받침하는 법적 제도와 금융에 함께하여야 하는 것도 당연하지만.

(2) 집단지성의 중요성

수많은 아이디어가 서로 충돌하고 실패를 반복하며 이러한 실패의 과정을 서로 연결하고 조합하여 새로운 아이디어를 창조하는 것이다. 즉, 수많은 실패의 결과물이 발명인데 복잡한 Connection과 Interacted 시대인 후기산업사회에서는 이러한 경향이 더욱 확실하게 나타나고 있다. 따라서, 사람과 사람과의 관계를 더욱 중요시하는 것이며 이와 함께 창조력을 장려하는 문화가 조성되는 것이다.

잘 훈련되고 연구에 몰두하는 집단에 의하여 발명하는 것이기에 실패를 기꺼이 받아들이며 재도전하는 문화를 조성하는 것이 중요하다.

이에 대한 현실적인 예를 들자면, 영화제작사인 미국의 Pixar가 제작하여 1995년에 개봉한 만화영화인 "Toy Story"를 말할 수 있는데 이 영화는 최초의 제작에서부터 소위 Brainstorm을 이용하여 많은 사람의 셀 수 없는 많은 토의와 수정을 거쳐 완성, 개봉하여 US $3.6억의 수익을 올렸다

여기서 이 회사와 Walt Disney의 합병에 대하여 추가로 언급하자면, 두 회사가 합병하기 전에는 Disney의 영화는 고전을 면치 못하였는데 2006년 두 회사가 합병한 후에 Pixar의 경영System을 배워 새로운 시스템에 적응하여 같은 직원으로 "Trangled" "Wreck-it Ralph" "Frozen"을 개봉하여 연속적으로 흥행에 성공하였으며 결과적으로 Walt Disney가 재기에 성공하였다. 즉, 같은 직원이 새로운 System에 적응하여 직원들 사이를 밀접하게 연결하여 소통하면서 함께 일하는 분위기를 조성함으로써 Walt Disney가 성공한 것이다.

요약하여 말하자면, 주인의식과 협력, 끊임없는 노력과 실패를 통한 새로운 방법과 지식의 획득과 지속적인 Feedback 등의 새로운 여행을 하는 System 즉, 문화를 만든 것이다. (The Culture Code Published by Bantam Books 2018 by Daniel Coyle 215~226 page 참고)

9) 평등을 위한 한국 사회의 변화: 경쟁의 극복

US $30,000을 넘는 선진국 중에 Gini Coefficient로 측정한 소득불평등 수준을 평가하면 한국이 미국을 제외한 대부분의 국가보다 소득불평등이 심한 국가로 평가를 받고 있는 상황에서 더 이상의 소득불평등 악화를 극복하면서 공동체의 중요성과 자유의 소중함을 절실하게 느끼기 위해서는 현재 한국을 과도하게 지배하고 있는 경쟁의 문화를 극복하여야 한다. 여기서 한국의 경쟁에 대한 현실을 간단하게 살펴보면,

한국에서 살아가는 것은 경쟁의 삶이다.

좋은 대학, 좋은 직업, 좋은 반려자의 선택 등, 어린 시절부터 끊임없는 경쟁 속에서 살아가고 있는데 이제는 이러한 경쟁을 시작하는 나이가 더욱 낮아져 유아원, 유치원, 초등학교, 중학교, 고등학교로 이어지고 있다.

한국은 국토의 21%만이 농작물을 키울 수 있는 토지였으며 천연자원이 거의 없는, 경제적 발전이 거의 불가능한 것으로 보이는 국가였지만 세계 경제사에서 매우 이례적으로 인구의 1/3이 집이 없는 Homeless로 전락한 1950년 발발한 625전쟁에서 70년 만에 세계 경제 대국으로 발전하였다. 이 발전의 배경에는 지도자의 의지, 교육을 통한 국민의 능력과 숙련도의 향상, 다양한 산업의 도입과 발전 등의 다양한 요인들이 서로 선순환을 하면서 경제 발전을 이룩한 것이다.

구체적으로 살펴보면, 1945년에는 한국 인구의 5%만이 고등학교 이상의 학력을 소유하였으나 이승만 정부와 박정희 정부에서 정부 예산의 19%를 교육에 투자하면서 1960년대를 통하여 초등학교를 8배 확대하고 고등학교를 10배로 확대하였다. 그 이후 1980년대까지 한국은 국민 1인당 GDP가 한국과 유사한 다른 국가와 비교하여 훨씬 큰 규모의 예산을 교육에 투자하였다.

교육과 대기업 위주의 산업에 투자한 결과로 무역 규모의 확대와 GDP의 향상이 꾸준히 이어졌는데 2011년에는 무역 규모가 처음으로 US $1조를 초과하는 결과를 가져왔으며 이 가운데 최대의 무역 상대국

이 미국과 중국이었다. 이들과의 무역 규모 확대로 인하여 지정학적으로 중요한 위치에 있는 한국이 중국과 미국에게 중요성을 각인시켜 주는 또 다른 역할을 하면서 안정적 성장을 가져올 수 있는 한 요인이 되었다.

한편, 빠른 경제성장 과정에서 경제 이외의 환경, 행복, 표현의 자유, 함께 잘 사는 풍요롭고 문화적인 삶 등의 다른 사회적 가치가 희생되는 부작용이 일어나게 되었다. 즉, 1957년과 1969년 사이를 Gini‘s Coefficient로 측정한 한국의 불평등 계수는 평균 0.263이었는데 이 수치는 선진국 가운데서 소득불평등의 정도가 가장 낮은 Sweden과 유사한 수준이었다. 경제 발전과 함께 교육 수준이 높아진 결과의 하나였다. 1980년대 중반까지만 하더라도 2/3 이상의 학생들이 상대적으로 가난한 환경에서 성장한 학생들이었다.

그러나, 현재 서울대학교 신입생 중의 50% 이상이 서울에서 상대적으로 부유한 지역인 강남구, 서초구, 송파구 등에 거주하는 학생들이다. 이들은 좋은 학교를 졸업한 후에 열심히 일을 하여 이에 대한 보상으로 재산을 축적하여 새로운 Elite 집단인 “신양반 집단”이 탄생한 것이다.

한편, “신양반 집단”에 속하지 못한 집단은 단순히 포기하는 과정을 밟지 않는다. 이들은 자신의 소득과 재산을 자식에게 투자하여 결과적으로 자식이 더욱 힘든 경쟁에 뛰어들도록 하면서 사설학원이나 개인 교습, 해외 유학 등의 많은 교육비를 자식에게 투자하게 된다. 이러한 과다한 투자는 자연스럽게 더욱 적은 아이를 낳게 된다. 또한, 과다한 경쟁은 한국의 출산율이 세계에서 가장 낮은 수준으로 떨어지게 된 중요한 이유가 되어 “경제적 악순환”의 고리에 얽히는 것이다. 이러한 과다한 교육은 또 다른 부정적 요인이 발생하는데 한국의 어린이들이 갖는 사회적 교제는 조사에 참여한 OECD 36개 국가 중에 가장 낮은 35위로 나타나고 있다. 1997년의 조사에 따르면, 초등학교 학생의 70%, 중고등학교 학생의 50%가 학원 등의 사설 교육을 받고 있으며 고등학교 학생의 96%가 수면이 부족한 것으로 나타났다. 이들은 평균적으로 하루 6시간 30분을 수면한다. 87.9%의 고등학교 학생은 Stress를 느끼고 있다고 조사되었다.

Stress를 느끼는 일본, 미국, 중국 학생의 비율이 50%라고 나타나는 것과 비교하면 매우 높은 수준이다. 2011년 연세대학교 사회발전연구소에서 조사한 자료에 따르면, 한국이 OECD 국가 중에 삶의 행복 수준이 가장 낮은 국가로 나타났다. 이러한 조사 결과는 국민의 자살률, 과다한 교육, 사회적 Stress 등을 고려하면 놀라운 결과가 아니다. 이러한 환경에서는 노동생산성이 낮을 가능성이 높은데, 조사에 응답한 OECD 30개 국가 중에 한국이 28에 머물러 있었다. Mexico와 Poland가 한국 바로 앞순위였다.

Leicester 대학교의 심리학 교수인 Adrian G. White에 의하여 발전된 삶의 만족도 지수(The Satisfaction With Life Index)에 의한 조사에 따르면, 조사 대상 국가 178개 국가 중에 한국은 102위이었다. 이것을 UN의 인간발전지표(UN Human Development Index)와 경제력으로 측정하는 GDP와 비교하면 놀라울 정도로 극명하게 대조되는 수치이었다.

경제적으로 놀라운 성공을 달성하였지만, 감정적인 삶의 질은 매우 부정적인 결과로 나타난 충격을 한국 사회에 안겨주었다.

한국인들은 "최고가 되려는 노력을 포기하는 것이 좋다."는 객관적인 증거를 보여주는 자료이다. (Korea The Impossible Country Published by Tuttle Publishing 2012, 2018 by Daniel Tudor 101~111 page 참고)

여기서 한국의 교육제도에 대하여 간단히 언급하자면, 한국의 교육제도는 미국의 영향을 강하게 받아 단선제를 유지하고 있는데 단선제란 진학의 System이 하나인 것을 말하고 복선제란 진학의 System이 2개 이상인 것을 말한다. 미국의 정치제도와 함께 미국의 교육제도 역시 한국에 유입이 되어서 단선제 학제라는 진학의 제도가 한국에 뿌리를 내리게 되었다. 그런 과정에서 교육은 직업교육에서 고등교육(대학 교육) 중심으로 바뀌어졌다. 이는 해방 이후 서울대의 위치가 급상승한 것으로도 알 수 있다. 즉, 일제 강점기에 시행한 독일형의 복선적 학제에서 해방 이후 미국형의 단선적인 학제로 탈바꿈한 것이다.

또한, 좋은 학교를 가기 위한 사설교육기관인 학원 제도가 있다. 그 밖에도 다양한 유형의 학벌주의 교육 기관들과 제도 등이 있다.

단선제 학제의 근본적인 모순은 인간들의 적성과 능력의 차이를 무시하고 누구나 고등교육을 받을 수 있다는 개방성을 강조한다. 이런 것이 한국의 경우 현실적으로는 모두가 명문대학, 또는 서울대학교에 가고 싶어 한다는 것으로 나타난다. 불평등의 단초가 문화와 교육제도부터 시작하는 것이다. (교육평론 2024년 7월 칼럼: 한국 교육제도 비판 참고)

이제 이 글을 참고하여 한국인 모두가 치열한 경쟁사회를 극복하고 모두가 함께 더불어 행복함을 느끼는 새로운 Paradigm으로 전환하여야 할 시기이며 그 첫걸음이 진정한 자유와 평등을 지향하는 사상을 문화화하여 행동으로 실행하는 방향으로 갔으면 하는 바램이다.

7. 평등과 빈곤 그리고 성장

1) 절대적 평등 개념의 확립

1789년의 French Revolution을 계기로 하여 기존의 계급사회인 봉건사회가 차츰 무너졌음에도 불구하고 극심한 불평등은 20c 초까지도 지속되었으며 또 다른 형태로 인간의 생명과 법치주의를 무시하는 극좌성향과 극우성향의 Communism과 Fascism이 태동하더니 제2차세계대전을 치른 후, 영국과 미국을 중심으로 한 법치주의 문화를 세계 속에 안착시키면서 차츰 "모든 인간은 법 앞에 평등하다."는 "자유와 평등의 귀중함"을 현대 사회에 정착하게 되었다. 물론, 그 과정에서 제1차세계대전과 제2차세계대전의 홍역을 치르고 새로운 냉전체제가 일정 기간 즉, 1991년 Soviet Union이 멸망하기까지 유지되지만.

따라서, 제2차세계대전 후 서구사회를 중심으로 하여 자유와 평등, 법치주의와 자본주의를 기반으로 한 경제 발전이 시작되면서, 차츰 진보적 조세제도를 도입하고 이를 기반으로 하여 적극적인 재정정책을 화폐정책과 함께 시행함으로써 절대적 평등의 범위를 차츰 확대하여 나가게 되었다. 즉, 모든 사람이 번영의 혜택을 받고 혁신과 경제 발전의 혜택을 누릴 수 있을 때 소위 "차이의 원칙"도 정당화할 수 있는 것이다. 이것은 바로 사회적으로 저소득 계층의 삶이 가장 많은 혜택을 누릴 수 있는 사회적, 경제적 제도에 대한 확신을 가질 수 있게 되어 단순한 부와 소득의 문제를 넘어서 자존심을 유지하면서 근로를 통하여 소속감을 느끼는 경제적 힘과 자연스러운 사회적 통제의 집중화를 가져와 개인과 사회의 장기적 안정과 발전의 기초를 마련할 수 있다. (Free and Equal

Published by Alfred A. Knopf 2023, 2024 by Daniel Chandler 198~199 page 참고)

또한, 절대적 평등의 확립은 사적 재산권의 보장에 대한 법적, 제도적 확립에서 시작하는 것이며 구체적으로 살펴보면, 시장과 시장에 대한 규제, 사적 소유권과 공적영역과의 조화, 교육, 건강보험, 항만, 공항, 교량과 같은 사회 기간시설에 대한 공적 Service에서 중앙 정부와 지방정부와의 조화로운 균형을 유지하는 것이다. 이것을 위하여 자유주의 또는 사회주의와 같은 사상적 선택이 아닌, 자유와 절대적 평등에 기반한 더욱 창조적이며 새로운 접근방법이 필요하다. (상기의 저서 200 page 참고)

2) 절대적 평등 개념의 확대

세계 경제는 제2차세계대전이 종식된 후 냉전체제가 유지되면서 미국과 유럽을 중심으로 법치주의를 기반으로 한 민주주의 국가와 권위주의적 독재국가를 유지하는 국가-USSR, 중국, Cuba, 북한 등-로 나뉘어 냉전 시대가 도래하였지만, 제2차세계대전 후 또 다른 세계 기구인 UN이 탄생하면서, 비록 한국전쟁을 비롯한 지역적인 전쟁과 몇 번의 경제위기는 간헐적으로 있었지만, 많은 민주주의 국가가 IMF, World Bank 등의 세계적인 금융기관을 중심으로 하여 결과적으로 지속적인 경제 발전을 이루게 되었다.

국가의 경제 규모가 확대되고 국민소득이 향상됨에 따라 자연스럽게 국가의 지속적인 발전을 위한 교육의 중요성(의무 교육 확대)과 소수자를 포함한 인간의 평등, 남녀 평등, 국민을 위한 다양한 사회보장 제도(노후연금, 의료 공개념 도입 및 확대) 등이 법으로 보장된 것이다.

따라서, 인간에 대한 생명의 평등뿐만 아니라 최소한의 삶을 유지할 권리(교육, 주거, 의료 등)도 평등의 개념으로 점차 확대되어 가고 있으며, 이는 경제가 성장함에 따라 Global North뿐만 아니라 Global South 국가도 지속적으로 확대할 것이다. 그 한 예가 지구온난화와 환경악화를 예방하기 위한 노력 또한 "나의 삶과 후세대의 삶"에 더한 삶의 평등권 확대이다.

1970년 8월 15일 미국의 Nixon 대통령의 일방적인 철회 선언으로 의하여 Bretton Woods 협정이 종지부를 찍었으며 이어서 벌어진 1973년의 제1차 Oil 파동과 1979년의 제2차 Oil 파동, 그리고 이어서 Milton Friedman과 Friedrich Hayek의 경제이론을 받아들인 미국의 Reagan 대통령이 주도한 신자유주의적 경제정책 등으로 불평등이 확대하였지만, 그 이전에는 경제 발전과 소득의 상승, 불평등의 감소에 더하여 각종 복지정책이 확대하고 중산층의 소득도 상승하면서 사회 구성원 모두가 함께 경제 발전을 누리게 되어 소위 절대적 평등이 확대의 길을 걷게 되었다. 소위 세계 경제의 "황금시대"를 누렸던 것이다.

3) 빈곤의 극복과 평등

경제적 관점에서 보면, 일견 빈곤의 극복과 평등이 서로 대립하는 개념 또는 전혀 별개의 개념으로 보일 수 있으나, 앞에서 언급한 것처럼 사실상 두 개념은 매우 밀접한 관계에 있다. 단지 이 관계를 획일적으로 규정하는 것이 아닌, 개념적 접근이나 정치적, 정책적, 경제적 접근 등의 다양한 접근을 통하여 그 관계를 정립할 수 있으며 이에 대한 관계 정립은 사회 각 분야와 국가에 따라서 차이가 있을 수밖에 없을 것이다.

예를 들면, 앞에서 언급했던 Gini's Coefficient도 소득에 의한 접근, 가처분소득에 의한 접근, 소비에 의한 접근 등에 따라 평가가 달라질 수 있다. 단, 모든 인간에 대한 개인의 능력은 차이가 있을 수밖에 없는데 이 차이를 인정하지 않고 Gini's Coefficient "0"에 목표를 두고 정책을 시행한다면 USSR의 멸망과 중국의 덩샤오핑 시대 이전의 사회주의 경제정책, Cuba와 북한 등에서 보여주고 있는 것처럼 사회가 무기력하게 후퇴할 수밖에 없을 것이다. 즉, 절대적 평등에 대한 개념의 확대를 통하여 공동체로서의 국가가 사회적 약자를 보호하는 것은 소속감을 갖게 함으로써 공동체의 강한 유지를 위하여 필수적인 정책이지만, 개인 능력의 차이를 무시하는 정책은 오히려 경제 발전을 후퇴시키고 결과적으로 사회적 약자가 더 큰 피해를 보는 어리석음을 범하게 되는 것이다.

따라서, 정부는 시장을 보호하거나 시장의 실패를 방지하는 역할을 하여 결과적으로 시장을 효과적으로 규제하는 것이다. 특히, Digital 산업의 발전에 따라 불평등, 독과점 등의 다양한 부문에서 시장의 실패가 차츰 나타나고 있기에 시장이 더욱 효율적인 방향으로 전환하도록 하기 위한 정부의 역할이 중요하다. 임금과 관련하여 예를 들면, 임금 소득을 시장의 기능에만 의존할 경우에는 국민의 20%~30% 사이가 평균 소득의 60% 미만인 상대적 빈곤 상태 수준에 머물게 되며 경제 발전이 불평등을 악화하는 결과를 가져오게 된다. 따라서, 정부는 공교육의 질을 높이고 강화하면서 실업률이 상승하지 않는 수준의 최저임금을 보장함과 아울러 공공주택 보급률을 확대함으로써 시장을 보완하는 역할을 한다. 한편, 이론의 여지가 있지만, 장기적인 차원에서 다양한 방향의 논의와 재정건전성을 유지하면서 기본소득도 긍정적으로 검토할 수도 있으며 앞에서 언급한 다양한 사회보장제도를 도입하여 빈곤의 극복과 평등을 지향함으로써 사회의 장기적이고 안정적인 발전을 이룰 수 있다.

그러나, 현실적으로 시장의 실패를 정부가 적절히 대응하지 못함으로써 선진국에 속하는 유럽 국가들과 미국에도 빈곤층의 수준이 여전히 높게 나타나고 있는데 유럽 국가들과 영국의 경우에는 세후 모든 보조금을 수령한 뒤에도 여전히 인구의 약 17%가 빈곤층에 속하고 있으며 미국의 경우에는 인구의 약 25%가 빈곤층에 속하고 있다. (상기의 저서 209~211 page 참고) 여기서 의미하는 빈곤층은 절대적 빈곤인 World Bank의 기준 하루 US $2.15가 아닌 중위소득의 30% 이하를 의미하는 상대적 빈곤층을 말한다.

4) 사회적 불평등의 극복

미국이 1980년대 이후 진보적 조세정책이 차츰 후퇴하면서 이와 더불어 2000년 초의 .com bubble로 인한 위기와 2008년의 Subprime Mortgage로 인한 금융위기를 해결하는 과정에서 중산층 이하의 사회적 계층에 대한 배려를 소홀히 함으로써 사회적 불평등이 급격하게 확대되어 결과적으로 소위 "99% 운동"이 일어났으며, 그에 더하여 Trump 대통령과 같은 극우적인 성향의 정치적 "Outsider"가 대통령이 되는데 한 축을 기여하게 되었다. 그리고, 제2차세계대전 이후 미국을 중심으로 한 자유 진영이 약화하기 시작하여 결과적으로 Russia가 2014년 Ukraine 지역인 Crimea를 점령할 수있는 기회를 제공하였다. 여기에 더하여, 2022년 2월 24일 Ukraine을 침략하여 Russia의 식민지로 만들기 위한 전쟁을 시작하였으며 2025년 9월 현재 진행 중인 Russia와 Ukraine 전쟁의 한 단초가 되었다.

그런데, Complexity Theory를 기반으로 한 현대 사회에서 이러한 사회적 불평등을 해소하기 위해서는 국가와 각종 사회단체뿐만 아니라 기업, 개인 등의 다양한 경제 주체가 정치적, 경제적, 사회적, 문화적인 다양한 노력을 통하여 서로 긍정적 효과가 날 수 있도록 하는 것이 필요하다.

물론, 그 가운데에서 가장 중요한 것은 다양하고 질 높은 직업의 지속적인 창출이며, 이와 함께 국가 정책에 의한 재분배, 사회간접자본시설의 확대, 민간 봉사단체의 활성화, 부정부패의 최소화를 통한 투명하고 공정한 사회 확립과 사회적 신분 상승 기회의 확대, 최저임금의 점진적인 상승, 앞에서 언급한 국가의 제정 능력에 맞는 다양한 복지제도의 확대, 직업교육을 포함한 내실 있는 공교육의 확대, 의료보험의 확대, 법치주의의 확립 등이 서로 밀접하게 연결하여 선순환되어야 할 것이다.

이와 함께, 남녀 사이의 성적인 불평등, 소수인종에 대한 불평등, 이민자에 대한 불평등, 장애인에 대한 불평등 사회적 소수인에 대한 불평등과 같은 다양한 사회적 불평등의 극복이 경제적 평등을 달성할 수 있는 중요 요인으로 작용하기에 이러한 사회적 불평등은 정부와 국민이 함께 협력하여야 한다. 이러한 사회적 불평등을 극복하는 것이 시장에 의한 불평등을 사전적으로 사전에 방지함으로써 사회의 분열과 불평등을 극복할 수 있는 매우 효율적인 방법이다. 물론, 문화의 변화와 함께 사회적 불평등을 극복하기 위한 법적, 제도적 방법을 동시에 진행하는 것은 당연하다.

한편, 소극적인 사회적 불평등을 극복하는 방법을 포함하여 적극적으로 사회적 불평등을 극복하기 위한 방법은 국민 대부분이 참여하는 소위 "Citizen's Wealth Fund"를 조성하여 높은 저축 수준을 유지하면서 사회적 평등과 평등한 부의 분배를 달성하는 방법도 도입할 수 있다. 이미 이와 유사한 형태로 "Sovereign Wealth Fund"가 세계 투자업계에서 활발하게 투자활동을 하고 있다. 예를 들면, 1990년에 설립한 Norway 국부 Funf의 경우는 2021년 현재 규모가 US $1조 4,000억에 달했으며 Norway 연간 GDP의 약 3배에 달하고 있다. (상기의 저서 229 page 참고)

또한, 기존에 주주를 중심으로 한 기업경영 방식에서 사회적 기업 또는 채권자, 소비자와 생산자, 노동자 등의 관계자 중심의 기업 경영방식의 변화, 사회적 기업의 과감한 도입, 많은 주민이나 국민이 참여하는 기업에 대한 법적, 제도적 도입 등의 불평등을 완화하면서 국가의 지속적인 성장을 이룰 수 있는 다양한 기업의 형태를 각 국가의 문화를 고려하면서 제4차산업의 부작용을 최소화할 수있는 방법을 다양한 시각으로 검토하여야 할 것이다.

5) 지구온난화와 불평등의 확대

뒤에서 자세히 살펴보겠지만, 지구온난화를 포함한 환경문제는 한 개인의, 한세대의 문제가 아닌, 지금의 세대와 후세대의 문제이며 세계가 공동으로 집단지성을 동원하여 집단적인 노력하여야 할 문제이다. 즉, 제2차세계대전 이후 화석연료를 기반으로 한 "대량생산 대량소비"로 대표되는 제3차산업이 제4차산업의 새로운 친환경적인 산업으로 발전하고 경제가 공동체의 유지와 강화라는 측면을 내세우면서 지속적으로 성장함과 함께 세계 각 정부가 공동으로 노력하면서 각 사회와 개인도 이에 동참함으로써 각종 새로운 산업이 환경친화적인 산업으로 전환하면 지구온난화와 전염병 등을 최소화하면서 자연스럽게 극복할 수 있을 것이다.

지구온난화를 1.5$_0$C 내외 이상 상승하지 않도록 하려면 향후 약 20년 이내에 순수 CO_2 배출량을 "0"로 하여야 한다. 그런데, Energy 분야가 GDP에 차지하는 비중은 약 4%에 불과하지만, 현실적으로 보면 모든 산업이 Energy를 사용하고 있기에 Energy가 없다면 산업을 멈출 수밖에 없다. 따라서, 미국의 경우에는 Energy와 직접 관련이 있는 기후 예측에 대한 비용으로 1년에 약 US $1억을 사용하고 있으며 이에 따른 경제적 혜택은 약 US $300억에 달하는 것으로 추정한다. 물론, 지구의 평균 기온이 3$_0$C 높았던 시대가 300만년 전에 있었는데 당시 바다의 높이가 지금에 비하면 24.384m가 높았다. (Making Sense of Chaos Published by Yale University Press 2024 by J. Doyne Farmer 221, 230 page 참고)

인간의 삶은 끊임없는 도전과 응전의 연속이다. 따라서, 한차례의 도전에 실패하면, 또 다시 새로운 도전을 시도하여 현재 겪고 있는 한계를 극복하면서 발전하는 것이다. 위기가 곧 기회아닌가?

물론, 인간은 완벽한 동물이 아니기에 중도에 포기하는 사회적 낙오자가 생기기 마련이며 이에 따라 낙오하는 국가나 개인이 나오는 것도 당연하다.

그러나, 앞서가는 국가와 개인은 상대적으로 낙오하는 국가와 개인을 지원하며 보호하고 공존함으로써 모든 국가가 지구 공동체라는 것을 인식하는 것이 중요한 것이다. 이 지구는 어느 한 국가의 독점물이 아니기 때문에.

즉, 온실가스를 배출하는 지구온난화의 주된 집단을 얘기하자면, 사회적으로는 중상위층 이상의 집단이 주로 온실가스를 배출하고 있으며 국가적 차원에서 언급하자면 중국, 미국, India, Brazil, Nigeria, Russia, Indonesia 등의 많은 인구를 보유한 국가들과 소득 수준이 상승함에 따른 선진국과 개발도상국이 저개발국가보다 훨씬 많은 온실가스를 배출한다.

역으로 그 피해를 얘기하자면, 국가 간의 차이에서 1인당 GDP가 낮은 국가들이 지구온난화의 피해를 상대적으로 크게 입고 있으며, 사회적 소득계층이 낮은 집단이 지구온난화의 피해를 상대적으로 크게 입고 있다.

6) 불평등 해소를 위한 정부 역할의 한계와 극복

절대적 평등의 개념이 확대되고 있는 현대 경제에서 대부분의 국가가 자신만의 힘으로 불평등을 해소하는 것은 불가능하다.

따라서, 사회 구성원 모두가, 어린 시절부터의 인성교육(가정, 학교, 사회 교육 포함)을 통하여, 국민 개개인의 인격을 향상하면서 아울러 자유로운 사고를 통하여 다양한 "풀뿌리 기업"을 창업함으로써 국민 개개인에게 수많은 직업을 제공하여 소득을 증대시키며 다양한 기업과 앞에서 언급한 사회적 기업, 민주적 기업 등의 다양한 형태의 기업이 탄생하면서 국가의 세원이 풍요로워질 뿐만 아니라, 자율적인 기부 등의 사회활동을 화성화하여 사회적 낙오자를 배려하여 불평등을 부분적으로 해소토록 하여야 한다. 이러한 활동이 결과적으로 소득 상위 20%가 소득 하위 50% 이하에게 도움을 줌으로써 사회적 분열과 극단화가 약화할 뿐만 아니라 국가의 발전이 장기적으로 지속 가능할 수 있도록 도움을 주게 될 것이다. (Measuring Poverty Around The World" 2019 year by Anthony B. Atkinson 참고)

여기서 1980년대 이후 신자유주의 경제정책을 실시하면서 최고 세율을 낮춘 미국과 영국의 자료와 신자유주의 정책이 아닌, 높은 세율을 지속하면서 자유와 법치주의를 기반으로 한 사회민주주의 경제정책과 진보적 조세정책을 지속적으로 실시하면서 부정부패를 최소화함으로써 국가의 투명성을 유지하고 있는 북구 유럽 국가들의 자료를 비교하면서 살펴보면,

OECD 국가 전체의 GDP에 대한 평균적인 조세 비율은 34%이며 이 가운데 미국의 경우는 매우 낮은 수준이 25%에 그쳤으며 영국은 33%이

었다. 이에 반하여 Denmark는 GDP의 45%를 세금으로 부과하고 있으며 유럽 국가 중에 가장 높은 수준이었다. 그리고 7개 유럽 국가의 GDP에 대한 평균적인 세금 부과 비율은 40%이었다.

물론, 이미 언급한 것처럼 20c 초만 하더라도 국가가 국민에게 징수한 세금은 GDP의 10%에 불과하였지만, 제2차세계대전 이후에 점진적으로 상승한 결과다. 이러한 역사적 사실은 세금이 국가 성장에 부정적인 결과를 가져온다는 가정은 사실상 허구에 불과한 것이다. 좀 더 구체적으로 살펴보면, 1960년대에 미국과 북구 유럽 국가들인 Denmark, Belgium, Finland의 세율은 비슷한 수준이었다. 그러나 현재 북구 유럽 국가들의 세율은 미국보다 10%~15% 이상 높은 수준임에도 불구하고 경제성장과 국민소득 수준은 미국과 유사한 상황이다. 즉, 근로에 대한 높은 세금의 부과가 경제 발전에 대한 부정적인 결과를 가져올 수도 있으나 건강과 교육 등의 복지 분야에 대한 지출을 확대함으로써 결과적으로 소비의 긍정적인 효과를 가져와 균형을 이루게 되었다.

1980년대 이후 소득세율이 낮아지기 시작하였는데 OECD 전체의 소득세율 추이를 보면, 최고 소득세율이 1981년의 62%에서 2015년에는 35%까지 낮아졌다. 세율 인하의 논리는 "국가에 혁신적인 산업을 가져오는 부자들에 대한 소득세율을 낮춤으로써 결과적으로 모든 사람이 혜택을 보게 된다."는 논리였지만, 성장률 측면에서 살펴보면, 결과는 반대 방향으로 영향을 주었다. 즉, 미국의 경우는 1960년대와 1970년대에 연평균 성장률이 1.7%이었는데 1980년대 이후 연평균 성장률은 1.4%로 나타났다. 이러한 현상은 비단 소득세, 법인세의 인상뿐만 아니라 부유세에서도 유사한 현상을 보여주고 있다. (Free and Equal Published by Alfred A. Knopf 2023, 2024 by Daniel Chandler 230~234 page 참고)

또한, 조세정책에 의하여 평등에 대한 영향을 줄 뿐만 아니라 재정정책, 국제관계, 산업의 커다란 변화, 문화 등의 다양한 요인에 의하여 평등에 대한 긍정적, 또는 부정적 영향을 받는데 여기서는 1979년 혁명으로 인한 Iran의 새로운 국제관계로 발생한 평등의 부정적인 영향과 1812

년 영국의 산업혁명에 의한 불평등을 저항한 운동이었던 Luddite 운동을 통해 대외관계에 의한 평등에 대한 부정적인 요인을 간단하게 언급하고자 한다.

먼저, 소위 Iran의 저항경제(Resistance Economy)를 간단히 살펴보면, 1979년 Iran의 혁명으로 왕정 독재국가였던 팔레비 왕조가 무너지고 새로운 신정 독재국가 체제가 들어서면서 미국을 비롯한 서구사회의 경제제재가 시작하였는데 새로운 독재국가는 경제의 안정적 성장을 도모하기 위하여 Oil에 의존하지 않는 폐쇄적인 경제성장 Model을 달성하고자 하였는데 이것을 저항경제라고 부른다. 즉, 결과적으로 Iran이 경제적, 기술적 혁신을 가져와 Missiles를 개발하고 Drone의 빠른 발전을 가져온 것이다. 그러나, 여기서 살펴보고자 하는 것은 경제제재의 확대, 잡초처럼 커버린 암시장, 정권과 유착된 Cronyism 경제, 부정부패 등으로 인하여 새로운 상류계층이 탄생하고 지속적인 물가 상승으로 인하여 중산층이 몰락하는 경제적 불평등과 양극화 현상이 확대하였다. 800만명 이상의 중산층의 삶이 추락하여 사회적으로 가장 낮은 계층이 400만명 이상으로 증가하였다.

결과적으로 저항경제는 Iran의 사회구조를 변화시키고 교육의 불평등, 고급 인재의 해외 유출, 불안정한 사회생활, 사라진 꿈과 희망 등으로 불평등이 악화한 결과를 가져왔다. (How Sanctions Work Published by Stanford University Press2024 by Narges Bajoghli and Vali Nasr and Djavad 7, 11~13 page 참고)

다음으로 1811년과 1812년 사이에 영국의 제1차 산업혁명에 대한 노동자들의 저항운동인 Luddite 운동은 새로운 기계의 출현으로 인하여 노동자의 직업이 사라지는 상황에 대항한 급진적인 기계파괴운동이었으며 노동운동의 하나였다. 이 운동은 경제적 시각에서 보면 단견적인 시각을 가진 자들의 저항운동이라는 측면도 있지만 다른 한편으로는 경제적 양극화와 불평등에 대한 저항운동으로 볼 수 있다.

8. 빈곤의 극복과 번영의 역설

1) 번영의 역설이란?

어떤 정책을 시행할 때 빈곤 그 자체에 집중하면 빈곤을 해결하고 극복하는 것이 매우 힘들다. 오히려, 일시적으로 불평등이 확대하더라도 다양한 산업을 발전시킴과 동시에 새로운 시장을 창출하고 교육을 활성화하며, 질 좋고 다양한 새로운 직업의 창출과 전기, 도로, 깨끗한 물의 공급 등의 각종 사회 기간시설을 함께 늘려 가면서 국가의 재정 건전성과 사회복지 제도를 강화함으로써 결과적으로 자연스럽게(?) 국민의 대부분이 빈곤을 극복하고 지속적인 성장이 가능하다는 것이다.

특히, 20c 초부터 발전한 "대량생산, 대량 고용"의 제3차산업이 21c에 들어와 산업의 주도권이 새롭게 진행되고 있는 "다품종, 소량 생산"이라는 새로운 Paradigm을 기반으로 한 지식과 친환경의 녹색산업, AI, 3D, AM 및 Connection 등의 제4차 산업 시대로 변화하면서 새로운 산업 환경에서는 신뢰를 확립하기 위한 법치주의, 교육과 사회간접자본 등의 복합적이고 다양한 요소들이 선순환하여야 지속적으로 발전할 수 있다. 즉, 기존의 사고방식과 산업 문화에 의존한다면 실패할 가능성이 높은 매우 새로운 산업 환경으로 변화하고 있다. (The Prosperity Paradox published by Harper Collins 2019 by Clayton M. Christensen & EfosaOjomo & Karen Dillon 93 page 참고)

이를 위하여, 한국과 중국, India, 동남아시아 각국의 예에서 보여주는 것처럼, 오랜 농경문화의 산업화를 위한 문화로의 변화와 같은 혁신적인 변화가 필요하다. 물론, 그 과정은 국가에 따라서 각자 다양한 과정을 겪으면서 극복하여야 하는데, Singapore, 한국, 중국과 같이 국가 지도자가 주도하여 국민을 극도의 가난에서 탈출시키고 국가의 경제발전을 달성하겠다는 강력한 의지를 가지고 앞장설 때는 단기간에 산업화의 길을 걸어 국가가 발전할 수 있을 것이다. 또한, 영국을 비롯한 대부분의 유럽 국가나 미국의 경우는 오랜 역사를 통하여 자연스럽게 자유민주주의와 법치주의에 입각한 자본주의가 자리를 잡으면서 장기간에 걸쳐 꾸준히 발전한 경우도 있다.

다시 말하자면, 빈곤을 없애기 위하여 단순히 자선의 돈과 시설을 제공하는 것이 아닌, 새로운 산업과 다양한 기업을 일으킬 수 있는 각종 법규와 자본과 교육, 기술, 도로, 철도, 공항, 항만과 같은 기간시설 등을 제공함으로써 스스로 자립할 수 있도록 하면서, 교육을 통하여 이를 지속할 수 있는 능력을 함양시키는 것이 빈곤을 영원히 극복할 수 있는 것이다.

따라서, 국가라는 공동체는 개인의 사회적 특성을 보여주는 결과물이라는 전제하에 성공한 사회나 국가의 핵심 요소의 하나는 거시경제학의 여러 가지 요인이나 기업의 이익 또는 경제적으로 성공한 기업의 규모 등으로 나타나는 것이 아니라 삶의 조건이나 안정성, 삶에 대한 기회의 평등과 확대 가능성 등에서 나타나는 것이며 정부와 국민 사이의 호혜적인 교환관계-세금의 징수와 국민의 보호, 교육, 국민의 건강, 사회간접자본 등-가 필요하다. 결과적으로 배제되는 국민이 없이 모든 국민이 사회적 관계를 형성하면서 함으로써 훨씬 더 강력한 사회적 응집력과 국민 모두의 삶의 질이 향상된 삶을 누릴 수 있는 것이 성공한 국가이며 사회이다. 즉, 국가가 국민에게 이러한 삶을 누릴 수 있도록 제공하지 못하고 일부 집단- 비록 과반수에 달한다고 하더라도-이 만족하는 삶만을 제공하는 것은 장기적으로 사회가 분열의 길을 걸을 수 있다. (Social Capitalism Published by Austin Macauley Publishers Ltd 2022 by Andrew Blackwood 46, 495~496 page 참고)

21c에 진입하면서 미국을 비롯한 많은 국가가 발전을 지속하고 있음

에도 불구하고 정부와 언론을 불신하고 있는 것은 불평등이 확대함에 따라서 상대적으로 소속감이 약화하면서 박탈감과 소외감을 느끼는 강도가 강해지면서 나타나고 있다. 최근 Reuters Institute가 조사한 자료에 따르면 영국의 경우에는 43%, 미국의 경우에는 38%만이 언론을 신뢰하고 있는 것으로 나타났다. (상기의 저서 26 page 참고)

2) 혁신의 사례와 황금의 삼각지

(1) 혁신의 사례

우리는 현대 사회에서 기존의 사고와 시각을 버리고, 새로운 사고와 관점으로 물건, Service 등을 보면서 시장을 창출하고 기존에 존재하지 않았던 소비자를 거대한 시장으로 끌어들임으로써 수많은 직업의 창출과 빈곤을 극복하는 과정을 목격했다. 이것이 곧 "번영의 역설"에서 얘기하고자 하는 "Pull Strategy"인 것이다.

여기서 그 예를 몇 가지 나열하고자 한다.

Nigeria의 To laram, 또 다른 Africa의 이동통신 회사인 Celtel telephone, 중국의 Calanz, Mexico의 Grupo Bimbo, Singapore, 그리고 미국에는 수많은 혁신적인 기업이 있는데 I.M. Singer(1811), Kodac(1888), Henry Ford's Model T, Bank of Italy(bank of America의 전신), Charles Goodyear, 미국 최초의 Venture Capital Company인 Georges Doriot, Microsoft, Apple, Facebook 등 수 없이 많이 있으며, 아시아권을 대표하는 일본의 경우 제2차세계대전 후의 폐허 상태를 극복하고 TTK, Sony, Toyota 등 많은 기업군이 있다. 또한, 산업의 기반과 물적 자원이 거의 없었던 한국의 경우에는 삼성전자, 현대자동차, 기아자동차, POSCO 등의 기업이 이러한 혁신의 기업에 들어갈 수 있을 것이다. 물론, 유럽을 포함한 세계 각국에는 수많은 혁신의 기업들이 국가의, 아니 세계의 번영과 빈곤의 극복을 위하여 노력하고 있다.

(2) 황금의 삼각지

삼각지의 의미는 시장과 정부와 시민사회가 서로 적절하게 삼각편대의 보완관계를 유지함으로써 사회적 계층의 이동도 활발해지면서 소득불평등도 줄어들게 되며 혁신의 의지도 강력하게 유지할 수 있다. 경제의 창조적 파괴를 달성하여 장기적으로 사회 구성원 모두가 혜택을 볼 수 있는 상황을 의미한다.

이러한 경제적 상승작용을 일으킨 역사적 사례를 하나 언급하자면,

Italy의 Venice는 12c 말부터 13c 말까지 상업의 전성기를 구축하였는데 1172년 적법하게 선출된 국회에 의하여 총독(Doge)의 권력을 제한하는 두 개의 제도적 혁신을 하였다. 첫째, 총독은 국회 앞에서 공개적으로 국회에 의한 권력의 제한을 따른다고 선언했다. 둘째, 국회에 의하여 선출된 또 다른 기관인 특별위원회를 설립하였다. 그리고, 총독은 중요한 의사결정을 하기 전에 특별위원회의 자문을 경청하였다.

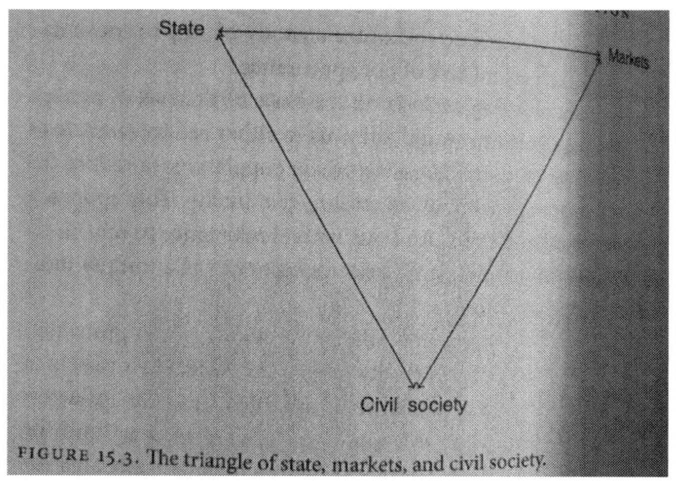

FIGURE 15.3. The triangle of state, markets, and civil society.

(상기의 저서 302 page 참고)

이 절차를 통하여 혁신을 가져왔으며 계약 및 파산과 관련한 새로운

규범을 제정하고 최초의 현대적 은행제도를 설립하였다. 이러한 규정과 제도를 이용하여 장기 노선을 운영하는 상선을 활용하도록 함으로써 투자자와 여행하는 당사자인 상인과의 "계약"을 체결하여 Risk와 수익을 분담하였다. 또한 무역을 통하여 낮은 사회적 계층의 신분 상승도 가능하게 되었다. 당시로서는 혁신적인 창조적 파괴(Creative Destruction)이었다. (The Power of Creative Destruction Published by Harvard University Press 289~290, 313 page 참고)

3) 혁신의 문화

혁신을 가져올 수 있는 가장 좋은 정치제도는 시장경제의 안정성과 투명성을 가져올 수 있으며 국가 권력의 간섭을 줄이면서 상호 견제와 균형, 언론의 자유를 보장하는 자유민주주의 제도이다. 즉, 부정부패가 낮아질수록 사적 재산권의 보장을 견고히 할 수 있으며 혁신을 일으킬 수 있는 환경이 조성되면서 이러한 환경이 지속되면 스스로 문화화하면서 혁신이 더욱 가속할 수 있다. 또한, 새로운 기업의 진입 장벽을 낮출수록 기존의 혁신기업이 더욱 새로운 혁신을 하도록 환경을 조성하면서 동시에 새로운 기업의 진입이 경쟁을 유발하면서 혁신을 촉진한다. (상기의 저서 292 page 참고)

Thomas Edison이 말하기를 "나는 10,000번을 실패한 것이 아니라 적절하게 작동하지 않는 길을 10,000번 발견한 것이다."라고 한 것처럼, 이러한 끊임없는 문화적, 기술적 혁신을 통하여 미국을 비롯한 많은 국가가 극심한 빈곤을 벗어나게 되었으며 심지어는 중국과 같은 독재국가도 사고와 정책의 혁신, 즉, "흑묘백묘"론을 앞세워 어느 정도 성장함으로써 많은 국민이 빈곤에서 벗어난 것이다. 독재정치 체제에서 이러한 성장이 지속될 것으로 보는가에 대해서는 회의적인 시각이지만.

1,900년대 초반까지만 하더라도 미국을 비롯한 전 세계 국가들의 불평등은 심각하였으며 국민의 70% 정도가 극심한 빈곤의 상태에서 매일,

하루, 세끼를 걱정하는 수준이었다.

물론, 내가 나의 저서 "국가 발전을 위한 구조적 분석"에서 언급한 것처럼 꾸준한 인구의 증가, (좋은) 교육, 삼권 분립, 지도자의 의지, 언론의 자유, 다양한 산업의 형성, 국가의 청렴성, 법치주의 확립 등의 여러 중요한 요소들이 조화롭게 선순환되면서 문화적으로 정착하여야 구성원 사이의 갈등을 최소화하고 국가가 지속적으로 발전하며, 모든 구성원이 각각의 능력에 합당한 소득이 향상될 수 있을 것이다.

4) 잔물결 효과(Ripple Effects)

앞에서 언급한 것처럼, 한 국가에서 어느 한 회사가 성장한다고 국가 전체가 빈곤의 상태에서 벗어나 풍요로움을 향유하기는 매우 힘들다.

즉, 수많은 혁신적인 기업들-한국을 예로 들면, 삼성, 현대, 기아, SK, POSCO 등과 이들에게 납품하고 있는 각종 부품회사와 함께하는 다양한 산업 생태계의 형성 등-이 새로운 시각으로 산업에 접근하여 거대한 시장을 형성함으로써 수많은 국민에게 좋은 직업을 보장, 확대하며, 빈곤에서 탈출시키고, 삶을 풍요롭게 하여 결과적으로는 대부분의 국민이 중산층을 형성하도록 하는 것이다. 물론, 이에 더하여 정부와 기업, 개인, 재단을 비롯한 각종 사회단체가 함께 힘을 다하여야 한다.

이 잔물결 효과는 Platform, AI, AM(Additive Manufacturing) 등의 제4차 산업이 태동하고 있는 현대 산업사회에서 오늘날 경제학의 주류로 자리를 잡아 가고 있는 Complexity Theory와도 밀접한 관계를 갖고 있다.

이러한 Ripple Effects는 한 국가에서 국민의 평등에 대하여 수십년, 수백년 이상으로 영향을 미치면서 부정적, 또는 긍정적-사실상 국가에 민주주의 사회가 정착하기 전에는 문화가 주로 부정적으로 작용하였다.-영향을 미치는 국가의 문화로 확대하면서 자리를 잡게 된다. 몇 가지 예를 살펴보면, 미국의 경우는 선진국 중에 가정 오랫동안 노예제도를 유지하였던 문화로 인하여 불평등이 다른 국가에 비하여 심화한 영향을 무시할 수 없다. 또한, India의 경우를 보면, 비록 현재는 민주주의 정치제도를 받아들이고 있지만 Hinduism의 Caste 계급사회가 BC 3,300년 전부터 시작한 Indus 문명부터 수천년에 걸쳐 지금까지 내려왔기 때문에 이러한 계급문화가 깊이 내재하고 있어 1인당 GDP가 US $2,480(2023년 기준)밖에 되지 않지만, 불평등이 매우 심한 국가가 되었다.

한국의 경우를 살펴보면, 2000년이 넘는 역사를 유지하면서 뿌리내린 신분사회 구조에 더하여 500년 이상 뿌리내린 조선왕조 시대의 사농공상의 유교문화와 박정희 대통령 시대의 상하 간의 계급을 강조한 군사문화가 더해지면서 최근까지 신분사회를 유지하였기 때문에, 1997년의 외환위기로 인하여 IMF가 주도한 신자유주의 경제정책이 추가되면서, 다른 국가에 비하여 불평등이 상대적으로 심한 요인이 되었다.

그리고, 세 국가 모두 정도의 차이는 있지만, 오래된 여성에 대한 차별 문화로 인하여 지금도 여전히 여성에 대한 직업과 임금에 대한 불평등이 존재하고 있다. 사실, 여성에 대한 차별 문제는 어느 특정 국가의 문제가 아닌, 인류 역사에서 수천년 동안 이어져 내려온 가장 뿌리 깊은 불평등 문제 중의 하나이다.

물론, 불평등의 문제는 정부의 정책, 환경 등과 같은 다른 많은 요인이 복합적으로 작용하면서 나타나는 것은 당연하다.

과거의 부정적 문화는 세계의 많은 국가에서 깊은 영향을 미치고 있는데, 특히 자유와 평등을 보호하려는 법치주의 문화가 낮고 국가 청렴도가 낮은 국가일수록 더욱 강한 영향을 미치고 있다. 즉, 독재국가나 국가발전 수준이 낮은 국가일수록 과거의 부정적 문화에 사로잡혀 있다는 것이다.

5) 경제 민주화의 효과

(1) 점진적 접근방법

대부분의 기업은 경쟁이 치열한 기존의 시장에서 시장점유율을 확보하기 위하여 치열한 가격 경쟁을 하며, 광고를 공격적으로 하여 경쟁 회사의 고객을 빼앗는 Zero-Sum Game을 벌리고 있지만, 높은 수익을 나타내는 기업은 현재 고객이 없어 보이지만 새로운 시각으로 시장을 보면서 수많은 고객을 창출하여 새로운 Blue Ocean을 스스로 만들어 가는 기업이다.

이것을 달리 얘기하면, 기술과 문화를 혁신하여 제품이나 Service의 질을 높이면서 이와 함께 가격을 낮추고 많은 고객을 유도함으로써, 생산 측면에서의 경제 민주화뿐만 아니라, 소비 측면에서도 경제 민주화를 일으켜 결과적으로는 국가와 사회를 발전시킬 수 있는 "선순환 구조"의 중요한 역할을 할 수 있을 것이다. 물론, 이러한 것이 결코 쉬운 일은 아니다. 시간과 열정이 끝없이 소요되는 수많은 도전을 통하여 이루어지는 것이다. 개척자와 혁신가, 발명가의 길은 누구도 가보지 않은 길을 걷는 것이기에 매우 힘든 것이다. 따라서, 성공했을 때의 보상은 그 누구도 예상할 수 없을 정도로 거대한 것일 수밖에…

1700년대 후반부터 1800년대 전반까지 이어진 증기를 이용한 선박과 기차와 수공업에 의존하던 섬유업을 기계로 전환함으로써 운송수단의 현대화와 시장 확대의 기반을 형성하면서 결과적으로 수백년 동안 거의 없었던 경제발전을 이루기 시작한 근본적인 토대는 사고와 행동의 자유를 인정하는 민주주의의 도입으로부터 시작한 것이며 가난과 굶주림을 당연한 것으로 받아들였던 많은 인간의 삶이 커다란 변화를 일으키게 되었다. 그리고, 1900년대에 들어와 기업의 규모가 확대되고 새로운 기업인 집단과 노동자 집단이 탄생하고 상반된 이해관계가 발생하여 때로는 충돌하고 때로는 합의하면서 제4차 산업이 본격화하고 있는 21c 초가 지나는 이 시점까지 빠르게 변화, 발전하고 있다.

한편, 기업인 집단과 노동자 집단에 대한 새로운 제도를 창안하여 충돌을 최대한 억제하면서 서로 공생하고 발전함과 동시에 최대한 평등한 사회를 형성함으로써 지속적이고 장기적인 국가의 발전을 도모하기 위한 정책으로 Flexicurity Model을 만들고 이분법적 사고를 뛰어넘는 공동

경영 제도를 도입하는 등의 다양한 장식을 창안하고 있다.

먼저, Flexicurity Model에 대하여 간단히 살펴보면, 기업이 근로자를 해고한 후에 일정한 기간에 일정한 수준의 제고하면서 직업 훈련을 제공하는 것이며 만일 기업이 한계기업으로서 근로자에 대한 금전적 지원이 힘들다면 정부가 기존의 실업급여를 확대하여 HBI(Universal Basic Income)과 같은 형태로 지원하는 것인데 이 경우는 정부가 선별적으로 실업급여를 지원하기 때문에 추가적인 예산 부담이 크게 증가하지 않을 것이다.

이제 공동 경영에 대하여 설명하면, 이분법적 사고를 뛰어넘어 다양한 사고를 반영한 다양한 형태의 접근방법이 필요하다. 예를 들면, 20c 후반부터 Austria, Sweden, Denmark, Norway, Finland 등을 포함한 대부분의 유럽 국가가 제1차세계대전 이후 독일에서 시작한 Co-Management, 즉 Co-determination을 받아들여 근로자들이 새로운 기계에 대하여 어느 수준의 자금을 투자하여 어디에 생산시설을 설치할 것인가, 무엇을 생산할 것인가, 판매 정책을 어떻게 수행할 것인가 등과 같은 기업의 전략적 결정에 참여할 수 있도록 한 것이다. 독일의 경우에는 근로자의 규모가 500명을 초과하는 기업은 이사진의 1/3을 근로자의 대표자가 이사로 참여할 수 있으며 근로자의 규모가 2,000명을 초과하는 기업은 이사진의 50%를 근로자가 선출하도록 하였다.

이와 관련한 독일의 사례연구 결과에 따르면, 기업의 소유자와 근로자의 공동 경영이 기업의 이익 감소와 경영에 부정적인 결과를 가져온 것이 아니라 결과적으로 기업에게 더 많은 투자와 이익을 가져왔다. 그 주된 이유는 어릴 때부터의 합리성과 법치주의 교육을 받으면서 기업의 경영과 정보를 공유함으로써 기업인과 근로자 사이의 신뢰와 협력 관계를 높이면서 양 당사자 사이에 이익을 가져오는 방향으로 자연스럽게 생산성이 향상하였다. 결국, 종업원이 경영하는 기업은 직업의 안정과 보수의 평등화 가능성, 기업에 대한 충성도가 매우 높은 결과를 가져온다

또한, 이 제도는 소득과 평등의 향상도 함께 가져온 제도로 정착하였

다. 이외에도 미국이나 한국을 비롯한 세계의 많은 국가가 실행하고 있는 우리사주제도도 지금까지 언급한 것과 같은 취지로 경제 발전과 평등의 향상이 함께 이룰 수있는 방법이다. (Free and Equal Published by Alfred A. Knopf 2023, 2024 by Daniel Chandler 249~252, 255, 260 page 참고)

(2) 급진적 접근방법

기업가나 노동조합, 사회단체 등의 어느 특정 집단의 이익에 머무르지 않고 정치와 경제에서 진정한 의미의 자유와 민주주의를 추구하는 소위 민주화한 노동과 기업으로 규정할 수 있는데 공동체를 구성하는 구성원 전체가 참여하여 이들이 결성한 기업의 이익이 자연스럽게 구성원 모두에게 동등하게 배분되면서 평등의 문제도 상대적으로 쉽게 해결할 수 있다. 이 기업을 "민주적 공공기업"으로 부를 수 있다. 따라서, 이 기업은 정부가 주도하는 국유기업이 아닌, 민주주의 제도 아래에서 많은 주민 또는 국민이 주인인 기업을 의미하며 "Social Company"보다 더욱 진보적인 소유와 경영 방법이다. 이러한 사회적 제도를 구성하고 진행하려는 노력이 미국, 영국을 비롯한 세계 각국에서 꾸준히 있었으나 여기서는 1970년대에 Latin America의 Chile 대통령이었던 Allende가 적극적으로 실시하려고 했으나 미국과 기득권층의 반대에 부딪혀 실패로 끝난 경제개혁을 반면교사로 삼아 "민주적 공공기업"으로 성공하기 위한 전제조건을 생각해 보고자 한다.

첫째, 특히, Global South 국가에서는 기존 자본가의 강한 저항에 부딪히기 때문에 이러한 반항을 극복할 수 있는 강력한 정부가 존재하여야 한다.

둘째, 진정한 민주적 경제를 달성하기 위한 국가에 대한 통제와 강한 지지가 함께 필요하다. 즉, 현재에 안주하면서 이익을 지속적으로 향유하려는 자본가와 강력하게 조직화한 노동조합 등의 기득권세력의 강력한 반항을 극복하여야 한다.

셋째, 강력한 정치적 기반을 가진 지지 세력의 사전적 확보가 필요하다.

넷째, 민주적 경제 제도를 지원할 수 있는 조사 기술 등의 다양한 기술의 발전이 필요하다.

다섯째, 미국의 반대로 인하여 실패한 Chile의 예에서 본 것처럼, 미국, 유럽 국가 등의 국제적 영향력이 큰 국가들에 대하여 설득을 통한 국제적 지지가 반드시 필요하다. (Vulture Capitalism Published by Atria Books 2024 by Grace Blakeley 246, 252 page 참고)

6) 빈곤의 극복과 평등

앞에서 언급한 것처럼, 20c 초에는 미국, Singapore, 일본, Hong Kong, 유럽 국가들 등을 비롯한 현재의 대부분의 선진 국가들도 국민의 70% 정도가 극심한 빈곤의 상태를 벗어나지 못하고 소위 “빈곤의 평등”에서 삶을 영위하고 있었다. 그런데, 제2차세계대전 종료 후 냉전체제에서 미국을 비롯한 유럽의 국가들과 일본, Singapore 등이 새로운 산업의 번영을 주도하면서 “절대적 빈곤”이 서서히 사라지고 새로운 세상을 성공적으로 이룩하였지만, 역으로 1980년대부터 시작한 신자유주의 경제정책을 미국과 영국, 한국 등의 일부 국가가 정부와 민간 부분에서 지속적으로 확대함과 동시에 1995년부터 시작한 WTO 체제의 세계적 확대와 세계화의 물결, 1990년대 후반의 아시아 외환위기, 2008년의 미국의 금융위기, 2020년부터 세계를 위협한 COVID-19 전염병 등의 다양한 이유가 복합적으로 작용하면서 20c 말부터 지금까지 부의 집중과 “불평등”이 새로운 화두로 대두되면서 국민에게 상대적 박탈감을 느끼게 하고 사회적 결속력이 약화하면서 정치적 양극화로 향하는 한 요인이 되고 있다.

과연, 우리는 “성장과 불평등의 해소”를 동시에 달성할 수 없는 것일까?

이미 다양한 시각으로 접근하면서 불평등 완화를 위한 다양한 방안을 살펴보았지만, 나의 견해로는 불완전한 존재인 인간으로서, 각자의 능력이 서로 다를진대 Ginni Coefficient가 "0"가 될 수는 없는 것이다. 그나마 "상대적 불평등"을 인정하면서 "절대적 평등"의 점진적 확장을 통하여 Ginni Coefficient가 0.2~0.3 정도로 유지되는 사회가 바람직할 것으로 보인다. 이것은 곧 John Rawls가 제시한 근본적인 차이를 인정하면서 국가가 기회의 평등을 최대한 보장하는 것과 일맥상통한 결과를 가져온다. 이미 앞에서 언급한 것처럼 교육 및 사회보장제도 등에 대한 적절한 제도의 도입과 자유와 평등을 추구하는 법치주의 확립 등을 통하여 "성장과 불평등의 해소"를 동시에 달성할 수 있는 것이다.

따라서, 제2차세계대전 이후 미국과 한국 등의 많은 국가에서 그 어느 때보다도 분열과 극단화로 치닫고 있는 정치적, 사회적 상황을 극복하기 위한 "현실적인 이상향의 세계(Realistic Utopia)"는 기술의 변화나 혁신을 통하여 이루어지는 것이 아니라 개방된 마음을 유지하면서 독단적이고 비타협적인 사고와 자세를 피하고 우리가 직면하고 있는 다양한 문제에 관한 토론과 제도의 혁신을 통한 실험적 태도로 접근하여 새로운 증거에 따른 실용적이면서 실질적인 사회의 지속이 가능하도록 하는 것이다. 즉, 사회가 실현이 가능한 수준으로 접근할 수 있으며 많은 구성원이 참여하여 최대한 건전한 사회로 만드는 것이 바로 "현실적인 이상향의 세계"이다.

"현실적인 이상향의 세계"를 달성하기 위한 구체적인 방법은 앞에서 언급한 급진적인 방법을 포함하여 적극적인 투표 행위, 정당에 대한 적극적인 참여, 의원으로 참여하기 위한 노력, 국민에게 알리기 위한 길거리에서의 적극적인 주장, 많은 사람이 참여하여 더 폭넓고 나은 사회를 만들기 위한 사회활동 등을 함께 하여야 한다. 물론, 완전히 자유롭고 평등한 세상을 달성한다는 확실한 보장은 없지만...

그러나, 좋은 방향이든, 나쁜 방향이든 간에 세계를 바꾸는 힘은 우리에게 달려있다. (상기의 저서 270, 273 page 참고)

7) 불평등의 극복

(1) 국가발전의 기본 요소들

앞에서 간단하게 언급하였지만, 여기서 구체적으로 언급하자면, 나의 글 "국가발전을 위한 구조적 분석"에서 얘기한 것처럼, 국가가 지속적인 성장을 유지하기 위해서는 열 가지 이상의 중요한 기둥(Pillar)이 서로 밀접한 보완관계를 유지하면서 국가를 유지하여야 발전함과 동시에 지속적인 발전을 통하여 불평등을 극복할 수 있을 것이다.

즉, 1, 점진적인 인구의 증가와 노령화의 방지 2, 인성교육과 지성교육이 잘 어우러진 좋은 교육 3, 국가 권력 구조의 분권화 4, 소위 "내로남불"을 없애는 법치주의의 확립과 강화 5, 국가 권력을 견제하는 언론의 자유 6, 종교의 자유 7, 국가를 발전시키고자 하는 지도자의 강한 의지 8, 많은 기업가의 출현과 산업의 다양화 9, 국민 서로의 신뢰의 형성 10, 부정부패의 해소 11, 문화의 혁신 12, 사유재산권 보장 13, 친기업적이면서 친 근로자의 균형 잡힌 제도 확립 14. 군대를 보유하지 않은 국가도 있지만, 적대 국가의 무력 침략을 방어할 수 있는 강력한 군대의 유지(Soft 침략 포함) 15. 마지막으로 지금까지 언급한 이러한 요소들이 문화로 정착하면서 꾸준한 발전이 되도록 서로 긴밀하게 연결하여 조화롭게 "선순환"하여야 국가가 지속적으로 발전하며 빈곤과 불평등이 함께 해소될 것이다. 또한, 앞에서 언급한 기둥들의 대부분이 국민과 직간접적으로 연결되어 있으며 이 의미는 곧 국민-국민 규모의 지속적인 선순환, 교육을 통한 국민의 교육 및 인성 수준의 향상, 문화의 개선 등-이 국가 발전의 중심에 있다는 것을 의미한다.

이는 결코 쉬운 일이 아니다. 그러나, 모든 국민이 이를 인식하고 노력하면 달성될 수 없는 것도 아니다, 완벽하지는 않지만…

그런데, 현대국가의 발전을 살펴보면, 세계 250개 가까운 국가 가운데 Argentina와 Venezuela 등과 같이 한때 선진국이었던, 또는 곧 선진국에 진입할 가능성을 보였다가 중진국 함정에 빠져 후퇴하게 된 국가까지 포함하여도 소위 “국가가 발전하였다.” 또는 “국가가 발전하고 있다.” 라는 단어를 사용할 수 있는 국가는 50개 정도밖에 되지 않을 정도로 국가발전은 매우 힘든 것이다. 즉, 지속적인 국가발전 과정을 달성하려면, 앞에서 언급한 요소 이상의 다양한 요소들이 서로 선순환 과정을 밟아야 가능한 것이며 이러한 요소 중에 어느 하나라도 선순환 과정을 벗어나면 국가발전이 힘들어지거나 퇴보하는 과정을 밟게 되면서 악순환 과정을 밟게 되는 것이다.

여기서 국가발전의 기본 요소들에 대한 Chat GPT의 견해를 참고로 제시하면서 독자들에게 사고의 다양성을 제시하고자 한다.

국가발전을 위한 중요한 요소들은 여러 가지가 있으며, 이들은 서로 긴밀하게 연결되어 있다. 아래는 대표적인 주요 요소들을 정리한 것이다.

첫째, 교육과 인적 자원 개발

기초 및 고등교육의 확대: 문해율 향상, 기술교육 강화

전문 인재 양성: 과학, 기술, 의학, 법률 등 전문 분야 육성

평등한 교육 기회 제공: 사회적 불평등 해소, 여성 교육 확대

둘째, 경제성장과 산업 발전

산업 다변화: 농업, 제조업, 서비스업, 첨단기술 분야의 균형 발전

투자 촉진: 국내외 투자 유치, 기업가정신 장려

일자리 창출: 고용 안정과 중산층 확대

셋째, 정치적 안정과 법치주의

투명한 정부와 민주주의: 부패 방지, 공정한 선거

법의 지배: 사법제도의 독립성, 인권 보장

시민 참여: 정책 결정 과정에 국민 참여 확대

넷째, Infrastructure와 기술 발전

기반 시설 구축: 교통, 통신, Energy, 수도 등

Digital 전환: 정보통신기술(ICT)의 활용

지속적인 기술 혁신: 연구개발(R&D) 투자

다섯째, 사회통합과 문화 발전

사회적 신뢰와 연대: 갈등 조정, 사회적 자본 형성

문화 정체성 강화: 전통문화 계승, 문화산업 육성

다양성 존중: 인종, 성별, 종교 간 평등

여섯째, 지속 가능한 개발

환경 보호: 기후 변화 대응, 생태계 보전

자원 관리: 물, Energy, 식량의 효율적 사용

도시 계획과 농촌 개발: 균형 있는 지역 발전

일곱째, 국제관계와 안보

외교력 강화: 무역 확대, 외교적 신뢰 구축

국방력 유지: 내부 및 외부 위협 대응

국제 협력 참여: 국제기구 활동, 원조 제공/수혜

여기서 강조하고자 하는 요소이면서 다른 장에서 언급하지 않을 몇 가지를 추가로 간단하게 언급하고자 한다.

(2) 국가 지도자의 중요성

한 국가의 지도자는 권력 유지에만 급급하는 것이 아니라 국가를 발전시키기 위하여 "산업 문화"로 혁신하여 변화를 주도하여야 하며, "과유불급"을 명심하면서 이와 함께 법적, 제도적 정비와 보완을 통하여 빈부격차의 해소-의료, 교육, 노후 복지, 실업수당 등의 각종 사회보장제도의 확립-를 지속적으로 노력하여야 한다. Singapore, 한국, 중국 등이 국가 발전을 위한 지도자의 노력이 얼마나 중요한 것인가를 보여주는 좋은 예가 될 것이다, 물론, 국가발전을 위한 다른 중요한 기둥들이 변하지 않는 한 한계가 있겠지만…

여기서 한국의 경제발전에서 빠뜨릴 수 없는 중요한 정치지도자로서 박정희 대통령의 정책을 간단히 언급하자면, 그는 1961년 군사 Coup를 주도하여 정권을 잡으면서 국가 경제를 발전시키기 위하여 1962년부터 정부에서 제1차경제개발계획을 수립하고 지속적인 경제 발전의 기초를 다졌으며 1971년부터는 농경문화에서 제조업을 기반으로 한 산업 문화로 전환하기 위하여 “새마을 운동”을 전국적으로 실행하였다. 그의 뛰어난 결단력과 경제 발전을 위한 확고한 신념을 바탕으로 한국이 지금과 같은 선진국으로 진입하게 된 것이다. 그리고 그의 사후에도 경제개발계획은 1996년까지 7차에 걸쳐 지속적으로 이어졌다. 물론, 초대 대통령인 이승만 대통령의 법치주의를 기반으로 한 민주주의 정치제도 도입과 국민을 위한 교육에 대한 집중적인 투자가 성공의 기초를 제공한 것은 언급하지 않을 수 없는 또 다른 중요한 요소이다.

한국의 경우와 반대로 Turkey의 국가 지도자인 에르도안은 반대의 길을 걷고 있는데 앞에서 언급한 많은 국가발전을 위한 중요한 기둥은 국가 지도자가 이러한 문제들에 대하여 어떻게 접근하느냐에 달려있다는 점에서 국가 지도자의 중요성과 국가 지도자를 뒷받침하고 있는 국민의 자유와 평등, 법치주의의 중요성에 대한 의식 수준이 더욱 부각하는 것이다. Turkey의 대통령인 에르도안을 간단히 언급하면 2003년 3월 14일부터 지금까지 총리와 대통령으로 재직하면서 독재정권을 행사하고 있는데 그의 집권 기간에 경제는 오히려 후퇴 또는 정체한 상황인데도 불구하고 그는 강력한 통치력을 행사하고 있다. 즉, 국민의 의식 수준이 민주주의의 중요성과 여기서 지속적으로 언급하고 있는 다른 핵심 요소를 인지하지 못하고 있다. 이러한 예는 지금도 많은 국가에서 볼 수 있는데, 소위 자유 국가와 삼권 분립의 정치제도와 언론의 자유를 유지하고 있다는 많은 국가의 국민이 현실적으로는 Turkey의 국민 의식 수준에 머물면서 진정한 자유와 평등, 국가발전을 향유하지 못하고 있다. Turkey는 주변 국가에서 Turkey를 지배하여 전략적 이득을 취하려는 약탈적 독재국가가 없어서 다행이지만, Ukraine처럼 Russia와 같은 약탈적인 강력한 독재국가가 국경을 맞대고 있다면 국가의 위기 시에 침략을 당할 수도 있다. 이러한 예는 인간의 역사에서 무수히 많이 발생하였으며 지금도 발생하고 있다. 특히, 지금과 같이 Soft 방식 또는 Hard 방식 등을 이용하여 다양한 방법으로 침략이 가능한 상황에서는 더욱 국민의 의식 수준의 향상과 불평등과 같은 사회적, 정치적, 경제적 문제 인식과 국제관계

등에 대한 지도자가 갖고 있는 안목과 노력이 매우 중요하다.

(3) 국가의 투명성 유지

부연 설명을 하자면, 단순한 법적, 제도적 정비와 위법 시의 형벌 강화만으로 부정부패를 없앨 수는 없을 것이다. 오히려, 시간이 걸리더라도, 좋은 교육의 시행, 국가 권력구조의 분산, 언론의 자유화, 문화의 변화, 지도자의 끊임없는 노력, 법치주의 확립과 강화, 산업의 다양화 등을 지속적으로 시행함으로써 부정부패의 수준이 자연스럽게 낮아지며 소위 Rawls가 설파한 차이의 원칙이 적절하게 작동하면서 국가에 대한 신뢰와 국민의 소속감과 결속력이 더욱 강화하게 된다.

인간이기 때문에 완전히 없앨 수는 없지만, 이것이 곧 빈부격차를 완화하고 "사회적 계층상승의 가능성"을 높여 국가가 장기적으로 꾸준히 발전할 수 있는 튼튼한 기반이 되는 것이다.

또한, 투명성은 법치주의와 권력의 분산, 견제와 균형 등과 밀접한 관계를 유지하며 정치에 대한 예측 가능성과도 밀접한 관계를 갖고 있기 때문에 국내 기업의 투자 활성화에 더하여 해외투자자의 국내 투자도 적극적으로 유치할 수 있게 된다.

8) 결론

새로운 산업과 기업을 지원하기 위한 국가적 노력-공교육과 사교육을 포함한 지원, (-)세금 등의 소득 재분배의 다양화, Blue Ocean, 법치주의 확립 등-과 혁신을 통한 새로운 산업을 지원하며 시장의 조성과 확대를 위한 국가와 기업의 노력 등이 서로 어우러져야 경제적 "선순환의 상승작용"을 통하여 문화를 혁신함과 아울러 빈곤을 극복하고, 빈부격차와 부정부패를 해소하면서 번영을 이룰 수 있을 것이다. (The Prosperity Paradox 2019 by Clayton M. Christensen &EfosaOjomo & Karen Dillon, Rebel Talent 2018 by Francesca Gino, 철학이 담긴 M&A 이야기 3015 by William H S Lee, 국가 발전을 위한 구조적 분석 2017 by

William H S Lee, 부정부패가 국가와 사회에 미치는 영향에 대한 구조적 분석 2018 by William H S Lee 참고)

여기서 추가로 혁신에 대하여 언급하자면, 국가의 투명성과 사적 재산권의 보장, 자유와 평등을 보장하는 법치주의, 국가의 제도 등과 불가분의 관계를 갖고 있는 국가가 혁신을 위한 Rent-특허권 등-를 보장한다는 측면에서는 불평등을 조장하면서 평등을 악화시킨다는 측면이 있지만, 다른 한 편으로는 경제의 규모를 확대하여 GDP가 상승하면서 또 다른 혁신을 가져와 지속적인 성장을 가능하게 한다. 또 다른 긍정적 효과는, 2004년부터 2015년 사이에 대한 영국에서 조사한 자료에 따르면, 사회적 소득 계층의 이동을 활발하게 하여 사회의 안정성에 기여하면서 혁신기업의 근로자들까지 사회적 계층상승에 긍정적 영향을 주고 있다. (The Power of Creative Destruction Published by Harvard University Press 2023 by Philippe Aghion and Ce'line Antonin and Simon Bunel 81 page 참고)

물론, 혁신을 주도하는 시장에 의한 불평등의 발생에 대한 정부의 적절한(?) 진보적 조세제도를 통하여 혁신과 평등을 동시에 달성할 수 있으며 이 경우 최고세율에 대한 결정은 문화적, 정치적 환경에 따라서 다르게 정할 수 있다.

9. 시장의 역할

1) 효율성과 평등의 역학 관계

(1) 시장의 의의

자본주의 경제체제 하에서 시장은 기본적으로 이익과 효율성을 추구하는 기능을 하는 제도이기에, 일견, 불평등을 조장하고 확대하는 역할을 한다고 생각할 수 있다. 그러나, 시장의 역할은 앞에서 언급한 혁신과 마찬가지로 떡(pie)을 키우는 역할과 함께 궁극적으로 모든 구성원에게 능력에 따라 적절하게 떡(pie)을 분배하는 역할을 하는 것이다. 이와 함께 정부가 시장에 대하여 최소한의 관여를 하면서 규제적 자유를 보장함으로써 시장이 적절하게 잘 작동할 수 있도록 보완하는 것이다. 즉, 이 떡을 적절하게 분배하는 주된 역할을 하는 것이 정부인 것이다. 이 글에서 반복하여 언급하는 것처럼, 경제 주체인 정부와 기업, 개인이 균형 감각을 가지고 각자의 주된 역할에 충실하게 수행하는 것이 궁극적으로 상대적 평등을 실현하면서 동시에 절대적 평등의 의미를 확대할 수 있다.

각 경제 주체의 "과유불급"은 매우 중요하다.

이는 정부가 시장에서의 공정거래와 완전경쟁을 추구하기 위하여 시장에 관여할 수는 있지만, 정부가 "모든 것을 해결할 수 있다."는 Dogmatic 사고와 독단적 결정, 과도한 시장의 간섭은, 이미 Soviet Union과 Argentina, Venezuela, Greece, 북한, 중동의 많은 국가에서 보았듯이, 그 부작용이 극대화되고 국가가 퇴보를 거듭함으로써 국민이 고통을 받는 퇴보의 길로 가게 된다.

여기서 미시적 측면에서 바라보는 경제적 성공을 위한 핵심 요소와 시장이 적절하게 작동하도록 하는 가치와 가치들에 대하여 간단히 언급하면 역동성과 신축적인 반작용, 공정성과 지속성, 책임감, 사회의 소속감 강화, 즉, 견고함과 겸손함 등이 경제적 성공을 위한 핵심 요소다. 또한 이것을 바탕으로 하여 시장의 효율성은 일부분은 정부의 법에 의한, 그리고 다른 부분은 사회적 가치에 의하여 결정된다. 따라서, 시장의 가치를 인간성의 가치로 평가하는 길로 만들 수 있다. 여기서 가치들(Values)이란 원칙과 행동의 기준을 의미하는데 통합, 정당성, 공정성, 책임성, 지속가능성, 인간의 존엄성, 야망 등을 의미하며 가치(Value)는 중요성과 가치, 유동성 등을 의미하는 금전에 의하여, 특정한 시간과 상황에 따라서, 측정이 가능한 것을 의미한다. 다시 말하면, 교환가치를 의미한다. (Value(s) Published by Harper Collins 2021 by Mark Carney 8, 11~12 page 참고)

Adam Smith는 가치에 대한 이해를 첫째, 시장은 사회적 공동체의 신뢰를 바탕으로 하여 형성되면서 번영의 기초가 되며 둘째, 생산부분에서의 경제를 농업 부문에서 산업 부문으로 확대하였다. 셋째, 시장에 대한 정부의 과도한 간섭과 독과점의 부정적인 영향에 대하여 주의 깊게 관찰하였다.

즉, 그는 경쟁시장과 자유로운 거래를 희망한 것이다. (상기의 저서 30 page 참고)

여기에 더 나가서 David Ricardo는 Adam Smith의 국부론을 더욱 발전시켜 시장에서 두 개의 가치를 강조하였는데 첫째, 경쟁의 이점을 통한 자유무역이 경제적 자유주의의 핵심이라는 것이며, 둘째, 노동의 가치이론을 공식화하였다. 훗날, 두 번째 이론은 Marxism의 기본 이념이 되었다. 그리고, Ricardo는 여기서 더 나아가 경제이론에서 중요한 한 획을 그린 한계효용체감의 법칙(Law of Diminishing Marginal Returns)을 학문적으로 제시하였다. (상기의 저서 33page 참고)

뒤를 이어 독일의 Karl Marx가 Adam Smith에 비하여 시장에 대하여 더욱 정밀하게 바라보면서 설파한 점은 첫째, 생산활동의 본질과 가치의 배분이 변화하며 둘째, 경제구조가 끊임없이 변화하지만, 변화하지 않는 핵심 요소는 모든 상품과 Service의 가치는 생산에 투여하는 노동에 의하여 결정되며 이 가치는 "노동"과 "교환"의 두 가지 가치가 포함되어있다는 것이다. 그리고 노동이란 숙련도와 노동의 집중도에 의하여 결정된다고 강조하였다. Marx는 Smith와 Ricardo처럼, 내재적인 가치로서의 노동을 인정하였지만, 노동과 자본의 시간적 차이가 바로 Marx 이론의 핵심적 차이이며 이러한 이유로 인하여 경제적, 정치적 역동성이 발생한다고 주장하였다. (상기의 저서 37 page 참고)

(2) 시장의 불완전성과 정부의 역할

앞에서 간단히 언급했지만, 인간의 절제되지 않는 탐욕과 이기심, 비이성은 시장의 가격 결정의 불완전성과 비효율성을 발생시킬 뿐만 아니라, 빈부격차가 확대되면서 상대적 박탈감을 발생시킨다. 이에 정부가 최소한의 관여를 함으로써 능력에 따른 합리적인 상대적 평등과 기회의 균등을 이루도록 하면서 새로운 산업에 대한 신속한 법적, 제도적 장치를 마련하여 국민의 삶을 위한 "유연안전성(flexicurity)"을 확보하여 경제의 발전과 소득의 상대적 평등을 이룰 수 있어야 한다.

일반적으로 시장이, 비록 완전경쟁은 아니지만, 적절하게 작동하면서 경제가 성장하고 시장의 규모가 확대하면, 국민이 갈망하는 삶의 질이 향상되며 빈곤이 차츰 사라지지만, 우리가 겪고 있는 현실적인 경제 상황-정부 역할의 부족, 부적절한 시장 간섭, 인간의 탐욕, 투명성의 부족과 지속적인 부정부패 등-이 오히려 부의 집중을 가속화하고, 빈곤의 감소와는 다른, 또 다른 사회 문제인 "상대적 박탈감"이 국민 사이에 만연하면서 사회가 불안정하게 되고 심하면 경제성장이 멈추거나 후퇴하는 경우가 자주 발생하게 된다. 남미의 Argentina, Brazil, Venezuela 등과 Iran, Syria 등의 중동 국가들, 동남아시아의 Philippine, 유럽의 Greece 등이 실증적인 좋은 예인 것이다. 즉, 극단적으로 빈곤이 확대되어 국가 발전을 저해하면서 빈곤과 경제 후퇴가 반복되는 악순환(vicious cycle)

이 나타나게 된다.

여기에 더하여 1980년대 이후에는 미국, 영국, 한국 등은 Milton Friedman의 경제이론을 도입하여 신자유주의적 경제정책을 정부 차원에서 적극적으로 실시함으로써 시장의 자율성을 보장해야 한다는 주장을 받아들여 진보적 조세제도를 대폭 축소함으로써 불평등이 악화하면서 사회적 문제로 새롭게 부각하였다. 즉, 시장에 대한 정부의 적절하고 합리적인 개입이 필요하다는 것을 반증하였으며 이에 관한 조사를 살펴보면, 1970년에서 2010년 사이의 가족에 대한 조사에서 나타난 통계에서 불평등이 경제성장에 심각한 부정적인 영향을 주고 있다는 것을 밝혔다. IMF의 조사에서도 유사한 결과를 도출하였는데 불평등지수가 상승하면 경제성장에 악영향을 미친다는 것이다. 0.1 Point의 Gini's Coefficient 상승은 다음 해에 불평등지수가 6% 상승으로 이어진다고 밝혔다.

따라서, 더욱 평등한 사회를 달성할수록 사회가 더욱 역동적으로 움직이며 기업의 투자가 확대하면서 정치적 안정과 정책의 지속성이 유지된다는 것을 의미한다. (상기의 저서 125 page 참고)

2) 시장에서의 법치주의(Rule of Law)

(1) 개관

법치주의가 엄격하게 지켜지는 선진 국가에서는 한국에서 유행하는 "내로남불"이라는 단어가 유행하기 쉽지 않다. 다시 말하면, 자본주의 발전 과정은 정치구조와 불가분의 관계를 형성하고 있는데-앞으로 언급할 부분임-그 이유는 자본주의의 본질적인 사상과 밀접한 관계를 갖고 있기 때문이다. 이미 언급한 것처럼, 대부분의 인간은 잘 살고자 하는 욕구를 본능적으로 가지고 있으며, 현재까지 이를 가장 잘 반영하고 있는 민주적 정치제도가 "자신의 노력에 따라 사회적 계층상승의 기회가 상대적으로 용이"하기 때문이다. 역으로, 봉건주의 정치제도나 Communism 정치제도에서는 자신의 노력에 따른 사회적 계층상승의 기회가 매우 제약되어 있다. 즉, 왕정 체제에서의 천민이나, Communism 제도에서의 반역자 집안 출신은 생태적으로 신분의 상승이 극히 제약되어 있어 자신의 능력과 노력에 의하여 사회적 계층을 상승하는 것이 쉽지 않다. 따라서, 완벽하지는 않지만, 법치주의(Rule of Law)를 시행하려고 노력하는 정치적 자유민주주의 제도는 자본주의와 불가분의 관계를 유지하고 있다.

또한, 이론적으로는 법치주의의 확립이 국가의 발전을 위한 최소의 조건이기에 법치주의가 확립되었다고 발전된, 즉, 선진국에 진입한 국가가 아니지만, 앞으로 얘기할 부정부패와 국민소득과의 상관관계에 대한 계량적 분석을 간단히 언급하자면 여러 가지 중요한 요인들이 서로 복잡하게 작용하면서 국가가 발전 또는 쇠퇴하기 때문에 사실 법치주의가 확립되지 않는 국가가 지속적으로 발전하기는 매우 힘들다, 인간사에 항상 예외는 있지만.

공정(Fair)에 대하여 이미 언급한 바 있지만, 시장의 공정성을 법치주의와 관련하여 말하면, 첫째, 시장에 대한 투명한 배분과 기준을 시장의 변화에 따라서 지속적으로 변경하면서 적응하는 것과 둘째, 시장의 이용자가 이러한 기준을 지속적으로 적용하고 있는가에 대하여 투명한 방법에 의한 확인이 가능하여야 하며 셋째, 시장에 대한 접근이 개방적이어야 하다는 것과 넷째, 시장의 참여자가 시장의 System에 의하여 경쟁한다. 그리고, 다섯째, 시장의 참여자가 도덕성과 성실함을 기본으로 하면서 행동한다는 확신을 주는 것이다. (상기의 저서 207 page 참고)

여기서 오해하지 말아야 할 점은 독재국가에서 흔히 발생하는 사건 중의 하나인 독재자나 그 집단의 입맛에 맞지 않으면 입법부를 동원하여 그들의 마음에 들게 법을 바꿔서 법을 집행하고 그들의 하수인인 사법부를 동원하여 그들의 의도대로 법을 판단하게 하는 것은 삼권이 분립한 견제와 균형의 법치주의가 아닌 Rule by Law이며 법치를 빙자한 독재국가일 뿐이다. 이러한 국가들은 이 글을 읽고 있는 당신의 주변에 널리 깔려 있을 것이다.

(2) 시장에 대한 법치주의의 중요성

사실, 현대 사회에서의 법치주의(Rule of Law)의 확립은 국가를 유지하고 발전시키며 인간의 절대적 평등과 상대적 평등을 확보하기 위한 매우 중요한 기둥(Pillar)의 하나이다.

따라서, 완벽하지는 않지만, 경제 분야에서 법치주의 확립을 통하여 산업 친화적이고 예측이 가능한 경제 행위를 하도록 함으로써, 높은 수준의 공정한 사회를 달성할 수 있을 것이다. 현대사회에서 선진 국가나 국민소득이 높은 국가일수록 대부분 국가의 청렴도가 높고 부정부패가 낮은 것이 바로 법치주의의 중요성을 알려주는 것이다. 역으로, 법치주의가 확립되지 않는 국가는 국가의 투자 위험도가 높아 외국의 투자를 받기 매우 힘들고 투자자 시각에서도 국가가 발전할 수 있는 기본 여건이 되지 않는 국가로 판단하여 투자를 회피하는 경우가 매우 많다. 이것이 곧 국가위험도이다.

한편, 제4차산업을 발전시키기 위해서라도 새로운 산업을 위한 새로운 법적 장치가 먼저 필요하고 법치주의를 확립하는 것이 바로 이러한 이유 중의 하나이다. 법치주의는 시장에서 호혜주의와 함께 제품과 Service보다 훨씬 중요한 Soft Power의 중요성을 더욱 돋보게 하고 있으며 시장의 역동성을 장기적으로 유지할 수 있는 기업가들과 창조적 파괴도 가져올 수 있다. 좋은 교육과 금융의 선진화, 지도자의 의지 등과 같은 다른 중요한 요소도 함께 하여야 하는 것은 당연하지만...

(3) 법치주의(Rule of Law)의 후퇴

"4장 불평등 극복을 위한 기본적 사상과 정치제도"의 "2) 법치주의"에서 살펴보았기에 여기서는 다른 시각에서 법치주의를 접근하였지만, 이 항목의 내용은 4장 2)를 참고하기로 한다.

3) 이분법적 사고의 극복

(1) 사고의 유연성과 정책의 다양성

완전경쟁과 효율성을 강조하는 시장일지라도 인간의 본성에 내재하는 탐욕과 이기심, 비이성으로 인하여 정통경제학이나 신자유주의 경제학에서 주장하는 "완전경쟁시장"은 현실 경제에서 이미 허구일 뿐인 주장인 것으로 증명되었다.

그러나, 효율성을 극대화하는 것이 곧 빈부격차를 극대화하는 것이라는 좌파적 시각 또한 경제학 이론을 왜곡하고 곡해하는 것이 아닐까 싶다. 즉, 시장의 효율성을 극대화하는 것이 빈곤을 극복하는 것일 뿐만 아니라, 나아가서는 경제적 평등을 확대하는 중요한 역할을 하는 것이다. 이미 Mark Carney가 Value(s)에서 강조하고 있는 것처럼 시장에서 평가하는 가치를 확대하면서, 동시에 정부의 진보적 조세정책과 교육, 복지 등의 다양한 재정정책을 통하여 평등을 지향하는 방향으로 나갈 수 있으며 창조적 파괴를 통한 시장의 창출과 확대를 이루어 재정을 확대함으로써 결과적으로 절대적 평등의 확대를 지향할 수 있다.

예를 들면, 철도, 도로, 교량, 식수원 개발, 학교, 전기, 항구 등의 사회간접자본의 확보는 경제의 효율성 증대에 매우 중요한 역할을 하며 이를 위하여 때로는 민간 자본이, 때로는 정부가, 때로는 비영리의 사회단체가, 때로는 민간과 정부, 외국 투자자 등이 공동으로 투자하기도 하는 것이다. 여기서 두 가지를 더 추가하여 언급하기로 한다.

(2) 무역을 통한 소득 증대와 소득 재분배

폐쇄적이고, 중앙집권적인 경제정책에 의하여 전 국민의 과반수가 극도의 빈곤 상태에서 벗어나지 못했던 중국과 India, Vietnam 등이 개방경제를 통하여 국민의 빈곤을 극복하고 있으며, 이것이 무역의 중요성을 보여 주고 있는 좋은 예이다. 물론, 무역으로 인하여 한 국가의 산업 발전의 불균형을 나타내고 있지만-예를 들면, 빈국과 부국 사이의 소득격차로 인하여 상대적으로 저렴한 가격으로 service와 물건의 생산이 가능한 국가로 이전함으로써 -세계적인 시각으로 바라보면, 이는 분명 긍정적인 효과가 매우 크다, 세상에 100% 완벽한 것이 별로 없지 않은가?

여기에 더하여 혁신기업의 경제적 효과는 국가 내에 머물러 있지 않고 무역, 기업의 해외 진출 등의 다양한 방법을 통하여 세계에 새로운 산업을 제공하면서 규모의 확대를 극대화하는 가정에서 세계의 부를 확대하게 된다. 21c에 들어오면서 본격적으로 확대하고 있는 제4차산업의 세계 경제에 대한 영향을 살펴보면 쉽게 이해를 할 수 있다. 물론, 이 과정에서 발생하는 소득불평등은 국가의 조세정책, 재정정책, 시장의 적절한 감시 등을 통하여 완화할 수 있게 된다.

대부분의 경제 행위는 긍정적인 효과와 부정적인 효과가 있으며, 경제 주체가 개별적으로 이를 판단하여 긍정적인 면이 많다고 보면 이것을 따라가는 것이다. 위에서 언급한 국가들뿐만 아니라 많은 국가가 무역을 통하여 선진국과 개발도상국 사이의 국민소득 간의 격차를 줄이면서 국민소득을 증대하여 극도의 가난에서 벗어난 것이다.

물론, 지금 진행되고 있는 미중전쟁에 대한 원인의 하나가 된 것과 같이 국가 사이의 무역 불균형이 너무 과도하면 곤란하지만.

(3) 평등을 위한 후기산업사회에서의 대응

지식산업과 Connection, AI, AM, Bio산업, 친환경산업 등을 기반으로 한 제4차산업 시대를 맞아 기업의 고용 형태와 구조, 그리고 근로자의 근무 행태 등이 다양하게 변화하고 있으며 "대량생산, 대량 고용"의 제3차산업이 서서히 자리를 물러주고 있기에 안정적인 사회의 발전을 위해서 이미 언급한 유연안정성 정책이나 새로운 산업 시대에 맞는 정부의 정책과 사회적 영향을 반영하는 기업의 평가도 도입하여야 할 것이다.

즉, 평등을 지향하는 국가와 사회는 단순히 경제문제를 집중하면서 경제발전과 경제정책에 집중하는 것 이상의 종합적인 사고의 변화가 필요하다. 예를 들면, 불평등은 정치적, 경제적 힘의 균형이 시장에서 무너지면서 발생하는데 일반적으로 힘의 불균형은 정보의 불균형과 시장 진입 장벽에 의하여 발생하며 부의 분배에서뿐만 아니라 경제적 목적을 달성하는 과정에서도 차이가 발생한다.

따라서, EfIP(Economics for Inclusive Prosperity)는 힘의 불균형을

최소화하여 불평등을 개선하자는데 목적을 두고 있다. 이를 위한 구체적인 방법으로 사회적 정책, 조세제도, 노동시장의 개선, 금융시장의 적절한 규제, 무역 합의, 기술, 환경 규제 등이 있다. 이것을 달리 표현하자면, 경제학은 모든 국민이 경제발전의 혜택을 받도록 하기 위한 학문이라는 것이다. 그러나 EfIP의 한계는 시장과 정부를 이분법적 시각으로 바라보고 있다는 것이며 개발도상국의 경우에는 시장과 정부라는 양 경제 주체가 매우 취약한 상태에 있다는 것을 간과한 것이다. (Economics After Neoliberalism Published by Boston Review 2019 by editor Joshua Cohen 26~27, 52 page 참고)

4) 새로운 시장의 창출과 소득 증대

일반적으로 발전하는 산업과 경제에는 항상 새로운 제품과 그에 관련된 산업과 시장이 형성되고 그에 따른 새로운 거대한 직업이 형성된다. 물론, 기존의 부가가치가 낮거나 상대적으로 기술력이 낮거나 부가가치가 떨어지는 산업은 후진국으로 진출하거나 차츰 사라지기도 한다. 특히, 현대사회는 산업의 변화 속도가 매우 빠르기에 산업의 성장과 소멸이 순식간에 일어나기도 한다. 이에 더하여 21c에는 20c의 “대량생산과 대량소비”의 시대가 지나고 AI, Robot, 3D, AM(Additive Manufacturing), Platform을 이용한 Network 산업의 본격화, 전기자동차의 등장, Pan-Industry의 도래 등의 지식을 기반으로 하는 “다품종, 소량 생산”의 제4차산업의 등장으로 불평등의 심화와 대량 실업의 가능성이 매우 농후하며, 이러한 흐름을 따라가지 못하는 국가는 세계 시장 경쟁에서 밀릴 수밖에 없다. 또한, 이미 언급한 것처럼 산업의 급격한 변화로 인하여 한번 낙오되고 뒤지게 되면 이것을 극복하기가 매우 힘들기에 이러한 측면을 고려하면 국민의 삶과 생존권을 보장하여야 하는 국가에서는 이미 언급한 유연안전성(Flexicurity)의 법적 보장과 확대가 매우 중요하다.

새로운 시장의 창출을 위한 혁신으로 인한 불평등은 시장의 진입 장벽을 강화하여 만성적인 불평등을 야기하는 것이 아니라 첫째, 생산성 향상과 기업의 역동성을 통하여 많은 직업을 만들면서 둘째, 경제적 소득계층의 활발한 이동성이 발생하며 셋째, 위의 그림이 제시하고 있는 것처럼 오히려 상대적 저소득 계층의 소득이 증가할 수 있다. (상기의 저서 92 page 참고)

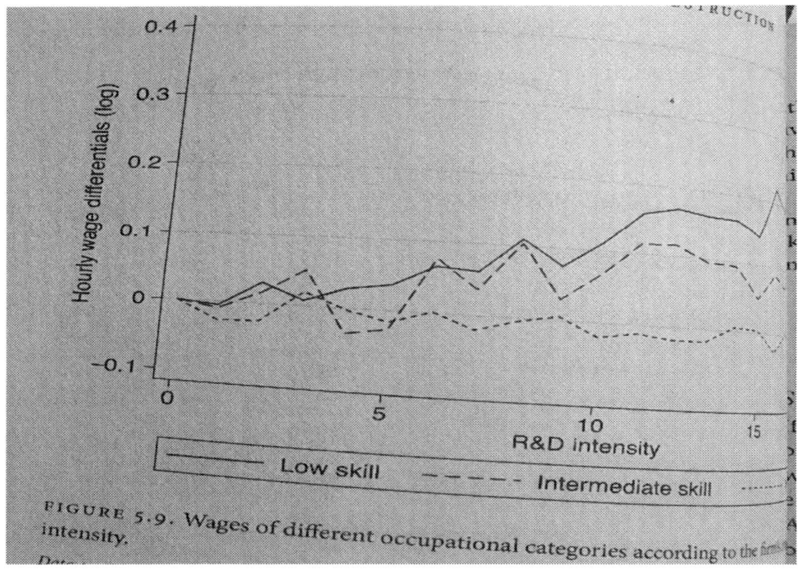

(The Power of Creative Destruction Published by Harvard University Press 2023 by Philippe Aghion and Ce'line Antonin and Simon Bunel 79 page 참고)

그러나, 상대적으로 사회적 하위계층이면서 기술혁신의 혜택을 받지 못한 계층인 위태로운 하위계층은 기술과 산업의 혁신으로 인하여 실업의 위기에 직면할 수 있는데 2000년대 초반에 이러한 사회계층이면서 나이가 중년(50세~54세)의 백인계 사망률이 상승하기 시작하였다. 특히, 2011년에서 2012년 사이에 미국에서 급격하게 증가하였던 "실망"으로 인한 사망률은 비숙련 노동자에게 발생하였다. 여기서 “실망”은 자살, 음주, 약물 남용의 행태로 나타났다. 기술혁신으로 인하여 비숙련 노동자의 삶이 매우 불안정하게 변화한 것이 주요 요인으로 작용한 것이다. 이는 산업의 “창조적 파괴”로 인하여 발생하는 실업 상태를 정부와 사회 등의 모든 조직이 협조하여 “사회 안전망이 잘 작동되도록 하여야 한다.”는 것을 반증하는 사회현상이라고 할 수 있다.

이와 관련하여 Denmark에서 실시하고 있는 “Flexicurity” 정책을 간단하게 소개하면 첫째, 기업의 파산을 쉽게 하도록 노동자의 임금 일부를 정부가 임금의 일부를 부담하며 둘째, 정부가 노동자의 재취업을 활성화하기 위한 직업 훈련에 대한 과감한 투자를 실행하는 것이다. (상기의 저서 219, 221 page 참고)

다른 예를 살펴보면, 1930년대 세계적인 대공황 시대에 미국이 대공황을 극복하기 위하여 31대 Herbert Hoover 대통령(임기: 1929년 3월~1933년 3월)이 설립하고 32대 Franklin D. Roosevelt 대통령(임기: 1933년 3월~1945년 4월) 시대에 본격적으로 활약하면서 제2차세계대전 당시 미국의 빠른 군사력 증강에 큰 역할을 한 RFC(The Construction Finance Corporation)에 대하여 간단하게 살펴보면, 설립 초기에는 대공황의 극복을 위하여 주택 건설, 금융기관의 건전화, 소규모기업에 대한 지원 등으로 시작하였는데 공황의 기간이 길어지면서 제2차세계대전의 발발 위험성도 증가하여 지원 규모를 확대하였다. 즉, 항공산업, 고무 산업, 무기 생산 산업, 철강, Aluminium 등의 기초 광물 생산 산업, Oil 운송을 위한 해저 Pipe 건설 산업 등과 같은 미국 산업 전반으로 지원을 확대하면서 동시에 새로운 산업을 창조하기도 하였다. 물론, 기본적으로 미국의 자본주의는 사기업을 중심으로 한 시장원리를 중시하기 때문에 국가가 필요하거나 국가의 지원이 필요할 경우에 시장과 국가가 서로 협조하여 국가를 발전시켰으며 1930년대의 유례없는 장기적인 대공황을 극복하기 위하여 연방국가 투자기관인 RFC를 앞세워 대공황의 극복과 제2차세계대전의 승전을 달성하였다. (Marketcrafters Published by Avid reader Press 2025 by Chris Hughes 38 page 참고)

또 다른 예로 Iran 혁명의 영향으로 인하여 발생한 1979년 제2차 Oil Shock 시기에 단기적으로는 미국경제의 침체가 심각한 수준까지 이르러 1881년 중반부터 1982년 말까지 실업자가 2,900만명으로 증가하였으며 GDP도 20% 하락하고 높은 Inflation 수준도 기록하고 있어 1930년대의 Great Depression 사태를 방불케 하였다. 시장에서 자연스럽게 해결할 수 없는 이러한 경제위기에 당시 Fed의 의장이었던 Paul Volcker는 먼저 Inflation을 타개하기 위하여 1979년 8월부터 1982년 10월까지 소위 "Volcker Shock"라는 높은 이자율을 유지하는 정책을 단행하여 결과적으로 Inflation을 진정시키고 실업률을 개선하게 되었다. 당시의 기준금리는 미국 역사에서 보기 힘든 15.5%에서 시작하여 20%까지 상승하였다. (상기의 저서 182, 189 page 참고)

이제 미국에서 반도체 산업과 관련하여 기업과 국가가 함께 일본의 빠른 반도체 산업의 발전으로 인한 반도체 산업의 위기를 극복한 예를 간단하게 살펴보면, 국방부와 반도체산업협회(SIA: Semiconductor Industry Association)가 주도하여 1987년 Texas Austin에서 설립한 비영리 연구소인 Sematech는 반도체 산업의 혁신적인 변화를 이루면서 미국이 일본의 반도체 시장 장악을 물리치게 되었다. 이 협회의 초대 대표로는 Intel의 창업자인 Noyce가 맡아 1990년 그가 사망할 때까지 연구소를 이끌었다. 지금은 미국 기업뿐만 아니라 일본, 한국, Taiwan 등에 소재하는 많은 반도체 기업들이 함께 참여하여 공동연구를 하는 기관으로 발전하였지만. (상기의 저서 205~210 page 참고)

20c에 들어와 미국의 경우 이처럼 국민의 소득 상승을 위하여 새로운 시장과 소득 증대 및 시장의 안정은 기업과 시장이 주도적으로 발전을 형성하였지만, 사실상 미국을 포함한 많은 국가가 시장의 작동이 원활하게 이루어지도록 하였거나 국가가 앞장서서 산업 발전을 달성하기도 하였다. 물론, 적극적으로 발전을 주도하지 않더라도 국가가 시장의 기능이 원활하게 작동하도록, 사용자 단체, 노동조합 등의 이익단체와 국회를

포함한 정부와의 합의를 통하여 상법과 독과점 규제와 관련한 법, 노동조합법, 노동쟁의 조정법, 근로기준법 등의 근로자를 위한 법 제정과 증권시장의 활성화를 위한 정책 등을 통하여 시장을 지원하기도 하며 경기의 활성화를 위한 재정정책과 금융정책 또는 과열된 경기를 진정시키기 위한 재정정책과 금융정책 등을 통하여 시장을 조정하고 있다.

즉, 국가와 시장은 서로 협조하면서 국민의 삶을 위하여 시장을 창출하고 수득을 증대함과 아울러 소득을 증대하고 평등을 확대하고 있기에 공동 책임을 갖게 되는 것이다.

아시아 지역에서 보여주는 좋은 예가 되는 국가로는 현재 선진국으로 진입한 일본, Singapore, 한국, Taiwan 등을 언급할 수 있다.

물론, 시장과 전혀 어울리지 않을 것 같은 비영리단체나 NGO(Non-Governmental Organization)가 시장을 이용하여 새로운 시장과 무역을 창출하면서 소득 증대를 통한 빈곤의 탈출과 불평등을 극복한 경우도 있는데 여기서 AAA(All Across Africa)를 간단히 살펴보면, Alicia와 Greg는 Africa의 Sierra Leone에서 African 빈곤을 탈출시키기 위하여 단순히 음식과 돈을 지급한 것이 아니라 그 지역의 기후와 문화에 맞는 농업을 시작하였으며 이어서 수공업으로 확대하고 시장도 내수를 넘어 세계로 확대하였다. 이에 따른 수익은 당연히 African의 교육과 건강보험, 주택을 포함한 다양한 형태로 Africa 사회에 되돌아 가게 되었다. 즉, 사장을 이용하여 빈곤 탈출과 평등이라는 두 가지 목표를 향해 커다란 긍정적 효과를 일으킨 것이다. (Disrupt Everything And Win Published by Little, Brown and Company 2025 by James Patterson 181 page 참고)

그러나, 인간의 불완전성과 통제하지 못한 탐욕으로 인하여 새로운 시장을 창출하려는 노력이 항상 소득의 증대로 연결되는 것은 아니며 오히려 정부 정책과 시장의 취지와 달리 시장의 실패로 이어지면서 경기침체와 불평등을 유발하게 되는 결과를 가져올 수도 있다.

이러한 예는 수없이 많이 있지만, 여기서 지금도 미국이 그 사태로 인한 후유증을 앓고 있는 사건인 2008년 미국의 Subprime Mortgage 사건을 간단히 언급하면, 그 단초는 1999년 당시 Fed(미국연방준비은행) 의장이었던 Alan Greenspan이 의회와 당시 42대 대통령인 Bill Clinton (임기: 1993년 1월~2001년 1월)을 설득하여 1930년대 미국의 대공황 시대에 금융시장의 안정을 위하여 상업은행과 투자은행을 엄격하게 분리한 법인 Glass-Steagall Law를 폐기하고 신자유주의 경제가 미국 금융제도의 변화로 이어지면서 새로운 법인 Gramm-Leach-Bliley Act를 제정하여 새로운 금융 환경을 혁신적으로 조정하겠다는 의지를 보였다. 그러나, 법 제정의 취지와는 달리 금융기관과 투자자의 탐욕으로 인하여 2008년 Subprime Mortgage 사태가 발생하고 Lehman Brothers와 같은 금융기관이 파산하였으며 주택자금 대출 기업인 Fannie Mae와 Freddie Mac뿐만 아니라 자동차 회사가 파산 상태로 몰려 연관 산업까지 포함하면 수백만명이 종사하고 있는 GM과 Crysler와 같은 자동차 회사도 정부의 긴급 자금 지원을 받아 겨우 회생하게 되었다. 이 과정에서 수많은 미국 중산층의 삶이 추락한 결과를 가져와 불평등이 심화하게 되었음은 물론이다. 구체적인 수치로 살펴보면, 2009년 3월 주식시장의 S&P 지수가 최고치 대비 57%가 하락하였고 2010년까지 실업자 수가 900만명을 기록하였으며 많은 주택 소유자가 집을 잃는 결과를 가져왔다. (상기의 저서 234, 243~244, 251 page 참고)

이제, 세계로 눈을 돌려 바라보면, 1944년에 시작하여 1971년 8월 15일에 미국 Nixon 대통령에 의하여 일방적으로 종료한 Bretton Woods System이나 1995년부터 시행되고 있는 WTO(World Trade Organization), 1944년에 설립하여 지금까지 세계 경제에서 중요한 역할을 하는 IMF(International Monetary Fund)나 1945년 설립한 World Bank, 1948년 설립하여 지금까지 존속하고 있는 WHO(World Health Organization) 등의 세계 기구도 세계인을 위하여 새로운 시장의 창출을 통한 소득 증대와 평등을 위하여 직간접적으로 노력하고 있는 국제기구이다. 앞에서 언급한 세계 기구 가운데 IMF의 경우는 1980년대 이후 한국을 포함한 상당수의 국가가 경제위기를 극복하려고 할 때 자금을 지원하면서 미국 경제학자와 정책에서 주류를 이루었던 신자유주의 경제 정책을 실행하면서 지금 전 세계적으로 문제가 되는 사회적, 정치적 양극화와 경제적 불평등이 확대하게 된 원인 제공자의 한 기관이 되었다. 물론, 당시의 상황에서는 빠른 경제 회복을 위하여 불가피한 측면이 있었다는 것을 부인하는 것은 아니지만...

5) 지구온난화와 불평등

(1) 개관

앞으로 환경과 관련하여 자세히 언급할 기회가 있기에 여기서는 간단히 언급하기로 한다.

세계에서 가장 공기가 나쁘고 숨을 쉬는 것조차도 힘든 국가가 India이며, 둘째 중국이라는 사실을 우리는 보도를 통해 잘 알고 있다. 또한 공기를 악화시키는 주요 요인 중의 하나가 석탄과 석유 등의 화석연료를 이용한 발전소, 자동차, 기차 등이며 이로 인한 공기의 악화는 지구온난화로 이어진다. 그런데, 사실상 산업의 발달에 의한 혜택을 가장 적게 입거나, 아예 혜택을 받지 못하는 저소득층이 지구온난화로 인한 가장 큰 피해를 받고 있다는 사실을 우리는 현실적으로 자주 목격하게 된다. 지구온난화로 인하여 예측이 어려워지고 더욱 난폭해진 Typhoon, Tornado, Tsunami 등 때문에 일어나는 침수 사태와 폭염과 가뭄 등의 극단적인 기후로 인한 피해자와 사망자의 대부분은 국민소득 수준이 낮은 후진국의 극빈층이거나 사회적 약자이다. 특히, 지구온난화의 문제는 후세대로까지 이어지는 인간의 존속성과 삶의 터전으로서의 지구의 존재 여부의 문제이며 어느 한 개인 또는 한 국가의 문제가 아닌 전 세계적인 공통의 문제이기에 그 어떤 문제보다도 집단지성과 집단적인 행동이 필요한 문제이다. 미국과 유럽 등에서 기후변화의 심각성을 당장 체감하지 못하는 학자와 정치인들은 이 문제를 부인하면서 정치적인 논쟁으로 비화시키기도 하지만 사실상 이 문제는 일부 지역에서 이미 체감할 수 있을 정도로 다가오고 있는 시급한 문제이다. 물론, 아직은 시작에 불과하지만, 환경친화적인 제4차산업이 본격화되면 지구온난화의 주범이 되는 산업과 공기를 오염시키는 대부분의 산업은 차츰 역사 속으로 사라지게 될 수도 있을 것이다. 아직은 멀고 먼 장정일 뿐이지만.

특히, 제3차산업이 본격화한 1950년 이후 세계 기후는 10년에 0.07$_0$C 정도 상승하기 시작하였으며 지난 30년 동안에는 상승 속도가 빨라지면서 19c 말 이후 이미 1$_0$C 이상이 상승하였다. 또한, 이것으로 인하여 해수면의 높이도 지난 100년 동안 20 Cm가 상승하였으며 바다의 산성화도 30% 이상 빠르게 진행하고 있다. 북극과 남극 지방에서의 빙하도 과거 10년 동안에 빠르게 감소하고 있으며 극단적인 홍수와 가뭄, 고온 현상도 계속 증가하고 있는데 앞으로도 더욱 증가할 가능성이 있다.

환경 위기는 사회의 위기를 가져오게 되어 윤리와 삶의 가치와 정당성과 정의와 평등 등에 대한 다양한 위기를 가져오며 더욱 극단적인 상황이 도래할 경우에는 국가의 존재 위기를 가져올 수도 있다. (Foundations of Social Ecological Economics Published by Manchester University Press 2024, paperbook 2025 by Clieve L. Spash 3 page 참고)

(2) 지구생태계의 변화

지구온난화로 인하여 자연생태계도 차츰 훼손되어 다양한 동식물이 사라지고 있는데 앞으로 이러한 현상이 계속될 경우 다양한 동식물의 멸종 현상은 더욱 빠르게 진행하면서 지구생태계의 활력이 사라지면서 지구의 커다란 재난이 현실화할 수 있다. 즉, 지구의 지속가능성(Sustainability)의 가치를 중요시하여야 할 이유이다. CO_2의 방출이 지구온난화의 3/4를 차지하고 있을 정도로 악영향을 미치고 있는데 과거에는 250년에 걸쳐서 방출되는 CO_2의 방출량이 지금은 40년도 채 되지 않은 기간에 방출되었으며 그 수치는 0.5조 ton에 달한다. 즉, 자연생태계가 적응하기 힘들 정도로 빠르게 방출하고 있다. (Value(s) Published by Harper Collins 2021 by Mark Carney 262~264 page 참고)

(3) 삶과 경제적 측면에서의 부정적인 영향

1980년대 이후 기후변화로 인한 경제적 손실은 매년 꾸준히 증가하고 있는데 보험회사의 손실로 계산하면, 매년 US $600억에 달하는데 21c에는 만조로 인하여 해안가가 세계 GDP의 20% 규모로 손실을 입을 수 있다. 그리고, 지구온난화가 계속되어 34oC에 실외에서 작업을 계속해야 하는 노동자의 경우에는 작업 능력이 50%가 감소할 것이라고 하는 연구 결과도 발표했으며 지금의 속도로 지구온난화가 지속되면 매년 상승하는 기온으로 인하여 2050년에는 세계 인구 가운데 약 12억명이 생명의 위협을 느낄 정도의 심각한 상황이 발생할 것으로 예상된다. 즉, 기후변화로 인하여 강제 이주를 하여야 할 상황이 발생하는 것이다. 이외에도 특정 지역에 과다 밀집하는 현상이 발생하여 전염병의 발생 가능성이 높아지며 국지적 분쟁 가능성도 높아지게 된다. 그리고, 사회의 공동체 의식도 약화하거나 와해하며 빈부격차를 악화시키는 중요한 원인이 되기도 할 것이다. (상기의 저서 276, 282 page 참고)

6) 시장의 효율성을 위한 문화의 극복

대부분의 국가에는 그 문화가 좋든, 나쁘든 간에 한 국가의 오랜 역사와 함께 형성하여 온 문화가 빠른 시간에 변화하는 것은 매우 힘들다. 경제 및 사회와 관련된 부정적인 문화를 몇 가지 예로 들면, 인간 사회에서 가장 오래된 남성과 여성과의 차별 문화, 한국의 사농공상 문화와 군대문화, Hinduism에 의한 India의 Caste 신분 제도에 의한 신분 차별 문화, 중국의 꽌시 문화, 미국의 흑백 간의 인종 갈등으로 인한 인종차별 문화, 중동 국가들의 종교적 종파 간의 갈등 등이 각 국가에 오랫동안 뿌리내린 특유의 부정적인 문화이다. 이는 사회적 갈등을 야기할 뿐만 아니라, 때로는 경제발전에 심각한 부정적인 영향을 미치기도 한다.

부정적인 문화를 극복하는 방법은 다양하지만, 그 가운데에서도 제일 중요한 방법이 교육이다. 교육은 부정적인 문화의 극복, 공동체의 유지와 발전, 국가의 지속적인 발전과 절대적 평등의 확대와 상대적 평등의 향상 및 사회적 계층상승을 위하여 중요한 요소 중의 하나이며 창의성 발휘를 위한 지성교육과 이웃과 더불어 살아가면서 모두가 소속감을 갖도록 배려하는 도덕성과 애타심 확립, 법치주의 확립 등을 위하여 기본이 되는 요소이며 이러한 지성과 인성을 위한 교육 수준이 선진국을 진입할 수 있는 좋은 척도이기도 하다. 특히, 지식과 집단지성의 중요성을 강조함과 함께 불평등이 확대될 가능성이 높은 제4차산업에 기반을 둔 후기 산업사회에서는 정규 과정의 학교 교육뿐만 아니라 직업교육, 평생교육 등이 중요하게 대두되고 있다. 교육에 대하여 뒤에 다시 자세히 언급하기로 한다.

현대 경제에서 이러한 부정적인 문화를 극복하기 위한 또 다른 좋은 방법 중의 하나가 이민의 활성화이다. 사실, 이민은 당사자에게 전혀 다른 문화적 배경에 적응하기 위한 많은 고통과 이를 극복하기 위한 피나는 노력이 필요하지만, 경제적 측면에서는 몇 가지 중요한 요소로 작용하고 있다. 국가 사이의 빈부격차 해소, 젊은 인구의 외부로부터의 유입을 통한 인구의 노령화 및 감소 방지와 노령화의 최소화, 다양한 문화의 유입을 통한 극단적 민족주의의 폐쇄성 극복 등이 중요한 긍정적 효과이다.

그리고, 부정적 문화의 극복을 위하여 빠른 기간 내에 강력한 효과를 가져올 수 있는 것이 지도자의 강력한 의지이며 한국의 경우 박정희 대통령에 의하여 농경문화에서 수출 주도형의 제조업 문화로 전환하면서 결과적으로 선진국을 진입하게 되었다. 물론, 그 과정에서 그는 교육에 대한 투자도 지속적으로 확대한 결과가 서로 작용하면서 문화의 변화에 긍정적인 역할을 하였다. 또한, 도시국가인 Singapore의 리콴유 초대 총리도 박정희 대통령과 유사한 역할을 하면서 미국의 적극적인 지원을 받아 현재의 Singapore를 미국 수준을 초과한 아시아에서 최고 수준의 1

인당 GDP를 이루도록 한 사람이다.

7) Spillover Effect의 평등 효과

현대사회에서 모든 국민이 국가 발전의 혜택을 받기 위해서는 중앙 정부뿐만 아니라 각 지방자치단체의 역할도 매우 중요하다. 특히 미국이나 유럽과 같이 지방자치단체의 자치권이 상대적으로 보장된 국가에서 지방자치단체의 역할은 의료, 교육, 사회간접자본의 확대 등에서 중추적인 역할을 하기 때문에 경제 활동에서 중앙 정부 못지않게 중요하다. 그러기에 각 지방자치단체가 중앙 정부와의 협력하에 중심 도시를 개발하면서 도로와 학교를 설치하고 지역 환경에 맞는 기업을 유치하여 시민의 취업을 확대함으로써 중, 장기적으로 안정적인 소득을 증대시키는 것이다. 이와 함께 해외 이민을 포함한 새로운 인구가 유입됨으로써 정부의 세입이 증대하여 또 다른 선순환(Virtuous Cycle)의 경제발전이 지속적으로 형성될 것이다. 이러한 Spillover Effect는 지구온난화를 완화하거나 극복하는 방법으로 매우 효과적인 방향이다. 즉, 각 지방자치단체나 각 지방의 사회단체 등이 환경과 관련한 운동을 활발하게 펼치면서 소비문화를 변화시키면 이것이 차츰 확대되어 사회와 국가 차원에서 자리를 잡을 수 있을 것이며 이러한 성공 사례가 세계로 확대할 가능성을 배제할 수 없다.

물론, 이를 통하여 빈곤의 악순환(Vicious Cycle)을 끊는 계기와 경제적 평등을 실현하는 좋은 기회가 되는 것이기도 하는 것이다.

한편, 지속적인 Spillover Effect가 여러 기업에 긍정적인 영향을 주게 되면, Riffle Effect가 발생하여 결국에는 국가 경제에서 선순환 효과가 배가하여 상승하게 된다.

8) 금융의 중요성과 청렴성

국가가 발전하기 위해서는 다양한 "풀뿌리" 산업과 기업이 끝없이 생성되고 발전하여야 한다. 그리고, 이러한 산업이 지속적으로 발전하기 위해서는 자금을 지원할 수 있는 제1, 제2 금융권을 포함한 다양한 금융업이 함께 발전하여야 한다. 이것이 곧 탈세와 부정부패에 한몫하는 소위 사채라고 하는 "Gray Money Market"을 최소화하면서 기업의 자금을 정상적으로 지원할 수 있는 다양한 자금 지원 제도를 설치하는 목적이다. 이와 함께 정부의 세금 확보에도 많은 도움이 될 것이다. 다시 말하면, 금융에서의 Gray Market은 탈세와 부정부패의 원인이 되며 국가의 투명성을 치명적으로 악화시키는 것이기도 한 것이다.

또한, 금융기관에 근무하는 사람은 금융기관을 믿고 자금관리를 위탁하는 많은 사람의 자금을 건전하게 운용하여야 하기에 제조업에 근무하는 사람보다 훨씬 높은 도덕성을 가져야 한다. 1995년, 1762년에 설립하여 수백년 역사를 가진 영국의 Barings 은행의 Singapore 지사에 근무한 직원이 선물 Option 운용을 잘못하고 직원에 대한 은행의 관리 System 부재로 인하여 결과적으로 단 US $1의 가격으로 ING Group에 매각된 일이 있었으며, 최근에는 한국의 옵티머스, 라임의 Fund 사기가 문제가 되어 고객의 자산이 동결되고 해당 임원들이 구속된 일이 있었는데 세계적으로 금융기관에서 이런 일이 끊임없이 일어나고 있다. 그만큼, 금융기관에 근무하는 사람은 전문성도 중요하지만, 그와 더불어 높은 도덕성도 요구되는 직업이다.

이와 더불어, 후진국에서 자주 일어나는 일인데, 어떤 이유에서든 자금 지원의 대상이 될 수 없는 회사인데도 정치권의 압력에 의하여 어쩔 수 없이 금융기관이 자금을 지원하는 사례가 다반사다. 이러한 경우, 지원을 받은 대부분의 회사는 사업성도 미흡하고 매우 부실하여 결국에는 금융기관의 자금을 회수할 수 없게 되어 때로는 국민의 세금이 허공에 버려지는 경우도 발생한다. 이러한 잘못된 관행은 1997년과 1998년의 아시아의 금융위기의 한 원인이 되기도 하였다.

그리고, 2008년 미국의 Subprime Mortgage 금융위기에서 보았듯이 도덕성이 사라진 금융기관의 탐욕이 결국은 미국의 경제를 위태롭게 하고, 더 나아가 세계 경제를 혼란의 수렁 속에 빠뜨린 것이며, 이 과정에서 수많은 힘없는 중산층이 엄청난 피해를 입어 경제적 불평등이 가속화되었다. 즉, 금융위기는 불평등이 악화하고 중산층의 소외감과 그로 인한 분노가 폭발하면서 미국의 정치 지형까지도 변화하고 있는데 이러한 분노에서 출발하여 기존의 정치권에 대한 반발로 인하여 Trump 대통령이 탄생하게 되었다. 그는 기본적으로 극우적 성향의 인종차별주의자, 여성차별주의자, 사회적 소수자에 대한 차별주의자이며 이로 인한 사회적 혼란과 분열은 그를 지지한 미국의 중산층 이하의 미래에 대한 불안을 가중하는 악순환을 거듭하게 되는 것이다. 이처럼, 금융기관의 탐욕은 경제뿐만 아니라 사회와 정치를 심각하게 후퇴시키고 있으며, 이것은 역으로 금융의 도덕성과 청렴성의 중요함을 단적으로 보여주고 있다.

따라서, 산업의 "혈맥"인 금융업은 정부에 근무하는 공무원이나 언론계에 근무하는 사람 못지않게 매우 높은 도덕성이 요구되는 직업이다. 즉, 금융업은 전문성과 수익성 못지않게 공공성도 매우 중요한 요소이다. 따라서 많은 국가가 제조업이 금융업을 겸업할 수 없도록 제한하는 규정을 법제화하고 있다.

이에 더하여 1900년대 이후 금융은 다양한 산업과 정부의 정책 및 국민과 밀접한 관계를 갖고 움직이고 있으며 21c 진입부터 발전하고 있는 제4차산업의 핵심 중의 하나인 AI, Fintech와 암호화폐의 등장과 함께 DeFi와 같은 새로운 형태의 금융업으로 변화하는 흐름도 급물살을 타고 있으며 이것을 기반으로 한 정부의 정책도 근본적으로 변화할 수밖에 없는데 이 시점에서 더욱 중요한 것은 금융업의 근저에 깔려있는 법치주의, 도덕성, 청렴성이다.

9) 부동산 가격 폭등의 해악

부동산 가격의 폭등은 단기적으로 부동산 관련 세금을 더 받는 정부와 두채 이상의 집을 보유하거나 넓은 땅을 보유하고 있는 투기꾼에게만 좋은 일 아닌가? 물론, 장기적으로는 땅값이 너무 높아 공장을 건설하지 못하고, 고가인 집값으로 인하여 결혼 적령기의 젊은 사람들이 결혼을 포기하거나 결혼을 하더라도 자식을 낳지 않는 경우가 많이 발생하여 인구의 급격한 노령화나 인구 축소를 가져오는 한 요인이 되니 정부도 손해지만. 결국, 부동산 투기꾼에게만 좋은 일이 될 수밖에…

이에 더하여, 이기적인 인간의 본능은 특별한 교육을 받거나 신중한 장기적인 정책적 안목을 가지고 있지 않는 한, 주관적인 안목으로 세상을 판단하기 때문에 주택을 소유하고 있는 집단과 무주택집단 사이의 또 다른 형태의 심각한 갈등을 일으킬 가능성이 매우 높다.

COVID-19 전염병과 함께 Trump 대통령이 시작한 관세전쟁으로 인하여 세계 경제의 불안이 장기화할 가능성이 있어 부동산 가격이 일시적으로 주춤하여 다행이었지만, 부동산 가격의 폭등은 경제의 모든 분야에 심각한 부정적인 영향을 미치는 것이다. 또 다른 부정적인 영향은 부동산 가격이 급등한 후에 불경기 혹은 다른 요인들에 의하여 부동산 가격이 급락할 경우에는 부동산을 담보로 하여 대출을 실행한 금융기관들이 부실해 질 가능성이 매우 높아 경제 전체에 커다란 악영향을 줄 수 있다. 이러한 현실적인 예가 일본의 "잃어버린 20년"이며, 미국의 Subprime Mortgage 사태 등이다. 최근에는 중국의 부동산 시장이 깊은 침체가 내수경기의 하락으로 이어지면서 공산당 독재정권의 정권 교체로 이어질 가능성이 높고 여기에 부정부패 문제까지 겹치면 공산당 독재정권의 종말까지도 올 수 있다. 즉, 부동산 Bubble을 경제적 측면에서뿐만 아니라 정치적, 사회적 측면에서도 심각하게 받아들여야 한다. 물론, 부동산을 포함하여 가격 변동을 일으키는 주식, 채권, Oil, 환율, 금, 은, Cryptocurrency 등의 상품은 일반적으로 Bubble이 발생하지만, 부동산 Bubble은 사회적 갈등, 금융위기, 장기적인 경제 등의 다양한 부정적인 요인을 촉발하면서 국가의 후퇴 가능성이 높아질 가능성이 높다.

한편, 부동산에 대한 집착은 중국을 비롯한 동양 사회의 정주형 문화에 비롯된 것으로 보이는데 이러한 문화가 오래 지속되면서 이 사회에서는 부동산이 곧 부를 상징하는 중요한 역할을 하며, 특히 부를 분산하는 서양 사회의 문화와 달리 중국과 한국 등에서는 부 축적의 대부분-심한 경우에는 90% 이상-을 자산의 유동화가 쉽지 않은 부동산에 집중하는 경향이 높다.

이 글을 쓰고 있는 2025년 6월 말 현재, 한국에서 정권이 바뀌면서 수도권을 중심으로 하여 주택 가격이 급격하게 상승할 것으로 예상하면서 지방의 주택 시장은 상대적으로 침체 상태이지만, 서울을 중심으로 한 수도권의 주택 시장은 일시적으로 과열 현상을 보이고 있는데 경제정책을 담당하는 정부 부처는 계속 주시하면서 이러한 현상이 중국과 같이 금융위기와 산업 전반에 부정적 충격으로 확산하지 않도록 하여야 할 것으로 보인다.

10) 말과 참새 이론(Horse & Sparrow Theory)

이것은 미국 Harvard 대학교수로 재직했던 John Kenneth Galraith가 제시한 공급 측면의 경제학 이론인데 현실적인 정책 적용은 Reagan 대통령 시대에 부자 소득세 감면과 법인세 감면을 통하여 기업활동을 활성화하면서 결과적으로 취업을 확대하자는 이론이다. 좀 더 쉽게 얘기하자면, “길거리에 말이 먹을 구육을 많이 놓으면 말이 배불리 먹고 나서 남은 것을 참새들이 와서 먹을 것이다.”라는 이론인데 실제로 이러한 경제적 효과가 발생했는지는 회의적인 시각이 많이 있다. 물론, 현대의 Complexity 이론에 따르면, 어느 한 정책의 효과만 분리해서 분석하기에는 매우 한계가 있다. 내가 자주 언급하는 얘기지만, 세계 경제는 매우 복잡하게 서로 연결되어 있어 어느 한 정책의 효과만을 별도로 분석한다는 것은 의미가 없어 보인다. 진보적 조세의 입장에서 보면, Reagan 대통령의 신자유주의 경제 정책의 시행으로 인하여 불평등을 더욱 악화하는 한 요인이라고 할 수 있지만.

10. 기술 발전의 중요성과 평등

1) 기술 발전의 중요성

인류는 18c 후반부터 시작한 증기를 기반으로 한 제1차 산업혁명과 19c 말에 전기의 실용적인 사용을 기반으로 한 제2차산업혁명, 20c 초기부터 시작한 자동차의 대량생산으로 대표하는 제3차산업혁명 등의 기술 발전을 통하여 대량생산과 대량 고용을 달성하여 유럽, 북 America 국가, 일본, 한국, Singapore, Taiwan, 중국 등의 세계 많은 국가가 빈곤의 탈출과 부의 급격한 확대를 이루었으며 사회의 안정에 중요한 역할을 하는 중산층을 형성하였다. 그러나, 1980년 이후 진보적 조세제도의 후퇴와 1997년의 아시아의 금융위기와 2000년대 초반의 .com Bubble 사태와 2008년의 Subprime Mortgage로 인하여 발생한 미국의 금융위기에서 적나라하게 나타난 것처럼, 인간의 절제되지 않는 탐욕으로 인하여 발생한 자본주의의 약점은 또 다른 불평등의 가속화와 이로 인한 상대적 박탈감, 그 결과로 인한 사회적 불안정을 야기하며 사회적, 경제적 양극화가 노골적으로 출현하였다.

한편, 제4차 산업혁명은 이제 환경친화적인 새로운 산업과 이를 통하여 지구온난화를 지연, 또는 극복함으로써 불평등이 완화하는 새로운 기업 Model로의 획기적인 발상의 전환이 필요한 시점이 되고 있지만, 다른 한편으로는 지식을 기반으로 한 "다품종, 소량 생산"과 Network, AI 등의 제4차산업의 특성으로 인하여 불평등의 또 다른 원인이 될 것이다. 이러한 이유로 인하여 어떤 이는 기술이 발전하면 대량 실업에 대한 우려로 인하여 오히려 빈부격차가 심화하면서 인간의 삶이 악화하는 것 아니냐는 우려도 하지만, 이에 대한 답은 인간의 역사를 살펴보면 쉽게 도출할 수 있다. 산업의 급격한 변화로 인하여 일시적인 실업이 발생할 수 있지만, 지금까지 인간의 산업 역사가 꾸준하게 발전하면서 많은 산업이 없어지고 새로운 산업이 탄생함으로써 실업과 창업이 반복되면서 결과적으로는 새로운 직업이 꾸준히 탄생하였고, 세계 인구가 80억명에 달할 정도로 엄청나게 늘고 있지만 세계 많은 국가의 빈곤이 차츰 줄어들거나 사라지고 있다.

물론, AI와 Robot, platform, 공유경제, 3D를 이용한 생산, Pan-industry의 산업생태계 탄생, 생명과학의 발전 등 제4차 산업혁명은 기존의 산업 형태와 엄청난 차이를 보여 비록 환경친화적인 산업이 발전할 수는 있겠지만, 많은 실업자를 양산할 수밖에 없을 것이라고 얘기하는 사람이 있다. 그러나, 이는 산업이 발전하는 과정에서 많은 다양한 새로운 산업의 직업군이 발생하고 정부, 기업, 사회가 서로 협력하여 이에 대한 직업교육과 평생교육을 활발하게 진행함으로써 이것을 통하여 이러한 실업을 점진적으로 해소할 수 있을 것이다.

이에 더하여, 세계적으로 또 다른 문제가 되고 있는 인구의 급격한 노령화에 대한 대비와 삶의 질의 향상을 위한 각종 사회복지 비용의 빠른 증가에 대비하기 위해서라도 꾸준한 기술의 발전과 산업의 다양화는 꼭 필요하다. 물론, 이러한 산업의 발전과 정부와 사회의 대응이 사회적으로 항상 바람직한 방향으로만 진행되지는 않기에 제3차산업 시대의 사회적 구조와는 다른 복잡한 구조가 발생하여 불평등이 확대할 가능성은 상존한다.

그러나, 이미 앞 장에서 기술의 혁신에 대하여 언급할 때 자세히 언급한 것처럼, 기술의 발전은 사회계층 이동성을 활발하게 할 뿐만 아니라 결과적으로 새로운 시장을 구축하고 확대함으로써 소득 증대를 가져오면서 동시에 장기적인 평등을 가져오게 된다. 여기에 정부의 조세정책과 재정정책, 사회단체의 공동체를 위한 활동 등이 더해지면 평등한 사회를 지향할 수 있으며 자연스럽게 사회의 응집력이 강화하고 사회와 경제, 정치의 양극화도 최소화 혹은 사라지게 된다.

제2차세계대전 후 1950년대부터 본격적으로 시작한 제3차산업 시대에 정부의 진보적 조세정책과 사회복지 정책, 공교육 제도의 확대 및 도로, 항만, 공항 등의 사회간접자본 확대 등의 각종 재정정책과 "대량 생산, 대량 고용"을 적용한 다양한 산업이 활발하게 진행되면서 선진국을 중심으로 하여 강력한 중산층 집단이 탄생하였으며 안정적 성장의 기반을 마련할 수 있었다.

2) 경제적, 사회적 계층상승의 기회 다양화

개인적으로 보면. 직업이란 소득 창출에 의한 경제적으로 안정된 삶 이상의 중요한 의미가 있는데 이는 삶에 대한 자신감과, 사회에 대한 소속감, 자아실현 등으로 인하여 실업자와 비교하면 심리적으로 훨씬 건강한 상태를 유지할 수 있으며 특히 당장 경제 활동을 하면서 결혼하여 새로운 가정을 만들어 새로운 삶을 영위하여야 할 30대부터 시작하여 가족의 안정적인 삶을 책임져야 할 50대까지의 취업은 매우 중요한 시기인 것이다. 또한, 경제적, 사회적, 정치적 측면에서도 다양한 좋은 직업의 지속적인 창출은 강력한 중산층을 꾸준히 유지함으로써 안정되고 지속적인 성장을 가져올 수 있는 경제적 선순환구조를 달성할 수 있는 것이다.

우선 쉽게 생각해 보자.

1800년대에 Tiger Woods와 같은 스포츠 스타가 있었는가?

비행기 조종사가 존재했는가? 유명 배우가 있었는가?

TV를 제조하는 산업이 있었는가? 아니다.

기술과 산업의 발전은 이처럼 다양한 새로운 직업을 창출함으로써 개인의 사회적 신분 상승의 기회를 다양화하며, 자신의 피와 땀이 담긴 노력의 결과를 명예나 금전적인 부의 축적 등으로 보상받을 수 있다. 이것이 사회적으로는 각 개인에게 신분 상승의 기회를 다방면으로 제공함으로써 안정적인 발전을 할 수 있는 것이다. 더 나아가서 새롭고 다양한 직업의 창출은 국가의 부를 축적하여 교육과 의료, 노후 연금 등의 다양한 복지제도를 활성화하고 사회를 안정화하는 국가 경제의 선순환으로 작용할 수 있다. 한 걸음 더 나아가 투명한 자본주의사회에서 자신의 노력에 따른 신분 상승의 가능성은 부정부패가 심하고 불신이 뿌리 깊은 사회보다 훨씬 높은데, 이 때문에 투명한 사회의 경제발전은 훨씬 안정적으로 지속될 수 있다. 투명한 사회란 재무제표상에 나타나는 단순한 손익 분석 이상의 신뢰와 법치주의를 기준으로 한 사회이기에 다양한 경제적 요인들이 서로 긍정적인 영향을 미치고 있기 때문이다.

따라서, 빈곤한 가정에서 때어나 평생 빈곤한 삶을 살 수밖에 없고 사회적 신분 상승의 가능성이 극히 낮은 중세 유럽의 암흑시대나, 아시아 각국의 봉건국가 시대보다 산술적 빈부격차가 더 큰 현대사회가 안정적인 사회를 유지할 수도 있는 것이다. 즉, 각 국가의 사회적 투명성의 정도에 따라 다르긴 하지만, 현대사회에서 기회의 평등이 지속적으로 제공되고 신분 상승의 기회가 다양하게 제공되는 민주주의 체제의 자본주의사회가, 비록 빈부격차가 상대적으로 크다고 할지라드, 신분 상승의 기회가 상대적으로 낮거나 사회적 투명성이 낮은 북한과 중국이나 Russia와 같은 독재국가 체제보다 상대적으로 안정적이면서 지속 가능한 성장을 할 수 있다. 여기에는 인간의 삶에서 평등과 함께 매우 중요한 자유가 내재하여 있기 때문이다. 1930년대부터 미국에서 한동안 유행하였던 “American Dream”이 가능하였던 것도 자유와 법치주의와 자본주의의 선순환이 가능하였기 때문이며, 최근 중국이 “China Dream”을 내세우면서 중국의 지속적인 성장을 이루고자 하였으나 자유와 법치주의와 자본주의를 먼저 확립하기 전에는 허상에 불과한 것이다.

물론, 빈부격차의 해소가 중요한 국가적 과제이긴 하지만 최고의 선은 아니다. 다시 말하면, 자유와 평등, 법치주의의 확립, 경제적 빈곤의 해소 등이 서로 밀접하게 연결되면서 이 모두가 중요한 것이다.

3) 사회적 기업(Social Business)

이 글의 전제 중의 하나인 "인간은 그렇게 이성적이지도 않고 합리적이지도 않을 뿐만 아니라, 동물 중에서도 가장 탐욕스럽다. 또한 인간의 IQ 수준이 평균 100이라면 강아지의 평균 IQ 80보다 단지 20정도 낫다는 것이기 때문에 설사 이성인 결정이라고 가정하더라도 완벽하지 않다는 것을 알려주는 것이다. 물론, "인간은 나름대로 이성에 바탕을 둔 합리적인 결정을 하고 있기 때문에 끊임없는 인성과 지식교육과 자기 절제의 수양을 통하여 세상을 발전시키고 다른 인간을 배려하는 애타심(Altruism)과 자비심이 발휘하는 인성을 함양하여 공동체를 유지, 발전시키는 것이다."라는 관점을 바탕으로 새로운 자본주의로 확대하는 기업의 형태가 여기서 얘기하고자 하는 "사회적 기업"이다. 즉, 인간은 다른 어떤 동물보다도 복잡한 사회적동물이며 80억 가까이 되는 이 동물이 활동하고 있는 경제 영역은 매우 복잡하여 몇 가지 숫자로 해결하는 공식으로 이해할 수 있는 문제가 아니다, 더구나 갈수록 복잡해지고 있는 세계 경제 상황에서.

이성을 갖고 있는 인간의 활동 영역은 다른 동물의 활동 영역에 비하여 헤아릴 수 없을 정도로 넓다. 그러기에 원시시대의 인간은 동물의 생태계에서 호랑이나 사자에 비하여 낮은 단계에 속한 집단생활을 하는 잡식동물이었지만, 지금은 이성과 지성을 활용하여 동물 생태계의 최상위 단계에서 동물을 지배하면서 세계를 꾸준히 발전시키고 있다. (Sapiens published by Penguin Random House 2014 by Yuval Noah Harari 참고)

다른 한편으로는, 인간의 탐욕으로 인하여 종교, 인종, 권력, 부 등의 다양한 이유로 서로 같은 종족끼리 전쟁을 하여 많은 생명을 빼앗거나 지구를 오염시켜 삶의 생태계를 스스로 악화시키기도 하지만.

긍정적인 관점에서 보면, 세상을 발전시키는 수많은 "풀뿌리 기업들"이 인간의 삶의 질을 향상하고 절대적 평등을 확대하기도 하지만, 다른 한편으로는 한국의 농수산업협동조합이나 Bangladesh에서 시작하여 지금은 세계적인 사회적 기업으로 성공한 Grameen Bank(Village Bank)와 같은 사회적 기업이 빈부격차와 사회적 불평등을 완화하는 중요한 역할을 하고 있다. 최근에는 이러한 사회적 기업이 다양한 분야에서 창업하고 있다.

제4차산업의 길목에서 전 세계가 더욱 밀접하게 연결되어 있어 현존하는 많은 경제적 문제를 해결하기가 결코 쉽지 않다고 얘기했지만, 그래도 사회가 꾸준히 발전하고 있는 것은 내가 "국가 발전을 위한 구조적 분석"에서 언급한 것처럼, 여러 가지 법적, 제도적 상호 견제 장치 등이 균형과 보완 관계를 유지하고 있기 때문이다. 그리고, 여기서 언급하고 있는 애타심 등이 작동하는 사회적 기업이 국가를 발전시키는 한 영역을 담당하면서 절대적 평등을 확대함과 아울러 상대적 불평등을 해소하는 중요한 역할을 하는 것이다. 물론, 정부의 지속이 가능한 법적, 제도적, 경제적인 지원도 함께.

제3차산업과 제4차산업이 혼재됨과 함께 3년 이상 지속하였던 COVID-19 전염병, 갈수록 악화할 가능성이 높은 환경과 지구온난화와 이로 인한 불평등의 문제 등으로 세계 경제가 복잡하고 다양해짐에 따라, 이에 대응하기 위한 사회적 기업 또한 이러한 세계적 흐름에 따라 기존에 전통적인 이윤 추구의 기업이 담당하는 여러 분야에 참여하게 될 뿐만 아니라 전통적 기업과 사회적 기업을 혼합시키는 새로운 복합형 기업의 형태도 나올 수 있다. 즉, 사회적 구성원의 선호도에 따라 이익을 추구하는 기업을 창업하기도 하고 다른 구성원의 창업과 삶의 질의 향상을 도와주기도 하여 사회적 기업과 전통적 기업이 서로 보완 관계를 유지하면서 사회적 불평등을 해소하기도 할 뿐만 아니라, 한 기업 내에 전통적 기업과 사회적 기업이 존속할 수도 있을 것이다. 따라서, 어느 기업이 사회에 더 기여하고 성공적으로 운영될 것인가는 각각의 능력과 주변의 환경에 따라 다를 수밖에 없을 것이며 이에 대한 선택은 전적으로 사업가의 자유의지에 의존하여야 한다. 이것은 금융회사나 투자회사에 대해서도 마찬가지이다.

예를 들면, 일반적인 투자회사에서 발전하여 이익 추구와 혼합한 사회적 기업으로서의 YSB(Yunus Social Business)가 투자한 회사인 French Corporations Danone Veolia가 Mixed Joint Venture인데, 세계가 더 나은 방향으로 갈 수 있다면, 조직의 목적에 대한 경계를 구분하는 것이 차츰 무의미해질 수 있다. (The World of Three Zeros 2017 by Muhammad Yunus 참고)

4) 자유의지의 중요성 재확인

(1) 행복지수

인간이 길지 않은 삶의 행로에서 사회나 다른 개인에게 도움이 되는 무언가를 하기를 원한다면, 이는 전적으로 자신의 희망과 의지에 의하여, 그리고 이것을 통하여 행복감을 느끼면 이러한 삶을 살아갈 수 있도록 도와주는 것이 사회와 국가의 역할이며, 이를 위하여 법과 제도가 있다. 그리고, 군인, 공무원, 사업가, 변호사, 연예인, 체육인 등의 각 개인의 이러한 긍정적인 노력을 통하여 국가와 사회는 발전한다.

과연 불평등과 빈곤은 누구의 탓인가?

소위 Poverty Trap으로 인하여 한 인간이 평생 가난에서 벗어나지 못하고 있는 것이 법과 제도만의 탓일까?

아니다. 제일 중요한 것은 가난을 극복하기 위한 자신의 적극적인 노력이며 이를 도와주고 뒷받침하는 것은 사회이고 국가인 것이다. 즉, 가난을 극복하지 못하는 제일 중요한 원인은 본인의 게으름과 나태함의 탓이다. 물론, 부정부패가 극심한 나라에서는 개인이 가난을 극복하기 위하여 아무리 노력해도 힘든 경우가 많지만, 이미 언급한 중세 국가의 유럽, 아시아, 작금의 South Sudan, 북한 등처럼.

개인의 자유의지를 바탕으로 하여 사회나 국가가 개인에 대한 자유 보장과 양자 간의 신뢰 및 이를 지속 가능하게 하는 법치주의의 확립과 다양한 신분 상승의 기회를 보장함으로써 개인의 빈곤 탈출과 상대적 불평등의 극복이 가능할 것이다. 이러한 자유의지의 중요성은 여기서 언급하려고 하는 중앙일보에 실린 행복지수를 통하여도 보여줄 뿐만 아니라 다음에 살펴볼 부정부패와 1인당 국민소득의 상관계수의 분석에서 나타나는 각 국가의 수준에서도 보여줄 수 있는 것이다.

기사를 인용하자면 아래와 같다.

한국의 행복지수가 146개국 중 59위인 것으로 나타났다.

유엔 산하 자문기구인 지속가능발전해법네트워크(SDSN)는 18일(현지시간)이 같은 내용을 담은 “2022 세계 행복보고서”를 공개했다.

SDSN은 2012년부터 국가 국내총생산(GDP), 기대수명, 사회적 지지, 자유, 부정부패, 관용 등 6개 항목의 3년간 자료를 토대로 행복지수를 산출해 순위를 매겼다.

59위인 한국은 GDP나 기대수명 항목에서는 수치가 높았지만, 나머지 항목이 이에 못 미친 것으로 나타났다.

지난해 SDSN이 발표한 2018년~2020년 합산 순위에서 한국은 전체 149개국 중 62위(5.845점)이었다.

한국은 2016년 58위, 2017년 56위, 2018년 57위, 2019년 54위를 기록했다.

2022년 발표한 행복지수 1위는 Finland(7.821점)였다. 이어 Denmark(7.636점), Iceland(7.557점), Swiss(7.512점), Netherland(7.415점) 순으로 나타났다.

Canada(7.025점)와 미국(6.977점)이 각각 15, 16위에 올랐고, 영국(6.943점)은 17위, France(6.687)는 20위를 기록했다.

일본(6.039점)은 54위, 중국(5.585점)은 72위에 올랐다.

Russia(5.459)는 80위, Afghanistan(2.404점)은 146위를 기록했다. (중앙일보 2022년 03월 19일 홍수민 기자 참고)

여기에 더하여 같은 기관에서 2024년에 약 150개 국가를 조사하여 발표한 세계 행복지수를 발표한 순위를 살펴보면, 1위에서 10위까지는 변화가 거의 없는 상태이며 미국 23위, 중국 60위, 일본 51위 한국 52위로 조사되었다. 북한의 경우는 조사에 필요한 자료가 없어 제외하였으며 Singapore의 경우는 1인당 GDP 기준으로는 북구 유럽 국가들과 비슷한 수준이지만, 행복지수 순위는 훨씬 낮은 30위에 머물러 있는데 주된 이유는 사회적 신뢰와 공동체 의식이 상대적으로 낮기 때문이다. 한편, Canada는 15위를 기록하고 있으며 가장 하위에 있는 국가는 Afghanistan이다.

(2) 행복과 소득 수준과의 관계

경제학은 어느 한 가지 방법으로 인간이 직면하고 있는 모든 경제적, 사회적 문제를 해결할 수 있는 학문이 아니다. 예를 들면, 산업과 관련한 경제학은 고객과 관련한 시각으로 접근하면서 산업 환경에 적합한 접근 방법을 당신에게 제시하는 것이다. 이러한 시각에서 행복을 경제적 시각으로 바라보는 것이 Duke 대학교 교수인 Hornell Hart가 언급한 "행복은 인간이 추구하는 기본적인 목적이다."라고 확언한 것이다.

그는 행복을 측정하는 지수를 창안하려고 노력하였으며 그 결과로 "Euphor-units"을 제시하였다. 이 방법을 통하여 인간이 앓고 있는 심리적 고통을 해결하는 방법을 개선하고 좀 더 즐겁게 살아가는 방법을 제시하였다. 무엇이 인간을 행복하게 하는가에 대하여 조사하면서 사람들이 행복감을 느끼는 것이 무엇인가를 찾는 것이었다.

한편, 1920년대와 1030년대에 걸쳐 교육 전문 심리학자들은 교육이 행복을 개선할 수 있는가에 대한 연구를 하기도 하였다. 그리고, 1950년대에서 1960년대에는 병리학자들이 단순한 질병뿐만 아니라 어떤 사람이 행복하고 왜 행복한가에 대한 연구를 하기도 하였다.

1970년대에 경제학자인 Richard A. Easterlin은 행복이 경제발전과 어떤 관계를 갖고 있는가를 연구하였으며 경제성장에 따라서 행복이 함께 상승하는 것을 "Easterlin Paradox"로 규정하였다. 즉, 경제성장과 행복의 상승은 반드시 함께하는 것이 아니라는 것이다.

또한, 2021년 World Happiness Report는 엄청난 노력을 하여 행복에 대한 방대한 세계적 자료를 작성하면서 "Cantrin 단계라는 측정 수단을 사용하였다. 이 측정 수단은 가장 낮은 행복지수는 0, 제일 높은 측정지수는 10으로 하였다. 그리고 조사한 149개 국가 중에 101개 국가는 중간 점수 주위에 자리하고 있었으며 1위는 7.84를 기록하면서 Finland가 차지하였다. 참고로 중국은 5.34이었으며 48개 국가는 5 미만을 기록하였다. 가장 후 순위는 Afghanistan이었으며 3.52의 점수를 기록하였다. 한편, Singapore의 행복지수는 세계 30위인데 2025년 기준 1인당 GDP 순위는 세계 4위이며, 한국의 경우를 보면 행복지수 순위는 57위이며 2025년 기준 1인당 GDP 순위는 32위이다. 이 두 국가를 언급한 이유는 GDP 순위와 비교하여 행복지수가 상대적으로 상당히 낮은 이유는 Singapore의 경우는 정치적 자유가 지나치게 제한적이라는 것과 한국의 경우는 어릴 때부터 시작하는 지나친 경쟁사회, 불평등 심화, 1인당 GDP 수준과 비교하여 상대적으로 낮은 법치주의 의식, 상대적 약자에 대한 배려 의식 부족 등이 중요한 이유로 작용하고 있는 것으로 보인다. 지금 인용하고 있는 행복지수 자료는 앞에서 인용한 중앙일보의 자료와 동일한 자료이다.

행복과 소득 수준과의 관계를 연구한 경제학자인 Betsey Stevenson과 Tustin Wolfers는 2008년 논문을 발표하면서 부유한 사람이 가난한 사람과 비교하면 평균적으로 더 행복하다고 주장하였으며 가난한 사람은 돈으로 행복을 살 수 있다는 결론을 내렸다. 그들은 미국인들의 행복에 대한 지수가 지난 50년 동안 꾸준히 하락하였으며, 이러한 사실은 불평등의 악화가 상당한 영향을 기여한 것으로 보인다. 그리고, 여기서도 한계효용체감의 법칙이 적용되는 것은 당연하다. 따라서, 어느 순간에는 소득의 증가에 따른 행복은 완전히 평면 Graph를 보여주면서 소득의 증가가 행복의 추가적인 상승을 가져오지 않는 것이다. 이 지점을 만족 지점이라고 하는데 국가별로 분석하면 Daniel Kaheman과 Angus Deaton이 주장하는 수준이 미국의 경우는 US $75,000으로 보았다.

즉, 당신이 안정적인 중산층에 진입한다면, 당신은 더 이상 돈으로 행복을 살 수 없는 수준이 된 것이다. (How Economics Can Save The World Published by Penguin Random House UK 2024 by Erik Angner 114~119 page 참고)

5) 부정부패와 1인당 국민소득의 상관계수 분석

(1) 개관

기술의 발전은 국가의 국민소득과 부정부패 즉, 국가의 청렴도와의 관계도 매우 밀접한 관계에 있기 때문에 내가 2018년도에 기술한 "부정부패(Corruption)가 국가와 사회에 미치는 영향에 대한 구조적 분석"에서 그 일부를 소개하면서 2023년의 자료를 인용하여 UN 산하의 국가투명성기구에서 2024년 발표한 부정부패인식지수(CPI:Corruption Perceptions Index)와 국제금융기관인 IMF에서 같은 해에 작성한 각 국가의 1인당 GDP를 사용하여 분석하고자 한다. 즉, 부정부패가 심한 국가는 사고의 자유와 다양성이 보장되지 않고 다양한 기술을 지속적으로 발전시키는 것이 어렵기 때문에 불평등이 지속되면서 빈곤을 벗어나기가 매우 힘들다, 소위 독재자의 Inner cycle에 합류하기 전에는.

(2) 부정부패인식지수(투명성)와 1인당 GDP의 상관관계의 계량적 분석

(가) 분석의 근거와 한계

여기서는 2023년의 자료를 인용하여 2024년 UN 산하의 국가투명성기구에서 발표한 부정부패인식지수(CPI:Corruption Perceptions Index)와 국제금융기관인 IMF에서 같은 해에 작성한 각 국가의 1인당 GDP를 사용하여 분석하고자 한다.

또한, 각 국가의 1인당 GDP를 집단으로 분류하여 비교, 분석함으로써 국가의 소득수준과 부정부패의 상관관계를 계량화하는 것이므로 2024년 두 기관이 발표한 2023년의 자료를 이용한다. 국가투명성기구에 의한 분류 대상 국가는 180개 국가이며 IMF에 의한 인당 GDP 분석 대

상 국가는 189개 국가인데 여기서는 국가투명성기구에 의한 분류 대상 국가 대상 국가인 180개 국가를 기준으로 하여 부정부패인식지수 대상 국가를 함께 살펴보고자 한다.

$(x/18+x/18+x/18+x/18+x/18+x/18+x/18+x/18+x/18+x/18)/10 =$

$0< A<1$

A가 1이면 양자가 완벽한 상관관계를 가진 것이며, 0이면 양자의 관계가 전혀 없다는 것을 의미함.

x의 의미는 각 단계에서 분석 대상의 18개 국가-하위 단계로 갈수록 공동 순위가 많아져 분모에 해당하는 18이 변화하고 있음-중 양 기관의 분류 단계가 같은 수준의 단계에 있는 국가는 1로 하며 1단계 상위 또는 하위에 있는 국가의 경우에는 0.5로 하며 상, 하 2단계가 차이가 나는 경우는 0.25로 반영하는 숫자임.

18의 의미는 1인당 GDP와 부정부패를 기준으로 하여 각 단계를 기본적으로 18개 국가로 분류한 것이며, 1단계에서 10단계는 국가 투명성 순위가 상대적으로 높은 국가와 1인당 GDP 순위가 상대적으로 높은 국가들을 10단계로 분류했을 때의 분류임. 그러나 하위 단계로 갈수록 CPI 등급이 동률인 국가가 많아 분모의 수치가 변경된다.

또한, IMF의 분석에 의하면, 2024년 세계인의 1인당 GDP 중간 소득은 US $13,840으로 발표하였다.

인간의 삶이 대부분 그렇듯이, 모든 과학에서의 연구자료 역시 완벽하지는 않지만, 그것을 바탕으로 또 다른 발전을 하게 되는 것이기에, 그런 의미에서 지금 분석하고자 하는 계량적 방식 또한 객관적으로 이해할 수 있도록 하는 참고 자료로 할 뿐이다.

따라서, 이 분석의 한계를 미리 얘기하는 것은 20c 이후, 특히 21c에 들어와서 세계 경제와 정치, 사회, 문화 등이 서로 밀접하게 연결되어 영향을 주면서 더욱 복잡해지고 이해하기 힘든 상황(Complexity)이 일어나고 있지만 이해를 위한 약간의 단초를 만들고자 하는 것이다.

즉, 앞에서 이야기한 것처럼, 국가는 산업 발전, 교육과 언론, 문화,

종교, 국가의 권력 구조 등에 의해서 서로 복잡하게 영향-좋은 의미든, 나쁜 의미든 간에-을 주면서 변화하고 있지만, 여기서는 그 가운데 중요한, 그리고 부정적인 요인 중의 하나인 부정부패가 어느 정도 경제발전에 영향을 미치는가에 한정하여 분석하면서 이 글의 주제인 한국경제의 약탈자를 최소화하는 방법을 모색하고자 하는 것이다.

(나) 부정부패인식지수(CPI)와 1인당 GDP 상관관계 분석

소수점 3자리 이하 과반수 절상

(14.25/18+14.25/20+7.5/16+7.5/21+6.75/17+8/22+6/15+6.75/15+11/25+5.5/9)/10=(0.79+0.71+0.42+0.33+0.40+0.36+0.4+0.45+0.44+0.61)/10=4.91/10=0.491(49.1%)

분석 대상 국가 중에 CPI 국가의 경우는 하위 단계로 갈수록 같은 순위의 국가 수가 증가하거나 감소(예를 들면, 6단계의 국가 수는 22개국, 7단계의 국가 수는 15개국)하여 분모인 18개 국가의 수치를 달리 처리하였다.

또한, 비록 몇 가지 분석의 한계는 있지만, 1인당 GDP 상위 38개국에 해당하는 국가들의 경우에는 CPI와의 관계가 0.7 이상의 매우 밀접한 관계를 갖고 있어 상위 단계에서는 매우 높은 상관관계를 보여주고 있지만 3단계 이후에는 상관관계가 급격하게 하락한다. 중요한 이유는 2단계까지는 국가를 유지하고 있는 다양한 제도가 법치주의에 입각하여 확립되어 있지만, 3단계 이하에서는 이러한 제도들에 대한 법치주의의 확립을 포함하여 국가발전에 필요한 건전한 문화로의 변화, 수준 높은(좋은) 교육, 다양한 산업의 활성화, 국가발전을 위한 지도자의 의지, 기업가정신의 활성화와 창의성 존중 등의 다양한 요소들이 총체적으로 부족한 것이 중요한 이유로 추정되며 부정부패를 포함한 교육 수준, 역사적 배경의 영향, 불충분한 제도 등이 선진국으로 분류할 수 있는 국가보다 훨씬 다양하게 부정적인 요인으로 작동하고 있는 것으로 추정할 수 있다.

그리고, Qatar와 Saudi Arabia, Kuwait 등과 같은 Oil을 수출하는 국가는 국가 투명성에 비하여 1인당 GDP가 상대적으로 높은 편이며, 국가 인구가 상대적으로 적은 국가의 경우는 대체로 CPI와 GDP가 인구가 많은 국가에 비하여 상대적으로 높다. Swiss와 북구 유럽 국가들과 Singapore 등이 대표적인 예이다. 한편, 부정부패인식지수(투명성)와 국가별 1인당 GDP 상관관계 분석에서 하위 단계에서는 국가 제도의 불안정, 국가의 경제와 정치의 지속적인 불안정과 문화적 요인, 지리적 요인 등이 복합적으로 작용하면서 경제적 악영향을 주고 있어 경제발전을 아예 시도하지도 못하였거나 발전 과정에서 중단되거나 후퇴한 경우가 있었다. 즉, 하위 단계로 갈수록 1인당 GDP의 상승과 국가 투명성의 상관관계가 약화한 것이 아니라 다양한 부정적인 요인-문화, 제도의 불안정, 교육 수준, 지리적 영향, 지정학적 영향 등-들이 더욱 악영향을 발휘하고 있다고 보아야 할 것이다. 지정학적으로 특이한 점은 미국과 우호적인 관계를 맺으면서 경제적으로 밀접한 관계를 맺고 있는 Panama(예: Panama 운하)와 Mexico(2018년 9월 30일에 기존의 NAFTA 자유무역협정을 USMCA 자유무역협정으로 변경함)는 CPI에 비하여 1인당 GDP가 상대적으로 높은 수준이다.

또한, 상대적으로 권위주의적이고 공산주의 정치체제를 유지하는 국가인 중국과 Russia, Iran은 GDP 수준이 CPI 수준에 비하여 각각 1 단계 또는 몇 단계씩 높은데, 이것은 국가 발전 초기 단계에는 어느 정도의 수준(1인당 GDP US $10,000 내외)에 도달하려면 국가발전에 대한 의지가 강한 지도자가 있는 권위주의 체제나 Oil과 같은 천연자원을 풍부하게 보유한 국가가 유리하다는 것을 의미하는 것이다. 한국의 발전 초기(박정희시대)나 중국의 덩샤오핑 등을 생각하면 될 것이다. 즉, 발전 초기는 국가 지도자의 산업 발전 의지가 매우 중요하다는 것을 의미한다.

참고로 북한, Syria, Cuba 등의 경우는 자료를 제출하지 않아 1인당 GDP를 표기할 수 없었으며 CPI(북한의 CPI 순위는 공동 172위, Syria

177위임)와의 분석 대상에서 제외하였다.

(3) 부정부패가 미치는 부정적인 영향

지금까지 살펴본 CPI와 법치주의와의 상관관계 외에도 부정부패가 사회 전반에 미치는 부정적인 영향이 매우 심각하기 때문에 여기서는 역사를 포함하여 좀 더 다각적인 시각으로 부정부패를 살펴보고자 한다. 먼저, 한국의 역사를 보면, 고구려와 백제의 멸망, 통일 신라의 멸망, 고려의 멸망에 이어 결국에는 일본의 지배까지 받게 된 조선 멸망과 같이 한국의 역사를 장식했던 대부분의 왕조 국가가 멸망한 요인은 각 왕조의 왕권을 포함한 지배계층의 부정부패와 이로 인한 피지배계층의 민심 이반이 핵심 요인으로 작용하였다. 이러한 현상은 한국뿐만 아니라 전 세계 모든 국가에 적용되는 불변의 진리와 같이 작용하고 있다. 즉, Rome의 멸망과 Soviet Union의 멸망, 중국의 국공내전에서 패배한 국민당 등도 부정부패가 중요 요인으로 작용한 것이다. 이러한 예는 인간의 역사에서 무수히 많지만, 세계 최강의 군사력을 보유하고 있다고 평가받는 미국이 월등히 높은 수준의 군사력을 투입했음에도 불구하고 1973년의 평화협정 후 패전을 자인하고 물러난 Vietnam과의 전쟁, 2001년 9.11 Terror로 인하여 미국이 Afghanistan에서 시작한 Taliban과의 전쟁이 20년간의 긴 전쟁에도 불구하고 Taliban을 제압하지 못하고 2021년 8월 30일 종전한 전쟁 등에 대한 패배의 중요한 원인도 결국에는 집권 세력의 부정부패로 인하여 민심이 기득권세력을 떠났기 때문이다.

또한, 한국 역사에서 부정부패가 국가와 사회에 어떻게 (-) 효과로 작용하는가를 일본의 지배를 받게 된 조선시대 말을 기준으로 하여 구체적으로 살펴보면, 1882년의 임오군란, 1884년의 갑신정변, 1894년부터 1895년까지 이어진 동학혁명, 1896년과 1897년의 아관파천, 1905년의 을사조약 등은 조선 말 왕족과 그들을 둘러싼 집권 세력의 부정부패와 무능으로 인하여 발생한 것이며, 결국 2010년 8월 29일 한일합병으로 이어지면서 국가라는 존재가 사라지게 된 것이다.

앞에서 언급한 역사를 부정부패의 악순환 측면에서 더 깊이 살펴보면, 부정부패로 인하여 자신의 노력에 의한 정당한 방법으로의 사회적 신분 상승 기회가 약화함으로써 사회적, 경제적 불평등이 고착하면서 부의 대물림, 가난의 대물림이 되어 결과적으로 자식 낳기를 기피하고 인구의 노령화와 인구 감소, 만성적인 내수시장의 약화 현상이 발생하게 된다. 즉, 국가 전반의 사회적 불안정과 경제적 후퇴, 정치적 극단화 등과 같이 부정적인 결과가 다양한 형태로 표출하는 것이다.

(4) 부정부패의 극복을 위하여

이 글에서 규정한 국가를 구성하는 각 조직이 법을 준수하면서, 각자의 위치에서 각자의 역할을 하는 것이 부정부패의 극복을 위한 기본이며 매우 중요하다.

그러나, 우리가 역사를 통하여 배우고 있는 것처럼 간단하게 보이는 법치주의 확립이라는 것을 현실로 적용하면서 실천하는 것은 매우 고난하고 긴 과정을 겪어야 한다. 즉, 인간이라는 동물이 근본적으로 갖고 있는 탐욕을 억제하면서 공동체를 유지하여야 하는 바탕은 교육이며 이와 함께 다른 법적, 제도적 기능도 잘 작동하여야 한다. 먼저, (좋은) 교육은 공동체의 구성원에게 소득과 자산의 불평등을 극복하기 위한 기회의 평등을 제공하면서 동시에 사회적, 문화적으로도 부정부패를 배척하는 긍정적인 역할을 한다. 그리고, 입법, 사법, 행정의 삼권 분립을 통한 견제와 균형의 민주적 제도와 이 제도의 실행에 대한 적절한 감시 기능을 하는 언론의 자유가 보장되도록 잘 가동되어야 하는 것이다. 앞에서 언급한, 멸망한 국가들이 부정부패로 인하여 국가 기능이 제대로 작동하지 않으면서 민심이 이반하고 결과적으로 역사 속으로 사라지고 말았지만, 더욱 핵심적인 이유는 결국 부실한 교육과 삼권 분립을 통한 견제와 균형의 기능, 언론의 권력에 대한 지속적인 감시 기능이 적절하게 작동하지 못했기 때문이었다.

이러한 상황을 앞에서 언급한 과두정치에 비추어 바라보면, 지금까지 언급한 한국의 정치, 경제, 사회, 언론, 문화 등의 많은 분야에서 과두정치로 인한 정실주의(Cronyism)가 작동하면 부정부패가 개입되면서 법치주의가 약화하고 경제의 공정한 경쟁이 차츰 불가능해져 꾸준한 노력을 통한 과실을 얻을 수 있다는 자신감과 사회에 대한 신뢰가 사라지며 사회가 불안정해지면서 다양한 부작용이 발생하게 된다.

따라서, 독과점 규제와 같은 시장에 대한 합리적이고 공정한 규정, 즉, 규제적 자유주의를 강화함으로써 부정부패를 부분적으로 해결할 수 있으며, 이와 함께 기존의 주주 이익을 극대화하는 기업문화에서 주주의 이익뿐만 아니라 근로자, 채권자, 지역사회, 국가 등의 이해관계자 이익 극대화로의 변화를 통하여 소득불평등 완화를 위한 직, 간접적인 노력을 지속적으로 함으로써 부정부패를 극복할 수 있다. 한편, 여기서 언급하는 이해관계자의 이익에는 최근 문제가 되고 있는 환경문제도 당연히 포함되는 것이다. 즉, 소위 공공재로 인식되고 있는 부분도 기업의 손익에 반영하는 것이다.

예를 들면, 한국에서 2024년 9월 중순까지도 계속되고 있는 30oC를 넘는 고온 현상은 지구온난화로 인한 환경문제이며 이로 인한 피해는 상대적 저소득 계층과 사회적 약자가 더 힘든 상황을 겪을 수밖에 없는데 환경문제의 공공재 특징으로 인한 소위 “공공재의 비극”이 발생하고 있는 현상이다. 따라서, 부정부패를 극복하기 위한 “규제적 자유주의에 의한 시장” 논리와 앞에서 언급한 관계자 극대화를 도입하면 빈부격차를 줄이는 결과를 자연스럽게 가져올 수 있다.

11. 교육을 통한 불평등의 극복과 절대적 평등의 확대

1) 개관

인간을 포함한 모든 동물은 다음 세대에게 그들의 생존을 위한 교육을 본능적으로 가르친다. 그러나, 이성을 가진 사회적 동물인 인간은 그에 더하여 다음 세대가 자신의 삶보다 더 나은 조건의 삶을 살도록 본능적인 교육과 더불어 인성 교육과 지성 교육을 받도록 한다. 그런데, 이성의 오작동으로 인하여 동물 중에 가장 이기적인 동물이 된 인간은 그 교육의 도가 너무 과하여 자칫 잘못하면 극단적인 인간이 나오기도 하여 수많은 사람을 괴롭히고 심지어는 많은 사람의 생명을 빼앗기도 한다. 한편, 20c를 제외하면 인류의 역사에서 다음 세대가 이전 세대보다 물질적으로 풍요롭게 살았던 시대는 거의 없었지만...

예를 들면, 제2차세계대전을 일으킨 독일의 Hitler、Soviet Union의 Stalin, 중국의 마오쩌둥과 19년이 넘는 내전 끝에 결국 망명의 길을 떠난 Syria의 Assad 대통령과 극단적인 Islam 종교 집단인 ISIS, Russia의 Putin, 그리고 한국 전쟁을 일으킨 김일성과 그의 손자인 북한의 김정은 등...

이처럼, 지성 교육에 치중하여 인성 교육을 등한시하면 도덕성을 겸비한 영민한(smart) 인간이 아닌, 다른 사람을 속이고 이중잣대를 당연시하는 간교한(sly) 인간을 사회에 배출하여 결과적으로 국가와 국제사회가 후퇴할 가능성이 높다

여기서는 이러한 역사적 사건을 고려하면서 국가가 발전을 지속하고 "절대적 평등"을 확대하며 "상대적 평등"을 조화롭게 유지하여 사회가

안정적으로 성장하기 위해서는 어떤 교육을 하여야 하는지를 간단히 언급하고자 한다. 물론, 세상사가 완벽하지 않기 때문에 이러한 교육을 통해서도 이상한(?) 인간이 태어나기도 하지만.

그리고, 교육을 통하여 문화가 바람직한 방향으로 자연스럽게 변한다면 사회가 국가발전을 위하여 가장 강력하고 오랫동안 지속할 수 있기에 교육을 통하여 사회 구성원이 스스로 문화에 대한 혁신적 변화의 필요성을 절실하게 인식하고 사고나 행동을 스스로 변화하도록 하는 것이다. 물론, 이것보다 더 강력한 것은 자신의 변화를 느끼지 못하면서 자연스럽게 변화하는 것이지만. (The Art Of Social Excellence Published by St, Partin's Essentials 2020 by Menrik Fexeus & Jan Salomonsson 210 page 참고)

한 국가나 사회의 문화는 오랜 세월이 흐르면서 형성되었기 때문에 단기간에 변화를 일으키는 것은 매우 힘들기에 국가의 지속적인 발전을 위하여 바람직한 방향으로 변화를 유도하기 위해서는 법치주의의 확립과 교육, 지도자의 의지 등이 중요한 것이다.

한편, 중국이나 북한과 같은 Communism의 전체주의식 집단의 교육은 애타심과 윤리와 법치주의 확립 등의 인성 교육을 중요시하는 것이 아니라 어릴 때부터 사상교육, 정치교육 등의 극단주의적인 교육에 치중하여 독재정권의 시녀나 하수인 노릇을 하도록 강요하는데 이러한 교육은 인간성을 말살시키는 사악하기 짝이 없는 교육이다. 따라서, 이러한 국가에서 성장한 인간은 성인이 된 뒤에도 상대적으로 도덕성이나 법치주의 정신이 부족한 행태를 보일 수밖에 없다. 게다가 극단적인 사고에 사로잡히거나 세계적 흐름에 역행하면서 배타적이고 폐쇄적인 사고의 경직성이 경제 분야까지 미치면 새로운 방향으로의 산업을 발전시킬 수 없기에 경제발전이 지속적으로 유지할 수 없는 중요한 요인이 되는 것이다.

윤리의식을 포함한 인성 교육과 창의적 지성 교육은 사회의 신뢰성을 제고할 뿐만 아니라, 제4차산업과 같은 새로운 산업을 창출하거나 새로운 산업을 빨리 따라잡을 수 있는 기반이 되는 것이며, 다음 세대가 더 나은 사회를 만들 수 있는 원동력이 되는 것이다.

따라서, 교육은 인성 교육을 기반으로 하는 기초 교육뿐만 아니라 지성 교육을 위주로 하는 고등교육도 더불어 중요한 것이다. 이에, 지성과 인성을 겸비하는 좋은 교육을 지속적으로 유지하기 위하여 가정, 학교, 사회, 직장 등 국가의 각 조직이 서로 긴밀하게 연결되어 협력하여야 한다. 물론, 지식은 교육을 통해서만 이루어지는 것은 아니다. 즉, 지식이란 심리적 구조물의 구축을 의미하기에 교육과 경험, 인간의 지성과 질증적 경험에서 형성되기 때문에 지식의 형성 또는 실체적 구축은 다른 결과물로 나타날 수 있다. (Foundations of Social Ecological Economics Published by Manchester University Press 2024, paperbook 2025 by Clive L. Spash 76 page 참고)

2) 가정 교육의 중요성

인간이 부모로부터 천부적으로 이어받은 인성과 함께 인성의 대부분을 형성하는 고등학교까지의 시기에 부모와 함께 거주하는데 사회의 최소 단위인 가정에서의 교육은 부모가 자녀를 낳게 되면 어떻게든 잘 키워보려고 노력하며 많은 시간을 자녀와 함께 지내게 되어 자연스러운 인성 교육과 지성 교육을 통하여 자녀에게 가장 많은 영향을 주게 된다. 특히 이 시기에 부모로부터 받은 인성 교육은 자녀와 평생을 함께한다. 이에 더하여 이미 언급한 것처럼 부모로부터 받은 생물학적인 유전자도 함께하기 때문에 선천적, 후천적으로 부모의 역할은 매우 중요한 것이다.

따라서, 1861년부터 1865년까지 발생한 미국의 남북전쟁 시기에 Allen Richards 등의 여성들을 중심으로 하여 가정에서의 윤리교육, 청결성, 가족을 위한 영양가 높은 음식 등에 대한 학문적 연구가 필요하다고 하면서 이를 위하여 대학에서 가정경제학을 개설할 것을 주장하였으며 그 결과로 1910년대에는 가정경제학을 교육과정에 포함한 초등학교와 중학교와 고등학교가 약 900개에 이르렀으며 Cornell 대학을 포함한 대학 과정과 교사들의 추가 교육과정에 포함하는 교육기관이 200개 이상이 되었다. (The Secret Of Home Economics Published by W.W. Norton Company, Inc. 2021 by Danielle Dreilinger 43 page 참고)

미국의 경우에는 가정경제학이 한 단초가 되어 여성의 참정권까지 획득하기에 이르렀다. 이처럼 교육은 가정과 학교, 사회나 국가가 서로 밀접한 관계를 갖고 있으며 이것을 통하여 사회 전체를 건전한 문화로 변화시키는 것이다.

한편, 여기서 부모의 교육방식을 억압적이면서 강제적인 방식, 권위적인 방식, 자유분방한 방식, 무관심 등으로 나눌 수 있는데, 이 가운데에 가장 효과적인 방식으로 두 번째 방식을 얘기할 수 있으나 실질적으로는 자녀의 성향과 문화적 차이에 따라 교육방식이 다양하게 나타날 수 있을 것이다. (Love, Money, And Parenting Published with Princeton University Press 2019 by Matthias Doepke & Fabrizio Zilibotti 40 page 참고)

3) 교육의 사회적 역할

세계 대부분의 현대국가는 모든 국민에게 교육을 받을 권리와 의무를 부여하고 있다. 이 의미는 곧 성적 약자인 여성과 인종적으로 소수민족 등을 포함한다는 것을 의미한다. 그러나, 이러한 교육을 받을 권리와 의무는 1900년대 초반까지만 하더라도 대부분의 국가에서 여성을 배타적으로 대하기도 하였다.

상대적으로 자신의 노력에 따른 사회적 계층(social Ladder)상승의 가능성이 높은 자유민주주의와 자본주의 체제를 지지하는 사회가 태어날 때부터 신분이 정해지는 왕정 독재국가나 극우적인 독재국가 또는 "공산주의 사회"의 독재국가보다 상대적으로 우월한 이유는 인간의 자유의지와 함께 잘 살아보고자 하는 욕구(desire)를 인정하면서 그에 따른 부작용을 최소화하기 위하여 각종 사회보장제도를 통하여 국가에서 정책적으로 치유하는 제도가 있기 때문이다.

즉, 교육 - 또는 운동선수, 연예인, 사업 등의 다양한 직업군-을 통하여 사회적 계층상승의 기회를 획득하고, 직업선택의 자유를 보장하여 삶의 만족도, 즉 행복감을 향상할 수 있으며 강력한 중산층을 형성하여 사회적 안정성을 유지하는 것이다.

따라서, 부의 세습이 고착화하고, 부정부패가 심한 사회에서는 교육 등을 통한 계층상승의 기회가 극히 희박하며, 교육의 Social Ladder(사회적 사다리) 역할이 약하기 때문에 국가가 장기적이면서 안정적인 발전을 달성하기가 힘들 수 있다.

여기서 산업의 변화와 관련한 부분에 대하여 더 자세히 언급하면,

첫째, 새로운 산업이 빠르게 발전하는데도 불구하고 대부분의 교육이 전인적이면서 다양하고 창조적인 사고를 갖춰야 하는 지식산업에 기반을 둔 제4차산업의 변화에 따라가지 못하고 제3차산업의 사고로 묶인 교육을 계속함으로써 사라져가고 있는 과거의 산업과 사회현상 등에 집착한 교육은 결과적으로 교육과 산업의 Mismatch 현상을 일으키고 있다.

둘째, 제4차산업 시대에는 AI, Network, 3D, AM 등이 주된 요소로 잡아가고 있기 때문에 제3차산업 시대와 같은 대량 고용이 불필요한 것이다. 또한, 이 산업이 꾸준하게 발전하게 되면 이에 따른 변화에 대응하기 위하여 지속적인 직업교육 등이 필요하게 되는데, 여기에 대응할 수 있는 인력이 많지 않을 뿐만 아니라, 기술의 발전에 따른 효율성이 상승하면서 필요 인력이 줄어드는 경향도 있다. 최근, 세계적으로 많은 금융업계에서 두드러지게 나타나고 있는 인력 감축이 이러한 흐름의 한 현상이다.

셋째, 대부분의 기술과 과학의 수준이 과거와 비교하기 힘들 정도로 급격하게 상승하여 인력의 수요가 공급을 따라가지 못하는 것이다. 이상의 용인들이 서로 다양하게 영향을 끼치면서 교육에 의한 신분 상승의 기회도 약화하며, 사회의 안정판 역할을 하는 중산층도 약화하고 있다. 그럼에도 불구하고 교육은 국가와 사회의 발전과 안정을 위하여 매우 중

요한 핵심 요소의 역할을 한다. 작은 씨가 자라서 나무나 채소가 되어 인간에게 유익한 존재가 되기 위해서는 비옥한 토지와 충분한 수분과 밝은 햇볕이 어울려서 씨의 성장을 도와야 하는 것처럼, 이것보다 훨씬 복잡한 국가와 사회와 인간이 서로 선순환하면서 지속적으로 성장하기 위해서는 복잡하고 다양한 요소가 서로 복잡하게 상호작용하면서 선순환하여야 하는 것이다. 공동체의 중요성, 법치주의 확립, 도덕, 윤리와 박애정신, 긍정적인 정신, 절제와 창의성 등은 교육을 통하여 선순환의 토양을 형성하여야 한다. 또한, 교육을 통하여 자연스럽게 품위 있는 자세와 정신적, 물질적 풍요로움을 가지고 올 수 있으며 성공과 행복의 균형을 추구할 수 있는 기본을 배우는 것이 인성 교육의 핵심이다. (Compassion INC. Published by Ebury Press 2018 by GauravSinha 43 page 참고)

한편, 부모의 교육이 매우 중요하지만, 학교 교육은 공교육의 활성화와 사교육이 함께 중요한 것이다. 공교육이 약화하면서 사교육만 강화되면 지식을 기반으로 한 후기산업사회에서 불평등의 부정적 영향과 함께 불평등의 심화 가능성이 상승하면서 강력한 중산층의 형성이 빠르게 약화하고 사회가 양극화로 향할 가능성이 높다. 현재, 한국과 미국, 유럽의 일부 국가에서 나타나고 있는 것처럼.

즉, 교육과 산업의 발전 사이의 Mismatching 현상으로 인하여 세계적으로 수억명 이상이 직업을 잃을 수 있으며, 결과적으로 대량 실업 사태 지속→불평등 지속과 확대→실업자의 정신적, 육체적 건강 악화→가족 파괴→범죄 증가→중산층의 약화→사회 불안 가중→정치적 Populism 현상의 범람 등의 사회적, 정치적, 경제적 악순환을 거듭하면서 이러한 현상을 적절하게 극복하지 못하는 국가는 후기산업사회의 진입단계에서 경쟁에서 추락할 가능성이 높다.

따라서, 국가에서 보면, 예산을 효율적으로 집행하기 위하여 Internet을 이용한 교육을 더욱 활성화하여, 교육을 받고자 하는 다음 세대가 양질의 교육을 저렴한 비용으로 받을 수 있는 제도적 장치가 필요한 상황이며, 문화적으로도 Campus 위주의 고루한 사고를 벗어날 수 있도록 기업체와의 공동 노력을 하여야 한다. 교육이란 공동체의 유지와 국가발전을 위하여 매우 중요한 요소 중의 하나이므로 가족, 사회, 국가 등의 사회 구성원 모두가 함께 노력하여야 한다.

이와 함께 Civilian Conservation Corps of FDR's New Deal이라고 불리는 정책을 시행하여 수익 측면을 고려할 때 상대적으로 수익이 낮아 사기업이 진출하기 쉽지 않은 어린이와 노인을 보호하는 시설에 대하여 정부가 운영하는 시설의 확대와 함께 국민의 건강 보호 제도 확대, 직업교육 확대, 대학 교육 지원 확대 등을 진행한다. 또한, Pan-Industrials의 세율 인상을 통한 세수를 확대하여 앞에서 언급한 다양한 생산적 복지정책을 적극적으로 시행하여 Populism 현상을 미리 잠재우는 것이다. 사회가 안정적이며 지속적인 성장을 하기 위해서는 불평등 극복을 위한 Pan-Industry의 지도자와 정치적 지도자의 지도력과 장기적 안목이 중요한 요소 중의 하나이다. (The Pan-Industrial Revolution Published by HMH(Houghton Mifflin Harcourt) 2019 by Richard D'Aveni 200~201 page 참고)

4) 교육을 통한 기회의 평등과 제4차산업 시대

교육은 국가와 사회를 안정화하면서 장기적인 발전을 가져올 수 있는 핵심적인 요소이며 교육을 통하여 기회의 평등을 제공함으로써 국가가 공정(Fairness)하다는 것을 국민에게 제시하고 국민은 국가에 대한 자긍심과 소속감을 갖게 되어 결속력이 강화하게 된다. 따라서 모든 국민에게 똑같이 제공하는, 국가가 주도하는 공교육이 기회의 평등을 제공하는 핵심이며 모든 국민이 국가에 대한 소속감을 갖는 중요한 요소이기도 하다. 이 의미는 역으로 사교육이 공교육을 앞서거나 주도한다면 심각한 기회의 불평등을 낳을 수 있다는 것이며 OECD 국가 중에 미국과 한국에서 상대적으로 높은 불평등이 발생한 중요한 요인 중의 하나는 이러한 교육에서 시작한 기회의 불평등이 또 다른 중요한 요인의 하나로 작용하고 있다.

한편, 개인적인 측면에서 보면, 교육은 사회적 계층 상승(Move up Social Ladder)의 결정적 요소이기에, 본인이 원하는 한, 사회는 그 기회를 제공할 수 있는 각종 경제적 Program을 제시하여, 소위 "돈이 없어 공부를 못한다."는 말은 사라지도록 하여야 한다. 이것이 곧 사회를 안정적으로 발전시킬 수 있는 기초가 되며, ISIS와 같은 극단주의자의 발생을 최소화할 수 있는 것이다. 따라서, 공교육의 활성화와 이를 보완하는 사교육의 조화, 각종 장학 제도와 다음 세대의 양성을 위한 산학 협동 체제 확립 등이 이를 위한 실용적 제도가 될 것이다. 다시 말하면, 각 유전적 인자(gene)에 의한 차이는 상수이지만, 부모의 사회적, 금전적 능력에 따라서 교육을 받을 권리가 차별화되고 이에 따라서 사회적 계층이 상당 부분 결정된다면 불평등이 더욱 고착되고 사회적 계층상승의 가능성이 낮아짐으로써 설사 자유민주주의를 유지하고 있을지라도 사회의 결속력이 약화할 가능성이 매우 높다.

따라서, 국가 예산의 규모 및 사회의 환경과 문화적 영향 등을 종합적으로 고려하여 교육을 받고자 하는 국민의 대부분이 높은 윤리적, 지적 교육을 받을 수 있도록 고등학교 교육까지는 무상 의무교육을 시행하도록 재정정책을 실시하여야 하며, 대학 교육 이상의 재정에 대해서는, 비록 이견이 있을 수 있지만, 일정 부분에 대해서는 본인이 부담하도록 하여야 한다, 물론 이에 대한 보완책으로 산학 협동 교육을 실시하여 교육비를 절감하도록 하고, 장기적이면서 저금리의 융자 방식으로 교육비를 지원하도록 할 수 있다, 이러한 제도에 대한 투명성 또한 매우 중요하지만…

한편, 이미 간단하게 언급하였지만, 교육비를 지급하여야 하는 사교육은 공교육을 보조하는 역할에 그쳐야 하는데 최근의 한국 교육 현실을 보면 공교육이 망가지면서 어느 정도의 교육비용을 부담할 수 있는 부모는 자녀의 교육을 사교육에 의존하고 있으며 교육비를 상대적으로 많이 지급하여야 하는 외국어고등학교나 과학고등학교 등의 사립학교에 고등학교 교육을 진행하고 있는 것으로 보인다. 이는 곧 기회의 불평등을 의미하며 교육으로 인한 계층상승의 기회가 좁아지면서 사회적 갈등을 일으키는 새로운 요인으로 나타날 수 있으며 여기에 제4차산업으로 인하여 고용의 폭이 갈수록 좁아지고 있어 정치적, 사회적 경제적 양극화와 갈등이 더욱 심화하게 될 것으로 보인다.

특히, 2000년 이후 Internet이 빠르게 발전하고 Facebook, Instagram과 같은 Platform 형태의 비대면 산업이 확대되면서 10대 청소년 사회를 중심으로 Club 활동, 운동 등의 사회적 교류가 줄어들어 이로 인한 부작용으로 다른 사람에 대한 관심이나 정치적, 사회적 문제에 대한 무관심이 빠르게 증가하고 있다. 따라서, 공동체를 유지하고 발전시키기 위하여 필수적인 사회 구성원으로서의 타인에 대한 관심, 애타심, 불평등 극복, 환경문제 등에 대한 적극적인 대응을 위해서 그 어느 때보다도 교육의 중요성이 부각하고 있다. (The Art Of Social Excellence Published by St, Partin’s Essentials 2020 by Menrik Fexeus & Jan Salomonsson 23 page 참고)

좀 더 비판적으로 보면, 인간이 Facebook이나 Youtube와 같은 Platform에 몰입하고 있다는 것이 새로운 형태의 사회적 관계를 형성하는 것이 아닌, 단지 Internet을 이용한 또 다른 형태로 출현한 game의 일종으로 볼 수도 있다. (상기의 저서 26 page 참고)

5) 인성 교육과 지성 교육의 조화

사회가 유지, 발전하기 위해서는 교육이 워낙 중요하기 때문에 다시 언급하지 않을 수 없는데, 인성 교육의 기본은 타인을 배려하고, 타인의 존재가 있음으로써 자신도 존재한다는 공동체적 인식을 갖게 하며, 사회적 약자를 보호함과 아울러, 자신과 다른 의견도 존중하는 것을 아는 것이다.

이러한 인성 교육은 어릴 때부터 진행하여야 하는데, 어쩌면 10세 정도까지는 이러한 교육에 치중하여야 할지도 모르겠다. 어릴 때 버릇은 평생을 간다고 하니까...

사실, 지금처럼 급변하는 사회에서 어릴 때 습득한 지식이 성인이 된 뒤에는 전혀 필요가 없을지도 모른다.

따라서, 인성 교육과 지성 교육의 구성을 10세까지 8:2, 11세부터 15세까지 6:4, 16세부터 17세까지는 3:7 그리고 대학 교육을 2:8 정도로 하는 것이 사회를 위하여 바람직할 것이다.

한 사회가 발전하는 과정에서 인간 개인에 대한 능력의 차이 때문에 어쩔 수 없는 빈부의 차이(Inequality)가 생기기 마련이며, 이것을 방치할 경우 앞으로 "제4차산업 시대"가 본격화되면 이 빈부의 차이는 더욱 급격하게 악화할 수도 있다. 이러한 빈부의 차이를 해소하기 위한 상당 부분은 정부가 각종 복지제도를 통하여 해소해야 하겠지만, 이것보다 더욱 중요한 것은 사회 구성원 각자가 사회, 아니 세계가 더불어 살아가는 "하나의 공동체"임을 인식하고 사회적 약자나 낙오자에 대한 Humanistic 배려를 하여 이들이 사회 구성원으로서의 일체감과 소속감을 갖도록 하여야 사회가, 아니 세계가 영원히 지속적으로 발전할 것이다.

6) 창조적 교육의 중요성과 평생교육

한 국가가 발전하기 위해서는, 특히 지금까지의 산업 구조가 근본적으로 급변하는 21c에는, 생존하기 위해서라도 그 어느 때보다도 창조적인 새로운 사고가 필요하기에 엉뚱한 생각이라고 무시하기보다는 그러한 사고를 존중하고 함께 토론하는 교육이 매우 중요하다. 이러한 토론문화의 형성이 교육과 새로운 기술의 격차를 줄이는데 중요한 역할을 한다.

경제학에서도 Postcapitalism이 나오며, Freakonomics가 태생하고 있는 것처럼, 끊임없이 변화하고 발전하는 사회에서 단순한 정규과정의 학교 교육에만 의존하는 것은 매우 위험한 일이다. 즉, 사회와 직장에서의 업무와 신기술을 위한 재교육이 지속적으로 유지되어야 하며, 이것이 결과적으로는 새로운 직업을 창출하여 불평등을 완화하며 각종 사회복지 비용을 절감하는 선순환의 경제구조를 이룰 수 있을 것이다.

제2차세계대전 이후 폐허가 된 독일, 영국, France 등의 대부분의 유럽 국가가 1인당 GDP US $40,000이 넘는 높은 국민소득 수준을 이룬 것은 여러 가지의 질 좋은 교육이 또 다른 중요한 역할을 한 것이다.

기업과 근로자는 빠르게 변화하는 대내외적 환경에 적응하기 위하여 전통적인 방식의 근로와 기업 운영을 탈피하고 기하급수적인 혁신을 유도하기 위한 다양성을 기반으로 한 협동 정신이 필요하다. 이것을 통하여 위기를 신속하게 극복하기 위한 단기적 대안과 함께 장기적인 System을 사전에 준비하여 지속적인 변화에 대응하며 상황 변화에 대한 신속한 대응을 위한 Team을 구성하는데 Team의 지도자는 팀원들에게 소속감을 강화하여 강력한 자발적인 힘을 발휘할 수 있도록 장려한다.

물론, 앞으로 어떤 일이 갑작스럽게 발생할 것인가에 대한 예측은 매우 힘들다. 다만, 우리의 주변과 세계적인 상황을 항상 예의주시하면서 새로운 사건의 발생에 대하여 대응할 자세를 항상 준비하고 있어야 한다. 모든 것이 급변하는 환경에서는 새로운 환경에 신속하게 대응할 수 있는 새로운 사업 Model을 지속적으로 개발하고 발전시켜야 한다. 특히, 환경친화적이고, 비용 효과적이면서, 창조적인 자세로 기업의 미래를 위하여 노력하도록 지속적으로 근로자를 재구성하면서 기업의 장기적 목적을 달성하기 위하여 기업과 근로자의 혁신적인 적응력 향상과 개방적인 대화를 통하여 효율성을 극대화한다. 조직의 혁신적 변화가 요구되는 것이다. 만일 이러한 자세로 제4차산업을 대응하지 않는다면, 개인이나 기업, 국가는 빠른 속도로 역사의 낙오자로 남게 될 것이다. (Competing In The New World Of Work Published by Harvard Business School Publishing 2022 by Keith Ferrazzi & Kian Gohar & Noel Weyrich 9~12 page 참고)

한편, COVID-19 전염병 시기처럼 대면 회의가 어려운 시기에는 Internet을 이용하면서 원격으로 근무하면서도 각 팀원 사이의 집단지성을 창출하며 공동 책임을 갖기 때문에 팀원 모두가 함께 목표를 달성하도록 노력한다. 즉, 단순한 협력 이상의 공동의 창의력이며 모든 팀원이 함께 책임을 지면서 소속감을 강화하고 목표 달성의 가능성을 향상하기 위하여 Teamwork를 높여야 하는 것이다. 이것은 팀원의 장소에 무관하다. 이를 위한 방법의 하나로 재계약 방식을 이용하기도 한다. (상기의 저서 23~28 page 참고)

공동의 작업을 통한 목표를 달성하기 위하여 기존의 관료적 사고를 극복하고 조직 내의 모든 구성원이 스스로 지도자의 한 사람이라고 생각하면서 각자의 의견을 적극적으로 표출함과 함께 다른 방향으로 접근을 시도하려는 다른 구성원의 의견도 경청하여 하나의 목표를 위한 다양한 접근방법을 파악한다. 제4차산업의 출현은 과거의 사고방식과 과거의 경제적, 사회적 틀 안에 사로잡힌 사고방식으로는 해결할 수 없는 문제들이 수없이 출현하기에 조직의 구성원 누구에게나 조직의 목표를 달성하기 위한 좋은 방법이 도출될 수 있으며, 각자의 사고를 조합하여 Upgrade한 좋은 방법이 나올 수 있는 것이다. 따라서, 제4차 산업사회(후기산업사회)에서의 기업이나 Leadership은 이미 여러 차례 언급한 배려와 사랑과 박애 정신, 높은 지식과 통찰력 등을 바탕으로 하여 활발한 의사소통을 통한 사고의 공유를 유지하여야 하며, 이러한 자세를 바탕으로 하여 조직의 모든 구성원에게 소속감을 갖도록 하는 것이 조직의 목표 달성을 위하여 중요하다. 제4차산업의 출현과 COVID-19 전염병은 제3차산업 시대에는 불가능할 것으로 생각되었던 기업의 조직과 노동자의 근무 형태가 혁신적으로 변화하면서 조직 내의 자유스러운 의견 표출+조직 사이의 경계 극복+조직 외부의 자유스러운 참여 등을 통하여 산업의 발전과 근로자의 근무 형태가 다양한 방향으로 선순환하고 있다. 다양한 방향의 조직과 다양한 문화를 배경으로 한 팀원을 구성하고 Crowdsourcing을 효과적으로 활용함으로써 수익성을 넘어선 사회적 삶의 질을 향상하고, 장기적으로 이러한 결과가 기업의 미래 수익을 가져옴으로써 수익을 극대화할 수 있게 된다. (상기의 저서 34~37, 40 page 참고)

7) 교육을 통한 인간형의 개선

앞에서 언급한 시장의 불완전성의 극복과 시장의 구성원인 인간의 행태와는 밀접한 관계가 있을 수밖에 없는데, 상기의 저서에서 세 가지 형태의 인간을 분류하여 사회의 안정과 국가발전에 대하여 언급하고 있기에 간단하게 소개하자면, (a) 자신에게 적대적인 인간까지 포용하고 도와주면서 사회를 발전시켜 나가는 "성인형의 인간형" (b) 최소한 자신과 적대적 관계가 아닌 사람까지 포용하면서 사회에 "충성스런 인간형" (c) 자신에게 우호적인 사람까지 피해를 주면서 항상 자신의 이익에만 몰두하는 "잔혹한 인간형"으로 분류하여 사회에 (a)와 (b)의 성인형과 충성스런 인간형이 많아질수록 신뢰 사회가 형성되면서 국가가 건전한 방향으로 발전할 수 있으며, 반대로 이기적이고 타인에 대하여 배려하지 않는 잔혹한 인간형이 많아지면 불신의 사회가 만연하게 되어 국가가 후퇴하고 분열하게 되며 결과적으로 국가가 멸망의 길을 걷게 되는 것이다. 즉, 도덕과 윤리, 법치주의 확립의 중요성 등에 대한 인성 교육을 소홀히 하면서 지식 교육만 강조하는 잘못된 교육을 하는 사회는 그럴듯한 Elite로 포장된 다수의 "잔혹한 인간형"이 지배하는 사회가 되어, 소위 "Noblesse Oblige"가 없는 사회가 되며 이에 대한 극단적인 행태가 국제적으로는 전쟁으로 나타나며, 국내적으로는 1789년에 발생한 French Revolution과 같은 사회적 격동이 일어나는 것이다. Russia 혁명도 French 혁명과 같이 또 다른 좋은 예이다. (Moral Economy published with Yale University Press 2016 by Samuel Bowles 44~45 page 참고)

특히, 험난한 시기는 국가가 유지되기 위하여 "성인형의 인간형"과 "충성스런 인간형"이 더욱 절실히 요구되는 시기인 것이다.

한편, 인간은 다른 동물과 달리 이성을 가지고 있기에 도덕과 윤리, 관용 등을 중시하는 정신적 측면과 경제적 이익을 먼저 생각하는 물질적 측면을 동시에 가지고 있는데

이러한 인간의 다양성이 교육을 통하여 잘 조화하면서 경제적 발전과 함께 자율성과 도덕성, 그리고 공동체의 발전을 위하여 서로를 배려하는 정신이 사회를 지배한다면, 국가발전의 선순환 흐름을 지속적으로 유지할 수 있을 것이다. 반대로, "잔혹한 인간형"이 다수가 되어 자유의 억압과 정치적 독재로 국가를 지배한다면, 국가의 법치주의와 도덕성이 추락하면서 국민 사이에는 불신으로 가득하여 경제적 악순환의 흐름을 맞이하게 되며 종국에는 멸망하고 마는 것이다. (상기의 저서 105~106 page 참고)

8) 종교의 문화화(Culturalization)

인간의 역사에서 종교는 인간에게 인성 교육과 지성 교육을 담당하는 중요한 한 축이었다. 그런데, 특정 종교가 오랜 기간에 한 사회를 배타적으로 지배하면, 그 종교가 곧 사회의 권력과 문화로 자리잡게 되고, 다양성이 부족한 획일성이 당연시되어 그 영향으로 인하여 사회의 발전이 더뎌지거나 후퇴하게 된다. 한국의 경우 삼국시대 이전의 무속신앙부터 시작하여 삼국시대의 신라왕조에서 도입한 불교가 고려시대의 국교로 승격하면서 그 세력이 더욱 강화한 불교나 조선시대에 중국으로부터 들어온 학문을 국교로 승격한 유교와 중세 유럽에서의 Catholic, India의 2000년이 넘는 역사를 가진 힌두교, 현재 아랍 국가의 이슬람교 등이 국가를 도그마(dogma)의 나락으로 추락시키고 신분사회를 만들어 부정부패와 불평등이 심화함으로써 국민의 결속력이 추락 등의 부정적 요인이 함께 작용하면서 일부 국가의 경우에는 결국 다른 국가의 지배까지 받게 한 정치, 경제, 과학 등의 사회 전반이 후퇴하는 좋은 예이다. 이미 언급한 것처럼 지금도 종교가 사회 전체를 지배하고 있는 국가가 있는데 그

대표적인 예가 1979년 Iran 혁명을 통하여 신정국가 정치 제도를 유지하고 있는 Iran이다. Iran은 그 이후 종교가 강력하게 사회 전반을 지배하며 국가의 치고 지도자가 대통령이 아닌, 견제와 통제를 받지 않는 종교 지도자이다. 결국 부정부패도 매우 심각하여 2024년 UN 산하기관이 국제투명성기구의 조사에 의하면 조사 대상인 180개 국가 중에 151위에 속할 정도로 부정부패가 만연한 상태이며 그 피해는 국민이 그대로 부담하고 있다.

여기에서 비록 사족이긴 하지만, 한국의 문화를 잠깐 언급하자면, 조선시대에 유학을 유교로 국교화하여, 사, 농, 공, 상의 신분사회를 만들었는데, 공직자를 우대하고 공업과 상업을 무시하면서 농업 위주의 산업을 유지하였던 유교 문화가 지금도 한국 사회 저변에 깔려 있어 여전히 한국 사회를 왜곡하고 있다. ("국가 발전을 위한 구조적 분석"의 교육에 관련된 부분과 Capital and Ideology Published by Belknap & Harvard 2020 by Thomas Piketty 1007~1016 page 참고)

12. 민주주의, 자본주의의 후퇴와 불평등의 확대

1) 개관

우리가 역사를 통하여 익히 알고 있는 것처럼, 아무리 좋은 제도라 할지라도 그 제도를 구성하거나 영향을 받는 국민의 교육 수준 향상과 국가 지도자의 탁월한 능력, 문화의 진전 등을 통하여 보다 나은 방향으로 나가지 않는다면, 그 국가는 후퇴와 몰락의 길을 걸을 수밖에 없다.

이에 대한 극명한 예가 제2차세계대전을 일으켰던 당시의 독일이다. 그 당시 1930년대의 긴 대공황으로 인하여 Russia에서는 극좌적인 Communism이 발호하였으며, 독일을 비롯한 여러 유럽 국가에서는 극우적인 Fascism이 만연했는데 특히 독일에서는 1919년 6월 28일 제1차세계대전의 종전을 위한 Versailles 협약을 체결하면서 과다한 배상책임을 부담하게 되었다. 이에 더하여 실업률이 40%가 넘을 정도로 심각한 경기 침체와 불평등이 만연한 생태였으며 이러한 영향으로 인하여 국민 다수 선택의 결과로 극우적인 Nazi 당과 Hitler의 독재가 탄생하게 되었다. 좀 더 자세히 얘기를 하자면, 그 당시 독일의 Nazi 당이 1932년 7월 총선거에서 과반수에 미달한 제1당을 차지하자 다른 당을 회유하여 과반수를 구성하고 결과적으로 헌법의 개정을 통하여 Hitler가 주도하는 Nazi 당 독재가 시작된 것이다. 이러한 잘못된 선택으로 인하여 독일인을 포함한 세계인들이 얼마나 많은 생명을 잃었는가!

특히, 동독의 경우에는 전쟁이 끝난 후에도 극좌적인 성향의 공산주의 국가인 USSR의 지배를 받아 수십년 동안 고통을 받았는데 극우와 극좌적인 집단에 의하여 고통을 받은 현대 세계사에서 찾아보기 힘든 국가 중의 하나이다. 하지만, 수많은 희생은 독일 국민 스스로 일으킨 것이나 다름없다. 대부분의 인간이 그러하지만…

20c 역사에서 이러한 예는 수없이 많을 뿐만 아니라, 앞으로도 계속 일어날 수밖에 없을 것이다, 인간이 결코 이성적이고 합리적으로만 행동하지 않기 때문에.

남미의 Brazil, Argentina, Venezuela, Mexico, Philippine을 포함한 동남아시아 대부분의 국가와 Iraq, Iran, Syria, Yemen 등의 정치적인 혼란과 경제적 몰락은 또 다른 좋은 예이다.

과거 USSR로부터 해방되어 민주주의 체제로 바뀐 Poland와 Hungary도 사회적 혼란과 경제적 후퇴가 지속되어 오히려 독재 체제로 회귀하는 것도, 안타깝지만, 그 국민의 의식 수준이 자유와 평등의 숭고한 가치를 향유하고 이룰 수 있는 단계에 도달하지 못했기 때문이다. 이러한 현상은 지금도 세계 각국에서 끊임없이 일어나고 있다.

물론, 인간의 합리적이고 이성적인 의지와 달리, 2020년 전 세계를 충격 속에 빠뜨렸던 COVID-19 전염병이나 또 다른 커다란 자연재해와 같은 사건도 뜻하지 않게 직장을 잃고 가족이 파괴되어 중산층의 몰락을 촉발하면서 빈부격차가 악화하여 경제적, 사회적으로 민주주의와 자본주의를 위협할 수도 있다.

2) 시장 실패의 요인들과 불평등

(1) 다양한 시장 실패의 요인

여기서는 인용하는 책의 내용을 중심으로 하여 추가로 몇 가지를 추가하면서 언급하려고 한다.

첫째, 상품 또는 Service의 교환을 동의하지 않는 제3의 집단에게 영향을 미친다. 예를 들면, 물건을 생산하는 과정에서 발생하는 지구온난화와 환경오염 등의 부정적인 요인이 거래와 무관한 제3자에게 영향을 미치게 된다. 따라서, 정부가 정책적으로 개입하여 이러한 부정적인 영향을 최소화하여야 한다.

둘째, 거래 당사자 사이의 거래가 완전한 정보와 동의하에 형성되지 않을 수 있다. 즉, 물건이나 Service를 매입하는 매수인이 적절하고 완전한 정보를 취득하고 이해한 후에 거래하여야 하지만 거래에 따른 다른 위험을 피하기 위한 전문가의 도움을 받지 않아 매수인이 물건이나 Service의 위험성이나 부작용, 거래로 인하여 발생할 수도 있는 미래의 위험을 인지하지 못할 수 있다.

셋째, 매수인은 자신의 선택에 의하여 스스로 희생자가 될 수 있다. 즉, 충동적인 구매를 하거나 자기통제가 부족한 상황에서 구매할 수 있다. 또한, 현재에 과도하게 집착함으로써 미래에 발생할 부담을 간과할 수 있다. 담배, 마약 등이 좋은 예이다.

넷째, 거래 당사자의 능력을 초과하여 발생할 수 있는 상황이다. 즉, 주택과 같은 부동산을 거래할 경우 매수인이 금융기관으로 대출받는 것을 전제로 거래하였으나 예상하지 못한 상황으로 금융기관이 갑자기 대출을 중단하거나 천재지변 등이 발생하여 예정된 추가적인 자금조달이 불가능할 수 있다. 물론, 대부분의 국가가 금융감독기관이나 보험감독원을 설립하여 이러한 거래의 불이행 발생을 예방하려고 한다.

다섯째, 시장에서 상대적으로 권력이 강한 상대방과 거래할 때 상대방이 거래 가격을 조작할 수 있다. 이 경우는 독, 과점이 존재하는 시장을 의미하며 공정한 경쟁이 보장되고 시행하여야 하는 것을 의미한다. 많은 국가가 독과점규제법 또는 공정거래법 등의 법을 제정하여 시장의 공정성을 유지하려고 노력하고 있다. 미국의 경우 국가기관으로 무역위원회, 연방통신위원회, 연방 Energy 규제위원회 등이 이러한 역할을 하고 있다.

여섯째, 시장이 효율성을 발휘한다고 하더라도 이것이 곧 공정성을 유지한다는 의미가 아니다. 예를 들면, 국민의 건강과 관련한 사적 건강보험의 경우 소득의 차이에 따른 불평등을 적나라하게 보여주고 있다. 따라서, 시장이 외롭게 이 문제를 해결하는 것은 한계가 있기에 정부가 국민의 건강한 삶을 위하여 개입할 수밖에 없다.

일곱째, 이미 언급하였지만, 신자유주의 경제로 인하여 생산과정에서 발생하는 환경오염과 지구온난화 문제를 생산비용으로 계산에서 제외함으로써 물건이나 Service 가격의 왜곡 현상이 발생하고 결국 공공재의 비극이 발생하게 된다.

여덟째, 1980년대 이후 거시적인 측면에서 발생하고 있는 간접적인 시장의 실패 현상을 언급하면, 지속적으로 하락하고 있는 성장률이다. 특히, 미국, 유럽 국가들, 한국, 일본 등을 언급하자면, 인구의 노령화, 부채 증가 등의 이유도 있지만 또 다른 중요한 이유로 불평등을 꼽을 수 있다. 즉, 경제성장 과정에서 소득에 비하여 소비 비율이 높은 중산층 이하의 소득계층이 상대적으로 성장에 대한 낮은 과실을 받았기에 평등이 악화하여 국가의 성장률이 지속적으로 낮아지고 있는 중요한 한 원인이 되고 있다.

국가와 사회단체 등의 시장에 대한 적절한 개입이 필요한 상황이다. 과도하지 않는... (Economics For The Common Good Published by Princeton University Press 2017 by Jean Tirole 157~160 page 참고)

(2) 불평등 극복을 위한 방법

(가) Humanism

현대 자본주의는 모든 인간에 대한 생명의 존엄성과 자유와 평등의 가치 중요성, 법치주의 이상의 도덕성과 박애 정신 등이 경제적 가치와 공존하면서 발전하는 것이다. 그런데, 후기산업사회와 제4차산업의 큰 흐름이 도래하고 있는 현재, 그동안 지속되었던 미중전쟁에 더하여 미국의 Trump 대통령이 주도하고 있는 전 세계를 상대로 한 관세전쟁의 확대와 4년 이상 계속되고 있는 Russia의 Ukraine 침략전쟁과 COVID-19 전염병 이후에도 완전한 회복을 하지 못하고 있는 세계 경제는 Great Depression 시대로 볼 수 있으며 지금과 같은 시기에는 세계가 공존하기 위하여 신뢰를 바탕으로 한 Humanism 경제학이 더욱 중요한 역할을 하게 된다. 역으로, 이러한 경제적 핵심 요소를 무시하는 탐욕과 약탈로 형성된 경제행위는 국가와 세계를 후퇴시킬 뿐이며 결과적으로는 긍정적 경제가치를 창출할 수 없다.

국가가 지속적으로 발전하기 위해서는 정부와 기업, 개인, 각종 사회단체 등이 서로 높은 도덕성과 청렴성을 유지하면서 지식을 공유하는 등의 다양한 협력관계를 유지하여야 우리가 공존하면서 삶의 질을 높일 수 있는 것이다. 특히, 제4차산업과 같은 새로운 산업뿐만 아니라 기존의 제3차산업에서도 제4차산업의 중요 요소인 AI, 3D를 이용한 AD(Additive Manufacturing)와 높은 수준의 자동화 등을 이용하여 원자재의 절감과 제조공정의 단순화를 달성하여 친환경적이면서 제품의 효율성을 더욱 높일 수 있는데 이에 따른 생산직 인원 감축의 부작용을 최소화하기 위해서는 효율성을 강조하는 시장원리와 함께 높은 도덕성과 윤리의식, 법치주의, 박애 정신 등이 조화롭게 함양되어야 한다.

물론, 인간은 다른 동물과는 달리 이성을 가지고 있지만, 이러한 이성이 오히려 탐욕적이고 단견적인 안목으로 바뀌어 국가가 뒷걸음하고 국민의 결속력이 약화하는 경우가 인간의 역사에서 너무나 많이 발생하고 있다. (The Moral Economy Published with Yale University Press 2016 by Samuel Bowles 7~8 page 참고)

(나) 가격결정 요소의 확대

Adam Smith가 이야기하는 경제행위에서 천부의 자유(Natural Liberty)란 “모든 인간은 공동체를 해치지 않는 정의(Laws of Justice)에 따라서 자신만의 방법으로 자신이 추구하는 이익을 즐길 수 있다는 것을 의미”하지만, Complexity와 다양한 기술의 발전을 바탕으로 한 후기산업사회에서 수많은 인간의 복합체인 경제는 과거의 단순한 경제 논리를 넘어서 순수 경제 논리와 함께 윤리와 박애 정신, 애타심 등이 복잡하게 서로 연결되어 있으며 정부의 정책만으로 해결하는 것은 한계를 노출할 수밖에 없다. (상기의 저서 20 page 참고)

또한, 수요 공급 이론에 의한, 그리고 기업의 재무제표에 의한 가격 결정을 넘어서 Carbon Tax, 지구온난화 비용 등의 기타 환경오염 비용을 제품과 서비스의 가격에 반영해야 하는데 이것 또한 쉽지 않기에 정부가 경쟁시장을 보장하면서 민주주의 정치체제와 사유재산권을 보장하는 등의 역할을 하는 것이다. 즉, 좋은 정치적, 경제적, 사회적 제도는 좋은 정부의 핵심 요소로서 좋은 국민을 양성하고 국가를 지속적으로 발전시킬 수 있는 것이다. (상기의 저서 25 page 참고)

(다) 시장의 불완전성과 극복 방안

시장은 불완전한 것이 일반적이며, 모든 계약과 정부의 규제 등도 역시 불완전한 것이 일반적이다. 다만, 눈에 보이지 않는 신의와 성실, 신뢰, 박애주의 등을 통하여 이러한 시장의 불완전성을 조금씩 극복해 나가고자 하는 것이며, 이러한 노력을 통하여 불평등이 극복되고 이에 더 나아가서는 인간의 삶이 지속적으로 개선되는 것이다. 물론, 이에 반하여 인간의 이기심과 탐욕이 시장의 불완전성을 언제든지 악화시킬 수 있다. 우리가 인간의 역사에서 수시로 보고 있는 것처럼. (상기의 저서 26, 28, 32 page 참고)

또한, Arrow가 지적한 것과 같이 사회적 규범과 도덕적 규정 등이 시장의 비용과 이익에 내재함으로써 다른 사람에게 영향을 미치게 될 때는 시장의 실패를 보완할 수 있다. 즉, 제품과 서비스 등의 정보에 대하여 진실을 이야기하거나, 심지어 구두로 이야기한 약속까지 정확하게 지킬 때 시장이 더욱 효율성을 높일 수 있으며 국가발전의 지속성이 유지될 수 있기에 시장에 대하여 윤리와 도덕성을 강조하는 것이 전혀 모순된 이야기가 아니다. (상기의 저서 26 page 참고)

한편, 시장의 실패를 보완하기 위하여 정부가 세금이나 벌금, 보조금 등을 이용하기도 하는데, 이것으로 실패를 완화할 수는 있지만 완전경쟁시장을 보장하는 것은 아니다. 특히, 후기산업사회에서의 Complexity 시대에는 개개인의 다양한 성향도 영향을 줄 뿐만 아니라, 가시적, 비가시적 수많은 다양한 변수들이 서로 복잡하게 연결되어 다양한 영향을 주고 있기 때문에, 우리가 협력하여 시장의 불완전성을 조금씩 개선해 나가는 것이지 시장과 국가, 사회가 완벽하다는 전제를 하는 것은 현실적으로 불가능하지 않을까? (상기의 저서 65 page 참고)

3) 이기주의와 Populism

불완전한 인간이 만든 대부분의 제도는 완벽한 것이 없다.

다만, 자유민주주의 제도 및 자본주의가 지금까지 형성된 제도 중에 그나마 상대적으로 나은 제도이기 때문에 이것을 지키고자 하는 것이며, 인간의 이기심을 억제하기 위한 많은 견제 장치를 제도적으로 만드는 것이다.

그럼에도 불구하고 후세대를 고려하지 않고, 근시안적으로 "지금의 세대만 잘 먹고, 잘 살면 된다."는 식의 이기주의적인 삶의 방식은 사라지기 쉽지 않으며, 이것이 집단적으로 움직이면 Populism이다.

이러한 삶의 행태가 한 국가의 지속적인 발전을 매우 어렵게 하고 이것이 사회적으로 만연하면 오히려 후퇴를 거듭하여 결국에는 멸망의 길로 가는 것이다.

그런데, 미국과 유럽의 일부 국가들, 한국 등에 Populism 정치 행태가 강력하게 나타나고 있는데 이 국가들의 경우 공통적으로 나타나는 중요한 요인이 불평등이다. 특히, 미국과 한국은 1980년대 이후 신자유주의적 경제 정책을 꾸준히 실시하여 1인당 GDP가 US $30,000 이상인 선진국 중에 불평등이 가장 심한 국가 집단에 속한다. 이것은 중산층 이하의 사회계층이 상대적 박탈감을 심하게 느끼게 하며 사회적 결속력이 약화하면서 정치적, 사회적 갈등과 양극화가 심화하여 그 결과로 Populism 정치가 세력을 갖게 된다. 제1차세계대전 이후 Nazi 당이 장악했던 독일을 비롯하여 유럽 전체를 혼란에 빠뜨렸던 극우 세력의 강력한 등장이 역사적으로 좋은 예가 될 수 있으며 극좌 세력이 등장한

Russia와 중국도 또 다른 좋은 예이다. 물론, 그 이후에 등장한 Iran의 신정 독재국가도 전 정권의 부정부패와 불평등으로 인하여 새로운 권력 집단으로 등장한 예이다. 다음에 자세히 언급하겠지만 남미의 Argentina, Venezuela, 유럽의 Greece 등도 마찬가지이며, 이처럼 현대 국가에서 Populism 정치 세력의 등장은 좌, 우의 정치적 성향과 관계없이 끊임없이 나타나고 있다.

따라서, 민주주의와 자본주의의 가치를 지키기 위하여 법치주의를 확립하고 다음 세대에게 좋은 교육을 하면서 자본주의의 약점을 보완하기 위하여 건강보험과 무상교육, 노후연금 제도 등을 강화하여 Denmark, Netherlands, Luxembourg 등과 같은 북구 유럽 국가의 사회민주주의 제도를 점차 도입함으로써 불평등을 점진적으로 해소하여 공동체 사회의 유대를 강화하여야 한다.

미국의 일부 사회에서 인종 차별적이면서 극우적인 세력은 사회민주주의의 본질을 잘못 이해하고 있거나 정치적 선동에 이용하기 위하여 이것을 호도하면서 곡해하기도 하지만, 사회민주주의는 기본적으로 국가의 재정건전성을 유지하면서 민주주의와 자본주의의 전제하에 이 제도의 약점을 보완하는 것이다. 즉, 북한과 중국은 사회민주주의 국가가 아닌, 단순한 극좌적인, 권위주의적 독재국가일 뿐이다, 북한은 가난한 독재국가이며, 다른 독재국가인 중국은 미국과 선진국들의 경제적 도움으로 절대적 빈곤을 어느 정도 해소하더니 세계를 독재국가의 품에 지배하려고 국가적 차원에서 불법적인 행태를 공격적으로 하다가 이제는 세계인의 신뢰를 잃었으며 여기에 더하여 미중전쟁과 부동산경기 하락과 불평등의 악화 등으로 인하여 내수경제의 침체가 지속되고 있다. 또한, 부채 증가와 인구 감소, 노령화 등의 부정적 경제 요인과 함께 심각한 부정부패가 개선되지 않고 있다. 이 저서의 후반부에서 세계 경제 규모 2위인 중국에 대하여 자세히 언급하려고 한다.

4) Digital 시대의 부정선거와 Terror

이미 Digital 산업의 발전을 인간에 대한 감시로 이용한 중국을 한 예로 언급하였지만, 앞에서 자세히 기술한 것처럼 기술의 발전이라는 것은 인간의 삶의 질을 향상하기 위하면서 결과적으로 평등을 지향하는 방향으로 나가는 매우 중요한 것임에도 불구하고 한편으로는 이것을 악용하는 세력이 항상 존재하기 마련이다. 즉, 인간의 절제하지 못하는 탐욕으로 인하여, 교육을 잘 못 받은 자들이 일반인은 상상하기 힘들 정도로, 이를 이용한 새로운 대담한 범죄가 세계를 무대로 하여 급증하는 것이다. 가장 최근의 예로는 2008년의 세계적인 금융위기의 시작은 곧 Subprime Mortgage를 이용하여 일확천금을 벌어보자는 금융인들의 탐욕스러운 범죄에서 시작한 것이다. 그런데, 여기서 더 나가면, 2016년의 미국의 대통령 선거에서 나타난 것처럼, Digital System을 이용하여 한 국가의 정치 제도를 송두리째 흔들어버려 미국을 정치적 혼돈에 빠뜨리기도 하였으며, ISIS는 On, Off 라인을 교묘하게 이용하여 끊임없이 무고한 시민을 살인함으로써 국내의 정치적 문제를 세계적인 문제로 확산하였다.

이미 Digital System을 이용하여 경쟁국이나 적대국의 선거제도에 침투하여 선거 당선자를 바꾸는 작업이 세계 각국에서 진행되고 있는데 이러한 현상이 확실하게 나타난 2016년 미국 제45대 선거에서 Trump를 대통령으로 당선시키기 위한 사건과 한국에서 발생하고 있는 2020년과 2024년의 국회의원 선거, 2022년의 제20대 대통령 선거와 2025년 제21대 대통령 선거는 외국 정부가 노골적으로 개입한 선거로 나타나고 있다.

Trump는 2016년 11월에 실시한 제45대 대통령 선거에서 미국의 적대국인 Russia를 이용하여 결과적으로 대통령에 당선되었으며 그의 이적행위를 단죄하지 못한 것은 미국이 현재 직면하고 있는 사법부와 정치권이 보여주고 있는 법치주의의 한계인 것이다. 즉, Trump가 사전에 알고 있었을 것으로 추정되고 있는, 선거 직전에 발생한 당시 민주당의 대통령 후보였던 Hillary Clinton의 email Scandal은 Manafort와 Russia, wikileaks 등이 공동으로 추진한 사건이었다. 또한, 결과적으로 대통령 선거 결과를 Trump의 당선으로 발표하자 Russia에 있던 Putin의 핵심 측근인 Dmitry는 "Putin이 승리했다."고 말했다. Russia의 과두정치인들이 미국의 대통령 선거를 깊이 개입하여 여론을 조작함으로써 제45대 미국 대통령으로 Trump가 당선하도록 도와준 것이다. (American Oligarchs Published by Norton Paperback 2020 by Andrea Bernstein 306, 319, 325~326 page 참고)

한국의 경우에는 2020년 이후에 실시한 각종 선거에서 중국이 Digital 기술을 이용한 Soft 방식으로 선거에 개입하여 결과적으로 한국에 친중국 성향의 정권이 들어섬으로써 한국을 포함한 아시아에서 미국의 영향력이 감소하도록 노력하였으며 Digital에 의한 Hacking에 상대적으로 둔감한 한국이 차츰 중국의 영향력 범위에 들어가고 있다. 2025년 6월 3일에 실시한 한국의 21대 대통령 선거에서 세계적으로 영향력이 있는 국제선거감시단이 직접 방한하여 지켜본 결과를 발표하면서 중국의 고위 직책을 가지고 있는 자의 실명까지 거론하면서 중국이 개입한 부정선거라고 단정적으로 규정하였으며 이러한 내용에 대하여 한국의 언론은 전혀 보도하지 않는 것은 한국 언론도 중국의 영향을 깊이 받고 있으며 부정선거라고 반증하는 것을 보여주는 것과 같다.

5) 중산층의 몰락과 국가의 붕괴

앞에서 언급한 것처럼, 한 국가의 사회적 안정을 위해서는 강력한 중산층을 유지하는 것이 매우 중요한데, 어떤 이유에서든-전쟁, 전염병, Tsunami, Hurricane, 지구온난화 등의 자연재해, 장기적 경제 불황 및 산업 환경의 급변으로 인한 사회구조의 변화 등-사회의 안정판 역할을 하는 중산층이 엷어지거나 사라지면 국가의 기능이 제대로 작동하기가 매우 힘들어 국가가 후퇴의 길로 걷게 된다.

또 다른 형태로는, 제2차세계대전 전의 독일처럼, 한 국가의 실질적인 정치체제가 부정적으로 변하면서 삼권분립이 무의미하게 되고 일당독재정권으로 전환되어 집권 세력에 대한 사회적 비판 기능이 상실되면 자유민주주의 제도가 무의미하게 되며 자유로운 사고가 전제되는 시장을 중심으로 한 자본주의 체제도 무너지게 된다. 이는 중, 장기적으로 산업의 혁신이 약화하면서 신분의 사회적 이동도 제한되어 중산층이 몰락하고 사회가 혼돈의 나락으로 빠지게 되는 것이다. 이러한 현상은 지금도 세계에서 다양한 형태로 진행되고 있다.

특히, 20c 중반부터 강하게 형성된 중산층은 자본주의의 "Golden 시대"를 구가하면서 미국을 중심으로 하여 빠른 성장과 안정을 가져왔으며 국민 스스로 국가에 대한 자부심과 소속감을 강하게 유지하였다.

그러나, Milton Friedman이 주도한 신자유주의 경제학이 1980년부터 미국과 영국의 경제 정책에 반영하고 민간 부분에서 근로자 보호와 사회에 대한 기여 등의 기업 관계자의 이익을 고려하기보다는 주주의 이익 극대화에 기업의 중심을 강조하면서 불평등이 차츰 악화하였으며, 이제는 이러한 경제 정책의 후유증과 경제에 부정적인 영향을 주는 다양한 국제적, 국내적 사건과 기후 온난화 등의 자연재해, 그리고 이것을 회복하는 과정에서 상대적 불이익을 받게 된 중산층 이하의 계층 등으로 인하여 세계 대부분의 국가에서 중산층의 약화가 지속되고 있다. 위기에 대한 충격에 상대적으로 약한 중산층 이하 소득계층이 상대적으로 소외되어 불평등이 차츰 확대된 결과이다. 즉, 세계 인구 70% 이상의 재산이 US $100,000 이하이며 세계 인구의 8%가 세계 재산의 90%를 차지하고 있다는 것이다.

또한, 2016년에 Forbes가 발표한 자료에 따르면, 세계 10대 부자가 총 US $5,050억을 소유하고 있다고 발표했다. 물론, 불평등은 확대되었지만, 많은 국가에서 중산층의 소득이 빠르게 늘어나고 있었으며 50년 전에 비하여 삶의 질은 크게 향상되었다. 그러나, 당신은 행복한가?

한국을 포함한 많은 선진국에서 제4차산업의 특징의 하나인 지식산업을 기반으로 한 후기산업사회의 변화가 매우 빠르게 일어나고 있다. 즉, 산업사회에서 전통적이고 안정적인 중산층 역할을 한 Working Class가 산업의 변화에 따라 차츰 사라지고 새로운 사회구조로 변화하고 있는 것을 보여주는 조사가 있는데 미국의 경우에는 1960년의 50%에서 26%로 감소하였으며 독일의 경우에는 1950년의 45%에서 2017년의 24%로 감소하였다. 이와 반대로 상대적으로 저소득층에 속하는 서비스 업종에 종사하는 근로자의 규모는 미국의 경우 1960년의 47%에서 2015년의 73%로 급증하였으며 독일의 경우에는 1950년의 33%에서 2017년의 75%로 급증하였다. 물론, 이러한 현상이 다양한 요인에 의하여 발생하는 것은 당연하며 그 가운데 일부분은 여성의 활발한 사회진출에 기인한 것일 수도 있다.

그러나, 1980년대 이후 산업사회의 기반이 된 대부분의 생산시설이 한국, Taiwan, 중국 등으로 옮겨지고 미국과 일본, 유럽의 국가를 비롯한 선진국에서는 후기산업사회가 진행되면서 공식적인 통계에는 잡히지 않는 만성적인 under-level 취업자 수가 지속적으로 존재하고 있으며, 다른 한편으로는 소위 제3분야라고 하는 개인적으로 지식산업에 종사하는 형태의 직업군이 증가하고 있다. 특히, Consulting 분야와 판매 분야, 의약, 법률, 금융, 언론, Digital 산업 분야에 이르기까지 개인 자격으로 종사하는 직업군이 지속적으로 증가하고 있다. 또 다른 분야는 단순한 서비스업, 최소의 형식적인 수준만 요구하는 분야 등인데, 보안, 청소, 요리, 버스와 택시 운전 등이다.

한편, 후기산업사회에는 산업사회와 비교하면 교육 수준도 훨씬 높아지고 있는데 1950년대에 미국에서 대학 교육을 받은 인구가 전체 인구의 5%에 불과하였는데 2015년도는 30%로 증가하였다. 독일의 경우에는 고등학교를 졸업한 인구의 비율이 1960년의 6%에서 2012년에는 51%로 증가하였으며, 2017년에는 30세에서 35세 사이의 인구에서 거의 1/3이 전문대학이나 대학을 졸업하였다.

후기산업사회에 나타나고 있는 심각한 부정적 요소 중의 하나가 전통적인 Working Class의 중산층 감소와 함께 Ukraine 전쟁, 미중전쟁과 COVID-19 전염병으로 인하여 세계적으로 깊은 Depression 시대가 지속되고 있는데도 불구하고 세계의 대도시를 중심으로 하여 부동산 가격이 폭등함에 따라서 또 다른 계층 간의 분열이 일어나고 있어 기존 중산층의 개념이 차츰 다양한 형태로 분열하면서 불평등이 악화할 가능성이 높은데 국가적으로 이것을 심각하게 받아들여 이에 대한 해결을 적극적으로 모색하여야 한다. 그런데, 사회 전체가 총체적으로 잘 대응하여야 함에도 불구하고 자칫 가볍게 대응할 경우 사회가 20c 초반과 같이 양극화하면서 극단화되면서 Populism과 함께 Communist나 Fascist, 종교적 극단주의자와 같은 극단적인 세력이 범람할 가능성이 있다.

후기산업사회의 중산층은 신중산층(New Middle Class), 구중산층(Old Middle Class), 위태로운 하위계층(Precarious Class)으로 분화되고 있는데 이 가운데 후기산업사회에서 가장 중요하고 핵심적인 역할을 하는 새로운 중산층을 이해하여야 새롭게 변화하고 있는 사회구조를 이해할 수 있다.

신중산층은 공식적인 교육과 비공식적인 숙련을 함께 갖고 있으면서 높은 문화적 자본을 소유하고 있다. 또한, 기본적으로 후기산업사회의 주류산업에서 활동하면서 높은 소득을 받고 있는데 중산층 범위 내에서도 국제적으로 활동하며 상대적으로 높은 소득을 받는 컴퓨터, 과학, 의학, 법률 분야에 근무하는 중산층과 다음 단계인 교육 부문에 근무하는 중산층, 창조적인 분야에서 근무하는 상대적으로 낮은 소득의 중산층으로 구분할 수 있지만, 이들은 문화적 수준의 질과 양적인 측면에서 특별한 삶의 행태를 나타내고 있다. 즉, 이들은 주로 비물질적이고 정신적, 질적인 분야에 근무하며 자녀의 교육에 대한 높은 관심과 활발한 여가 활동, 세계주의적 시각을 보유하고 있으며 정치적 견해 등에서 공유할 수 있는 것이 후기산업사회에서의 신중산층이다.

또한, 이들은 주로 대도시지역에 거주하고 있거나 신도시 위주의 중간 규모의 도시 또는 도시의 규모는 작지만, 세계적인 시각을 함께 공유할 수 있는 도시에 거주하고 있으며, 성공적으로 자신을 개발하기 위한 자신만의 독특하면서도 의미가 있는 삶의 방식과 높은 사회적 위치를 함께 향유한다. 다시 말하자면, 각자 독특한 방식을 통한 삶의 질을 중시한다. 자녀에 대한 교육방식도 자녀의 특기가 무엇이고 무엇이 필요한가를 개발하여 그 방향으로 양육하고자 한다.

이에 반하여, 구중산층은 정주형이며 전통적인 산업에 근무하는 Working Class이다. 이들은 기본적으로 산업사회가 후기산업사회로 변화하면서 더 이상 사회의 주류역할을 하지 못하고 문화와 정치와 언론에서 주목받지 못하여 차츰 역사의 뒤안길로 밀려나는 집단이다. 이들의 학력은 대부분 고등학교를 졸업한 후에 직업훈련을 받고 대량생산을 하는 기업에 취업한 집단이며 후기산업사회가 도래함으로써 상대적으로 불이익을 받는 집단으로 볼 수 있다. 이들은 주로 중소도시나 시골에 거주하고 있다. 이들은 주로 조직에 의존하고 조직에 관여하며 계층적 사회를 선호할 뿐만 아니라 지역적, 사회적 기반에 강한 집착을 한다. 따라서, 가족에 대한 애착도 강하다.

즉, 직업과 가족과 지역사회가 삶의 중심인 것이다. 물질적인 측면에서 구중산층은 여전히 풍요로운 삶을 유지하는 집단이지만 신중산층에 비하여 상대적으로 몰락하는 과정에 있으며 박탈감을 갖게 된 집단이다.

새로운 하위계층인 "위태로운 하위계층(Precarious Class)"은 1980년대 이후에 새롭게 인식되기 시작한 집단인데 중산층에서 탈락하여 새롭게 형성된 하위계층이다. 이 계층의 규모나 이 계층이 사회적으로 내포하는 의미는 각 국가에 따라서 매우 다양하지만, 그 모습은 대부분 유사하다. 이 집단은 노동시장에도 속하지 못하고 정부나 가족의 지원도 받지 못하는 집단인데 사회학자들은 이 집단을 "배제된(Excluded)" 혹은 "여분의(Superfluous)" 집단이라고 부른다. 이 집단은 주로 황폐화한 제조업 위주의 산업지역이나 구조적으로 취약한 지역에서 발견되는데 북부 France 지역, 미국 중서부 지역, 구동독의 일부 지역에서 발견될 수 있으며, 후기산업사회 시대에서 산업사회나 농업에 종사하면서 숙련되지 못한 사람이나 보장받지 못한 직업을 가진 사람도 여기에 속한다고 할 수 있다. (제4차산업(후기산업사회)의 출현과 대응 다솜출판사 출판사 저자 William Lee 2023년 35~49 page 참고)

6) 족벌주의(Cronyism, Nepotism)의 폐해

국민의 선거에 의한 권력의 이동인 자유민주주의 정치체제의 위험성에서 Populism과 더불어 또 다른 중요한 단점은 족벌주의(Cronyism)에 의한 권력 행사이다. 즉, 해당 직무에 대한 능력이 낮거나 없음에도 불구하고 최고 권력자의 친척이라는 이유로-물론 다른 이유를 붙이겠지만-또는, 단지 선거에 도움을 주었다는 이유로 중요한 국가 권력을 행사하는 직책을 임명하는 것은 법치주의 이전에 도덕적인 문제이며 이는 사회적 불평등을 조장할 뿐만 아니라 사회적 안정을 심대하게 해치는 행위이다.

물론, 이러한 현상은 민주주의 사회보다는 견제와 균형, 그리고 언론에 의한 사회적 통제가 전혀 작동하지 않는 다양한 형태의 독재국가에서 더욱 활발하게 나타나고 있으며 결국, 국가가 붕괴하는 한 요인이 된다. 과거의 왕정 독재국가 시대에는 당연한 행태였으며 현대 국가에서도 독재국가에서는 당연시하는 경우가 많다. 현대 국가에서 이러한 국가의 예를 보면, 북한, 중국, Syria, Saudi Arabia, Cuba 등을 제시할 수 있다.

민주주의 사회에서 나타날 수 있는 부정적인 행태의 모든 것을 법으로 제한하기는 매우 힘들기에 상당한 부분을 집권자의 높은 도덕성에 의존하는 것인데 이와 유사한 Nepotism에 따른 친척이나 자식들에게 중요한 직책을 맡기는, 미국에서 일어나는 상황은 결코 바람직하지 않다. 이와 같은 현상은 민주주의 국가에서도 볼 수 있는데 미국의 45대 대통령 시절의 trump 대통령은 사위를 비롯한 자식들에게 공공연하게 공직을 부여하였으며 현재 진행되고 있는 미국의 47대 대통령 시대도 유사한 행태를 보이고 있다.

여기서 Cronyism과 Nepotism에 대하여 간단하게 차이를 언급하면,

Cronyism과 Nepotism의 행태는 유사하지만, 범위에서 차이가 있으며 Cronyism은 친구나 지인 등에게 법적 위치를 부여하는 것을 말하며, Nepotism은 가족에게 법적 지위를 부여하는 것이다. 능력과 무관하게 법적 권한을 부여하여 공정성을 해친다는 점에서는 유사하다.

이에 더하여 양자의 행태에서 또 다른 유사한 점은 정부가 수행하여야 하는 사업을 합법성으로 포장하여 이들에게 제공함으로써 경제적 이익을 취하게 하는 것인데 공정성을 심각하게 위반하여 불평등이 확대하면서 동시에 정당성의 훼손을 가져와 국가의 결속력이 저하와 분열의 단초가 된다.

Cronyism과 Nepotism과 같이 공정성과 평등을 심각하게 훼손하면서 주로 정치적인 행태로 나타나는 것은 과두청치(Oligarchy)라고 할 수 있는데 현재 이러한 정치적 행태를 보여주고 있는 국가는 Russia이며 중국의 집단지도체제도 이러한 정치적 행태라고 볼 수 있다.

이러한 부정적인 정치 행태는 민주주의 국가 제도에서도 법치주의가 후퇴하면서 훼손되는 경우에는 언제든지 나타날 수 있으며 아시아 지역에서 대표적인 예로 들 수 있는 국가는 한때 아시아 지역의 강국이었던 Philippine을 들 수 있는데 이 국가를 포함하여 법치주의 수준과 투명성의 수준이 낮은 동남아시아 지역의 많은 국가가 비록 민주주의를 내세우고 있지만 실질적으로는 족벌주의가 공공연하게 만연한 상태이다.

7) 중앙집권적 경제 제도의 폐해

Soviet Union이나 현재의 Russia, 마오쩌둥 시대의 중국, Argentina, 북한 등에서 보듯이, 국가의 정치제도 차이에도 불구하고 중앙집권적인 경제 제도의 중요한 단점인 관료제도와 무사안일, 창의성 부족, 만연한 부정부패, 자유와 법치주의에 기반한 시장경제의 확립 무시 등을 극복하기가 매우 힘들다. 물론, 산업이 전무한 산업 발달 초기에는, 박정희 시대의 한국이나 덩샤오핑 시대의 중국, Singapore의 리콴유 총리에서 보듯이, 집권자의 의지에 따라 어느 정도 경제 발전이 가능할 수는 있지만, 일정 수준이 넘어간 뒤에도 국가가 대부분의 산업을 주도하려고 한다면 자유민주주의와 자본주의의 핵심 가치인 자유와 창의성을 심대하게 저해하는 것이기에 지속적인 산업의 발전이 실패할 가능성이 매우 높다. 이는 결국 불평등의 심화로 이어지고 빈곤의 나락으로 추락하여 국가의 발전이 멈추거나 퇴보할 수밖에 없다. 물론, Singapore의 경우는 정치적 독재를 지속하고 있지만, 인구가 600만명 내외의 작은 도시국가이며 시장경제를 지향하고 새로운 산업을 꾸준히 모색하고 있으며 법치주의를 강조하면서 부정부패를 강하게 배척하는 투명한 사회를 지향하고 있다는 점에서 예외로 볼 수 있다.

그러나, 현대사에서 우리가 알고 있는 것처럼 규제적 자유시장 경제를 수용하지 않는 국가는 다양한 부정적인 요인으로 인하여 결과적으로 후퇴의 과정을 밟게 된다.

이에 대한 내용을 자세히 살펴보면, 첫째, 중앙정부가 모든 경제활동(생산, 분배, 가격 등)을 계획하고 통제하려고 하지만, 실제로는 방대한 정보를 정확하고 빠르게 수집, 분석하는 것이 불가능하다는 것과 둘째, 정부가 생산량과 자원의 분배를 결정하면서 수요-공급의 자연스러운 조정을 무시함으로 인하여 과잉 생산(필요 없는 물건이 넘침) 혹은 공급부족(필요한 물건이 부족함)이 반복적으로 발생하며 셋째, 중앙의 통제경제 아래에서는 기업 간 경쟁이 사라지거나 제한되어, 효율성, 품질, 기술 혁신에 대한 동기 부여가 낮아지고 개인이나 기업이 위험을 감수하면서 새로운 Idea나 기술 개발에 나설 유인책이 거의 없다. 넷째, 부패와 관료주의가 만연하여 모든 경제적 권한이 중앙정부에 집중되면서 권력남용과 부정부패가 빈번히 발생하고 경제 의사결정이 정치적 이해관계에 따라 왜곡되며, 비효율적이고 경직된 관료 체계가 형성된다. 다섯째, 소비자가 원하는 제품이 없고, 품질도 낮아-Soviet Union의 전자제품, 동독의 자동차 등-개인의 선호나 실제 수요가 계획 과정에 반영되지 않고 있어 소비자 불만과 불편이 발생하여 소비자의 수요를 실질적이고 정확하게 반영하지 못한다. 여섯째, 임금이나 성과가 중앙에서 일괄적으로 결정되며, 성과에 따른 보상이 희박하므로 노동 의욕과 생산성 저하가 심각한 수준에 이르고 "열심히 일을 하여도 보상이 없고, 게을러도 처벌 없음"이 사회 전반에 만연하고 무사안일주의 확산하게 된다. 즉, 노동자가 가져야 하는 노동의 동기가 심각한 수준으로 약화한다. 일곱째, 시장의 자율 조정 기능이 없기 때문에, 자연재해, 국제 유가 변화, 외환 위기 등의 외부 충격에 신속하고 유연하게 대응하기 어렵게 된다.

13. 실업과 불평등의 확대

1) 공동체 사회의 본질적 가치

한 국가의 지속적인 발전, 특히 여기서 얘기하고자 하는 "취업을 통한 상대적 평등의 확대"는 국가가 발전하기 위한 본질적 조건으로 그 근저에 내재하고 있는 "자유와 진실의 사회", "공정한 사회와 이를 위한 법치주의 사회"에 대하여 강조하지 않을 수 없기에 여기서 잠깐 언급하고자 한다.

최근 미국과 영국, France, Italy, Russia, 중국, 일본, 한국 등의 세계의 주요 국가들이 제2차세계대전 후의 약 80년만에 정치적으로 극좌 세력과 극우 세력으로 양극화되어 공동체 의식이 약화하면서 사회가 극단화되고 있다. 그러나, 소위 진보, 보수 등의 가치보다 상위에 있는 자유와 평등, 공정한 정의 등이 사회 구성원 서로의 신뢰를 향상하여 사회의 결속력을 강화하는 중요한 요소이다. 즉, 진보와 보수는 "국민의 정신적, 물질적 삶을 어떻게 향상할 것인가."하는 방법론의 차이에 불과하기에 토론을 통하여 "서로의 방법을 어떻게 잘 조화시킬 수 있을 것인가."하는 것일 뿐이다. 예를 들면, 호주, Canada 및 Belgium, Netherlands, Luxembourg, Denmark 등의 북구 유럽 국가와 같이 자유민주주의 정치제도를 유지하면서 절대적 평등을 확대하기 위하여 사회민주주의 방식으로 조화시키는 것도 하나의 방법이 아닐까 생각한다. 특히 북구 유럽 국가들의 경우에는 미국보다도 훨씬 높은 1인당 GDP와 높은 경제성장률을 유지하면서도 불평등지수가 낮고 세계적으로 행복지수가 높은 국가에 속하고 있다.

따라서, 정치적 양극화의 한 원인인 기회의 불평등과 소득과 자산의 불평등이 1980년대 이후 꾸준히 확대하면서 신뢰의 약화도 함께 진행되어 공동체의 일원으로서 갖게 되는 공정성에 대한 회의와 자유의 중요성에 대한 인식이 낮아지면서 국가와 사회에 대한 소속감이 약화함으로써 상대적 박탈감도 증가하여 차츰 정치적 양극화 현상이 확대하기 시작하였다. 그 중요한 전환점이 된 미국의 40대 대통령인 Reagan 대통령의 조세정책과 재정정책을 간단히 살펴보면, 그는 1981년 1월 20일 취임하면서 최고 소득세율을 70%에서 28%로 대폭 인하하고 법인세도 최고세율을 46%에서 34%로 인하하였다. 또한 자본소득세도 28%에서 20%로 인하하였다. 이 가운데, 1987년 자본소득세를 28%로 다시 인상하였지만. 그리고, 그의 재정정책 중에 중요한 부분은 각종 복지정책을 대폭 삭감하였지만, 국방비는 큰 폭으로 증액하였다. 결과적으로 미국에서 공동체로서의 본질적 가치가 훼손되면서 평등의 악화가 시작하게 되었다.

또한, 2008년 미국에서 발생한 Subprime Mortgage로 인한 금융위기는 미국에서 불평등이 가속화되는 또 다른 부정적 요인이 되었으며 강력한 중산층을 형성하고 있었던 많은 미국인의 "American Dream"이 사라지고 국가와 사회에 대한 실망감과 상대적 박탈감을 갖게 되었다. 결과적으로 이러한 현상이 차츰 증가하면서 Trump 대통령과 같은 Populism과 극우주의적 성향의 인물이 탄생하였으며 이러한 현상은 법치주의의 파괴와 도덕성의 후퇴를 초래하여 회복하기 힘든 상황까지 초래할 수도 있게 된다. (Narrative Economics Published by Princeton University Press 2020 by Robert J. Shiller 155 page 참고)

이에 반하여, 미국이 경제적으로 심각한 타격을 받는 시기임에도 불구하고 문화의 변화를 통하여 일체감과 소속감을 강조하면서 미국 사회의 결속력과 소속감을 표출한 경우도 있는데 여기서 미국에서 대유행을 가져왔던 청바지에 대하여 간단히 언급하고자 한다.

평등과 민주주의의 상징인 청바지가 일부러 바지의 여러 곳이 낡아진 형태로 유행했던 시기는 1934년, 즉 미국에서 대공황이 진행하였던 시기였는데 최초의 상표는 “Lady Levi’s”이었다. 이것이 바로 다양한 집단이 모여 새로운 형태의 문화와 유행을 반들게 되었다. 빈곤 Style의 문화와 Cowboy Style의 문화, 그리고 방랑자 Style의 목장 문화가 서로 잘 어우러지면서 1940년대는 완전히 새로운 Style의 문화를 창조하면서 반항적인 젊은이의 문화와 여성의 자유를 표현하는 문화 등으로 변화하였다. (상기의 저서 147~148 page 참고)

2) 삶에서 직업의 중요성

돈을 통한 행복의 추구는 고대 Greece 이후 지금까지 인간의 중요한 목적이었다. 고대 Greece 시대의 Socrates, Plato, Aristitle 등으로 이어지면서 돈의 중요성과 돈을 통한 인간이 실행하여야 할 덕목을 언급하였으며 16c 중반부터 17c 중반까지 살았던 영국의 변호사, 정치인, 역사학자였던 Francis Bacon은 돈이 인간에게 행복을 가져다주는 최소의 조건이라고 이야기하였다. 물론, 돈은 인간의 삶에서 매우 중요하기 때문에 수많은 철학자나 학자들이 다양한 시각으로 분석하고 연구하였지만 여기서 간단히 몇 사람을 추가로 언급하자면, 17c 영국의 철학자이면서 정치철학자인 John Locke를 들 수 있으며 근대 자유주의의 아버지라고도 불리는 그는 시민사회의 첫 번째 목적은 돈을 포함한 재산을 보유하는 것이라고 설파하였다.

그리고, 18c 중반부터 19c 중반까지 살았던 영국의 철학자이자 법학자이면서 사회개혁가로 유명한 Jeremy Bentham은 돈에 대하여 경제적 시각으로 접근하여 네 가지 공리를 언급하면서 첫째, 돈은 행복을 제공한다. 둘째, 돈이 많으면 많을수록 행복의 강도는 낮아진다. 즉, 한계효용체감의 법칙을 제시한 것이다. 셋째, 행복이 반드시 돈의 규모와 비례하지는 않는다. 넷째, 행복에 대한 부의 효과는 부가 증가함에 따라서 줄어든다. 즉, 부는 행복의 한 조각이다. (Risk, Choice, and Uncertainty Published by Colombia University Press 2020 by George Szpiro

44~45page 참고)

마지막으로 독일의 정치경제학자인 Karl Marx는 그의 저서 Capital에서 노동의 가치를 생산 가치와 사용 가치로 분리하여 평가하면서 노동의 경제적 가치를 돈으로 환산하였으며 행복과의 관련성을 제시하였다.

이처럼 대부분의 인간에게 직업은 당연히 돈과 관련되어 있지만 이러한 경제적 가치 이상의 매우 중요한 삶의 일부이다.

역으로 실업 상태의 인간은 경제적 빈곤뿐만 아니라, 극심한 Stress와 존재감 상실, 근심, 심리적 압박감과 이로 인한 상대적인 생명의 단축, 그리고 심할 경우 자살과 마약 등의 약물 중독, 흡연 증가, 범죄 등으로 이어지며, 이는 비단 당사자뿐만 아니라 가족 등의 다른 사람에게도 부정적인 영향을 주고 결과적으로는 사회에 심대한 경제적, 정신적 불안정을 야기한다. 대표적인 예가 1930년대의 세계적인 대공황이 10년 넘게 이어지면서 제2차세계대전 발발 직전 극우적인 Nazi 당의 Hitler가 정권을 잡게 된 이유 중의 하나가 독일의 극심한 경기 침체로 인한 실업률이 40%를 넘을 정도로 경제적, 사회적으로 상황이었다. 물론, 이 시기는 미국의 실업률도 매우 높아 25%에 이를 정도였으며 높은 실업률은 수요 부족과 과잉 공급으로 이어지면서 지속적인 물가 하락이 발생한 경제적 악순환이 10년 가까이 발생하였는데 Roosevelt 대통령의 New Deal 정책과 1939년 제2차세계대전의 발발로 긴 불황의 늪이 끝나게 되었다.

한편, 각 국가의 문화적 차이에 따라 다르지만, 가족을 보호하기 위하여 가정의 안살림을 챙기는 주부의 역할도 삶의 질을 향상하는 매우 중요한 한 축이기 때문에 직업으로 평가하여 함께 생각하는 것이 더욱 현실적인 접근으로 볼 수 있다.

특히, 20대 중반 이후와 50대까지의 연령층은 가정을 형성하고 후세대를 양육해야 하는, 자신에 대한 삶의 의미를 극대화해야 할 시기인데, 이 시기의 실업은 국가 전체의 사회적 문제를 일으킬 수밖에 없다. 즉, 취업이 늦어지거나 가정의 형성이 늦어지면, 삶의 성취감이나 행복이 상대적으로 위축될 수 있고, 이것이 곧 개인적인 삶의 행로 전체에 심각한 부정적인 영향을 주게 될 수 있다. 20대와 30대의 삶이 인생의 후반기까지 많은 영향을 주어 60대 이후의 삶을 결정하기 때문이다.

앞에서 언급한 일반적인 경제 상황뿐만 아니라, 2008년 미국의 subprime mortgage가 촉매가 되고 2020년 세계적으로 확산하기 시작한 COVID-19 전염병이 상황을 더욱 악화하게 만든 작금의 세계적인 Great Recession 시기에 제4차산업이 빠르게 발전하면서 여기에 발맞춰 급증한 새로운 직업의 행태- 예를 들면, Freelance 형태의 1인 사업, 2개의 직업, Gig-Job, 장기적인 실업 상태, 임시직 등의 Underemployment-가 통계로 집히기 힘든 상태로 유지되면서, 취업은 하였지만 만성적인 빈곤 상태가 지속되는 경우가 세계 대부분의 국가에서 발생하고 있다. 이것을 한 눈으로 알 수 있는 것이 미국의 예에서 나타나는 것처럼, 완전고용은 유지되지만 명목 임금 상승은 정체상태인 것이다.

즉, "완전고용의 상태에 이르면 명목 임금이 급상승한다는 Phillips Curve의 이론"이 수정될 수밖에 없는 현실이 장기화하고 질 좋은 직업과 소득의 계층상승 가능성이 매우 낮아지면서, 사회적 불안을 야기하고 경제적 중, 하위계층의 불만이 증폭됨에 따라 비이성적이고 극우적, 극좌적 성향이 국민 사이에 자주 표출되게 된다. 이것이 곧 정치적으로 극우 성향인 미국의 Trump 대통령이 탄생한 이유 중의 하나이다.

이처럼 현대 사회에서 인간에게 직업이 중요하다는 것에 대한 개인 차원, 사회적 차원을 넘어 국가적 차원에서 바라보면, 국민이 직업을 갖는다는 것은 국가의 세수를 확보하는 것을 의미하며 동시에 국민에게 실업이 발생할 경우에 정부가 부담하여야 할 실업보험, 재교육 등과 같은 복지 비용이 줄어든다는 점에서 보면 한 개인이 직업을 갖는다는 것은 사회 전체적으로 매우 중요한 의미를 갖는다.

따라서, 국가는 국민에 대한 높은 수준의 교육을 제공하는 것도 중요하며 이와 함께 지속적인 새로운 직업, 즉 산업의 창출도 매우 중요하다. 그리고 국가는 이러한 환경을 위하여 혁신적인 사고를 보유하고 있는 기업가에 대한 지원이 중요하며 이러한 사회를 조성하기 위한 자유와 법치주의의 중요성도 인식하여야 한다. 다양한 경제적, 사회적, 정치적 환경이 선순환의 고리를 형성하여야 하는 것이며 단지 노동자의 고용과 최저임금 등과 같은 단선적인 시각으로 바라보면 오히려 국가가 추진하려는 지속적인 고용 창출이 실패할 가능성이 높다.

또한, 최근에 세계적으로 빠르게 발전하고 있는 AI(Artificial Intelligent)로 인하여 고용의 감소 가능성이 있지만, 이러한 기술의 발전을 막을 수 없는 것이며 AI와 새로운 고용 창출이 서로 협력할 수 있는, AI를 이용한 최대한 다양한 산업의 창출과 같은 긍정적 방향으로 정부와 기업과 사회는 나가야 한다.

3) COVID-19 전염병과 관세전쟁이 가져온 Depression

2019년 하반기에 조짐을 보이기 시작하였는데 이에 대한 신속한 대처에 실패하여 2020년부터 전 세계를 휩쓸었던 COVID-19 전염병은 경제적. 사회적으로 큰 변화를 일으킬 수밖에 없었는데, 20c 이후에 발생한 두 번의 세계 전쟁을 포함한 많은 사건 중에 경제적, 사회적 변화 중에 가장 커다란 변화를 일으킨 사건이다. 특히, 또 다른 세계 경제 침체는 20c 후반부터 급격하게 발생하기 시작한 빈부격차를 더욱 심화시킬 것으로 예상되는데, 빈부격차 해소를 위한 국가의 정책 성공 여부와 함께 미중전쟁, 전염병에 대한 극복과 2025년 들어와 새로운 악재로 부상하고 있는 미국의 세계를 상대로 한 관세전쟁과 제4차산업에 대한 각 국가의 성공적 대응 여부에 따라 향후의 세계 경제 구도가 크게 변화할 것이다.

현재 예상할 수 있는 것은 상대적으로 인건비 부담이 낮아진 제4차산업의 3D, Robots, AI, Network를 이용한 Platform 산업의 본격화 등과 함께 COVID-19 전염병은 20c 중반 WTO, GATT 체제와 국가 간의 자유무역 협정 등으로 인하여 크게 진전된 Globalization을 후퇴시킬 것이다. 즉, 저임금을 기반으로 한 산업의 후진국 진출은 상대적으로 낮아질 것이며, 오히려 국가의 정치와 경제 제도 및 국가의 투명성과 인구구조 등이 투자의 주요 변수가 될 것이다. 여기서 미중전쟁과 COVID-19 전염병으로 떠오른 중국의 세계 경제에 대한 위험성과 새로운 세계의 공장-비록 과거에 비하여 생산 공장의 역할이 낮아지겠지만-과 분산 등이 또 다른 과제로 나타날 것이다.

물론, 최근에 India, Indonesia, Vietnam, 동유럽 국가들 등으로 생산 시설이 분산되는 현상이 이미 나타나고 있다.

COVID-19 전염병과 세계 경제 공급망 재편 과정, 미중전쟁 등을 겪는 과정에서 세계 경제가 아직 과거 수준의 성장률을 보이지 못하고 있으며 이미 언급한 것처럼 근로자의 근로 형태도 다양하게 변화하고 있어 근로자를 위한 사회안전망의 강화가 매우 절실한 시기이다.

여기서 IMF가 발표한 자료를 인용하여 세계 실질 GDP 성장률을 구체적으로 살펴보면, 2020년 −3.5 %, 2021년 6%, 2022년 3.2%, 2023년 3.0%이며 2022년 이전의 10년 동안의 세계 평균 실질 GDP 성장률은 3.7%이었다. 즉, 세계 경제가 정상적으로 회복하지 못하고 있는 것으로 보인다.

그런데, 2025년 1월 미국의 47대 대통령으로 Trump 대통령이 취임하면서 세계를 상대로 관세전쟁을 시작함으로써 세계 경제에 어두운 그림자가 드리워지고 있으며 그동안 자유세계의 경제를 이끌어왔던 Pax Americana의 시대가 차츰 내리막길을 걸을 가능성이 높을 것으로 보인다, 매우 아쉽지만. 과거 1930년대의 세계 대공황(Great Depression)이 발생한 주요 원인 중의 하나가 미국과 유럽과의 관세전쟁이었다는 것은 미국이 시작한 관세전쟁이 앞으로 세계 경제를 어떤 방향으로 이끌고 갈 것인가를 알려주는 좋은 방향타가 될 수 있다. 물론, 당시의 상황과 여러 가지 측면에서 차이는 있지만.

여기서 1930년대 대공황의 주요 요인을 간단히 언급하면, 1920년대의 과다한 물량 생산, 금본위 화폐로 인한 지속적인 Deflation, 미국 연방준비은행(Fed)의 소극적 대응, 미국과 유럽 국가들의 관세전쟁 등을 들 수 있다. 미국은 1930년대의 대공황을 극복하기 위하여 미국의 32대 대통령인 Franklin D. Roosevelt 대통령(임기: 1933년~1945년)은 영국의 경제학자인 Keynes 경제이론을 받아들여 수요 확대에 기반을 둔 New Deal 정책을 실시하였으며 효과가 차츰 일어나고 있는 시점에서 제2차 세계대전이 발생하여 전쟁 특수가 일어나면서 대공황이 마무리되었다.

그러나, 지금 Trump 대통령이 주도하는 관세전쟁은 미국의 무역적자를 극복하기 위하여 중요한 제조업을 다시 미국으로 불러들이겠다는 의지로 시작하였지만, 그는 미국의 힘을 너무 과신하였으며 결과적으로 미국뿐만 아니라 세계의 많은 국가가 경기 침체의 늪으로 향하게 될 것이며 이 글의 주제인 평등을 더욱 악화시켜 미국에서는 자신의 지지층을 떠나게 할 것이다. 세계의 많은 중산층 이하의 사회적 약자를 위하여 나의 예상이 틀렸으면 좋겠지만...

물론, 현재 Canada가 추진하고 있는 것처럼 미국을 제외하고 독일, 일본, 영국, 호주, Mexico 등과 같이 자유 국가를 중심으로 한 "새로운 경제 공급망 체계"를 구축하기 위하여 시도하고 있는 것처럼 각 국가가 어떻게 대응하느냐에 따라서 관세전쟁의 영향에 대한 차이는 있을 것이다.

4) 산업의 대전환과 구조적 실업의 장기화 가능성 극복

세계 경제는 제4차 산업으로의 대전환으로 장기적. 구조적 실업을 유발할 수밖에 없는데, 미국과 중국의 계속되는 Soft 전쟁, Russia의 Ukraine 침략전쟁, COVID-19 전염병 등과 더불어 현재 미국이 세계를 향해 진행하고 있는 관세전쟁을 포함한 세계화의 후퇴 현실화와 인구의 급격한 노령화, 새로운 형태의 불완전 고용으로 인한 불평등의 확대, 심리적. 정신적 건강 악화, 정치적, 사회적 Populism 유행 가능성, 국민 사이의 불신감과 극단화 등과 같은 다양한 부정적 요인들을 최소화해야 하는 심각한 의무를 국가가 지고 있다.

이를 위하여 재교육과 제4차산업으로의 신속한 대응을 위한 다양한 기업의 활성화 및 건전한 재정을 유지함과 아울러 생산적인 각종 사회보장 제도의 활성화를 통하여 제4차산업을 기반으로 한 새롭고 다양한 직업의 창출->사회적 결속력 강화->국민의 정신적, 육체적 건강 유지->복지 비용을 포함한 각종 사회적 비용 효율적 운용->국가 재정의 건전성 유지->젊은 인구의 지속적인 유입->지속적이고 수준 높은 새로운 교육(인성 교육 포함)->제4차산업을 기반으로 한 새롭고 다양한 직업 창출의 선순환 경제구조를 안착하여야 할 것이다.

미국의 여론 조사 기관인 PEW에서 조사한 Trust Index에서 보여 주는 것처럼, 대부분 국가의 Trust Index가 하락하고 있는 것은 국민이 극우 또는 극좌적인 경향을 보이는 것도 한 원인이기도 하지만, 또 다른 중요한 원인은 실업의 장기화에서 나타나기도 한다. 특히, 부정부패 지수가 높은 국가에서 발생하는 실업의 장기화는 국가 체제와 제도에 불만이 더욱 쌓일 수밖에 없으며 Trust Index가 더욱 낮게 나오는 것이 어쩌면 당연한 현상일수도 있다. 그리고, 이러한 상태가 장기적으로 지속되면 국가가 존속하기 매우 힘들어지며, 종국에는 소득 상위계층도 피해를 볼 수밖에 없는 것이다. 이것을 사전에 방지하면서 지속 가능하고 건전하게 발전하는 사회를 유지하기 위해서는 박애 정신과 공정한 정의, 법치주의, 자유와 평등이 높은 수준으로 지속되어야 하는 것이다.

한편, 여기서 이러한 문제를 Chat GPT에 질문하여 그의 답변도 살펴보겠다.

Digital 전환, 탄소중립, 인공지능 등 급격한 기술, 산업 변화 속에서 고용의 불균형과 실업 문제를 어떻게 해결할 것인가에 관한 매우 중요한 문제이며 이에 대한 극복 방안을 아래와 같이 정리할 수 있다.

산업의 대전환과 구조적 실업 장기화 극복 방안

첫째, 미래 역량 중심의 교육 및 직업훈련 강화

Digital, AI Literacy 강화: 초, 중, 고 및 성인 교육 과정에 Digital

역량 교육을 강화

직업 재교육 확대: 실업자와 전직 희망자를 위한 맞춤형 재교육 Program 운영

산학협력 확대: 기업 수요에 맞는 실무형 교육과정 운영

둘째, 전환기 산업정책과 고용정책의 연계

전환 산업 육성과 일자리 창출의 연계: Green Energy, Bio Health, 반도체 등 미래 유망산업에 고용 창출 유도

고용 영향 평가 제도 도입: 정책 시행 전 고용 영향 분석을 통한 대응 전략 마련

셋째, 사회안전망의 촘촘한 구축

실업급여 제도 강화 및 지속 가능성 제고

기본소득 혹은 전환 소득 시범 도입: 장기 실업자나 직업 전환기에 있는 이들을 위한 지원책 검토

사회적 일자리 창출 확대: 공공서비스, 돌봄, 지역사회 기반 일자리 확대

넷째, 노동시장 유연안정성(flexicurity) 확대

고용의 유연성: 노동시간 단축제, 탄력근무제, 원격근무 제도 도입 촉진

안정성 확보: 직무 기반 임금 체계, 전직 지원 Service 강화

다섯째, 신산업 창업 및 혁신 생태계 조성

Start-Up 및 Venture 기업 지원: 창업 자금, 세제 혜택, 규제 Sand Box 제도 활용

지역 산업 다변화: 지역 기반 신산업 육성을 통한 지역 실업 완화

여섯째, 노동시장 Data 기반 정책 강화

정밀한 노동 수요-공급 Matching System 구축

AI 기반 직업 예측 및 경로 설계 지원: 구직자에게 미래 유망 직업 추천 및 맞춤형 경로 제공

5) 부채와 복지 그리고 불평등의 최소화

국가 부채를 어느 정도 유지하면서 국민에게 어느 정도의 복지 수준을 보장해야 하는 것을 수치로 정확하게 제시한다는 것은 매우 힘들다. 물론, 어느 자료에는 국가 GDP 기준으로 90%의 국가 부채가 적정하다고 언급했지만, 이는 사실 무의미한 수치일 수 있다. 예를 들면, 일본 정부의 경우 부채가 2024년 현재 GDP의 250%를 초과한 수준인데도 국가부도를 걱정하는 상태가 아니며 미국 연방정부 부채의 경우에는 GDP 대비 124% 상태이며 지속적으로 상승할 가능성이 있지만 일본과 마찬가지로 국가부도를 걱정하지 않는다. 즉, 국가의 신뢰도를 평가하는 것은 단순한 숫자놀음이 아니라, 국가의 규모, 법치주의 수준, 국가의 투명성, 지정학적 요소 등을 종합적으로 반영하여 판단하는 것이다.

따라서, 단기적인 국민의 인기를 의식한 남미의 Venezuela, Argentina, 유럽의 Greece와 같이 부정부패가 심각한 상태에서 비생산적이면서 단기적 안목의 Populism 정책을 시행함으로써 과도한 국가 재정을 소비한다면, 국가 경제가 빠르게 피폐할 수도 있으며, 부정부패가 심하고 국가 규모에 비하여 과도하게 국방비를 지출한다면 옛 Soviet Union처럼 망할 수 있는 것이다. 다른 한편으로는 복지 비용이 다소 과하더라도 새로운 산업과 후세대를 위한 (좋은) 교육과 국민의 결속력을 강화하기 위한 적절한 Medicare와 Medicaid의 시행은 불평등 해소를 위한 중, 장기적인 비용으로서 국가의 지속적인 성장을 위하여 반드시 필요한 것이다.

특히, 2025년 초부터 미국이 시작한 관세전쟁으로 인한 세계 경제 침체 가능성에 대한 정부 차원의 선제적 대응과 2020년부터 유행한 COVID-19 전염병이 유행했던 때와 2008년 발생한 Subprime Mortgage로 인한 금융위기와 같은 시기에는 국민의 생명과 가정의 보호를 위하여 일시적으로 과도한 재정지출은 분명히 필요한 것이다. 제1차세계대전과 제2차세계대전 발발 시에 미국을 비롯한 교전국들이 일시적으로 정상적인 예산 집행을 중단하면서 동시에 무제한의 예산 집행이 가능하도록 실행한 것도 국가 안보를 위한 긴급한 사유가 발생하였기 때문이었다.

또한, 지속적인 산업의 다양화와 새로운 산업을 위한 기초적인 연구 및 교육 등을 위한 외자 유치와 각종 산업의 활성화를 위한 사회간접자본시설(Infrastructure)에 대한 국가적인 투자는 매우 중요한 부분이다.

물론, 과다한 부채는 정부와 민간 분야 모두에게 추가적인 투자와 소비를 망설이게 되고 결국 국가 경제성장의 걸림돌이 되는 것은 분명하기에 부채 확대에 대한 생산적이고 장기적 안목이 필수적이다. 즉, 정부가 현실적으로 감당하기 힘든 규모의 부채와 비생산적인 Populism 정책에 대한 지출은 정부에게 부채위기를 가져와 오히려 불평등이 심화하게 된다. 따라서, 부채의 건전성 여부를 평가할 Check Point를 도입하여 실행하는 것이 불평등을 최소화하는 방법의 하나이다. 예를 들면, Check Point로서 첫째, 소득 대비 부채의 증가 여부와 둘째, 소득과 관련한 부채의 기여도 및 셋째, 명목이자율(Inflation Rate 반영)과 명목성장률(Inflation Rate+실질성장률) 고려, 넷째, 저축과 연결된 부채 확인 등이다. (How Countries Go Broke (The Big Cycle) Published by Avid Reader Press 2025 by Ray Dalio 66~68 page 참고)

이제, 이 문제에 대한 Chat GPT의 내용을 살펴보면,

"부채와 복지 그리고 불평등의 최소화"라는 주제는 현대 경제와 사회정책의 핵심 과제 중 하나이다. 세 요소는 서로 긴밀하게 연결되어 있으며, 다음과 같은 방식으로 상호작용한다.

첫째, 복지와 불평등

복지 확대는 불평등을 줄이는 도구이다.

예: 공공의료, 무상교육, 실업급여, 기초연금 등은 저소득층의 삶의 질을 높이고, 계층 간 격차를 줄인다.

소득재분배 정책(누진세, 사회보장, 보조금 등)은 고소득층에서 저소득층으로 자원이 이동하도록 하여 평등성 강화에 기여한다.

둘째, 복지와 국가 부채

복지를 확장하면 재정지출 증가→정부 부채 증가르 이어질 수 있다.

특히 저성장, 고령화 사회에서는 복지 수요가 급증하며 국가 재정에 부담을 준다.

그러나 복지가 생산성 향상과 사회적 안정성을 유도할 경우, 장기적으로는 재정에 긍정적인 효과를 줄 수도 있다.

셋째, 부채와 불평등

가계부채는 저소득층에게 더 큰 부담이 된다.
소득이 낮을수록 대출에 의존해야 하고, 이자 부담은 상대적으로 커져 빈곤의 악순환에 빠질 위험이 크다.

국가 차원의 과도한 공공부채는 미래 세대에 부담을 전가하거나, 복지 축소로 이어질 수 있어 불평등 심화로 연결될 수 있다.

넷째, 세 요소의 균형적 해결 방안

- 조세개혁: 고소득층, 대기업에 대한 조세 강화
- 지출 효율화: 복지 누수 차단, Targeting 강화
- 성장잠재력 강화: 교육·R&D 투자로 장기 세수 확대
- 사회 투자형 복지국가 Model(ex. 북유럽)
- 금융 접근성 강화: 공공금융, 사회적 금융 도입
- 소득 기반 대출제도 및 채무조정제도 강화

다섯째, 결론

부채, 복지, 불평등은 각각 따로 해결할 수 있는 문제가 아니다. 지속가능한 복지 시스템을 구축하면서도, 국가 재정을 안정적으로 운영하고 소득 불균형을 완화하는 총체적 정책 설계가 필요하다.

6) 직업의 창출과 중산층의 확대

이미 이 글의 3장 "정치적, 경제적 제도와 평등"의 4) "중산층의 중요성"에 대하여 언급하였을 때 인용했던 "Nudge 2008 by Richard H. Thaler & Cass R. Sunstein"라는 책의 내용을 다시 언급하자면, "인간이 200원을 획득했을 때의 기쁨의 정도는 100원을 잃었을 때의 슬픔의 정

도와 같다."는 것은 곧 인간의 보수성을 적나라하게 보여 줄 뿐만 아니라, 한 국가에서의 중산층 형성의 중요성을 알려주는 것이다.

따라서, 제2차세계대전 종료 후 지금까지 세계 경제는 많은 우여곡절을 겪어 왔지만, 30여개의 자유 세계국가는 꾸준한 경제 발전을 통하여 많은 산업을 일으켰으며 육체노동자와 정신노동자가 국가의 중요한 안정판 기능을 하는 중산층을 형성했다. 그런데, 1980년대 이후 신자유주의 경제 정책으로 인하여 중산층 이하 계층에 대하여 상대적으로 소외되었으며 2008년 이후의 Great Depression과 2019년 말부터 시작된 COVID-19 전염병은 중산층의 두터움이 빠르게 약화하는 과정을 밟도록 하면서 세계 경제를 어렵게 하고 있는데, 이 또한 전 세계에 커다란 tsunami가 휩쓸고 있다고 생각하고 꾸준한 경제 발전과 제4차산업을 기반으로 한 새로운 산업 환경을 조성하는데 노력하면서 정부는 그동안의 신자유주의 경제 정책을 새로운 산업과 사회 환경에 맞도록 전환하면 비록 시간이 걸릴지라도 좋은 직업을 갖게 되는 중산층이 형성되어 국가의 안전판 기능을 하게 될 것이다. 이러한 방법들은 이미 앞에서 여러 가지 주제로 제시하였는데 한마디로 언급하면 Humanism을 깊숙이 반영한 경제 정책과 문화의 변화가 필요하다.

특히, 현재의 경제와 산업 환경은 과거와 매우 다른 형태로 변화하고 있는데 경제학적 측면에서 고용과 명목 임금 상승의 상관관계를 보여 주는 Phillips Curve는 경제에 대한 기본적인 이해에는 도움이 되겠지만 현대 경제의 새로운 산업 형성과 복잡한 산업 환경을 설명하기에는 한계가 있을 수밖에 없다. 다시 얘기하자면, 명목 임금 상승과의 상관관계는 완전고용뿐만 아니라 생산성 향상, 해당 산업의 성장성 여부, 세계화 여부, 부정부패 지수, 예상되는 물가상승률, 주택 보유 여부에 따른 임금노동자 이동의 용이성 여부 등의 다양한 변수에 의하여 결정되는 것이다.

따라서, 빈부격차의 확대에 따른 중산층의 상대적 박탈감을 Phillips Curve로 설명할 수 있는 것은 아니다. 예를 들면, 오히려 임금구조는 최저임금과 같은 최소한의 부분에 대한 정부의 개입을 지외하고 민간 분야에 위임하되 부의(negative) 세금, 부유세 등을 포함한 소득재분배를 위한 조세제도 개편과 각종 복지를 위한 국가 재정의 건전한 지출 및 금리 등의 재정정책과 금융정책 등의 거시 경제학적 접근을 통하여 중산층의 상대적 박탈감을 해소하여야 할 것이다. 여기서 추가로 간단하게 언급하여야 할 것은 환경문제인데 이 문제는 지구 전체의 문제이면서 평등 문제와도 직간접적으로 연결되며 친환경을 위한 새로운 산업의 발전은 좋은 직업의 창출과 중산층의 확대 및 지속적인 발전에 매우 중요한 문제이기에 국가가 반드시 중점을 두고 실행하여야 할 정책인 것은 당연하다.

이제 Chat GPT에 따른 AI의 생각을 알아보면,

첫째, 직업 창출이 중산층 확대를 이룬다.

양질의 일자리 증가

기술 발전, 산업 전환, 투자 확대 등을 통해 고소득의 안정적 일자리가 늘어나면, 저소득층이 중산층으로 이동할 기회를 얻게 된다.

고용 기회의 다변화

다양한 분야(Digital 산업, Service 산업, 친환경산업 등)에서의 직업 창출은 더 많은 사람들이 소득을 안정적으로 얻을 수 있게 한다.

둘째, 중산층 확대가 경제 전반에 긍정적 파급효과를 준다

소비 기반 확대

중산층은 소비 여력이 있어 내수시장을 활성화하고, 이는 다시 기업의 고용 증가로 이어져 일자리를 더 만든다.

선순환구조: 일자리 증가→중산층 확대→소비 증가→더 많은 일자리 창출

사회 안정성 증가

중산층이 넓어질수록 사회의 양극화와 불만이 줄어들고, 정치·경제적 안정성이 높아진다.

셋째, 정책적 지원이 필수적

교육, 훈련

새로운 산업에 필요한 기술을 익힐 수 있는 교육·직업 훈련 Program

이 필요하다.

복지와 세제 정책

중산층이 무너지지 않도록 세금 부담을 조정하고 주거, 의료, 교육 부담을 덜어주는 정책이 중요하다.

중소기업 및 창업 지원

다양한 고용 창출의 주체로 중소기업과 Start-Up이 작동할 수 있게 환경을 조성해야 한다.

넷째, 결론

직업 창출은 중산층 확대의 기반이며, 중산층의 확대는 다시 경제를 성장시키고 더 많은 일자리를 만드는 선순환구조를 가능하게 한다. 이를 위해서는 단순한 일자리 수 증가가 아니라, 양질의 일자리와 포괄적인 사회정책이 함께 추진되어야 한다.

7) 미중전쟁과 불평등 가속화

전염병으로 인한 미국의 인명피해가 계속 증가함으로써, 미국인들의 중국에 대한 "반 중국" 감정이 70%가 초과하여 마무리 단계에 들어설 수도 있었던 미중전쟁이 다시 확대하게 되었다. 그런데, 양국의 경제 규모를 비교해 보면 2023년 기준 세계은행이 발표한 명목 GDP 규모를 비교했던 자료에 따르면, 중국은 미국의 65%의 규모이며 2018년의 68%보다 줄어들었다. 그리고, 새로운 산업인 제4차 산업을 주도하는 기술수준과 UN 산하 단체인 Transparency International의 2024년 자료에 따라 국가 청렴도(transparency) 수준을 비교하면 중국(76위)이 미국(28위)을 따라잡기 쉽지 않다.

Soft 전쟁의 결과는, 인명피해가 없다는 것을 제외하면, 무력을 사용하는 전쟁의 결과와 매우 유사하다. 즉, 양 당사자 모두 피해를 입을 뿐만 아니라 한국, 일본, 유럽 국가 등의 주변국도 심대한 피해를 입게 된다. 물론, Soft 전쟁의 당사국이 가장 많은 피해를 입는 것은 당연하지만, 2025년 현재 중국의 심각한 내수경제 침체가 보여주고 있는 것과 같이 상대적 약자인 중국이 훨씬 심각한 경제적 피해를 입게 되며, 장기화하면 미국과 중국을 포함한 세계 대부분의 국가가 커다란 피해를 입게 되지만, 중국의 경우 독재정권이라는 취약성 때문에 공산당 정권의 안위까지 걱정할 상황이 올 수도 있을 것이다. 이에 더하여, 각 국가의 경제구조와 정치적 상황에 따라서 다르게 나타날 수 있지만, 세계적인 불황은 COVID-19 전염병이 마무리된 뒤에도 계속되고 있다. 이러한 전염병과 미중전쟁과 미국의 세계를 향한 새로운 관세전쟁으로 인한 장기적인 불황은 실업자를 양산하여 불평등을 더욱 악화시킬 위험성이 매우 높다. 개인과 국가, 사회가 모두 공동체 의식을 갖고 장기적 불황에 대비해야 할 암흑의 시기가 도래한 것이다. 2018년 시작한 미중전쟁에 대한 지금까지의 결과는 중국이 훨씬 커다란 피해를 입고 있으며 많은 실업자를 양산하고 있는 것으로 나타나고 있다. 물론, 이 과정에서 시진핑 국가주석의 잘못된 경제 정책도 있었지만. (Not Working Published by Princeton 2019 by David G Blanchflower 참고)

그런데, 2025년 현재 미국과 중국의 경제 상황을 보면 미국의 경우는 Trump 대통령이 2018년부터 진행된 중국과의 Soft 전쟁에 더하여 세계를 상대로 관세전쟁을 확대하고 있으며 그의 명분은 미국에게 일어나고 있는 과다한 무역적자는 해외에서 제조한 물건과 Service가 미국을 상대로 수출함으로써 미국의 적자가 확대하고 있기에 미국으로 매출할 제품과 Service는 미국에서 생산하거나 Service를 제공하여 미국인에 대한 고용 창출과 무역적자를 줄이자는 것이지만, 제4차산업과 관련한 새로운 산업 부분은 약간의 효과를 볼 수 있지만, 산업의 특성상 미국에서 생산하는 것은 기업에 여러 가지로 유리하기 때문이기에 생산하는 것이므로 단순히 관세로 인하여 생산 공장이 미국으로 이전할 수 있는 것은 아니다. 예를 들면, 자동차를 포함한 제조업 등의 산업과 이미 해외에서 기반을 다진 Service가 단지 관세로 인하여 미국으로 회귀하는 것은 어려울 것이며 그의 목적을 달성하는 것보다는 미국제품에 대한 불매운동이나 미국에 대한 악감정이 축적되면서 미국으로의 여행 자제 등의 부작용이 발생하여 미국인에게 많은 새로운 직업을 돌아오는 좋은 결과를 가져올 수 없다. 오히려 그동안 미국 발전의 핵심이었던 새로운 다양한 산업을 일으키기 위하여 이러한 노력을 투자하는 것이 훨씬 좋은 결과를 가져오게 될 것이다. 즉, 1930년대의 대공황에서 보았던 것과 같이 관세전쟁은 모두에게 긍정적인 효과보다는 부정적인 효과가 훨씬 크다는 것이다.

14. 경제 발전과 불평등의 극복을 위한 문화의 혁신

1) 개관

매우 복잡한 경제적, 정치적 환경을 맞이하고 있는 현대 경제에서 어느 한 분야 -예를 들면 정부, 민간 등-가 노력한다고 한 부분을 해결할 수 있는 시대는 과거의 얘기에 지나지 않는다. 다시 얘기하자면, 세계가 매우 다양한 변수로 서로 복잡하게 연결되어 있어 한 부분을 해결하기 위해서는 정교하고 복합적이면서 다층적인 노력을 통하여 해결할 수밖에 없는 것이다. 따라서, 불평등을 해소하기 위해서는 한 개인을 포함하여 정치, 경제, 사회, 언론 등의 사회 각 분야와 지속적인 노력을 통하여 해소할 수 있다. 더욱이 한 국가가 불평등의 극복과 경제발전을 동시에 달성한다는 것은 세계화 시대 이전과 비교하여 훨씬 지속적이고 고된 사회 전체적인 노력이 필요한 것이다.

여기서는 이러한 노력 중의 하나이면서 경제적 측면에서 간과하기 쉬운, 한 국가에 오랜 세월 뿌리 깊이 내재하여 있는 경제에 대한 문화적 영향과 4장 "문화적 측면에서의 고찰"과 중복하지 않는 부분 내에서 이에 대한 부정적 요소의 극복을 언급하고자 한다. 따라서, 유럽의 귀족과 상업 및 수공업을 중심으로 한 Guild 문화, India의 Caste 문화, 한국의 유교와 군사문화 등의 역사와 문화적 특성에 따른 산업과 사회의 변화와 앞으로 변화하여야 할 방향 등에 대하여 살펴보고자 한다. 물론, 문화적 측면의 부정적 요소가 국가발전을 저해하는 부정부패와 교육에 의한 기회의 불평등 확대 등의 다른 부정적 요소와 함께 상호작용하면서 그 영향이 증폭되고 있는 것은 당연한 귀결이다.

2) 불평등의 가속화와 경제발전의 한계

경제가 지속적으로 발전하는 과정에서는 쉽게 느끼지 못하는 문화의 부정적인 측면이 지금과 같은 Depression 시기나 산업의 큰 흐름이 바뀌게 되는 제4차 산업이 도래하는 시대에는 문화의 부정적인 요인이 적나라하게 드러나며, 때로는 이것으로 인하여 국가의 체제가 흔들리기도 하기에 여기서 언급하고자 한다.

극명한 역사적인 예를 몇 가지 얘기하자면, 과거에 잘나가던 Argentina와 Venezuela 등과 같은 Latin America 지역의 많은 국가와 아시아의 Philippines 등이 Populism과 부정부패의 늪에서 허우적거리고, 혁신을 게을리하며 나태한 사회적 분위기 등을 벗어나지 못하여 후퇴와 멸망의 길로 가고 있다. 만일 주변에 과거처럼 영토를 확장하려는 제국주의 성향의 국가가 있었다면 이러한 국가는 이미 역사에서 사라지고 말았을 것이다. 최근에는 중국의 독재정권이 Africa 및 Latin America 국가들을 포함하여 세계의 많은 국가에게 정치적 영향을 확대하기 위하여 암암리에 노력하고 있지만.

여기에 미국의 경우를 바라보면, 2008년 미국에서의 99% 운동과 더불어 급기야는 2016년 극우적이면서 백인 우월주의적 인종차별 성향의 Trump 대통령까지 출현하였으며 2024년 그가 미국의 제47대 대통령으로 재선되어 세계를 상대로 관세전쟁을 일으켜 미국뿐만 아니라 세계를 혼란 속으로 빠뜨리고 있으며 세계 경제가 휘청거리게 하는데 일조하고 있다. 1960년대에 입법을 통하여 흑백 차별을 엄격히 금지하고 흑인에게 선거권을 부여하는데 크게 기여하였으며 2008년에는 미국 역사상 최초로 흑인계인 Obama 대통령까지 등장하였다. 그러나, 수백년 동안 내려온 흑백 차별의 문화, 즉 백인우월주의 문화는 지금도 미국 사회에 뿌리 깊게 내재하고 있는 것을 Trump 대통령의 당선을 통하여 극명하게 보여주고 있다. 특히, 2013년 흑인에 대한 인종차별을 저항하기 위하여 설립한 단체가 그의 구호인 “Black lives matter!”라는 운동은 미국의 인종차별 역사를 적나라하게 보여준 예이었는데 교육과 입법을 통하여, 또는 (때로는 여기서 언급하는 요소를 포함한 다양한 정치적, 사회적 노력과 함께) 국가 지도자의 강력한 지도력을 통하여 문화를 변화시킬 수 있는 계기를 마련할 수는 있지만, 한 문화의 건전한 방향으로의 토착화는 많은 국민이 뼈저리게 변화의 필요성을 느끼지 못하면 수십년, 아니 수백년이 걸릴 정도로 어려운 것이다.

1인당 국민소득이 US $30,000 이상 되는 다른 선진국에 비하여 상대적으로 불평등이 심각한 미국에 대하여 언급하면, 유럽과 비교하여 상대적으로 사교육제도가 발달하고 있으며 교육비 또한 유럽에 비하면 매우 높아 기회의 불평등이 발생할 가능성이 높고 이민 국가인데도 불구하고 제조업, 학교, 연예계 등의 대부분의 산업에서 유색인종에 대한 인종차별 문화가 여전히 강하게 남아 있다. 여기에 각종 사회보장제도의 부족 등을 얘기할 수도 있겠지만, 유럽에 비하여 상대적으로 오랫동안 지속되어 왔던 노예제도로 인한 흑백 간의 인종차별 문화도 주요 원인 중의 하나인 것은 부인할 수 없는 사실이다. 미국과 관련한 자세한 내용은 뒤에 다루기로 한다.

또 다른 예로 1200년대의 Magna Carta로 시작된 영국의 법치주의 문화가 1688년의 명예혁명을 겪으면서 지금의 시각에서 보면 미약한 상태이긴 하지만 권력 분산이 시작되면서 700여년이 지난 20c 초에야 현대의 법치주의 문화로 정착될 정도로 오랜 시일이 걸린 것에도 좋은 예이다.

또한, India의 경우를 보면, India에서 수천년이 흐르면서 거대한 문화로 정착한 힌두교는 India에 뿌리 깊은 계급사회로 자리를 잡으면서 21c가 도래한 지금도 그 잔재가 강하게 남아 있어 후진국 중에는 찾기 힘들 정도로 불평등이 심한 상태에 있다. 1947년 8월 15일 영국으로부터 독립한 India는 한국이나 Taiwan과 달리 신분제도에서 상위 계층에 있는 국민을 위한 교육에 전념함으로써, 지금은 꾸준히 개선하고 있지만, 한때는 스스로 세계에서 문맹률이 높은 국가로 자리매김하게 되었으며 이러한 이유때문에 산업에서 차지하는 인구의 비중 중에 농업인구가 여전히 높은 비율을 차지하고 있는 것이 지금의 현실이다. 또한, 신분제도로 인하여 농업을 벗어나기 위한 산업의 발전도 제조업보다는 Service업 위주로 발전하였으며 최근에 와서야 제조업을 육성하기 위하여 노력하고 있다.

이에 더하여, India의 예에서 보여준 것처럼 문화와 종교는 불가피할 정도로 서로 밀접하게 관련되어 있기에 현대의 중동 국가들이나 아시아의 일부 불교국가들처럼, 종교가 국가 권력을 좌지우지할 정도로 강하게 국가를 지배하게 되면, 대부분의 독재국가와 같이 사고의 다양성이 사라지게 되어 국가의 발전이 정체하거나 후퇴할 수밖에 없고, 역사적으로도 종교가 오히려 불평등과 국가적 혼란을 조장하는 주된 역할을 하는 경우가 매우 흔하다.

이처럼 흑백 간의 인종 갈등과 India의 종교적 배경으로 인한 사회적 계급구조나 중동 국가에서 일어나는 종교적 차이에 의한 갈등, 중국 변방에서 일어나는 소수 민족에 대한 차별 대우 등은 불평등을 조장하고 국가에 대한 신뢰도가 약화하며 그것이 더욱 악화하면 국가가 분열되는 수준까지 이를 수 있게 된다.

한편, 그 어느 때보다도 산업과 산업 사이의 협력을 통한 새로운 산업의 창출이 절실하게 필요한 시기에 비록 독재국가는 아니더라도 사고의 획일성과 집단주의 문화가 강한 국가는 새로운 사고에 의한 산업의 확대와 국가 발전이 힘들 뿐만 아니라, 이러한 문화와 함께 정치체제가 중국과 같은 독재정권의 권위주의 국가 경우에는 경제발전이 한계에 봉착할 수밖에 없다.

또한, “병신”, 또는 “거지”라는 경멸하는 용어를 사용하면서 약자를 배려하지 않고, 사농공상의 유교 문화와 위계질서가 분명한 군대 문화가 잔존하는 국가인 한국과 지도층을 중심으로 한 심각한 부정부패와 과도하게 부동산에 집착하는 문화가 사회를 지배하는 중국의 경우에는 경제발전에 따른 빈부격차가 심해질 가능성이 매우 농후하며, 이러한 조짐은 심각한 경기 침체기에 돌입한 지금부터 시점에 더욱 극명하게 나타날 것이다.

3) 교육을 통한 문화의 혁신

21c에 들어와서도, 일부 아랍 국가들의 경우에는 여성에 대한 교육의 차별이 여전하지만, 공교육을 중심으로 한 교육에 대한 기회의 평등과 의무 교육의 확대는 불평등을 극복하고 사회적 신분 상승의 기회 확대, 문화의 건전한 방향으로의 혁신 등을 위하여 매우 중요하다.

더욱이 새로운 산업의 창출이 어느 때보다도 중요한, 제4차산업에 진입한 이 시기의 교육-재교육을 포함-은 단순한 지식교육을 넘어선 새로운 문화를 주도할 교육이 절실히 필요한 시점이다. 즉, 제4차산업의 시대에는 한 사람의 독불장군이 필요한 것이 아닌, 산업의 생태계를 이끌 수 있는 다양한 인재가 필요한 것이다. 또한, 일부 국가에서 간과하기 쉬운 인성교육의 필요성은 새로운 산업의 생태계에서 매우 중요한 것이 될 것이다. 우리는 과거에 인성교육을 도외시한 오류를 저지름으로써 현대 사회에서 커다란 전쟁을 일으켰던 독일의 Hitler나 Soviet Union의 Stalin, 북한의 김일성 가문, 중국의 마오쩌둥과 같은 인물을 탄생시켰으며, 이러한 예는 현재도 셀 수 없이 진행되고 있다. 그런데, 작금의 Complexity 산업 시대는 그 어느 때보다도 집단 지성이 필요하며 이를 위해서는 인성의 중요성이 더욱 절실하다.

과거에는 인성 교육의 중요성이 공동체 사회의 지속성을 위하여 필요하였지만, 제4차산업 생태계에서는 산업을 발전시키기 위한 집단 지성을 극대화하기 위하여 타인에 대한 배려와 사회적 약자에 대한 자애심과 애타심 등의 좋은 인성이 매우 필요한 시대가 도래한 것이며 다른 한편으로는 과거와 같은 대량생산, 대량 고용의 시대가 차츰 사라지고 다품종, 소규모 생산을 기반으로 하며 Gig Job이나 Preelancer와 같이 새로운 형태의 직업이 주류를 이루면서 시장의 기능에만 맞길 경우 불평등이 심화할 가능성이 높아 기존의 사회보장제도에 더하여 다양한 사회보장제도와 공동체의 보호를 위한 자발적인 참여가 중요한 시대이다. 즉, 과거처럼 정부에만 맞길 경우 불평등이 악화할 가능성이 높아져 현재 많은 국가에서 보여주고 있는 것처럼, 사회의 불안정으로 인한 경제의 악화, 이것으로 인한 정치적 사회적 극단화 가능성이 나타날 수 있다.

즉, 앞에서 언급한 것처럼, 이러한 교육이 새로운 산업을 창출하는데 기여할 뿐만 아니라, 국가를 경제적으로 성장시킴과 아울러 불평등을 완화하는데 중요한 역할을 하게 될 것이다.

4) Digital과 Complexity 시대에 따른 문화의 혁신

Platform, AI, 3D 등의 지식을 기반으로 한 제4차산업의 큰 흐름은 화석 연료를 사용하는 대량 고용, 대량 생산, 대량 소비로 대변되는 제3차산업과 달리 환경친화적인 연료를 사용하면서 고용 인원을 대폭 줄이는 자동화와 Digital과 Complexity로 요약할 수 있다. 그런데, 나는 최근에 한국의 국회의원선거에 대한 다양한 의견을 지켜보면서 “이제 한국에서도, 나이와 상관없이, 옛날 고루한(?) Analog 사고방식에 머물러 있는 정치인이나 지식인(?)은 물러나고 보다 높은 도덕성을 지니면서 제4차산업과 Digital 산업을 이해하는 새로운 사고를 지닌 사람들이 한국의 정치와 사회를 주도하여야 할 시대가 절실히 필요한 시점”이 아닌가 싶었다. Digital 시대는 Analog 시대에는 일어나기 힘들었던 많은 일이 가능한 시대이기 때문에 끊임없이 새로운 기술의 출현을 인지하고 지식 축적에 매진하여야 현재 발생하고 있는 빠른 산업의 변화를 이해하고 따라갈 수 있는 시대에 우리는 살고 있으니까...

몇 년 전 상영된 SF영화의 한 장면처럼 “이 글을 읽고 있는 당신이 얼마 뒤에는 화성에도 다녀올 수 있고, 우주여행을 한번 다녀오면, 당신은 당신과 같은 세대로 보이는 오십년이 어린 손자와 손녀를 만날 수 있을 것이다.”

이에 더하여, 2019년 말 무렵부터 시작된, 중국의 한 도시에서 발생한 COVID-19 전염병은 불과 몇 개월 동안에 Africa와 Latin America 오지에 이르기까지 전 세계를 휩쓸었는데, 역설적으로 현대 사회가 얼마나 서로 복잡하고 밀접하게 연결되어 있는가를 경제를 전혀 모르는 일반인에게도 여실히 보여주고 있는 좋은 예가 되고 있다, 비록 비극이지만.

하루가 다르게 급변하고 있는 세계 경제는 이제 더 이상 과거의 성공에 안주할 수가 없으며, 끊임없는 자기 혁신과 성찰, 그리고 다양한 집단지성의 효율성을 이해하지 못하는 사람은 새로운 산업사회에서 도태될 가능성이 매우 농후하다.

이처럼 제4차산업의 Complexity 시대는 어느 하나 중요하지 않은 부분이 없으며 제3차산업의 퇴보과 함께 차츰 수요가 감소하는 산업의 종사자는, 비록 일정 기간의 구조적 실업이 발생할 수는 있지만, 과거의 안일한 삶에서 벗어나 끊임없는 자기개발을 통하여 더 높은 보수를 받는 새로운 산업의 중요한 일꾼으로서 성장할 수 있어야 한다. 내가 이미 언급한 것처럼 이것이 곧 소득을 향상시키면서 불평등을 완화할 수 있는 중요한 원천이 된다.

이 문제에 대하여 Chat GPT와 비교를 해보고자 한다.

Digital 시대와 Complexity 시대는 각각 기술과 사회구조의 근본적인 변화를 의미하며, 이러한 변화로 인해 문화의 혁신도 다양한 방식으로 나타나고 있다. 이 두 시대가 문화에 끼친 영향을 나누어 살펴본다.

Digital 시대의 문화 혁신을 보면,

첫째, 정보 접근성과 공유의 혁신

누구나 Contents 생산자이자 소비자가 됨(YouTube, TikTok 등)

문화 Contents가 국가, 언어, 지역을 초월하여 확산(K-pop, 한류 등 Globalization 현상)

둘째, Digital Media의 예술화

NFT 예술, Digital 설치미술, 가상현실(VR) 전시 등

전통예술과 기술의 융합(AI로 생성된 음악, 회화 등)

셋째, 문화의 민주화

과거 권위주의적, 중앙집중적 문화 생산 구조→분산형, 참여형 구조

소수자와 다양한 문화 집단의 목소리가 Platform을 통해 가시화됨

이제 Complexity 시대의 문화 혁신을 살펴보면,

Complexity 시대란, 사회가 고도로 복잡해지고 불확실성이 증가한 시대를 의미한다. 다양한 요소가 상호작용하고 예측이 어려운 환경이다.

첫째, 융합 문화(Convergence Culture)

학문, Genre, 산업, 문화 간 경계 붕괴

→예: Game+영화+교육(Metaverse 기반 학습)

둘째, System 사고 기반 문화 Contents

단순히 감정 소비를 넘어 복합적 Message와 다층적 서사 구조 강조

→예: 복잡한 세계관의 Drama, Game(Interstellar, Dark 등)

셋째, 지속 가능성과 생태 문화로의 전환

환경, 생태, 지속 가능성 중심의 문화 Contents 증가

→slow life, local 문화 재조명, Recycle Art 등

넷째, 복수 정체성, 혼종 문화의 부상

Globalization + Local 문화 혼합→Glocal 문화

정체성도 다층적, 유동적(예: 다문화 Contents, Diaspora 문학)

결론: Digital & Complexity 시대의 문화 혁신은…

"개방성, 융합성, 참여성, 다양성, 생태성"을 핵심 Keyword로 가지며 전통문화의 틀을 깨고, 새로운 가치와 형식으로 문화의 지평을 확장하고 있다.

5) 개방적 문화에 따른 경제적 효과

현대 경제에서 "문화가 경제에 어느 정도의 영향을 미치는가."를 분리해서 수치로 보여주는 것은 쉽지 않을 뿐만 아니라 수치가 자칫 왜곡된 결과를 보여줄 수도 있다. 다만, 국가의 경제 발전과 불평등 극복을

위하여 상대적 약자를 배려하는 문화가 중요하며 동시에 개방적 문화로의 변화도 매우 중요한 변수의 하나임에는 틀림이 없기에 여기서는 그와 관련된 예를 보여주고자 한다.

좋은 예가 1인당 국민소득 수준이다. 즉, 세계적으로 1인당 GDP US $35,000 이상의 많은 선진국의 문화가 약자를 배려하고 법치주의를 확립하면서 이민에 대하여 "상대적으로" 거부감이 없이 받아들이며 사고의 다양성을 인정하는 개방적 문화를 내세우고 있는 국가들이다, 물론, 이에 따른 부작용도 발생하는 것은 당연하며 개방적 문화가 완벽하지는 않기에 이에 따른 보완은 꾸준히 진행하여야 한다.

영국, France, 독일, Sweden, Swiss 등의 유럽의 많은 국가와 미국, Canada 등의 North America 국가들, 그리고, 일본, 한국, 호주와 New Zealand…

폐쇄적 경제로 인하여 국가 경제가 정체하거나 후퇴한 국가와 결국은 멸망한 국가의 경우를 살펴보면, 현재의 북한 및 마오쩌둥 시대의 중국과 독립 국가 초기에 India의 경제를 이끌었던 폐쇄적인 Nehruvian 경제 정책, 조선시대 말기 대원군의 폐쇄적인 정책 등을 역사적인 예로 제시할 수 있다. 또한 1930년대의 대공황을 일으켰던 중요한 이유 중의 하나도 미국과 유럽과의 관세전쟁으로 인한 폐쇄적인 경제 정책이었으며 현재 진행되고 있는, 세계를 상대로 한 미국 Trump 대통령의 관세전쟁도 좋은 역사적 사례가 될 수 있을 것이다. 최근에 미국의 경제가 COVID-19 전염병 이후 처음으로 (-) 경제성장률을 기록하였는데 그 중요한 이유가 Trump 대통령의 관세를 이용하여 세계를 상대로 한 무역전쟁이다.

6) 가난과 불평등 고착화 극복의 필요성

인간의 역사를 살펴보면, 인간은 정치체제와 무관하게 극히 소수의 귀족과 지배 계층을 제외하면 항상 기근과 빈곤을 업보처럼 안고 살아왔지만, 제3차산업 발전의 초기인 19c에 들어서면서 미국과 유럽을 중심으로 하여 화석 연료를 기반으로 한 제3차산업이 발전하기 시작하는 한편, 차츰 세습적인 왕정 체제와 농업 중심의 사회에서 벗어나면서 스스로의 노력에 의한 Gentry라는 새로운 사회계층이 탄생하고 개인의 부의 축적과 국가의 부를 확장하기 시작하였다. 이러한 과정에서 과거에는 세습적으로, 당연하게 생각했던 신분사회, 불평등과 빈부의 고착화를 차츰 의식하고 불만이 나타나기 시작하였으며, 제2차세계대전을 목전에 둔 1930년대의 극심한 경제적 대공황이 주요 요인이 되어 유럽과 Russia를 중심으로 극우적인 성향의 Fascists와 극좌적인 성향의 Communists가 새로운 정치 세력으로 등장하였으며 그 가운데 독일에서 선전과 선동에 능숙한 Adolf Hitler가 주도하는 Nazi 당이 집권하여 제2차세계대전을 일으키는 또 다른 역사적 오류를 범하게 되었다. 여기에서 얻은 역사적 교훈은 국가가 중. 장기적으로 안정적인 성장을 하기 위해서는 불평등의 극복도 매우 중요하지만, 자신의 정당한 능력에 의한 소득에 따른 사회적 계층의 이동 가능성을 높이는 것 또한 중요하다는 것이다. 즉, 왕정 체제와 같은 독재국가 시대에는 국민의 대부분이 빈곤 상태이었기 때문에 큰 사회적 문제가 없었으나, 상업을 기반으로 한 초기 자본주의 사회와 제조업을 기반으로 한 산업 자본주의 사회로 진입하고 교육을 받기 시작한 국민의 의식 수준이 차츰 높아지면서 개인의 자본 축적에 따른 사회적 신분 상승의 욕구가 자연스럽게 강하게 확산하고 이에 대한 불공정하고 불법적인 제한에 따른 불만이 일부 집단을 정치적으로 극단화하는 원인이 되기에 기회의 불평등과 소득과 자산의 불평등 완화가 중요한 정치적 과제가 된 것이다.

따라서, 질 좋은 다양한 산업의 화대와 꾸준한 새로운 직업을 창출함과 동시에 모든 국민에게 수준 높은 공교육의 보장을 통한 기회의 평등을 제공하면서 동시에 수준 높은 의료 Service 제공을 포함한 Medicare, Medicaid, 실업보험 등의 각종 사회보장제도를 정부 재정의 규모에 맞춰 국가의 제도로 정착하도록 하여 모든 국민의 절대적 평등을 꾸준히 확대하면서 자유와 평등을 함께 누릴 수 있는 안정된 사회를 만드는 것이다. 이것이 바로 정치와 사회의 극단화를 예방하면서 동시에 국가에 대한 소속감을 강화하고 지속적인 성장이 가능한 방향으로 나가는 길이다.

7) 결론

이 장에서는 경제 발전과 불평등을 문화적 측면에서 접근하는 것을 제시함으로써 불평등 극복을 위한 노력의 방향과 그 결과물이 각 국가의 경제 환경에 따라 다를 수밖에 없으며, 한 국가의 경제 정책을 다른 국가가 똑같이 받아들이는 획일적인 경제 정책은 실패할 수밖에 없다는 것을 보여주었다. 이것을 반영하여 한국에 조언하자면, 국가의 경제 규모와 수준에 더하여 도덕적 수준과 법치주의 수준이 앞에서 언급한 미국, 영국, 독일, France 등과 같은 국가와 비교하면 상대적으로 낮기에 국가 재정의 수준을 고려함과 동시에 문화적 차이나 준법정신 수준 등을 고려한 경제 정책을 시행하여야 하는 것이다.

특히 한국은 아직도 북한과 군사적, 사상적으로 첨예하게 대치하고 있으며 단지 휴전상태에 있는 것과 같기에 국가를 보호하기 위한 국방비가 다른 국가에 비하여 많이 지출되고 있어 한국의 경제 규모와 이러한 현실에 맞는 복지 비용 등의 각 분야에 대한 예산이 지출되어야 할 것이다.

또한, 한국의 산업 구조를 살펴보면, 다른 선진국에 비하여 도소매 위주의 자영업이 차지하는 비율이 매년 조금씩 변화가 있지만 대체로 20%를 차지하고 있어 경기에 민감한, 매우 취약한 산업 구조이며 이 산업에 종사하고 있는 집단이 대부분 중하위 계층이기 때문에 불경기가 지속되고 있는 지금과 같은 시기에 어쩔 수 없이 사업을 그만두는 상황이 되면 바로 극빈층으로 추락할 가능성이 높아 다른 선진국과는 달리 많은 자영업이 위태로운 계층에 속하고 있으며 정부가 경제적, 사회적 측면에서 추가로 부담하여야 할 수 있다. 한국의 예에서 보는 것처럼, 최저임금이나 기본소득 등에 대한 각 국가의 대응 방식의 차이가 발생하는 이유의 하나이며, 이러한 형태의 대응이 현대 사회의 Complexity를 극복하는 경제 정책이다. (Cracking Complexity Published by Hachette Book Group 2019 by David Benjamin & David Komlos 참고)

한편 경제 발전 과정에서 경제와 관련한 주요 변수들이 부정적인 요인으로 작용하여 경제가 침체, 또는 후퇴할 경우, 평등이 악화할 가능성이 높기에 정부는 이러한 주요 변수들을 관찰하면서 경제 침체 단계로 진입하지 않도록 항상 경계하여야 한다. 물론, 한계는 있지만.

여기서 이미 언급한 국가발전의 주요 변수에 추가하여 Ray Dalio가 주장한 경제에 대한 주요 변수를 간단하게 살펴보면, 경제의 변화 주기를 단기 6년, 장기 80년으로 파악하고 특히 경제의 장기적 변화에 영향을 주는 요인들로 크게 다섯 가지로 분류하였다. 첫째, 부채/신용/화폐/경제적 Cycle. 둘째, 국가 내부의 질서와 무질서 Cycle. 셋째, 국제적 질서와 무질서 Cycle. 넷째, 자연에 의한 영향(가뭄, 홍수, 전염병 등). 다섯째, 새로운 기술의 출현과 발전 등을 언급하였다. (How Countries Go Broke (The Big Cycle) Published by Avid Reader Press 2025 by Ray Dalio 163~178 page 참고)

15. 불평등 극복을 위한 정부와 시장의 역할

1) 개관

완벽한 인간이 없는 것처럼, 인간의 구성체인 시장, 사회, 국가 또한 완벽한 것은 없다, 단지 대부분의 인간은 자신과 후세대가 현재보다 더 나은 삶-경제적인 측면, 삶의 질적인 측면 등을 반영한 삶의 만족감과 행복의 향상-을 영위할 수 있도록 마련해 주기 위하여 온갖 고난을 극복하고 끊임없이 노력하는 것이다. 이를 위하여, 이미 언급한 것처럼, 개인과 기업, 사회, 정부가 협력하는 것인데 개인과 시장의 역할로는 일정 부분에서 한계가 있기 때문에 교육과 사회간접자본, 의료제도, 각종 복지제도 등에서 정부의 역할이 중요한 분야가 있다. 물론, 20c 이전의 국가는 대체로 국민의 생명과 안전을 위한 군사와 경찰과 같은 기본적인 국가의 역할에 한정하여 정부가 관여하였지만.

제2차세계대전 종료 후인 20c 중반 이후부터 미국, 유럽 국가, 일본 등의 선진국을 중심으로 하여 개인, 기업체, 사회, 국가 등이 서로 협조하여 각종 복지제도-개인보험, 회사에서 제공하는 연금 제도, 의료보험, 본인과 자녀의 교육지원 제도 등-를 보다 공격적으로 시행함으로써 불평등의 완화를 위하여 노력하였으며 이러한 흐름이 한국, Taiwan, Singapore를 거쳐 중국으로 흘러간 결과로 이제는 많은 중진국이 각 국가의 상황에 따라 다양한 형태의 복지 System을 실행하고 있기에 정부와 시장의 역할을 단순하게 도식적으로 구분할 수는 없다.

사실, 20c 전에는 불평등에 대한 문제의식도 희박하였으며, 사회 구성원 모두가 고착된 심각한 신분제도로 인한 불평등을 하늘로 내려온 천부의 불평등으로 인식하여 이를 해소하고자 하는 노력이 극히 미미하였을 뿐만 아니라, 국가적인 노력 또한 거의 없었다.

그러나, 1789년의 French Revolution을 시발로 하여, 극심한 부정부패와 불평등에 대한 국민의 문제의식이 싹트기 시작하였으며, 1917년의 Russian Revolution은 왕정 체제인 제정 Russia를 붕고하고 부정부패와 불평등을 해소하기 위한 Union of Soviet Socialist Republics라는 견제되지 않는 중앙집권적인 경제 제도를 도입한 새로운 형태의 정치제도를 탄생하기에 이르렀으나, 이 역시 시장의 기능을 인정하지 않고 인간의 절제하지 못한 탐욕과 중앙집권적 정치 및 경제 제도와 그에 따른 심각한 부정부패와 불평등, 경제적 비효율성을 극복하지 못하고 1991년 스스로 멸망하고 말았다.

이러한 예는 역사에서 셀 수도 없이 많이 있는 데 여기서 몇 개를 언급하면, 미국의 지배를 받고 있으며 미국의 경제적 도움으로 빠르게 성장한 조그만 섬이 당파적인 행태의 정쟁과 주민들의 잘못된 선택으로 인하여 결국 2015년 6월에 부채 상환을 포기하는 선언(Moratorium)을 하면서 동시에 연금도 지급할 수 없다고 선언한 미국령 섬인 Puerto Rico를 간단히 살펴보고자 한다. Puerto Rico는 1898년 미국이 Spain과의 전쟁에서 승리한 후에 1899년 Spain과 맺은 The Treaty of Paris(파리조약)을 통하여 Guam, Philippines와 함께 미국에 귀속하게 되었으며 1946년 독립한 Philippines를 제외한 두 개의 섬은 지리적인 중요성 때문에 미국이 계속 지배하고 있다. 여기서 이 섬을 살펴보려고 하는 이유는 그 이후 Puerto Rico가 Moratorium까지 이르게 된 상황이 한국의 현실과 일면 유사한 점이 있기 때문인데 한국 국민이 다시 IMF 경제위기와 같은 상황까지 몰리지 않도록 미리 경각심을 가졌으면 하는 희망이 있기 때문이다. Moratorium을 선언한 시점의 Puerto Rico의 상황은 인구가 2,000,000명 정도 하는 매우 작은 섬인데도 불구하고 부채가 US $700억에 달했다. (Boom and Bust in Puerto Rico Published by University of Notre Dame Press 2021 by A. W. Maldonado 3, 98,

115, 116, 129 page 참고)

또 다른 예를 보면, Iran인데 1973년의 제4차 중동전쟁으로 인한 발생한 제1차 Oil 파동과 1979년 팔레비 왕조를 무너뜨린 Iran 혁명은 제2차 Oil 파동을 일으키면서 1970년대에 세계 경제가 심각한 Inflation을 직면하게 되었으며 Iran 혁명도 앞에서 언급한 다른 혁명들과 마찬가지로 혁명의 성공이 새로운 정치체제와 경제 제도를 가져오는 것은 맞지만, 정치체제가 독재정권을 유지하고 있는 한, 국민의 삶이 개선되는 것과 국가발전을 달성할 수 있는 것은 한계가 있다. 즉, 국민의 부단한 노력을 통하여 법치주의와 자유민주주의 제도가 자연스럽게 정착하고 부정부패가 차츰 약화하면서 규제적 시장경제가 보장되어야 경제가 성장할 수 있는 최소의 조건이 되는 것이다.

참고로, 신정 독재국가 체제인 Iran의 국가 청렴도 수준을 살펴보면, 2023년 UN 산하 단체인 Transparency가 조사한 세계 각국의 청렴도 순위에서 149위에 머물고 있으며 국가발전의 한계가 있을 수밖에 없는 것이 현재 Iran이 직면하고 있는 현실이다.

이러한 사례에서 보듯이 견제와 균형을 갖춘 국가 제도와 이 제도가 잘 작동하도록 하기 위한 적절한 법적 장치가 뒷받침되는 자유시장 경제, 그리고 이러한 제도를 유지하기 위한 국민의 뼈를 깎는 것과 같은 노력 등이 서로 선순환 역할을 유지하여야 불평등을 적절하게 완화할 수 있는 것이다.

2) 경제 정책에 대한 Keynes 학파와 신자유주의 학파

인간이 이성을 가진 합리적 존재이며, 시장은 항상 완전경쟁을 이루고 있다는 수리경제학을 포함하여 1870년대부터 발전하기 시작한 신고전학파의 경제이론을 1970년대에 Milton Friedman과 Friedrich Hyaek이 주도하여 정치의 영역으로 확대하면서 복지국가를 지향하는 사회주의적 경제 정책을 비판하고 정부의 시장에 대한 간섭을 배제한 신자유주의 학파에 대비하여 1930년대의 Keynes 학파는 시장의 기능이 적절하게 작동하지 못할 경우 정부에 의하여 새로운 수요를 창출하는 정책을 주장함으로써 두 가지 이론은 시장과 정부의 정책에 대한 견해와 시각의 차이에 따른 서로 다른 이론이 있었으나, 여기서는 불평등 해소를 위한 정책의 차이를 큰 흐름에서 간단히 언급하고자 한다.

먼저, Keynes 학파의 이론은 기본적으로 완전경쟁시장을 인정하고 있으나, 1930년대 미국의 Great Depression 시기에 미국 민주당 출신의 제32대 Roosevelt 대통령이 시행한 New Deal 정책의 이론적 기반을 제시하였는데, 시장이 일시적으로 완전경쟁에 실패할 경우에는 정부가 개입하여 이를 해소하여야 한다는 것이다. 이 이론은 과다한 공급을 해소하기 위하여 정부가 수요를 확대하는 재정정책을 실시하는 정책으로서 미국의 경제회복에 도움을 준 것으로 평가를 받고 있으며 당시 미국 Roosevelt 대통령에 대한 국민의 지지도에서도 나타났다. 물론, 1939년 9월 1일 독일의 Poland에 대한 침공으로 시작한 제2차세계대전으로 인하여 전쟁 특수가 발생하여 대공황이 끝났지만, Keynes 이론은 꾸준히 발전하여 1970년대까지 시장에 대한 정부의 개입과 각종 진보적 조세정책과 복지정책에 적극적인 미국 민주당 경제 정책의 이론적 기초가 되었다.

이에 반하여, 신자유주의 학파의 이론에 따르면, 시장은 항상 완전경쟁시장을 형성하고 있으므로 정부가 시장에 개입할 필요가 없다는 미국 공화당 경제 정책의 이론적 기반을 제시하고 있으며 민주당도 이 이론을 받아들여 미국의 42대 대통령인 Bill Cliton(임기: 1993년~2001년)은 복지정책에도 신자유주의 경제이론을 받아들여 불평등이 악화한 결과를 가져왔다. 즉, 민영화와 자유무역, 규제 완화를 지향하였으며 이 정책을 기초로 한 영국의 경우는 Thatcherism을 통하여 만성적인 영국병을 해소하였다. 미국은 1971년 8월 15일 미국의 37대 대통령인 Nixon 대통령에 의하여 Bretton Woods System이 폐기되고 높은 Inflation과 무기력증에 빠진 미국에게 정치적, 경제적으로 활력을 불어넣기 위하여 1981년 1월

40대 대통령으로 취임한 Reagon 대통령이 MAGA(Make America Great Again)라는 정치적 구호를 내세우면서 신자유주의 경제 정책을 주도하였다. 이 결과 미국경제는 1980년대에 부활한 모습을 보였지만 장기적인 추세를 보면 불평등이 꾸준히 확산한 결과를 가져오게 되었다.

한국은 1997년 12월 IMF의 경제 관리 System으로 진입하면서 신자유주의 경제 정책을 추진하였으며, 그 결과 빠른 경제 발전을 가져왔지만, 다른 한편으로는 불평등이 악화한 결과를 가져왔다. 한편, 민간 부문에서는 주주 우선 정책을 시행하면서 단기적 이익에 집중하게 되어 환경오염의 사회적 비용이 발생하는 부작용을 일으키게 된 결과를 가져왔다. 대부분의 경제 정책이 양면성을 가지고 있기에...

그러나, 두 가지 이론의 기본전제가 되는 "합리적 가설", 즉, "인간은 경제행위를 하면서 항상 합리적으로 행동한다."는 전제가 현실 경제와 너무 큰 차이가 발생하여 경제이론의 큰 흐름이 바뀐 지금의 상황에서 기존 경제이론에 의존하는 불평등 극복 정책에는 또 다른 한계에 부딪힐 수밖에 없기에 심리학이 도입된 Behavioral Economics 이론과 여기서 더 나아가 지금은 Complexity Theory로까지 발전하면서 경제이론과 현실 경제의 괴리를 더욱 좁혀 가고 있다, 완벽할 수는 없지만.

따라서, 현재의 불평등 극복을 위한 정책은 각 국가가 극복해야 할 특수한 환경-예를 들면 미국의 흑백 간의 인종 갈등, India의 Caste 계급제도와 부정부패, 한국의 유교 문화와 군대 문화의 부정적인 요인의 극복, 아랍 국가들의 폐쇄적인 종교에 기반한 국가 정책과 사회의 갈등 등-을 반영한 정책을 시행하여야 하기에 국가의 재정, 금융 정책으로 불평등을 극복하기에는 한계가 있기에 문화, 교육, 소수자에 대한 사회적 배려 등의 각종 사회. 정치적 변화를 위한 정책 등을 종합적으로 시행하여야 국민에 대한 삶의 질의 향상과 불평등 문제를 어느 정도 해소할 수 있게 된다.

3) 국가 정책의 오류

이글은 The Great Deformation Published by Public Affairs 2013 by David A. Stockman의 내용을 반영하면서 작성하는데. Lobbyist에 의하여 움직이는 미국 자본주의의 부정부패의 실태를 비판하는 글이다. 물론, 미국 공화당의 경제 정책에 대한 이론적 근거를 다시 한번 강조하는 이론이기도 하다.

Joseph E. Stiglitz가 언급했듯이 미국의 선거에서"one Person, One Vote"가 사라지고 "One Dollar, One Vote"가 등장한 시기가 오래되었다는 의미는 곧 불평등이 갈수록 심해지고 있다는 의미이기도 하다. 소위 자유 진영의 강자로서 "자유"의 가치를 지킨다는 미국도 Lobbyist에 의한 "소위 가진 자를 위한 정치"를 하는 금권 정치의 폐단을 완전히 극복하기가 쉽지 않다는 것을 단적으로 나타내는 구절인 것이다. 단지, 그 폐단을 최소화하기 위하여 법치주의를 엄격히 이행할 뿐만 아니라 사회 구성원 모두가 공동체의 중요성을 인식하여야 하지만….

즉, 정부를 포함한 사회 구성원 모두가 절대적 평등의 확대를 통한 상대적 약자의 소외감을 희석함으로써 사회의 응집력을 강화하고 지속하려는 노력을 다각적으로 노력해야 하지만, 문제는 이러한 노력 자체가 그렇게 용이한 것이 아니라는 것이다. 우리가 현대 경제사에서 보듯이 20c 초반부터 겨우 의식하기 시작한 진보적 조세제드의 획기적인 도입과 의무 교육의 확대, 각종 사회보장 제도, 사회적 약자를 배려하는 선거 제도의 변화와 여러 가지 법적 제도의 도입-예를 들면, 흑인과 여성의 참정권 인정과 인종차별 금지, 동성 결혼의 인정 등-을 통하여 절대적 평등을 꾸준히 확대하였다.

그러나, 공정한 정책을 집행하여야 할 정부가 특정 정치 세력이나 특정 이익 집단의 이익에 매몰되는 수간, 공공성과 공정성이 사라지고, 시장의 기능을 적절하게 잘 작동하도록 노력하여야 할 정부가 특정 정치 세력과 결탁하여 비효율적인 Populism 성향의 선심성 정책을 실행하면서 시장을 더욱 왜곡함으로써 시장의 비효율성을 가속화하고 결과적으로 빈부격차를 악화시키며 부정부패로 인한 사회의 결속력이 사라지고 경제 발전이 멈추거나 오히려 후퇴하는 경우가 발생할 수 있는데, 이에 대한 극단적인 예를 Soviet Union의 자멸에서 볼 수 있다.

다른 한편으로는, 국가의 위기-특히 경제위기-를 극복하고 빠른 시간에 경제를 회복하기 위하여 수행한 경제 정책이 결과적으로는 경제가 회복되었지만, 그 과정에서 결과적으로 불평등이 악화하는 경우가 여러 차례 있었는데, 1980년 이후 2025년 현재까지 여러 차례의 세계적인 금융위기와 COVID-19 전염병 등으로 인한 경제 침체를 극복하는 과정에서 상대적으로 소외된 중산층 이하의 소득이 정체됨으로써 불평등이 심화한 것이었다. 특히, 작금의 미중전쟁과 COVID-19 전염병의 발생, 미국의 세계를 상대로 한 관세전쟁 등은 불평등을 훨씬 심화시키는 결과를 가져올 것으로 예상된다. 좋은 예로, 미국의 경우 COVID-19 전염병으로 인한 사망자의 인종에 따른 비율이 백인 1, 라틴계 1.5, 흑인계 2.5로 집계되고 있는데 상대적 저소득층의 사망률이 더 높게 나타나고 있다.

물론, 앞에서 언급한 정부 정책의 오류를 극복하고 불평등을 최소화하면서 지속적인 국가 발전을 이루고 있는 국가들로는 북구 유럽의 Benelux 3국과 Demark, 독일 등으로 볼 수 있으며, 아시아권에서는 Singapore와 일본 등을 얘기할 수 있다.

따라서, 어떤 방향의 정책이든 완벽한 정책은 없다는 전제 아래에 시장과 정부, 개인이 법치주의와 Humanism에 입각하여 자유와 절대적 평등의 확대를 서로 조화롭게 진행하면서 사회의 극빈 계층이 사회안전망의 보호를 받도록 최선의 공정한 정책을 선택하는 것이기에 정부의 개입으로 인한 시장의 개입이 오히려 공정성을 왜곡한다는 주장은 정책의 배경과 공정성, 법치주의 등의 종합적인 판단에 따라서 달라질 수 있다.

4) 시장의 맹신에 의한 오류

신고전학파나 신자유주의 학파 경제이론에 따르면, 시장은 항상 완전경쟁을 유지하기 때문에 정부의 시장에 대한 영향을 최소화하여야 한다는 주장인데, 여기서는 내가 이미 언급한 것처럼 과학적 이론의 전제인 "인간의 합리성"이 크게 흔들리는 현실에서 경제학 이론의 발전 과정에서 한때 이러한 경제이론이 있었다는 정도의 언급을 하는 정도로 맺음을 하겠다.

즉, Complexity 이론의 입장에서 보면, 개인과 기업 및 사회, 정부가 서로 협조적으로 선순환의 역할을 하여야 경제가 발전할 수 있는 것이며 그 중 어느 하나라도 제대로 작동하지 못할 경우에는 경제가 추락할 가능성이 매우 높다. (국가발전을 위한 구조적 분석 2017 by William H S Lee 참고)

현대 경제에서 일어난, 1990년대 후반에 발생한 아시아 지역의 외환위기와 2000년대 초에 발생한 미국의 .com Bubble, 2008년에 발생한 Subprime Mortgage와 이어서 일어난 Greece, Spain, Portugal, Italy와 같은 유럽 국가들에 대한 외환 위기 등의 몇 차례에 걸친 금융위기의 핵심이 결국에는 금융업계의 lobby에 따른 필요적 규제의 완화와 절제되지 않는 인간의 탐욕으로 인하여 자유방임적인 금융정책에서 빚어진 것으로 볼 수 있다.

구체적으로 살펴보면, 세계 대공황 시기인 1933년 미국은 산업의 중요한 혈맥인 금융 System의 안정적 운영을 위하여 Glass-Steagall Act를 제정함으로써 상업은행과 투자은행을 구분하여 상업은행은 일반고객의 자산을 안전하게 운용하도록 하고 투자은행은 주식과 채권 등의 고위험 자산을 투자하여 운용할 수 있도록 하였다. 그런데, 1999년 42대 Clinton 대통령이 금융 Service의 현대화와 금융에 대한 규제 완화를 한다는 이유로 Gramm-Leach-Bliley Act를 제정하면서 Glass-Steagall Act를 폐기하였으며 결과적으로 2018년 미국의 Subprime Mortgage 금융위기를 일으키는 계기를 주게 되었다. 즉, 정부의 부적절한 규제 해제와 절제하지 않는 인간의 탐욕으로 수많은 중산층 이하의 계층이 황폐해진 삶을 맞게 된 것이다.

따라서, 경제 주체 중 어느 하나에 대한 과도한 맹신이나 불신은 심각한 부작용을 가져올 수밖에 없으며 이것은 불평등의 가속화와 중산층의 붕괴를 일으켜 사회의 불안정을 일으키는 주요 원인으로 작용하게 된다.

결론적으로 말하면, 끝없이 변화하는 현대 사회에서, 그것도 매우 빠르게 변화하는 산업 환경 속에서 실체적인 경제 현실과 동떨어진 수학 공식에 의한 경제학이 아닌 숫자로 표기할 수 없는 최대한 다양한 변수들을 반영시키는-예를 들면, 인종적인 문제, 종교적인 문제, 문화적인 문제, 국가 제도 문제, 소수 민족 문제, 상대적 약자인 여성 문제 등-다양한 접근을 통하여 불평등 문제를 해결하여야 한다, 개개인의 문제 인식과 함께.

5) 21c 진입로에서의 불평등 양상

첫째, 일부 선진국들이 20c 후반부터 지구온난화 현상을 늦추거나 최소화하기 위하여 Carbon Emission Tax라는 세금까지 도입하면서 적극 대처하기 위한 세계적인 노력을 하고 있으나, 대부분의 인간 경제 행위가 여전히 석탄과 석유 등의 화석 연료에 의존하는 상황에서는 기후 온난화 문제 해결이 21c의 커다란 숙제가 아닐 수 없다. 물론, 이를 위한 노력의 하나로 제4차산업의 하나인 환경친화적인 산업으로의 빠른 전환과 기술의 발전이 필요한 이유이기도 하다.

지구온난화는 단순히 CO_2 등의 발생으로 공기가 나빠지면서 해수면이 상승하여 삶의 생태계가 크게 변하고 육지의 면적이 축소되어 간다는 문제를 뛰어넘는 것이다. 즉, 온난화가 지구에 가져오는 또 다른 큰 폐해는 예측 불허의 변화무쌍하고 극악해지는 기후와 이것으로 인하여 세계 각지에서 많은 사상자-대부분이 중하위층의 국민-가 발생한다는 것이다. 이 글을 쓰고 있는 2025년 7월 초에 한국에 장마철인데도 불구하고 서울 지역에 40_0C 가까운 높은 기온이 계속되어 많은 노인의 사망이 속출하고 있는 것으로 전해지는데 이러한 현상은 한국뿐만 아니라 지구 전체에서 계속되고 있다. 안타까운 일이지만...

경제가 침체가 계속되면서 불평등이 악화하는 것은 당연한 결과일 수도 있지만. 최근 중국을 비롯한 극동아시아 지역에서 전례 없는 폭우와 긴 장마로 인하여 많은 인명이 희생하고 이재민이 발생하는 것을 단순한 이상 기후로만 볼 수 없는 것이 그 이면에는 지구온난화가 주요 원인일 수 있기 때문이다. 이에 대한 자세한 얘기는 뒤에 추가로 다루기로 한다.

둘째, 1980년대부터 시작된 Computer의 빠른 발전으로 도래한 소위 Digital 시대는 경제에 커다란 변화를 일으켰으며 이러한 흐름을 따라가지 못하는 세대는 장기적인 비자발적 실업의 위기를 맞이하거나 기왕의 직업과는 수입 측면에서도 큰 차이가 나는 저임금의 단순 직업에 의존할 가능성이 높은데, 이것도 힘들어지면 생계의 위험에 직면하여 심하면 가정의 파괴라는 위험에 처할 수밖에 없게 된다. 따라서, 그 어느 때보다도 국가적, 사회적으로 국민의 절대적 평등을 보호해야 할 강화된 법적 제도와 방법이 필요하며 긍정적인 방향으로의 문화적 변화도 필요하다.

한편, AI, 대량생산, 대량 소비 시대의 쇠퇴와 소비자의 개성을 중요시하는 다품종 소량 생산 시대의 도래, Pan-Industry 시대의 도래, 3D산업의 획기적 발전, Gig Job과 Freelancer로의 변화 등으로 새로운 산업 환경에 적절한 민간과 국가 차원의 각종 사회복지 제도가 원활히 정착하지 못할 경우에는 전 세계적으로 심각한 불평등을 맞이할 가능성이 매우 높다. 이에, 더하여 생명공학의 발전으로 인간의 수명이 급격하게 연장될 경우-미국, 일본, 한국, 유럽 국가들, 중국 등의 일부 국가에서는 이미 진행 중이지만-에는 불평등이 상대적 박탈감에 더하여 생명에 대한 심각한 위험으로 다가올 수도 있을 것이다.

셋째, 전 세계가 밀접하게 연결되어 있을 뿐만 아니라 지구의 환경이 갈수록 악화함으로써 2020년부터 전 세계를 휩쓸었던 COVID-19 전염병과 같은 새로운 전염병은 앞으로 훨씬 빠른 속도로 발생할 가능성이 높은데, 미국에서 발생한 사망자 중에 상대적으로 저소득 계층의 유색 인종이 많은 것에서 볼 수 있듯이, 전염병 또한 소득 중하위 계층에 심각한 타격을 주어 불평등을 심화시키고 있다. 좋은 예로 미국의 Trump 대통령이 전염병에 걸리자마자 세계 최고의 의료진이 동원되어 단 며칠 만에 신속하게 치료하였지만, 평범한 중산층 이하의 서민들에게는 언감생심이지 않은가?

넷째, 현재 중국, 한국 등의 이례적으로 긴 장마와 홍수는 식량 부족과 또 다른 풍토병과 전염병(가축 등의 동물 포함) 등을 예견할 수 있으며, 이는 비단 이 지역뿐만 아니라 전 세계적으로 매년 반복되는 현상으로 나타날 가능성이 매우 높아 20c 이후 폭발적으로 증가하는 인구를 위한 다각적인 대책이 시급한 시점이다. UN의 예상에 따르면, 2050년 세계 인구는 90억명으로 예상되며, 그 인구를 지역별로 분류하자면, 아시아 50억명, Africa 20억명, America 10억명, 유럽 10억명 등이다. 물론, 그 이후에는 한국, 일본, 중국 등에서 볼 수 있는 것처럼 노령화 현상과 더불어 오히려 인구가 감소할 가능성이 있지만.

6) 불평등 극복과 정치집단(정당: party)의 정책 변화

정치집단의 최종 목표는 국가 권력을 장악하여 자신이 국민에게 내세우는 정책을 국민과 국가를 위하여 실행하는 것인데, 이를 위해서는 1차 목표가 우호적인 세력을 확대하기 위한 정책을 시의적절하게 합리적으로 전환하는 것이 매우 중요한 일이기도 하다. 이에 대한 대표적인 예로 미국 민주당의 정책 변화를 살펴보면 알 수 있다. 극단적으로 얘기하자면, 19c 후반까지만 하더라도 인종 차별적인 제도를 인정하고 옹호했던 정당이 20c에 들어와 흑백 간의 차별 정책을 적극 반대하고 불평등을 해소하기 위한 부유세 등의 진보적인 조세정책과 시장에 적극 개입하는 재정정책 등을 정강 정책으로 내세워 상대적으로 진보적 경제 정책을 실행하면서 지지 기반을 확대하였다. 한편, Italy나 France와 같은 유럽 국가들의 경우에는 확연히 다른 정당 간의 정치적 성향에도 불구하고 연립정부를 구성하여 서로 보완적인 정책을 시행하고 있다.

이러한 정치적 현상이 시사하는 의미는 Communism이나 Fascism과 같은 극단적인 이념(Ideology)에 집착하는 20c 초반의 정치 행태를 벗어나 국가와 국민에 대한 삶의 질을 향상하기 위한 정책에 도움이 된다면 정당 간의 연립정부를 통하여 자신의 이념을 일부 수정하면서 국가 정책을 시행하고자 실용적인 접근을 하는 것이다. 이러한 형태의 또 다른 극단적인 예가 중국의 덩샤오핑이 주장했던 흑묘백묘론이라고 할 수 있다, 물론, 경제와 정치가 밀접한 관계를 유지할 수밖에 없는 현실에서 정치에 대한 극단적인 제한으로 현재 그 한계를 드러내고 있지만.

7) 소득불평등 평가를 위한 계량적 분석

앞에서 언급했던 로렌츠곡선(Lorenz Curve)과 Gini's Coefficient의 한계는 각 소득계층 간의 불평등의 정도를 구체적인 수치로 나타낼 수 없는 것이었는데, 여기서는 이러한 한계를 극복하고 각 소득계층 간의 불평등의 정도를 수치로 나타내는 Capital And Ideology Published by Harvard University Press 2020 by Thomas Piketty의 내용을 인용하여 소득불평등 정도를 숫자로 설명하고자 한다.

Capital And Ideology 2020 by Thomas Piketty 687page를 보면, 2018년 미국의 소득불평등의 심각성을 적나라하게 나타내고 있는데, 소득 상위 10%가 미국의 민간 부분의 부의 70% 이상을 소유하고 있으며 하위 50%의 소득계층은 5% 미만을 소유하고 있을 정도로 미국의 소득불평등이 매우 심각하다. (위 graph 참고)

물론, 저서에서 얘기한, 1900년~1914년까지의 사망자 가운데 69%~74%의 사망자가 후손에게 물려줄 재산이 전혀 없었다는 것은 그 당시 불평등이 얼마나 심각한 상황이었는가를 나타내고 있는 것이며 사회의 안전판 기능을 하는 사회적 중산층이 거의 없었다는 것을 의미한다.

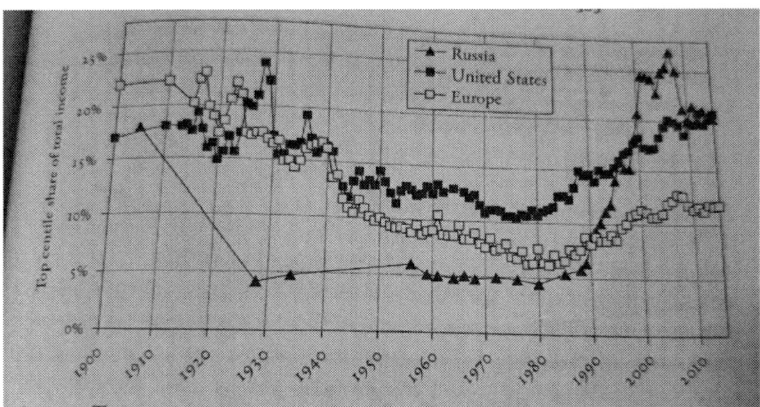

FIG. 12.2. The top centile in Russia, 1900–2015
Interpretation: The top centile share of total national income averaged 5 percent in Soviet Russia, lower than in Western Europe or the United States, before rising to 20–25 percent after the fall of communism, surpassing both Europe and the United States. *Sources and series:* piketty.pse.ens.fr/ideology.

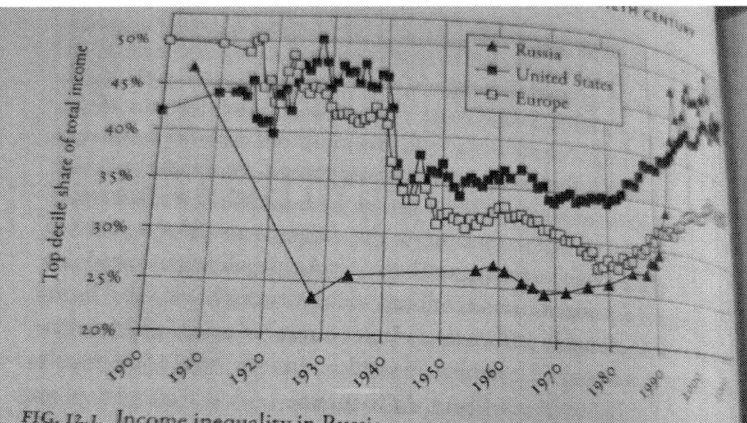

FIG. 12.1. Income inequality in Russia, 1900–2015
Interpretation: The top decile share of total national income averaged 25 percent in ... viet Russia, lower than in Western Europe or the United States, before ... 45–50 percent after the fall of communism, surpassing both Europe and the ... States. *Sources and series:* piketty.pse.ens.fr/ideology.

(상기의 저서 584~585page graph 참고)

역설적으로, Capital And Ideology 2020 by Thomas Piketty 584~585 page에서 보여주는 것처럼 Soviet Union이 멸망한 시기에 즈음한 빈부격차의 심화만으로 국가의 분열을 야기하는 것이 아닌 부정부패, 극심한 빈곤 등의 복합적인 요인으로 국가가 멸망의 길로 들어간 것이다. 즉, 이 시점에 Soviet Union의 빈부격차는 미국이나 유럽보다도 낮은 상태였기 때문이다.

이를 최근의 COVID-19 전염병과 대비하여 얘기하면, 사회의 안전판 역할을 하는 중산층의 범위가 매우 얇아지고 심지어 하위 50%의 계층은 최저 생활을 유지하기에도 위태롭게 되는데 전염병이 창궐하는 시기에 의료보험과 재난 지원금과 같은 최저 생활을 유지하기 위한 사회안전망을 지원받지 못하는 저소득층을 중심으로 사망자가 급증할 수밖에 없다면 사회 불안을 야기하는 것은 필연적인 수순으로 볼 수 있다.

같은 저서 411 page를 살펴보면, 개인 간의 능력의 평등을 언급하는데, 사회적, 정치적 제도에 의한 소득불평등의 확대는 당연한 귀결이지만, 다른 한편으로는 선천적인 gene의 차이와 가정 교육의 중요성을 간과한 것이 아닌가 싶다.

현대 국가의 경제 정책은, 정도의 차이는 있지만, Russia와 같은 국가를 제외하고는 진보적 조세제도를 도입하여 불평등을 완화하는 노력을 꾸준히 하고 있다. 이를 같은 저서 369 page에서 좀 더 구체적으로 살펴보면, 1500년~1800년도까지는 국가 GDP의 1%~2%를 세금으로 징수하였고, 1910년~1980년도까지는 국가 GDP의 6%~8%를 국가의 세금으로 징수하였으며, 1980년 이후에는 더욱 적극적인 진보적 조세정책을 시행하여 국가 GDP의 20%~50%를 세금으로 징수하였다. 그럼에도 불구하고 불평등이 더욱 심화하고 있는 이유는 첫째, 진보적 조세제도의 상대적 후퇴와 둘째, 경제회복을 위한 재정정책 시행 과정에서 소득계층 50% 이하의 상대적 약자에 대한 배려가 미흡한 것과 Platform과 같은 IT를 기반으로 한 산업의 급격한 변화 등이 복합적으로 영향을 준 것으로 보이는데, 이것은 역으로 단순한 정부의 정책-중요하긴 하지만-만으로 이 문제를 해결할 수 없다는 것을 역설적으로 보여주고 있다.

즉, 국가의 경제 발전 정도에 따라 차이가 있지만, 현대 국가에서는 경제를 차지하는 민간 부문의 비중이 갈수록 증가하여 불평등을 완화하기 위해서는 정부의 역할과 더불어 사기업(사회적 기업 포함)과 그에 더 나아가 각 개인의 역할 등이 함께 다양한 노력을 하여야 불평등을 완화할 수 있으며, 국가에 대한 불만을 줄일 수 있을 것이다.

16. Populism 극복을 통한 불평등 완화

1) 개관

앞 장에서 이미 언급한 것처럼, 불평등 극복을 위한 정부와 기업, 그리고 개인 사이의 균형된 역할이 매우 중요하지만, 정부의 정책에 의한 기업에 대한 과도한 규제와 개인의 자유에 대한 지나친 제한은 자칫 기업과 개인에 대한 건전한 경제 활동을 저해하고 왜곡할 수도 있기에 매우 신중한 정책의 시행이 필요하다.

그런데, 집권 세력(정당, 정치인 등)이 지속적인 집권을 위하여 국민의 여론을 왜곡하고 국민을 일시적인 환각 상태에 빠뜨리기 위하여 긍정적이고 생산적인 경제효과는 거의 없는-또는 경제적 효과가 있다고 하더라도 효과 대비 비용이 너무 과다한-선심성의 경제정책을 시행하여, 결국에는 불평등이 악화할 뿐만 아니라 나아가 국가 경제를 파탄에 빠뜨리게 되는 것이 Populism 경제 정책이다. 이와 함께, 제3차산업 시대의 대량생산과 대량 소비로 특징되는 20c에 비하여 Chip과 Digital을 기반으로 한 Network, Complexity, Platform, 3D와 AI, AM을 이용하는 Pan-Industry 등의 소수의 기업에 집중되고 상대적으르 적은 인원이 필요한 새로운 형태의 산업이 본격적으로 나타나면서 불평등 현상이 악화할 가능성이 높은 21c에는 정부의 지나친 법적, 제도적 간섭과 제한, 또는 그 반대의 현상으로 또 다른 형태의 Populism이 나타날 수 있다. 즉, 소수의 정치적 이익을 위하여 비현실적이고 무리한 정책을 실행하는 것이다.

달리 말하자면, 빠르게 변화하는 경제 환경에서는 과거와 달리 불평등 극복을 위한 정부의 역할-각 국가의 정치적, 경제적, 문화적 환경에 따라 다르긴 하지만-을 가능하면 제한적으로 집행하여야 경제의 지속적인 발전과 불평등 극복이 함께 달성될 수 있을 것이다. 물론, 각종 복지제도의 지속적 확장은 정부의 재정 능력에 비례하여 당연히 필요하지만.

Populism은, 국민 대중의 참여를 통하여, 기존 Elite 계층의 지배 문제를 타파하기 위하여 직접민주주의에 의한 국민의 의사 실현을 목표로 한다.

이러한 목표 실현을 목적으로 하는 개혁운동의 방법은, 기존의 사회적 구별을 넘어 새로운 정치적, 사회적 통합 과정과 동시에 새로운 미래를 위한 좋은 정치 목표를 실현하는 아래로부터의 운동이다.

Populism의 대상은 농민, 노동자 등과 같은 개별적인 사회집단 등을 통합하여 집단의 시각에서 Ideology를 부여한다.

반면. Populism이 문제가 되는 것은, 권력분립에 의한 견제와 균형인 법치주의의 원칙을 경시하거나 절차와 제도에 있어서 국민 의사를 실현하는 것을 저해한다.

특히, 다수결 원칙을 중시함으로써, 소수자의 권리가 무시되면서 정치적 대립이나 분쟁이 급격하게 진행될 위험성을 내포하고 있다. 또한, 국민 의사 표현이라는 방식으로 투표하여 단번에 비정치적 기관의 권한을 제약하는 결정을 과감하게 내리기도 한다.

Populism의 선전매체로서는 Mass Communication을 활용하여 무당파인 중도층에 대하여 폭넓은 호소를 하는 정치 수법을 사용하며, 직접민주주의를 주창하면서, 인기를 끌기 위해 국가의 경제적 재정은 생각지 않고 경제적 부담을 주는 민중주의를 취하고 있다.

예를 들면, 복지와 사회보장을 충실히 지속적으로 지지하면서, 불안정 고용, 생활 빈곤층 지원, 연금, 급여 등을 유지한다.

선거 시에는 대중을 위한다는 구실로 선심성 공약과 정책으로 국가의 재정에 과도한 부담을 지우면서 대중영합주의로 인하여 경제 파탄을 가져오게 한다. 최근, 가장 극적으로 Populism 정책을 실행함으로써 국가를 회복 불능의 파탄 상태까지 몰고 간 국가는 Latin America 지역의 Venezuela이다.

무엇보다도 Populism의 사상적인 요소는 Elitism에 저항하는 반감에서 비롯된 것이며 이것을 바탕으로 하여 사회 구성원을 대립적이면서 심하면 폭력적인 사회로 변화시키는 것이다. 즉, 20c 초, 중반에 유행했던 극우적인 집단이나 극좌적인 집단의 경제정책을 표출한 것으로 볼 수 있다. 따라서, 21세기에는 민주주의 국가가 경제적으로 약진하면서, 민주주의가 내재하고 있는 모순을 단적으로 보여주었다. (jeongyun.story.com 일부 참고)

이러한 Populism 정당은 민주적인 제도에 대한 중대한 위협이며, 정당의 지도자와 추종자는 수직관계로서, 정치적 수단으로 국민의 감정에 호소하는 수법을 사용한다.

Populism의 함정에 추락한 국가들이, 일부 국가의 경우 이를 극복하기도 하지만, 대부분 회복하기 힘든 것은 인간이 항상 이성적이면서, 그리고 자신과 후세대를 위한 장기적인 판단을 하는 동물이 아니라는 점에 있다. 특히 법치주의 수준이 낮거나 부정부패가 심하며, 국민의 지적, 인성적 수준이 낮은 국민이 있는 국가의 경우는 이러한 함정을 극복하는 것이 불가능에 가깝다.

그런데, 21c에 들어서면서 독재국가뿐만 아니라 미국을 비롯한 France 등의 유럽 국가들, 한국과 같은 많은 민주주의 국가에서 그동안 축적되었던 민주주의와 자본주의의 부작용-불평등의 악화, 기후변화에 대한 적절한 대응의 실패, 노골적인 Oligarchy 정치집단 현상, 사회적 계층 상승 가능성 약화, 앞에서 언급한 여러 가지 이유로 인한 정치적 양극화, 사회적 불안, 비효율적인 부채 급증, 기득권 계층의 단견적 이익 집착 등-이 표출되면서 인간의 핵심 가치인 자유와 평등의 중요성에 대한 인식이 오히려 약화하는 상황이다.

2) Populism의 의의

우선, 여기서 Populism에 대한 사전적 의미 이상의 자세한 개념 규정이 있어야 막연한 의미의 Populism을 정치경제학적으로 구체화하여 소위 Populism 경제정책을 사전에 방지하고 중, 장기적인 국가발전을 이룰 수 있을 것이다.

Populism은 Anti-Elitism인 "민중영합주의"라는 의미인데 영어 "people"을 뜻하는 라틴어 "Populus"에서 유래된 용어로 19c 말 Russia 사회를 풍미했던 나로드니키(Narodniki)의 계몽운동과 1890년대의 미국 농촌사회의 농민운동에서 비롯된 것이며, 20c 이후에 논의되고 있는 Populism은 Latin America에서 변형된 개념이다.

이 개념의 핵심은 Elite에 대한 불신과 대중에 대한 직접적인 호소인데, 이성적이고 장기적 안목에 의한 경제 정책의 수립보다는 단견적이고 감성에 호소하는 선동적인 정치경제학적 성격의 경제 정책을 강하게 지니고 있기에 다른 한편으로는 대중에 의한 동정심과 분노를 함께 유발한다.

20c 이후 격동의 현대 정치사에서 이러한 예는 수없이 많이 있었는데, 제2차세계대전 전에 Russia와 유럽에서 유행했던 극좌적인 Communist와 극우적인 성격의 Fascist가 내세운 이론과 정책이 대표적인 Populism 정책이었으며, 그 이후 Latin America 국가로는 Venezuela, Argentina 등과 Caribbean 지역의 Cuba가 소위 사회주의적이며 선동적이면서 Populism 경제 정책을 실행한 대표적인 국가들이다. 현재 진행 중인 선동적 Populism 정치의 예는 미국의 Trump 대통령이 실행하고 있는 정책이며 영국의 경우에는 2020년 1월 1일부터 시행한 Brexit이었다.

즉, 공약을 내세우는 정치인들이 소위 "Noblesse Oblige"의 자세로 장기적인 안목을 가지고 후세대의 삶을 위한 의미있는 정책을 실행하겠다는 자세로 선거에 임하지 않고, 당장의 정치적 정권 획득이나 유지를 목적으로 깊은 고민도 없이 단기적으로 국민의 관심과 인기를 얻는 정책에만 혈안이 되어 맹목적으로 공약을 내세우는 것이다. (Digital 시대의 민주주의와 Populism 2014년 by 정우택 참고)

3) Populism 정책의 핵심 요소

동일한 정책이라 할지라도 실행하는 정책이 한 국가에서는 국민의 삶을 보장하는 절대적 평등의 확대 및 보장에 매우 중요한 정책인데 다른 국가에서는 Populism 정책으로 보일 수도 있는데,

척도의 핵심은

첫째, "국가의 재정이 건전성을 유지하면서 이 정책을 유지할 수 있는가."이다. 현실적인 예를 들면, Venezuela, Cuba 등이 실행했던 공공의료 정책은 이 국가의 수준에 비하면 Populism인데 북구 유럽 국가들이나 Australia, New Zealand, Canada, 영국 등이 실행하는 공공의료 정책은 Populism이 아닌 국민의 절대적 평등을 확대하고 보장하는 중요정책의 하나라고 평가한다.

또 다른 예로, Greece의 금융위기가 시작된 시기를 살펴보면, 국가 예산은 바닥이 났는데 대학교까지 이어지는 무상교육과 국민의 50% 이상이 근무하는 과다한 공무원 수와 관광업으로 한정된 산업밖에 없어 다양한 세원을 확보하지 못하면서도 과다한 재정지출로 인하여 지속적으로 발생하는 국가 재정의 적자의 확대 등은 Greece에게 적용하면 Populism의 경제정책으로 볼 수 있다.

둘째, "국가 예산의 집행이 장기적이고 생산적인 관점에서 집행되고 있는가의 여부"이다. 이 문제는 정치 후진국으로 갈수록 더욱 노골적으로 나타나지만, 대부분의 국가에서 발생하는 현상이다. 하나의 예로, 미국의 45대 대통령으로 취임한 Trump 대통령이 주요 정책의 하나로 내세워 진행하고 있는 Mexico에서 들어오는 불법 이민자를 막기 위한 장벽을 보면 실질적인 효과도 전혀 없이 막대한 예산을 낭비하는 미국의 대표적인 Populism 전시 행정의 한 예이며, 47대 대통령으로 다시 미국

의 역사에 등장한 Trump 대통령은 전 세계를 상대로 관세전쟁을 벌이고 있으며 연방 교육부를 폐지하고 Medicare와 Medicaid를 대폭 축소한 정책들은 그의 지지자들도 등을 돌리게 하고 있으며 불평등이 심화하면서 미국경제의 불황을 발생시킬 가능성이 높은데 그는 미국 역사에서 찾기 어려운 선동적 Populism 행태를 보이고 있는 상황이다.

한편, 한국이나 중국의 각 지방자치단체가 시행하는 각종 행사를 보면 경제적 효과는 거의 없는, 국민의 소중한 예산을 낭비하는 지방자치단체의 전시 행정이 헤아릴 수 없이 많은데 이 또한 Populism의 한 형태이며 최근에 취임한 한국의 이재명 대통령이 실행하고 있는 전 국민을 상대로 한 상표권 지급은, 경제학자들의 시각으로 보면, 그 규모에 비하여 경제적으로 긍정적인 효과가 거의 없는 것으로 결론이 난 정책이며 또 다른 전형적인 Populism 정책으로 볼 수 있다.

셋째, 20c에 들어와 보편화된 진보적 조세제도에서도 보편적이고 불편부당한 조세제도의 변경이 아닌, 적자 재정이 예상됨에도 불구하고 어느 특정 세력을 위한 세율의 변경-대표적인 예가 미국의 43대 대통령인 George W. Bush 대통령 재임 시에 시행한 부유세 대폭 인하인데 이 정책은 조세제도에서의 Populism 예이다.

그러나, COVID-19 전염병으로 인하여 일시적으로 국민의 생명이 위기에 처했을 때 세계 대부분의 국가가 시행하는 전 국민, 또는 큰 피해를 당한 여행업, 숙박업, 운수업 등의 산업에 대한 감세와 지원 대책 등은 Populism이라고 할 수 없다, 물론 이 또한 국가의 재정 능력을 벗어난 과도한 지출은 Populism의 한 형태인지만.

넷째, 국가 재정이나 기업의 생산 활동에는 한계가 있음에도 불구하고 최저임금의 대폭 인상이나, 그것도 모자라 몇몇 선진 국가에서도 기업과 국가 제정에 대한 부담 때문에 고민하는 기본소득(Universal Basic Income)의 도입 및 이에 대한 국가의 보조금 지원 등의 시행은 자칫 Populism 성격을 띠어 국가의 장래를 암흑으로 빠뜨릴 수 있기에 매우 조심스럽게 접근하여야 할 것이다.

다섯째, 여기에 추가하여 언급해야 할 내용은 문화적인 요인으로서 한국과 같이 오랫동안 유지되었던 사농공상의 유교 문화와 박정희 시대의 군사 독재 문화를 벗어나지 못한 국가에서 나타나는 현상으로서 지나치게 과시욕에 사로잡혀 국가의 세금을 낭비하는 경우가 다반사인데 그 좋은 예로 대부분의 선진국에서도 그 예를 찾기 힘든 한국의 국회의원에 대한 과도한 예우이다.

지금까지 언급한 Populism의 핵심 요소는 불평등의 완화와 함께 공정성 및 투명성과 법치주의가 확립된 신뢰 사회가 달성되고 국민의 절대적 평등이 확대될 뿐만 아니라, 질 높은 교육을 통하여 오랜 부정적인 문화를 극복하고 다양한 사고와 도전 정신을 보호하고 장려하면서 다양한 산업이 발전하면 국민의 의식과 소득 수준이 향상되고 Populism 정책이 실행되기 매우 힘들어질 것이다.

4) 후기산업사회에서의 Populism 극복

2010년 이후 후기산업사회를 맞이하여 다양한 요인으로 인하여 다양하면서도 새롭게 발생하는 문제를 해결하려는 방법의 하나로 다문화주의를 하나로 통합하는 방향으로 나가고 있지만 좀 더 깊게, 그리고 근본적으로 해결하기 위해서는 "자유주의"에 대한 철학적 토론이 요구되며 개인과 집단의 요구와 사회적, 문화적 구조에 대한 조화가 필요한 것이다. (The End Of Illusions Published by Polity Press 2021 by Andreas Reckwitz 152 page 참고)

후기산업사회로 발전하는 과정에서 결과적으로 자유주의를 저해하는 Populism의 문제점을 살펴보면,

첫째, 실질적으로 자유민주주의 형태가 아닌데도 불구하고 외부적으로는 "대체적 자유주의" Model로 나타나는데 이것은 오히려 "반자유주의" Model이다. 즉, 자유와 민주주의는 서로 분리할 수 없는 동전의 양면과 같은 것이며 "us-versus-them"으로 규정하면서 정치형태를 단순화

시키고 Elite와 이민자, 세계주의자들에 대하여 적대적 행태를 나타내는 것이다. 물론, 이 행태가 과도하게 되면 폭력적인 행태가 출현하기도 한다. 따라서, 이들은 결정적으로 법치주의를 파괴하는 행위와 "Them"에 대한 공격적인 행위를 망설이지 않는다.

둘째, Populism의 구체적인 내용에 대하여 각 국가에 따라서 다른 양상을 띠고 있지만, 기본적으로 전체주의적 규제를 강화하는 방향으로 진행되며 결과적으로 국가적 고립주의를 실행하게 된다. 또한, 이러한 전체주의적 규제는 사회경제적, 사회문화적 영역을 포함하고 자유주의를 배격하게 되며 한 사람이나 집단이 경제적, 사회적 정책을 주도하고 경제적으로는 보호주의 성향을 강하게 띠게 된다. 미국의 예를 들면, 45대 및 47대 Trump 대통령 시대에 백인 우월적 인종차별주의자들이 이민정책을 부정적인 방향으로 강화하고 이민자를 축소하면서 정치적으로 국가의 존재를 강화하고 문화적, 경제적 측면에서는 세계화에 대한 적대감을 강하게 표출하였는데 이것이 후기산업사회에 들어서면서 미국에서 새롭게 발생한 Populism의 한 현상이다.

셋째, 사회문화적 측면에서의 Populism 현상은 다양한 영역과 지역, 사회적 계급에서 발견될 수 있지만 일반적으로 어떤 분야는 더욱 강하게, 그리고 또 다른 분야에서는 약하게 나타나게 된다. 그러나, 일반적인 특징을 언급하자면 Populists는 자신에 대한 사회적 저평가와 즉각적인 사회적, 문화적 상실감을 느끼게 되며 사회의 발전 과정에서 자신을 속였다고 생각하는 것이다.

1990년대 이후 후기산업사회가 나타나기 시작하면서 사회학자들의 시각으로는 세계주의자와 공산주의자 사이의 새로운 충돌이 발생하고 있는데, 전자는 세계화를 지향하며 자유롭고 새로운 문화와 경제의 빠른 변화를 환영하는 반면 후자는 국가안보와 사회의 규율을 우선시하는 경향이 있다. 대중 선동가들은 후자에 속하며 세계주의자나 Elite 주의자들은 전자에 속하는데 Populism이 주도하는 사회에서는 분노와 상실감을 느끼는 것이다. 후기산업사회에서의 Populism은 주로 구중산층이나 위태로운 하위계층에 있으며 신중산층에 대한 부정적인 감정이 있는데 지역적으로는 농촌과 소도시에 상대적으로 다수가 거주하고 있다. 물론, 대도시에는 신중산층이 많이 거주하고 있다. Populism은 단일화, 즉 하나의 집단에 중점을 두기 때문에 다양성에 집중하면서 후기산업사회를 주도하고 있는 신중산층의 문화와 정면으로 대치된다. (상기의 저서 154~157 page 참고)

여기서 Chat GPT에서 제안하는 Populism을 극복하기 위한 방안을 살펴보면,

Populism의 극복을 위해서는 단기적 대중의 감정을 자극하는 정치에서 벗어나, 제도적 안정성과 사회적 신뢰를 회복하는 다층적 접근이 필요하다. 아래는 주요한 극복 방안이다:

첫째, 정치적 측면

- 민주적 제도의 강화

선거 제도, 사법 독립, 언론의 자유 등 민주주의 핵심 제도의 보호와 개혁

- 견제와 균형(checks and balances)의 체계 강화

정당 정치의 정상화

정당의 책임성과 이념 기반 회복

Populism을 경계하는 중도 정당의 역할 확대

- 시민 정치교육 강화

감정에 휘둘리지 않고 합리적 판단을 할 수 있는 시민 역량 배양

비판적 사고와 Media Literacy 교육 확대

둘째, 경제적 측면

- 불평등 해소와 포용적 성장

Populism은 대개 경제적 소외층의 분노에서 출발함

소득 불균형, 지역 격차, 세대 간 기회의 불평등 해소 필요

- 복지 체계의 개혁

선심성 공약이 아닌, 지속 가능하고 체계적인 복지 시스템 설계

실업, 교육, 건강 등 기본 사회안전망 강화

셋째, 사회문화적 측면

- 사회적 신뢰 회복

정부, 언론, 공공기관에 대한 투명성과 책임성 강화

혐오와 분열을 조장하는 담론에 대한 사회적 대응 필요

- 다양성에 대한 포용 교육

이주민, 소수자, 다른 지역과 계층에 대한 공감 능력 확대

문화적 다양성을 존중하는 공동체적 가치 강조

넷째, 국제적 협력과 연대

Global Populism 확산에 대한 공동 대응

민주주의를 지지하는 국가 간의 정치, 경제적 협력 강화

SNS를 통한 허위 정보 유통 방지에 대한 국제적 규제 논의

다섯째, 결론

Populism은 대중의 절박한 불만을 반영하는 정치적 현상이지만, 그 해법은 단순한 반대가 아니라 제도와 공동체의 신뢰 회복, 정치, 경제의 포용성 강화, 그리고 시민사회의 성숙에 있다. 즉, 단기적 방안이 아닌 장기 전략이 필요하다.

4) Populism의 폭력성

Populism의 이념적, 정치적 성향은 좌, 우 또는 중도 등을 가리지 않는다. 즉, 이러한 정치집단은 국가와 국민을 위한 중, 장기적 Vision이 없이 오직 집권에만 관심이 있기 때문에 국민을 일시적인 환각 상태에 빠뜨리기 위하여 국민에게 현금을 살포하기도 하는데, 그 대표적인 예로 1년에 수천%에 달하는 Hyperinflation의 경제난에 허덕이고 있는 Venezuela의 독재 권력자 정권이었던 차베스 정권과 그 뒤를 이은 마두로 정권이다.

일반적으로 소득이 일부 소수의 특권 계층에 집중되어 중산층 이하

에서의 상대적 박탈감이 고조될 뿐만 아니라, 불평등이 심각하고, 상대적으로 안정을 추구하는 중산층의 규모가 낮으면서 실업률이 매우 높고 국민의 교육 수준과 국가의 산업화가 낮은 사회일수록 이러한 Populism 정치가 나타날 가능성이 높다.

그런데, Populism이 극단화되어 법치주의를 무시하는 사회가 되면, 비록 국가의 기능을 유지하고 있다고 하더라도 오래 지탱하기가 힘들어지며, 부정부패가 만연화되어 불신의 사회가 정착되고 법에 대한 인식이 소위 "내로남불"과 "이현령, 비현령"으로 바뀌어 국가 권력의 정당성이 사라지고 폭력적인 국가로 변하면서 결과적으로는 파멸하는 과정을 걷게 된다.

Latin America 지역의 많은 국가에서 이러한 현상을 볼 수 있는데 정치적 성향의 좌우를 가리지 않고 과거 정권의 부정부패를 이유로 혁명을 통하여, 또는 선거를 통하여 정권을 잡은 뒤에는 정치적 반대 집단을 숙청하고 국민에게 일시적 환상을 갖도록 하기 위해 Populism 정책을 실행한다. 결국, 국가는 끝없이 추락하고 말지만... 이러한 현상은 사회의 안전판 기능을 하는 중산층이 거의 없었기에 혁명이라는 폭력적 현상이 일어난 것이다. 이미 심리학적 측면에서 중산층의 보수적 선택에 대하여 언급하였지만 여기서 경제학의 효용성 측면에서 접근하여 중산층의 보수성을 설명한 이론을 소개하면, Friedman과 Savage가 Wiggly Utility Curve를 이용하여 효용성을 설명하면서 투자에 대한 의사결정, 직업의 선택, 혁신적 기업가의 선택 등과 함께 사회적 중산층의 보수적 선택도 적용하면서 설명하였다. 즉, "확실하게 얻을 수 있는 US $100만을 선택할 것인가, 또는 투기하여 획득할 가능성이 있는 US $1,000만을 선택할 것인가?"의 질문에 두말할 필요도 없이 US $100만을 선택하는 결과를 가져왔다. 어느 정도의 재산을 보유한 사람이 작은 Risk를 선택할 수 있지만, 커다란 Risk를 선택할 가능성은 매우 낮다는 것이다. (Risk, Choice, and Uncertainty Published by Colombia University Press 2020 by George Szpiro 146, 148 page 참고)

한편, 어떤 사람은 "비영리 사회단체인 종교 집단이 많은 재산을 소유하고 있는 것이 무슨 문제인가."라고 할 수 있지만, 역사를 살펴보면 중세 유럽의 Catholic이 종교의 영역을 넘어서 문화적, 정치적으로 사회 전체를 강력하게 지배하면서 갈릴레오 갈릴레이의 지동설을 협박한 것처럼 사상과 사고의 자유를 억압한 시기, 한국의 고려시대 말기에 발생한 불교의 타락이나 작금의 Iran과 같이 감시와 견제를 받지 않은 거대한 세력은 그것이 비록 종교 집단이라 할지라도 사회를 부패시키며, 국민을 분노케 한다. (국가 발전을 위한 구조적 분석 2017 by William H S Lee 참고)

이것을 다시 역사적으로 살펴보면, 제2차세계대전 전의 극우적인 Populism인 Fascism이 지배한 독일과 Spain, Italy 등을 살펴볼 수 있고, 당시의 극좌적인 Populism인 Communism 국가 USSR과 제2차세계대전 이후 Taiwan을 제외한 중국 전역을 장악한 중화인민공화국, 지금의 북한, Cuba 등을 예로 들 수 있다. 이러한 국가들은 정치적인 반대 의견이나 사고의 다양성을 인정하지 않고, 최고지도자나 최고 지도 집단(독재자 또는 독재 집단)의 독재정권을 강화하는 것이 최우선적인 정책이며, 다른 정치적 이견을 무시하거나 폭력적 억압을 통하여 말살하고 비상식적이게도 최고지도자의 오류를 인정하지 않는다.

물론, 제2차세계대전 후에 극우적인 성향의 Fascism의 지배 세력은 유럽에서 자유민주주의 체제와 법치주의를 확립하면서 대부분 사라졌지만, 20c 후반부터 불평등, 사회적 신분 상승 기회의 약화, 급등하는 주택가격, 기회의 불평등 심화, 공정과 법치주의 약화 등의 다양한 이유로 선진국에서도 극우적인 Populism이 강하게 재현하고 있으며, 법치주의가 아직 확고하게 뿌리내리지 못한 Latin America의 많은 국가와 동남아시아와 중동 아시아 지역의 국가들은 여전히 극우적인 성향의 Fascism이 지속적으로 남아 있다. 또한, 극좌적인 성향의 Communism이 중국과 북한, Cuba 등에 지금도 남아 있어 여전히 세계를 위협하고 있다. 한편, 극좌적인 국가였던 USSR이 1991년 12월 26일 스스로 멸망한 뒤에

Putin이 집권한 2000년부터는 극우적인 독재정권으로 변모한 상태이다. Ukraine 침략전쟁이 실패로 끝나면서 그의 종말도 예상되지만...

5) Populism을 극복한 국가들

(1) 일본

일본의 고이즈미 준이치로 정권도 성공한 Populism 정권으로 평가받는다. 고이즈미는 언론을 통해 개혁을 추진하는 자신을 선, 반대하는 편을 악으로 모는 Populism 행태를 보였다. 하지만 퇴임 당시 50%가 넘는 이례적 지지율에서 보듯 그의 Populism은 일본국민의 높은 지지를 받았다. 고이즈미는 일본 국민이 정치권의 구태에 대해 큰 불만을 품고 있는 상황에서 자민당 파벌 정치 타파와 우정국 민영화와 같은 개혁 정책을 추진해서 인기를 얻었다. 서울대 국제학대학원 박철희 교수는 고이즈미의 Populism은 기득권 타파라는 목표 의식이 있었기에 일본 국민의 전폭적인 지지를 받을 수 있었다고 말했다.

(2) Norway

Norway 진보당은 유럽에서 가장 성공적인 우파 Populism 정당으로 평가받는다. 1972년 창당한 진보당은 이듬해 선거에서 5%의 지지율로 의회에 입성한 뒤 2005년 22.1%(38석)까지 세를 키웠다. 진보당은 Populism 정당들이 일반적으로 소외계층의 지지를 받기 위한 정책을 제시하지 않고 세금이 많다고 느끼는 부유층과 이민자에 대한 피해의식이 있는 노동자층을 주로 파고들었다. 이들을 대상으로 세금 인하, 국유재산의 민영화, 범죄에 대한 엄격한 형사처벌, 이민 규정 강화, 후진국 개발원조 중단 등의 강령을 제시했다. 특히 실업률 상승과 경제적 불평등에 대한 해법으로 Norway의 막대한 석유 기금을 외국의 유가증권에 투자하지 말고 학교, 보건시설, 휘발유 보조금 등 복지정책에 쓰자는 주장을 제시했고 이것이 대중에게 설득력있게 받아들여졌다. 이러한 대중적 지지 때문에 기존의 정당들은 진보당의 정책을 일부 수용하기도 했다.

(3) Greece

2008년 미국의 Subprime Mortgage로 시작한 금융위기는 2010년 중반부터 나타난 "유럽발 경제위기"로 변하면서 세계는 또 하나의 위기를 겪었는데 그 징후가 바로 Greece였다. Greece는 2010년 하반기 IMF와 EU 중앙은행으로부터 구제금융을 받는 등 경제가 파탄지경이다. 대한민국의 언론은 위기의 원인으로 Populism과 부패를 꼽았다.

Greece 복지의 문제는 연금 등 복지지출 대부분을 구세대에 지급한 것에 더하여, 일부 힘 있는 직종이 연금 혜택을 차지한 데서 비롯된다는 주장도 있었다. 일부 직종이 "지불한 것보다 더 많이 돌려받는" 불공정한 관행이 고쳐지지 않았는데 민간 부문에서 일하는 국민이 포함된 근로자 사회보험기금(IKA)의 경우에는 자신이 낸 금액의 1.1배를 연금으로 받지만, 공무원과 공공기관 종사자 등 공공부문은 연금 기여액의 2~5배를 연금으로 돌려받고 있었다.

하지만 Greece의 공공복지 지출 비중은 GDP의 21.3%로, OECD 평균(19.3%) 수준에 불과하다. Greece의 방만한 연금 운용은 비판 대상이지만, 실제로 국가 재정에서 연금을 포함한 공공복지 지출 비중은 높지 않았다는 주장이다. Greece는 가족주의가 강해 국가 복지가 발달하지 못하면서 오히려 유럽 내에서 다른 국가에 비하면 복지 수준이 뒤떨어진 나라에 속한다. Athens대학 정경대학 예오르요스 파굴라토스 교수는 "Euro-Zone 내에서 Greece의 복지지출은 평균 수준이었지만 광범위한 탈세 때문에 안정적인 조세 기반을 갖지 못한 것이 부담됐다."고 주장했으며 "이는 복지뿐 아니라 Greece 공공부문 적자의 전반적인 문제"라고 말했다.

Greece 위기는 Populism이 아니라, 지나친 감세로 인한 세수 부족과 지속적인 경상수지 적자, 단일통화 체제, 부동산 거품 붕괴 등 전혀 다른 데 원인이 있다는 주장도 있다.

유로 단일 통화권 가입은 Greece 경제를 악화시켰다. 유로화 도입 이후 화폐가치가 상승하면서 수출 경쟁력은 더욱 떨어졌다. 저금리로 자금조달이 가능해지면서 정부는 해외에서 부채를 끌어와 만성적인 재정적자를 메우는 데 사용했다. 흘러온 자금은 부동산 산업으로 흘러가면서 거품 경제를 유발했다.

Greece의 재정은 Greece의 지하경제 총생산(GDP)의 25%에 이를 정도로 세금 누수가 심각한 상황에서도 Greece의 보수정당인 신민주주의당은 2004년~2007년 법인소득세율을 35%에서 25%로 무려 10%포인트나 낮췄다. 또한, 개인소득세율의 면세점을 높여 세금을 내지 않는 사람이 늘어나면서 친척 간 부동산 상속세 폐지 등 여러 감세정책을 폈다. 이 때문에 세입이 지출을 따라잡지 못하는 구조가 고착하였다. 2004년~2009년 총리를 맡은 신민주주의당 대표 코스타스 카라만리스가 집권하는 동안 감세 조치와 부정부패로 인해 Greece 정부부채는 두 배로 늘었다. (ko.wikipedia.org 자료 참고)

6) Populism의 극복을 위한 Ecosystem과 Pull-in 이론의 조화

이미 여러 차례에 걸쳐 Populism의 극복을 위한 일반적인 국가적 환경-법치주의의 확립, 부정부패의 일소 및 강력한 중산층의 형성과 이를 위한 다양한 좋은 직업의 지속적 창출 등-에 대하여 여기하였지만, 여기서는 우리가 21c에 들어와 일어나고 있는 새로운 산업 환경을 불평등 해소뿐만 아니라 Populism의 극복을 위하여 무엇을 인식하고 어떻게 정책을 시행해야 할 것인가에 재해 말하고자 한다.

수많은 경제 주체와 객체들이 서로 밀접하게 연결되어(Connection) 복잡한 경제 현상을 이루고 있는 지금은, COVID-19 전염병처럼, 눈에 보이지 않을 정도로 미세하게 시작하는 어떠한 작은 현상도-그것이 긍정적이거나 부정적이거나 간에-Butterfly Effect의 결과이며 결국은 세계 경제에 커다란 영향을 미칠 수 있다. 이렇게 서로 밀접하고 복잡하게 관계를 맺고 있는 경제 현상을 Economic Ecosystem이라 하는데 경제를 나름 정확하게 파악하기 위해서는 이러한 복잡한 현상을 아무리 조그마

한 현상일지라도 어느 하나도 도외시하지 않고 서로 간의 관계를 분석하기 위하여 각각의 요인을 다층적으로 반영하는 것을 Poll-in이라 한다.

한 가지 예를 들어 보자. 1차산업인 농업 분야에서 생산을 극대화하기 위하여 4차산업의 하나인 AI를 동원하여 날씨와 토질, 그리고 사용해야 할 비료와 생산해야 할 농작물등을 정확하게 예측하여 생산을 극대화하는 것이나, 2020년부터 세계적으로 확대된 COVID-19 전염병도 초기에 중국이 WHO를 통하여 공개적으로 전염병 발생을 알리고 경고하면서 신속하고 과학적인 방법을 동원하여 대처했다면 덧없이 죽어간 많은 귀중한 생명도 구할 수 있었을 것이다.

아마도 AI가 계속 발전해 나간다면, 언젠가는 미국의 Hurricane이나 Tornado를 조절할 수 있고 현재 중국을 비롯한 극동아시아나 동남아시아에서 겪고 있는 엄청난 폭우나 태풍도 적절하게 조절하여 피해를 최소화할 뿐만 아니라 농업의 생산량도 극대화할 수 있게 될 것이다.

따라서, 이렇게 복잡하고 밀접하게 연결하여 있는 많은 경제 주체들을 포괄적으로 반영하여 불평등 극복과 경제 발전을 함께 달성하기가 매우 힘들지만, 이러한 힘든 상황을 극복하지 않고는 불평등 극복과 경제 발전을 이룰 수 없는 것이다.

유사 이래 가장 빠르게 발전하고 있는 경제 환경 속에서 산업 발전을 통한 소득 증대와 함께 정부의 다양한 세원 확보 및 절대적 평등의 확대를 위한 재정정책을 통하여 불평등의 극복과 경제 발전을 함께 이룰 수 있으며, 국가가 이러한 방향으로 나아가야 국민의 공동체 의식이 견고해지면서 Populism의 발생 가능성도 약화하게 될 것이다.

17. 사유재산권의 인정과 불평등의 극복

1) 개관

일반적으로 사유재산권의 인정은 국가발전에 도움이 될지는 몰라도 불평등을 더욱 심화시킬 것이라고 주장할 수도 있지만, 자유와 평등을 함께 추구하면서 국가가 안정적이고 지속적으로 발전할 수 있는 여러 가지 방법의 핵심 요소 중의 하나가 사유재산권의 인정이며 법치주의의 확립을 통하여 법적인 보호장치를 마련하여 주는 것이다. 물론, 국가발전과 더불어 불평등을 해소할 수 있는 다른 방법을 경제 주체들이 찾을 수도 있다.

인간의 역사를 살펴보면, 매우 강력한 정치적, 사회적 제도를 갖춘 완벽한 것으로 보이는 체제일지라도 취약하기 그지없어 약간(?)의 충격에도 멸망과 후퇴의 길을 걷게 된다. 영원히 완벽할 수 없는 것이 인간이 만든 모든 제도와 발명 제품 및 금융, 화폐제도 등의 다양한 경제행위와 인간의 삶이기에…

따라서, 법치주의를 기반으로 한 정치적, 경제적 제도와 여기서 얘기하고 있는 사유재산권의 보장도 더 이상 좋을 수 없는 완벽한 제도는 아니며, 좀 더 나은 제도를 찾아가고 있는 과정일 뿐이다. 그리고, 사회적 강자 위주의 허울뿐인 법치주의 또한 매우 많은 것이 현실이다.

한편, 이론적으로는 국가가 발전하지 않더라도 평등 사회를 유지할 수 있기 때문에 평등과 국가발전은 각각의 길을 통하여 달성할 수 있다고 할 수도 있겠지만, 현실적으로 국민소득이 극히 낮고 국가발전이 제대로 이뤄지지 않은 후진국이나 개발도상국의 불평등 정도가 1인당 국민소득의 수준이 높은 국가에 비하여 훨씬 심각한 것을 보면 국가발전과 불평등의 극복은 수레에 달린 두 개의 바퀴인 것이다. 물론, 정치체제와 노예제도, 농노제, 인종차별, 남녀 간의 성적인 차별, 교육, 문화 등의 다른 다양한 요인들에 의해서 복잡하게 작용하는 것은 당연한 이치이지만.

이것은 내가 주장하는 "절대적 평등의 확대" 측면에서 보면 더욱 확연히 알 수 있다. 즉, 우리가 지금까지 살펴보았던 것처럼 진보적 조세제도를 통하여 국가발전 과실의 일부를 국가 재정으로 확보하여 교육, 의료, 노후연금, 전기, 상하수도, 도로 등의 사회간접자본시설 증대에 투자하면서 상대적 저소득층의 삶의 질에 대한 향상을 도모하면서 기술의 혁신을 통한 소득계층 간의 이동을 보다 원활히 함으로써 소속감을 증진하여 사회적 공동체에 대한 인식을 향상할 수 있을 것이다.

따라서, 제2차세계대전 후 과다한 전쟁 비용에 따른 재정 부족과 교량, 도로 등의 각종 사회간접자본의 건설 복구에 따른 정부의 비용 증가가 발생하였으며, 이와 동시에 국가의 안정적 발전을 위한 중산층의 중요성을 절실하게 인식하게 되어 국가가 주도적으로 지출하게 된 각종 복지 비용 등을 위하여 진보적 조세제도를 통하여 사유재산권에 일정한 제한을 주기 시작한 것인데 이것을 소위 "신사유재산권"이라고 부를 수도 있을 것이다. 물론, 이 소득재분배를 위한 진보적 조세제도는 개인의 자유에 대한 최소한의 제한을 위한 법과 사회적 합의에 의한 도입이 전제되어야 한다. 현재 대부분의 법치주의를 내세우는 민주주의 국가는 진보적 조세제도와 사유재산권 행사의 최소한의 제한을 위한 법적 제한 규정을 두고 있다. (Capital and Ideology Published by Belknap & Harvard 2020 by Thomas Piketty 참고)

2) 사유재산권의 법적 보장과 한계 그리고 국가발전

자본주의의 발전과 해당 국가의 문화적 차이 등에 따라 사유재산권의 의미도 다양하게 진화하고 있는데, "사유"의 의미는 개인이나 법인체 등을 총칭하며 재산의 의미는 유, 무형을 가리지 않고 사회적, 금전적 가치가 있는 모든 것을 의미한다.

물론, 사유재산권에 대한 정의와 법적 보장은 국가에 따라 매우 다양한 형태로 형성되고 있으며 한국에서는 헌법 제23조에 사유재산권의 법적 보장 대한 규정을 명확하게 하고 있다.

먼저, 헌법 23조 1항에 "모든 국민의 재산권은 보장된다."고 명시하여 사유재산제도와 사유재산권을 보장하고 있으며, 동 조항 후단에 "재산권의 내용과 한계는 법률로 정한다."고 하여 구체적인 내용과 범위를 국회에 위임한 것은 이미 언급한 것처럼 재산권이 국가발전에 따라, 산업의 변화에 따라 매우 다양하게 변하기 때문이다.

또한, 동 조항 2항에 따라 "재산권의 행사는 공공 복리에 적합하도록 하여야 한다."라고 하여 재산권의 사회적 구속성을 언급하고 있다. 즉, 사유재산권의 한계를 분명히 언급하고 있다. 이것이 앞에서 언급한 "사유재산제도"의 사회적 책임을 강화한 입법이라고 볼 수 있다.

이러한 헌법의 조항에 따라 민법, 행정법, 민사소송법, 상법, 자본시장통합법 등의 다양한 법률에서 사유재산권에 관한 구체적인 법적 근거를 마련하고 있다.

이미 여러 차례에 걸쳐 언급한 것처럼, 국가가 발전하는 것이 어느 한 요인에만 의존하여 발전하는 것은 아니지만, 대부분의 인간은 자신과 가족, 후손, 사회 등을 위하여 잘 살기 위하여 노력하는 본능을 가지고 있으며, 국가가 이러한 인간의 본능적인 노력을 장려하기 위하여 사유재산권을 인정하는 것이다. 가장 확실한 예로 미국이나 대부분의 유럽 국가를 보면 알 수 있는데, 더 극적인 예로는 중국을 얘기할 수 있다.

덩샤오핑이 개방정책을 시행하기 이전의 중국에서, 국가가 모든 경제 활동을 독점하고 있을 때는 국민의 대다수가 극심한 빈곤 상태를 벗어나지 못하고 있었는데, 비록 제한적이지만 사유재산권을 인정하고 경제 활동의 자율성을 인정하여 그 결과로 인하여 지금은 2023년 기준 1인당 GDP US $13,000 수준을 초과한 수준까지 다다른 것이다. 역으로, 사유재산권을 인정하지 않고 중앙집권적 통제 경제 체제를 유지한 Soviet Union과 북한의 경우, 결국은 스스로 역사의 뒤안길로 사라져 버리거나 멸망의 길로 달리고 있는 상황을 보면 국가발전을 위한 여러 가지 중요한 요소 중의 하나가 사유재산권의 보장임을 여실히 보여주고 있다.

국가 경제 규모 세계 2위인 중국은 현대 경제사에서 중요한 위치를 차지하고 있기 때문에 다음에 더욱 구체적으로 살펴보기로 한다.

3) 사유재산권 등장과 원초적 자본주의

17c에 통치론, 인간지성론 등의 저서를 통하여 자유주의를 주장한 정치학자이자 철학자인 John Locke는 생명과 자유와 재산권은 자연으로부터 부여받은 인간 고유의 권리이며 국가는 국민을 위하여 이러한 권리를 보호하여야 한다고 주장하였으며, 경제학을 학문적으로 접근하면서 시장의 중요성을 설파한 Adam Smith는 1776년 시장의 개념을 확립하고 자본주의를 이론적으로 제시하였지만, 진정한 자본주의는 법치주의를 기반으로 한 자유와 동반하는 것이기 때문에 1789년 French Revolution을 계기로 하여 유럽에서 왕정 체제의 계급사회 개념이 차츰 소멸하면서 자본주의의 초기 개념인 제국주의 시대가 도래하기 시작하였다. 그러나, 자유와 법치주의 개념이 확고하게 자리잡지 못하고 약육강식의 원초적인 자본주의 개념이 국제사회를 지배하면서 전 세계가 아편전쟁, 러일전쟁, 청일전쟁 등의 국지전의 혼란 속으로 빠져들게 되었다. 따라서, 이 시기에는 영국과 France를 비롯한 대부분의 유럽 국가가 식민국가를 확대하면서 부를 축적하였지만 소위 복지의 개념과 "절대적 평등의 확대"에 대한 인식이 매우 미흡한 상태였는데, 이러한 흐름은 제1차세계대전이 지나면서 1930년대의 대공황으로 인한 빈부격차의 확대와 중산층의 부재로 인하여 Russia와 유럽 전역에 극좌적인 Communist와 극우적인 성향의 폭력적인 정치단체인 Fascist가 출현하였으며, 불행하게도 제1차세계대전의 패전국인 독일과 함께 Italy, Spain 등에서 선동적인 Fascist 정치

세력이 집권하게 되어 독일은 Hitler가 주도하여 다시 제2차세계대전을 일으키게 되었다.

그러나, 이러한 격동의 시대를 지나면서 다양한 산업의 발전과 진보적 조세제도, 공정한 사회의 중요성, 사회간접자본의 확충을 통한 절대적 평등의 확대, 자유를 보장하는 삼권분립의 정치체제를 갖춘 법치국가의 확립에 의한 국가의 안정적 성장과 중산층의 중요성을 인식하기 시작하였다.

물론, 유럽과 달리 1912년 중국의 청나라 멸망과 1917년 제정 Russia의 멸망은 사유재산권을 인정하는 자본주의가 싹을 피우기도 전에 자유와 법치주의를 외면하는 또 다른 형태의 선동적이며 독재적인 Communism이 등장하였다. 이에 더하여 대부분의 중동 국가와 동남아시아, Africa의 많은 국가와 Latin America 지역의 국가는 아직도 법치주의와 삼권분립. 언론의 자유가 확립되지 않아 사유재산권의 보장이 매우 미흡한 상태이다.

사실, 고대 로마 시대 이후 형식적으로 사유재산권을 인정한 것으로 보이지만, 왕의 명령으로 언제라도 박탈당할 수도 있는 정치제도이었기에 동서양을 막론하고 왕정 국가 체제를 지속하면서 신분사회가 강하게 유지되는 국가에서의 재산권을 "사유재산권"으로 간주하기에는 한계가 있었다.

한편, 산업의 기반이 극히 미흡한 시기에는 Africa의 흑인을 사유재산의 수단인 노예로 삼아 미국과 유럽 국가의 경우 농업과 제조업 등에서 생산을 위한 수단으로 이용하고, 노예 매매를 산업의 하나로 인식하기도 하였는데, 미국의 경우 남북전쟁(1861년~1865년)을 통하여 노예제도를 폐지하였으며, 영국과 France의 경우에는 노예에 대한 사유재산을 인정하면서 노예 소유주에 대한 금전적 보상과 입법을 통하여 노예제도를 폐지하였다. 자본을 축적하기 위하여 인신매매나 식민지를 강탈의 수단으로 하는 비윤리적인 사업을 오랫동안 지속할 수는 없는 것이었다.

여기서 영국과 France의 노예제도 폐지에 대하여 간단히 설명하면,

영국의 경우에는 1807년 노예무역 폐지법에 따라 노예무역을 폐지하였으며 1833년 노예제 폐지가 통과하여 영국을 포함하여 대부분의 영국령 식민지에서 노예제도를 공식적으로 폐지하였다. France의 경우에는 1794년 French Revolution 중에 노예제도를 폐지하였지만 1802년 Napoleon 집권 기간에 노예제도가 부활하였다. 그러나, 1848년 노예제도를 최종적으로 폐지하였다.

이처럼, 과거 천부의 신분에 의한 불평등이 급격히 약화하고 개개인의 노력에 따른 부의 축적과 신분 상승의 가능성이 훨씬 확대된 자본주의가 도입되었지만, 20c 초반까지 불평등이 해소될 기미는 거의 보이지 않는 중요한 이유 중의 하나는 진보적 조세제도와 각종 사회간접자본과 교육을 포함한 사회보장제도의 도입이 거의 전무하였을뿐만 아니라-차츰 도입하기는 하였지만- 문화적으로도 불평등 극복을 위한 변화를 시도조차 하지 않았기 때문이다.

한편, 앞에서 언급한 진보적 조세제도와 사회보장제도가 도입되기 훨씬 전인 18c 후반부터 영국에서 시작된 산업혁명은 미국에서 꽃을 화려하게 피우기 시작하여 전 유럽으로 다시 확대되면서, 각종 사회보장 제도가 전무하고 부의 집중이 가속화된 시기에 탄생한 새로운 형태의 계급인 노동자계급과 유산자계급으로 인하여 사회가 양극화되면서 20c에 들어오면서 Russia에서 제정 Russia의 붕괴와 함께 극좌세력인 Communist가 지배하는 Soviet Union이 탄생하고, 유럽에서는 제1차세계대전 후 1930년대에 미국과의 관세전쟁 등의 이유때문에 많은 실업자가 발생하고 세계적인 대공황이 발생하면서 극우세력인 Fascism이 지배하는 독일, Italy, Spain 등에서 집권 세력으로 나타난 것이다.

이처럼, 경제가 발전하는 것도 중요하지만, 불평등이 가속화하고 국민 사이에 중산층이 취약하게 되면 상대적 박탈감이 만연하면서 그 방향이 극우 혹은 극좌로 사회적 분위기가 몰리게 될 가능성이 매우 높다. 그리고 계급사회의 소멸과 함께 탄생한 사유재산권의 보장에 따른 자본주의는 처음에는 불평등의 해소와 극복을 위한 수단이 아닌 경제발전 수단의 하나였지만, 다양한 방향의 수정과 보완의 과정을 통하여 불평등 극복, 즉 절대적 평등의 확대를 통하여 사회의 안정과 발전을 이루고 있다.

이것이 제2차세계대전 이후에 사회의 안정화를 위하여 빠르게 진행된 진보적 조세제도와 "사유재산권"의 법적 제한의 등장이다.

물론, 개개인의 능력은 모두 다른 것인데 평등을 지나치게 강조하여 능력과 관계없이 국민 모두가 똑같은 수준의 삶을 강요하는 것은 현실적으로 불가능할 뿐만 아니라, 역설적으로 새로운 불평등을 낳을 수밖에 없는 것이 현실이다. 다른 측면에서 살펴보면 지금까지 강조하였던 기회의 평등이 아닌, 결과의 평등을 강요한 것이며 오히려 법치주의를 기반으로 한 자유와 평등을 훼손하면서 국가와 사회가 후퇴의 길을 걷게 되는 결과를 가져오게 된다.

즉, "평등의 역설"이다.

이것은 오히려 공정성이 사라지면서 근로 의욕의 상실 및 새로운 형태의 불평등 발생과 같은 다른 방향으로의 각종 사회적 부작용을 발생시켜 국가가 후퇴하는 첫걸음이 될 수 있다. 예를 들면, Communism 사회나 극단적인 진보적 조세제도를 도입하여 일정 수준 이상의 추가적인 소득에 대하여 소득세 90% 이상을 도입하는 것 등인데, 이는 인간의 본능인 자신과 후세대를 위하여 재산을 축적하고 잘 살아보자는 욕구를 말살시킨다. 진보적 조세제도 중의 하나인 최고 소득세율에 대한 예를 제시하면, 1980년 이전 미국의 경우 81%, 영국의 경우 89%를 부과한 사실이 있다.

이처럼 무조건적 평등을 강요하는 것은 한편으로는 창조와 사고의 자유를 억압할 가능성이 매우 높아 국가가 퇴보하는 악순환의 길을 걷게 되는 것인데 역사는 우리에게 이것을 가르쳐 주고 있다.

물론, 교육을 통하여, 그리고 사회의 혁신적 변화를 통하여 "자유"를 기반으로 한 "Less is more, nothing is everything"이라는 품격 높은 자본주의의 본질을 대부분의 국민이 이해하게 되면 국가의 안정적 발전이 오랫동안 지속될 수 있을 것이다.

여기서 Chat GPT에서 말하는 "평등의 역설"을 살펴보면,

평등의 역설(The Paradox of Equality)이란, 사회가 평등을 지향하고 이를 실현하기 위해 여러 제도나 정책을 도입할수록 오히려 역설적으로 불평등이 심화하거나 새로운 형태의 불평등이 나타나는 현상을 말한다. 이는 정치철학, 사회학, 경제학 등 다양한 분야에서 논의되고 있다.

첫째, 기본 개념

정의: 평등을 추구하는 과정에서 기대와는 달리 자유의 제약, 성과의 역전, 혹은 새로운 불평등 구조가 생기는 것.

핵심 질문: 모든 사람을 평등하게 만들려 할 때, 개인의 자유, 다양성, 능력 차이를 어떻게 다룰 것인가?

둘째, 대표적 사례들

하나, 능력의 평등 vs 결과의 평등

어떤 사회는 기회의 평등(모든 사람에게 동일한 출발선 제공)을 지향하지만,

결과적으로 성과의 평등(결과가 유사하거나 동일해야 한다는 주장)을 강하게 추구하게 되면,

노력과 능력의 차이가 무시되고,

높은 성과를 내는 사람에게 불이익이 가해져,

의욕 저하와 전체 생산성 저하라는 결과를 낳기도 함.

둘, 교육 평등 정책의 역설

모든 학생에게 똑같은 교육 자원을 제공하면 교육 기회의 평등은 증진될 수 있지만,

가정 배경, 부모의 관심, 사교육 가능성 등은 동일하지 않기에,

결과적으로는 상대적 격차가 더 확대하는 경우도 있음.

셋, 복지국가의 평등 역설

높은 복지를 제공하기 위해 세금 부담을 높이면,

고소득층의 이탈(조세회피, 이민 등)이나

근로 의욕 저하 등이 발생해

오히려 복지재정이 악화하고

실질적 평등 실현이 더 어려워지는 결과 초래.

셋째, 사상적 배경

John Rawls: 정의란 불평등이 있더라도 가장 불리한 사람에게 도움이 된다면 정당하다고 봄(차등의 원칙).

Robert Nozick: 강제적인 재분배는 개인의 자유를 침해한다고 주장.

이 두 철학자 간의 논쟁은 평등 vs 자유의 긴장 관계를 잘 보여준다.

넷째, 현대 사회에서의 시사점

단순한 결과의 평등만을 추구할 경우:

다양성과 창의성 억제

자율성과 동기의 감소

새로운 불공정의 발생 가능

따라서, 공정한 기회 제공, 최소한의 안전망 보장, 성과 인정 간의 균형이 중요하다.

4) 중국, 중국경제 생존의 길–중국경제의 진단과 대책–

(1) 개관

2025년 9월 현재, 중국공산당 내부에서 시진핑을 포함한 그의 옹호 세력과 그를 반대하는 세력 사이에 치열한 권력 다툼이 일어나고 있는 것으로 보이는데 이러한 현상이 독재정권의 권력 유지가 한계에 도달하였음을 보여주는 현상의 일부이다. 사실, "언제"인가가 문제이었지 중국과 미국이 Soft 전쟁을 시작하였을 때부터 예상할 수 있었던 것이다.

따라서, 여기서는 Piketty의 중국에 대한 정치경제학적 시각을 나의 비판적 시각에서 바라보며 중국의 사유재산권 보장을 통한 Capitalism의 허실을 살펴보고자 한다.

Soviet Union이 중앙집권적 경제 제도를 유지하면서 자유와 시장경제로 대표할 수 있는 사유재산권의 인정을 거부하다가 1991년 12월 26일 스스로 멸망의 길을 향한 반면에, 1966년부터 시작한 중국의 문화혁명을 극복하고 덩샤오핑이 1978년 12월 중국공산당 제11기 중앙위원회의 제3차 전체 회의를 통하여 권력을 장악한 후에 "흑묘백묘론"을 내세우면서 부분적인 사유재산권을 법적으로 보장하면서 국민이 극도의 빈곤 상태에서 벗어나기 위하여 노력한 지 50년 가까이 되었으며 서구 사회의 일부 경제학자들은 14억명의 국민을 가진 중국의 경제발전에 대하여 우호적인 시각으로 바라 보고 있는데 여기서는 중국과 같은 국가의 경제 발전 및 정치체제의 한계와 더불어 개선해 나갈 방향을 제시하고자 한다.

2015년에 중국이 자국 화폐의 환율을 인위적으로 급상승시키면서 그렇지 않아도 불안한 전 세계의 경제를 혼란에 빠뜨리고 요동치게 만들었는데, 그 조짐은 중국 정부가 3015년 초부터 조작하기 시작한 중국의 증권시장에서부터 출발하였다. 즉, 중국경제에 대한 각종 경제 예측 지수는 침체의 초기 국면으로 나타나고 있었는데도 불구하고, 중국 정부의 무리한 각종 인위적인 부양 정책으로 소위 금융장세를 일으키더니, 하반기에 들어서자마자 주식시장이 급락하기 시작하여 급기야 최고 지수 대비 50%까지 폭락하여 멋모르고 투자한 순진한 중국 국민과 이에 부화뇌동한 세계 각국의 펀드들만 이용당한 꼴이 되었다.

주식시장이란 여러 투기꾼과 각종 경제적 요인이 유기적으로 얽힌 소위 "자본주의의 꽃"이라고 하는 것인데, 2015년에 중국이 시행한 비상식적인 주식시장의 개입은 공산주의 국가인 중국 정부가 어설픈 "Red Capitalism"을 도입하여 자본주의의 가장 나쁜 폐단 중의 하나인 "투기"에 직접 주도적으로 개입함으로써 주식시장에 심각한 Bubble을 만들더니, 중국 정부를 믿고 투자한 국내외 투자자들만 큰 손실을 입고 심지어는 자살하는 사람까지 발생하게 된 것이다.

이에 더하여, 2018년부터 시작한 미중전쟁과 2020년 5월 28일 "Hong Kong 보안법"을 의결함으로써 Hong Kong에 대한 중국과의 정치적 통합 사태, COVID-19 전염병 등에 대한 중국의 대응 방식 등에서 나타난 중국의 정치와 경제의 투명성과 법치주의 한계와 2022년 2월 24일 Russia의 Ukraine 침략으로 발생한 전쟁에서 보인 중국의 Russia에 대한 우호적인 외교적 태도 등에서 중국은 단순한 독재국가에 불과하다는 것을 세계에 노골적으로 보여주었다. 즉, 미국의 42대 Clinton 대통령의 미국경제를 위한다는 단견적 안목과 인간의 절제되지 않는 탐욕을 간과한 커다란 외교적 실책으로 인하여 2001년 12월 11일 중국을 WTO에 가입하도록 결정적 도움을 줌으로써 현재는 미국과 한국을 포함한 자유세계 많은 국가에게 가장 강력한 위험 국가가 되어버린 것이다.

(2) 중국 시장의 병폐 - 자본주의적 관점에서

(가) 만성적인 부정부패

경제 규모 세계 제2위라는 수사에 걸맞지 않게 중앙정부, 지방정부, 민간단체 등을 막론하고 부정부패가 뿌리깊게 자리 잡고 있어 – 시진핑 정권의 고강도 부패 척결의 노력에도 불구하고(사실상 정적을 제거하기 위한 수단에 불과하며 시진핑 자신과 측근, 친인척 등이 중국에서 가장 규모가 큰 부정부패의 집단으로 추정됨) – 경제의 비효율성이 급증하고 있으며, 이를 사회적 측면에서 보면, 일반 국민의 입장에서 상대적 박탈감이 확대하고 있어 사회적 큰 불만 요인이 되며, 그와 더불어 중국 시장의 규모를 보고 투자한 세계적인 기관투자자들과 기업들로부터 차츰 외면당하는 요인이 되는 것이 작금의 현실이다. 물론, 중국이 세계 경제에서 차츰 외면당하고 있는 것은 이러한 부정부패, 앞에서 언급한 독재정권의 한계로 인한 신뢰 상실에 더하여 미국의 GE, Tesla와 같은 기술력 높은 다국적 기업을 포함하여 많은 세계적 기업을 이용하여 기술을 탈취하거나 도움을 받은 뒤에는 소위 토사구팽하는 행태를 반복함으로써 차츰 신뢰를 잃어가고 있는 상황에서 미중전쟁과 독재정권의 지나친 시장 개입 등이 복합적으로 작용한 것이다.

(나) 과도한 부채를 기반으로 한 국수주의적인 경제정책

등소평 시대부터 경제에 도입한 소위 "흑묘백묘론"으로 덕택에 중국

의 경제 규모는 급격하게 확대되었으나, 그에 맞는 예측 가능한, 합리적인-자본주의적 관점에서-경제정책을 시행하지 않고 소위 "아니면 말고" 또는 일방적인 "따라오라!"는 이기주의적인 정책을 시행함으로써 세계시장에서 차츰 외면당하고 있다.

그런데, 중국 시장은 워낙 거대하여 일정 기간에는 내수시장만으로라도 버틸 수 있겠지만, 그에 비례하여 차츰 경제성장 속도가 둔화하여 가다가, 종국에는 일본과 같은 10년 이상의 심각한 경제성장의 정체기를 맞을 수도 있을 것이다. 이는 더 나아가 중국의 정치체제에 악영향을 끼치게 되어, 어쩌면 중국의 정치가 사분오열되는 위기를 맞을 수도 있을 것이다.

그런데 이 글을 다시 쓰고 있는 2025년 9월 중순에 중국을 바라보면, 미중전쟁과 국제적 신뢰 상실로 인한 실업률 급증 및 인구 감소와 노령화와 정부에 대한 신뢰 상실로 인한 건설경기를 포함한 중국 내수경기의 침체와 수출시장의 감소, 불평등 악화, 급증하는 부채 등의 다양한 경제적 악재가 한꺼번에 발생하면서 시진핑을 비롯한 현재의 권력자가 이것을 감당하지 못하여 결국 시진핑의 정권이 몰락하는 과정을 밟고 있는 것으로 보이는데, 비록 새로운 권력자가 나타나더라도 중국의 정치제도가 총체적으로 바뀌면서 중국인의 의식 수준과 교육 수준이 높아지지 않는 한에는, 현재 중국 1인당 GDP가 US $13,000 수준인 중국은 소위 국가발전 단계를 연구하는 학자들이 주장하는 “중진국 함정”을 극복하기 힘들 것으로 보인다.

부채를 기반으로 성장하여 종국에는 중국 정부에 커다란 부담을 주게 된 한 기업의 예를 들면, 중국에서 가장 큰 부동산 개발회사인 Evergrande는 2021년에 약 8,000명의 투자자가 있었으며 전체 투자는 US $62억이었다. 그러나, 부채 규모는 투자 규모의 53배가 넘는 US $3,300억이었다. 이 시기에 중국 정부가 부동산에 대한 새로운 규제를 시행하면서 중국의 부동산 Bubble이 사라지고 부동산 가격이 하락하기 시작하였다. 정부에서 대출에 대한 규제를 강화하였으며 부동산 관련 파산이 이어지면서 이 기업은 신용도가 하락하고 결국 충격을 견디지 못하여 2021년에 파산을 신청하였다. 이 시기에 기업 가치가 1년 사이에 US $410억에서 US $37억으로 1/10로 추락하였다.

그러나, Evergrande는 중국 정부가 소유한 금융기관에 대한 고강도의 압박을 하면서 긴급 지원을 통하여 파산신청을 취소하고 건설 계획의 95%를 마무리하였다. (Vulture Capitalism Published by Atria Books 2024 by Grace Blakeley 169 page 참고)

(다) 인건비의 상승과 의사결정의 투명성, 신속성 결여

40여년 전부터 시작한 중국경제의 발전은 사실상 거대한 내수시장과 저임금을 기반으로 한 "세계의 생산 공장"이었으나, 이제는 그때와는 비교할 수 없을 정도로 급상승한 임금과 공산주의 특유의 복잡한 의사결정 구조로 인하여 경제적 관점에서의 비효율을 확연하게 보이기 시작하였다. 이에 미국과 일본, 독일 등과 같은 선진국의 기업들도 인건비 부담과 의사결정의 비효율성을 이유로 차츰 본국, 또는 제3국으로 공장을 이전하고 있는데, 2019년의 COVID-19 전염병 발병, 2020년 Hong Kong Hong Kong 보안법 제정으로 인한 세계인에 대한 신뢰 상실 급증 등과 함께 제4차산업의 빠른 발전과 India와 동남아시아 지역의 중국 대체 가능성 상승 등으로 인하여 결국 중국이 더 이상 생산 공장으로서의 매력을 갖지 못하고 있으며, 오히려 소비시장으로만 부각하는 현상이 나타나고 있다. 인구노령화와 감소 및 농민공의 존재로 확연하게 나타나는 불평등의 지속적인 확대, 부채의 꾸준한 증가 등으로 내수시장도 부진이 지속되면서 위축하고 있는 상황이지만...

따라서, 내수시장의 활성화를 통하여 어느 정도까지는 중국경제가 버틸 수는 있겠지만, 이마저도 쉽지 않은 상태에서 10년 내외에 미국 못지않은 거대한 채무국으로 전락할 가능성도 높아지고 있는데, 세계화폐로 인정되고 있는 미국의 Dollar와는 달리 중국의 위안화는 세계화폐로서 통용될 가능성이 낮은 상태이며 이에 더하여, 부정부패가 심하고 신분의

자유 이동이 폐쇄적인 사회에서 흔히 발생하는 것처럼 불만이 폭동으로 이어지면, 중국의 분리 가능성도 높아지고 있다.

부채를 기반으로 한 중국 경제성장의 예를 앞에서 Evergrande라는 부동산 개발회사로 보여주었지만, 거시적 시각에서 중국경제를 확인해 보면 2022년 말 현재 중국의 기업 부채는 GDP 대비 350%이며 US $58 조에 이른다. 이에 더하여 정부조차도 알 수 없는 Gray 부채는 누가 알겠는가? 중국의 화폐인 위안화는 Hong Kong에서조차도 사용하기를 기피하는 현실에서 급증하고 있는 부채를 어떻게 감당하겠는가? (The End Of The World Is Just The Beginning Published by HarperCollins Publishers 2022 by Peter Zeihan 185 page 참고)

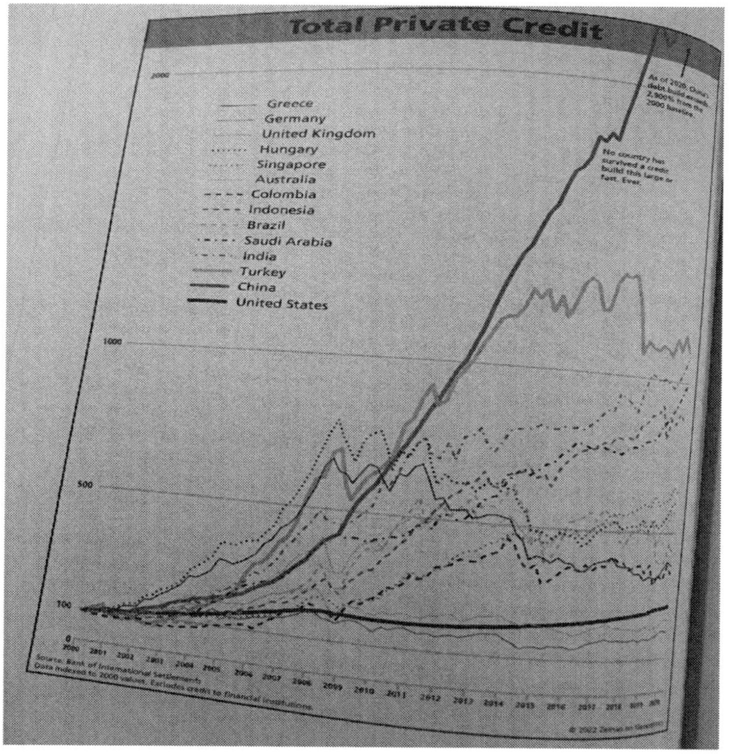

(상기의 저서 210 page 참고)

또한, 산업화 과정에서 과도한 빚에 의존하면서도 과시욕이라는 부정적인 문화를 극복하지 못하고 도로, 항만, 산업, 교량, 건물, 주택 등의 산업 전 분야에서 필요 이상의 비용을 지불하면서 국내적, 그리고 국제적으로 과도한 경쟁을 유도하고 있다. 이에 대한 좋은 예가 전기차, 철강 등이다. 질과 성능은 향상되지 않으면서... (상기의 저서 291 page 참고)

상기의 Graph는 2000년을 기준으로 한 세계 주요 국가의 개인 부채 변화를 보여주고 있는데 중국의 경우에는 2020년에 2000년 대비 2,900% 상승한 상태이다.

(라) 고령화 사회로의 진입

앞에서 이미 간단하게 언급하였지만, 1980년 시작하여 수십년에 걸쳐 내려온 엄격한 인구 제한 정책-1가족 한자식 갖기-으로 인하여 국민의 연령 구조의 다양성이 사라지고, 이에 더하여 엄격한 이민정책이 일본이나 한국에서 걱정하고 있는 "노령화 사회 구조"가 더 이상 "강 건너 불구경하기"가 아니게 되었다.

즉, 2016년 뒤늦게 인구의 노령화와 인구 감소의 심각성을 깨닫고 1가족 1 자식 갖기 정책을 철회하였지만 거대한 14억 인구의 급격한 노령화가 시작됨에 따라 복지 비용의 급격한 증가, 경제성장률의 하락, 경제적 창의성의 부족 등이 복합적으로 나타나 "늙어가는 제국, 사라져가는 국가"가 되어 갈 가능성이 매우 높다. 물론 뒤늦게 산아 제한 완화 정책을 실행하기는 하였지만, 중진국 이상의 거의 모든 국가가 안고 있는 팍팍한 삶으로 인한 저출산 문제를 중국에서도 맞이하게 되어 경제의 활력을 잃게 될 것으로 보인다.

이에 더하여 “1가족 1 자식 갖기” 정책의 이면에 일부 소수민족에 대한 Zero Child 정책이라는 비인륜적인 정책이 있는 한, 세계에서 가장 빨리 노령화 사회로 진입하고 있는 중국에 대한 세계인의 부정적 인식 확대와 함께 중국의 몰락을 재촉할 가능성이 높다. (상기의 저서 52 page 참고)

(마) 창의성의 부족

특허 출원의 숫자가 세계 2위에 달하는 국가에 "창의성이 부족하다." 고 하면 혹자는 "모르는 소리를 하고 있다."고 비난할지도 모르지만, 적어도 내가 보기에는, 중국의 지금까지의 경제성장 중심축은 "저임금과 거대한 내수시장, 그리고, 남의 아이디어와 제품 복사하기"에 의하여 성장하였던 것이지, 자신들의 독창적인 창의성에 의한 "새로운 산업의 탄생"에 의한 것이 아니었다.

이제는 중국도 지속적인 성장의 중요한 하나의 요소가 되는 "창의성을 발휘"하여 새로운 제품과 새로운 산업과 시장을 주도함으로써 세계경제를 이끌어가야 할 시점이 되었지만, 이 시점에서도 여전히 "불법적인 베끼기"와 내수시장에 의존하여서는 더 이상의 중, 장기적 발전을 기대하기가 어렵게 될 것이다.

그러나, 항공 Engine이나 높은 수준의 반도체 제조와 같은 고난도의 기술과 품질을 요구하는 분야에 대한 노력은 실패한 상태이며 심지어 상대적으로 낮은 기술이 적용되는 종이, Plastics, 고무 등과 같은 제품에서조차도 수준 높은 제품을 요구할 때는 이에 대응하지 못한 경우가 비일비재한 상태이다. (상기의 저서 55 page 참고)

한때, 2015년 중국이 2015년에 “MIC2025”라는 거대한 계획을 발표하면서 2025년까지 전통적인 제조업을 뛰어넘어 Robot, 항공, 전기차, Bio 등의 분야에서 세계 선진국으로서 역할을 할 수 있는 힘을 키우겠다는 각오를 다짐하였지만, 기초과학이 허약한 상태에서는 매우 힘든 일이었다, 지금과 같은 상황에서는.

(바) 유기적인 요인에 따른 중국경제의 폐해들

이상의 병폐들이 어찌 각각의 요인으로 인하여 독자적으로 작용할 수 있겠는가! 좀 더 깊이 생각해 보면,

첫째, 세계인으로서의 공동체 의식이 부족한 이상한(?) 대국주의에 몰입되어 "나를 따르라."는 식의 정책 결정과 둘째, 어릴 때부터 남의 작

품베끼기에 몰두한 후진적 학문 수준, 셋째, 급격한 경제성장을 따라가지 못한 천박한 Red Capitalism과 이에 따른 배금주의 사고 등과 더불어 앞에서 언급한 여러 가지 요인들이 복합적으로 어우러져 중국경제의 몰락과 이에 따른 사회적 붕괴, 국가 위기, 세계적 위기가 오게 될지도 모를 일이다.

즉, 일본의 끝날 줄 모르는 경제 침체, 미국의 금융위기, 유럽 국가들의 연쇄적인 부도 사태 우려 등을 걱정하던 세계 경제가 COVID-19 전염병을 지나면서 차츰 격화하고 있는 미중전쟁, 3년 이상 지속되고 있는 Russia의 Ukraine 침략전쟁, 긴장이 지속되고 있는 중동사태 미국의 세계를 상대로 한 관세 정쟁 등이 복잡하게 영향을 미치면서 이제는 10년 내외에 중국의 국가부도 사태를 추가로 걱정하여야 할 것이며, 이것으로 인하여 전 세계가 지금까지 경험하지 못한 전혀 새로운 세계 경제 위기의 모습이 나타날 수 있다. 최근 중국 정부의 부채(지방정부 포함)는 급속도로 상승하고 있을뿐만 아니라 일부 지방정부는 공무원에 대한 임금을 제대로 지급하지 못할 정도이며 국가신용평가기관인 Fitch는 중국의 신용도를 A+에서 A로 1단계를 낮추었다.

(3) 천박한 Red Capitalism의 본질

(가) 위기의 교육제도

어릴 때부터 공산주의식 교육에 길들어 있기에 말도 안되는-적어도 나에게는-이상한 논리와 행태로 인하여 전 세계를 놀라게 하는데, 그 몇 가지 예를 들면, 국제적 약속을 무시한 Hong Kong의 일방적 점령, 거짓말로 일관하는 COVID-19 전염병, 남중국해의 인공섬 만들기, Africa에서 벌어지는 코끼리에 대한 잔혹한 상아 절취 행위, 그리고, 학문과 사업에 있어서는 도덕 불감증에 걸린 남의 논문과 제품 베끼기, 허위 논문, 남중국해의 인공섬 건설과 군사기지화, 분에 넘친 과시욕 등...

교육의 요체는 지성교육과 인성교육이며, 특히 인성교육이란 정직과 성실성, 계약의 준수, 타인에 대한 배려심 등인데 중국의 공산주의 교육은 이러한 인성교육은 전혀 없이 비논리적인 자기변명, 아전인수격, 자기중심적인 해석 등이다. 이러한 교육을 어릴 때부터 배운 집단이나 국가가 주변의 국가나 이웃을 배려하는 것은 거의 불가능에 가깝지 않을까? 바로 이웃의 북한이란 집단도 마찬가지이지만.

이러한 교육의 위기에서 시작되어 지금 중국의 경제위기가 온 것이니 단기적인 몇 가지 정책으로 이 위기를 극복하는 것은 기대난망이다.

(나) 팽배한 물질만능주의

후진국에서 나타나는 전형적인 현상 중의 하나가 "돈과 권력이면 모든 것이 다 해결된다."는 물질 숭배와 이에 따른 부정부패인데, 중국에서도 지난 20여년 간의 급속한 경제성장과 더불어 이러한 물질 숭배 사고가 만연해 있으며, 이에 뒤따르는 부정부패가 심각한 수준에 이르렀다. 이것이 더 이상 깊이 뿌리내리기 전에 의식의 대전환이 있어야 할 것이다.

(다) 빈부격차의 심화

1950년대 이후 빈부격차의 심화, 즉, 소득의 불평등이 세계적으로 꾸준히 확대하였지만, 중국의 경우는 부정부패로 인한 소득의 불평등이 더욱 심각하며, 그와 더불어 본인의 능력과 상관없이 일부 계층(소위 태자방 등)의 권력의 세습으로 인하여 새로운 "왕족"(?)으로 권력이 내려오고 있어 상대적 박탈감이 심각한 것이다. 이는 몇 년 전에 중동에서 일어난 정치체제의 불안과 국가 존립의 불안이 중국에서도 나타날 가능성이 있는 것이다.

아래에서 제시하는 Gini’s Efficient로 중국의 불평등을 살펴보면, 현재 중국의 불평등은 매우 심각한 상황이며 실업률이 악화하면 불평등이 더욱 악화할 가능성이 높다.

중국 Gini’s Efficient 주요 흐름

1980년대 초반: 약 0.30 전후→비교적 평등한 수준.

1990년대: 급격히 상승→도시와 농촌 격차, 연해와 내륙 격차 심화.

2000년대 중반: 0.47~0.49→세계은행 기준으로 "심각한 불평등" 단계.

2010년대 초반: 최고치 0.49~0.50 부근 기록.

2015년 이후: 소폭 하락→정부의 빈곤퇴치 정책, 농촌 개발 투자, 사회보장 확대 덕분.

2020년대: 약 0.46 안팎으로 여전히 높지만, 과거와 비교하면 완화 추세.

OECD 국가 평균(0.31~0.34)에 비해 중국은 여전히 높은 불평등 사회.

그러나, 최근 완화 추세는 정부 정책 효과+농촌 빈곤 감소의 결과로 볼 수 있음.

앞으로는 고령화, 기술 격차, 도시와 농촌 교육 차이가 다시 불평등을 확대할 수 있다.

(라) 공동체 의식의 부족

인간은 태어날 때부터-인간이라는 의미에서는 동등하지만-평등하게 태어나지 않았다. 이것이 비록 신의 뜻이긴 하겠지만.

그러나, 이러한 불평등을 완화하고 더불어 살아가는 공동체로서 인식하는 일을 하는 것이 국가나 상대적으로 더 가진 집단이나 개인인데, 중국에서의 공산주의 사상 교육은 어릴 때부터 변명을 늘어놓기에 바쁜, 남의 탓하기에 급급한, 거짓말을 늘어놓기에 익숙한, 아주 질이 나쁜 교육이기에, 이러한 교육은 결국 "공동체 의식의 함양"보다는 남을 이겨야 한다는 경쟁의식과 자기중심주의만 강화할 뿐이다.

그러나, 이러한 경쟁이라는 것도 상대가 있어야 하고, 사회가 존재하여야 하며, 세계가 존재하여야 하는 것인데, 이러한 공동체 의식의 부족은 결국 Snobby Capitalism을 탄생시키게 되었으며 이제는 세계의 혐오대상과 국가에 대한 신뢰의 추락을 가져오게 되었다.

(마) 철 지난 패권주의

이상과 같은 복합적인 요인들로 인한 공동체 의식의 부족은 나아가 공생의 전략이 아닌, 시대착오적인 패권주의에 몰입되어 수단과 방법을 가리지 않고 세계를 주도해 보겠다는 발상으로 확대되어 남중국해에 "인공 섬"이라는 기상천외한 발상까지 나오는 것이 아니겠는가. 이를 바라보는 국가들로서는 안타깝기 짝이 없을 것이다. 14억이나 되는 거대한 인구를 보유한 국가가 고작 치졸하고 어처구니없는 발상밖에 못하는가!

제2차세계대전 이후, 1971년 Bretton Woods 체제가 종식되고 1991년 Soviet Union이 붕괴하였으며 중국이 2001년 중국이 WTO에 가입하여 빠르게 성장하여 결과적으로 세계는 미국과 중국, EU, 일본 등으로 다극화 체제로 차츰 진입하고 있었는데 2025년 미국의 Trump 대통령이 주도한 세계를 상대로 한 관세전쟁은 다극화 체제를 더욱 빠르게 앞당기고 있다. 즉, 미국의 Pax Americana 시대의 종식이 다가온 것이다. 이러한 국제정치의 변화는 세계 경제의 변화도 가져오게 되는데 이는 곧 Globalization 시대의 변화를 가져오면서 서로 지정학적으로, 또는 경제적으로 이해관계가 맞는 국가들과의 다양한 형태의 동반자 경제 체제를 구성하면서 그들 사이의 국제교역을 활성화할 것이다. 대표적인 예가 EU 경제공동체, USMCA 등이다.

이처럼 세계화의 시대가 3D, AM 등의 기술의 발전과 복잡한 공급망을 단순화하기 위한 Just-In-Time으로의 물류 방식 변화와 지리적, 지정학적으로 경제 위험을 최소화하기 위한 지역화의 시대로 변화하게 되면 식량에 대한 공급망도 크게 변화할 수 있는데 과거의 패권주의에 집착할 경우 오히려 세계인의 신뢰를 잃어 14억의 인구를 가진 중국은 식량의 안정적인 공급 국가를 확보하지 못하여 국가와 국민이 많은 고통을 받을 수 있다. (상기의 저서 422 page 참고)

즉, 2025년 9월 현재 제4차산업을 악용하여 세계를 지배하려는 야욕은 허상에 불과하며 친중국 정권이었던 Nepal 독재정권의 종식은 오히려 중국의 공산당 1당 독재정권이라는 권위주의 정치체제가 위험한 상태라는 하나의 전조로 보인다.

(4) 중국, 그 생존의 길 – 자본주의적 시각에서

우리는 역사에서 한 국가의 흥망성사를 배워왔다. 최근에는 1900년대 중반의 Argentina, Philippines, 1900년대 후반의 USSR, 2000년대의

Greece를 비롯한 남유럽과 Russia와 최근의 Brazil의 추락에서 배우는 것처럼...

따라서, 앞에서 언급한 것처럼 세계 경제 2위인 중국경제의 불안은 필연적으로 전 세계의 불안을 일으키기에, 더 큰 세계 경제의 위기가 오기 전에 이를 현명하게 대처했으면 하는 바램으로 중국에 대하여 몇 가지 제언코자 한다.

(가) Venture 기업에 대한 체계적 지원

중국은 엄청난 자금을 투자하여 Venture 기업을 지원하고 있지만 아직까지 투자에 비하여 성과가 매우 미미하다. 다시 얘기하자면, Venture 기업의 탄생은 그 기본인 교육의 제도적 변화와 창의성 교육의 활성화 등을 통한 교육 환경의 근본적 변화와 정치적 사상의 자유, 정치 및 경제활동의 투명성 등을 이뤄야 가능할 것이다. 그리하여, 이들과 함께 거대한 내수시장을 기반으로 한 또 다른 "Alibaba"와 같은 세계 기업으로의 성장을 도모하여야 하는 것이다. 즉, 이러한 요소들이 서로 유기적으로 작용하여야 지속적인 중국의 성장이 가능할 것이다.

최근, 중국에서 탄생한 AI 기업인 DeepSeek가 일시적이나마 세계를 놀라게 하였지만 역설적으로 기술 절도를 보여주면서 동시에 사상의 자유를 허용하지 않는 중국경제의 한계를 적나라하게 보여준 좋은 예가 되었다.

(나) 인구구조의 변화에 대한 신축적 대응

수십년에 걸친 인위적인 산아 제한 정책-1가족 1인 자녀, 지금은 제한적으로 완화-이 이제는 Boomerang이 되어 중국 성장의 걸림돌이 되고 있으니 이를 더욱 적극적으로 해소하여 새로운 세대에 대한 지원 정책을 공격적으로 실시하여 더 이상의 인구 절벽이 형성되지 않도록 하여야 할 뿐만 아니라 나아가서는, 중국이 과거에 실행했던 무력에 의한 주변 국가의 흡수가 아닌, 자발적인 이민정책을 활성화하여 지속적인 인구성장 정책을 시행하여야 할 것이다, 지금의 정치체제로는 쉬운 일이 아니지만.

(다) 교육의 선진화

남의 논문 베끼기와 거짓 실험이 지금처럼 난무하여서는 더 이상의 중국 경제발전의 지속적인 성장을 기대하는 것이 어려울 것이며, 이는 곧 거대한 국가의 사회 불안과 세계 경제의 불안으로 이어지게 될 것이다.

이제는 중국도 윤리의식의 고취와 세계인으로서의 공동체 의식의 향상을 통하여 경제 규모에서뿐만 아니라, 그 질적인 측면에서도 선진국 못지않은 시민의식을 갖추어야 양적, 질적인 지속적인 성장이 가능할 것이다.

(라) 부정부패의 일소

부정부패는 경제적 측면에서 효율성의 저하를 발생시킬뿐만 아니라, 사회적 측면에서 빈부격차에 의한 상대적 박탈감, 자포자기의 패배 의식의 만연화, 국가에 대한, 그리고 공동체에 대한 부정적인 의식 등의 부정적인 요인을 총망라하여 발생시키기 때문에, 거대한 14억 인구를 가진 국가로서의 중국이 존재하기 위해서는 지금과 같은 부정부패는 더 이상 존속해서는 안 될 것이다.

아랍 국가들의 Orange 혁명과 2025년 9월 친중국 독재국가인 부패한 Nepal 독재정권의 몰락을 타산지석으로 삼아야 할 것이다.

(마) 세계 속에서의 공동체 인식

한 국가의 멸망은 외부 세력이 아닌 내부에 의해서 이뤄지는 경우가 다반사다.

지금 시점에서 그 누가 중국과 같은 거대 국가를 공격할 것인가.

중국의 지도층들은, 전 세계가 Internet을 통하여 하나로 되어 가고 있는 이 시점에서, 외부에 의한 국가 공격을 의식한 나머지 국제법을 무시하고 막대한 예산이 들어가는 인공섬-물론 남중국해에서 주도권을 자악하려는 경제적인 측면도 고려했지만-건설과 같은 이상한 발상을 그만두고, 앞에서 언급한 숙제들을 해결하면서 내실을 다지는 것이 훨씬 중요할 것이다.

고대 Rome의 멸망과 바로 이웃의 조그만 나라였던 조선의 멸망은 이미 내부에서 시작된 것이었으며, 중국 국민당이 대만으로 패주한 것도 스스로의 부정부패 탓이지 않았던가.

(바) 중국 위안화의 세계통화에 대한 조언

중국은, 세계 경제에 대한 지위를 확고히 하기 위하여 막대한 금을 쌓으면서 미국의 달러나 유로화 등과 같은 세계 통화의 역할을 자국의 위안화가 하기를 기대하고 있다.

그러나, 현대국가에서 세계통화란 금(Gold)의 축적과 경제력만 가지고 되는 것은 아니다, 물론 어느 정도의 기여는 하겠지만.

그에 더하여, 화폐와 국가에 대한 신뢰, 금리와 통화 증가 등의 화폐 정책을 주도하는 중앙은행의 독립성 등이 필수적으로 동반하여야 하는 것이다.

이러한 측면에서 보면, 중국은 최근 급신장한 세계 경제 2위의 지위를 이용하여 중국의 원화를 세계통화로 만들기 위하여 금을 축적하였지만, 세계 경제를 전혀 고려하지 않는 국수적이고 이기적인 정책을 지속적으로 실시하고 있으며 아울러 중앙은행의 독립성도 의심을 받기에 충분하다. 중국의 복합적으로 신뢰성을 상실하는 이러한 정책은 중국 위안화의 세계통화에 대한 의구심을 자아내게 하는데, 이는 세계통화란 "금의 축적"뿐만 아니라 오랜 기간 세계인들에게 중국 경제정책에 대한 "믿음과 신뢰"를 구축하여야 하기 때문이다.

오랜 기간 신뢰를 구축해 왔던 미국의 "Dollar"도 2008년 금융위기에 세계통화의 위치를 잃을 위기에 처하지 않았는가. 또한, 최근에는 Trump 대통령의 법치주의 훼손과 과다한 연방정부 부채, 관세전쟁 실행 등으로 신용도가 하락하면서 Dollar의 가치가 하락한 것도 좋은 예이다.

즉, 화폐란 "Gold+Neuro-economics에 따른 Trust & Faith"의 축적이기 때문이다.

중국은 이제 "more is better"란 표피적인 자본주의를 뛰어넘어 "less

is more", "nothing is everything"이란 "정신적 자본주의" 세계에서의 신뢰와 믿음을 구축하여야 또 다른 세계의 번영을 이끌게 될 것이다.

(5) 비극의 역사가 반복할까?

중국이 1949년 10월 1일 베이징에서 중화인민공화국이라는 공산당 독재국가를 수립하고 마오쩌둥이 초대 주석으로 취임하였다.

그는 국가를 발전시키기 위하여 Soviet Union을 발전 Model로 선택하여 1958년부터 1962년까지 대약진운동을 실행하였으나 시장경제의 배제, 만연한 부정부패, 기술의 부족, 자유와 법치주의를 무시한 중앙집권적이면서 획일적 경제, 폐쇄적 경제 등으로 인하여 사회개발을 위한 경제발전의 실패는 예정된 일이었다.

이에 더하여 더욱 심각한 사태였던 것은 경제개혁의 실패로 인하여 약 2,000만명의 중국인이 굶주림으로 사망한 안타까운 사실이었다.

마오쩌둥 주석은 대약진운동의 실패를 만회하고 자신의 권력을 강화하기 위하여 1966년부터 1976년까지 문화대혁명을 실행하였으며 이 운동의 전위대로 홍위병을 동원하였다. 소위 20c의 분서갱유 사건이라고 할 수 있으며 중국의 경제와 과학이 엄청나게 후퇴한 사건이었다. 이 사건으로 중국인은 대약진운동에 이어서 다시 한번 엄청난 사망자를 일으켰는데 공식적인 발표로는 170만명이라고 하였지만 추정 사망자는 최대 2,000명에 달한다.

최악의 경제로 치닫던 경제를 1978년 국가주석으로 덩샤오핑이 전면에 등장하여 폐쇄경제를 개방경제로 전환하면서 사유재산제와 시장경제를 일부 도입하면서 중국이 차츰 경제의 전환점을 맞이하였으며 2001년 12월 WTO 가입으로 빠른 속도의 경제성장을 이루면서 지금에 이르렀다. 내수경기 침체, 인구의 노령화 및 감소, 과도한 부채로 인한 실업률 급증, 개선되지 않는 부정부패 등으로 지속적인 경제 침체를 맞고 있는 중국은 과거의 빠른 발전에 대한 환상을 버리고 내가 언급한 최소한의 조건들을 받아들이는 사회적, 정치적, 경제적 개혁을 통하여 과거의 비극적 사건들이 다시 재발하지 않도록 하여야 한다.

(6) 결론

세계 경제 2위의 중국이 국제질서와 법치주의를 확고히 하면서 정치적 민주주의와 경제적 자본주의를 발전시키는 좀 더 나은 방향으로, 그리고 지속적으로 성장하여야 세계가 좀 더 풍요로워지며 안정된 삶을 누릴 수 있기에 이렇게 내 나름의 고언을 하는 것이다.

또한, Thomas Piketty는 그의 저서 Capital and Ideology에서 중국의 정치, 경제 제도에 대해 일부 우호적인 입장을 보였으나, 내가 경제사를 보면서 내린 나의 결론은 법치주의를 무시하고 신장의 위구르족과 티베트 장족을 집단적으로 감금하면서 인간이 가져야 할 천부의 권리인 자유를 무시하고 박탈하는 권위주의 독재국가는 결코 오래 지속되지 못한다는 것이다.

2008년의 미국의 Subprime Mortgage로 인한 금융위기나 작금의 미중전쟁, 2020년부터 세계를 혼란에 빠뜨렸던 COVID-19 전염병, 현재도 진행 중인 Russia의 Ukraine 침략전쟁, 미국의 세계를 향한 관세전쟁 등을 힘들게 겪은, 그리고 겪고 있는 세계가 중국경제의 몰락과 파산과 같은 거대 국가의 경제정책 실패를 추가로 겪게 되면 전 세계를 깊은 수렁에 몰아넣고, 그에 따라서 서민들의 삶이 더욱 팍팍해지면서 불평등은 더욱 심화할 수 있기에 그렇게 되지 않기를 바라는 마음으로 중국에 대한 글을 쓰는 것이다.

2024년 기준으로 국가 전체의 GDP 규모를 보면 미국의 67% 정도이며, 1인당 GDP 수준이 미국의 1/5 정도에 그치고 있는 중국이 이 수준에서 진일보하기 위해서는 도덕성 및 지식수준의 향상과 함께 공정성의 보장과 인간의 탐욕을 견제할 수 있는 권력분립과 법치주의 확립, 언론의 자유, 자유시장경제 등이 보장되어야 하며 이러한 방향이 중국 국민의 절대적 평등의 확대와 국민의 소속감과 단결을 강화하면서 상대적 평등을 인정하게 되는 것이다.

언론의 독립성이 보장되지 않고 견제 세력이 없는 권력 집중과 독점은 국가의 투명성과 공정성이 보장되지 못하고 부정부패와 빈부격차가 악화하여 국가가 위기를 맞이했을 때 쉽게 와해하기 때문에, 특히 이러한 현상이 세계 2위의 경제 대국인 중국에 발생했을 때는 전 세계가 더욱 심각한 경제적 침체에 처하면서 세계인의 평등이 악화할 가능성이 있기에 충언코자 하는 것이다.

(7) Chat GPT가 바라보는 중국에 대한 전망

첫째, 내수시장을 보면, 장점은 14억 인구의 거대한 소비 기반, 중산층 확대 잠재력이 있지만, 단점은 소비 심리 위축, 청년 실업률 상승(20%+ 수준)에 이르고 있다.

둘째, 정책 지원을 살펴보면, 장점은 대규모 경기부양책(금리 인하, 인프라 투자), 정부의 강력한 통제력이 있으며, 단점은 지방정부 부채 급증→재정 여력이 한계를 넘고 있다.

셋째, 대외 환경을 보면, 장점은 아세안, Africa, 중동과의 무역 다변화(일대일로 Project)가 여전히 진행 중이지만, 단점은 미, 중 갈등, 서방의 공급망 재편과 탈중국화 압력이 가중되고 있다.

넷째, 기술과 혁신을 살펴보면, 장점은 5G, Clean Energy 자동차(Electric Car) 등 기술력 강화하고 있으나 단점은 미국과 EU의 첨단기술 수출 규제 및 견제를 강하게 받고 있다.

다섯째, 장기 전망을 보면, 장점은 세계 2위 경제 규모, 구조조정 후 안정적 성장 가능할 가능성이 있으나 단점은 고령화 가속화, 생산성 둔화, 사회적 불평등 심화가 지속될 경우에는 더 이상의 성장이 불가능하다.

5) 사유재산권의 법적 보장과 한계

각 국가의 역사와 정치제도, 환경 등에 따라서 구체적인 법 규정에 있어서는 차이가 있을 수 있기에 여기서 몇 개 국가의 법규에 대해서 간단히 보고자 한다.

이미 한국의 헌법 규정을 언급할 때 봉건주의 왕정 체제가 무너지고 법치주의를 표방하는 민주주의 체제가 들어서면서 사유재산권에 대한 법적 보장과 이에 대한 최소한의 제한이 필수적인 요소라는 것을 밝힌 바 있지만,

첫째, 미국과 영국의 경우 John Locke의 이론에 따라 불문법과 자연법을 기초로 하여 사유재산권을 인정하고 보장하였는데, 미국의 경우에는 수정 헌법 제3조에 의거하여 사유재산권을 인정하고 제5조와 제6조에 의하여 그에 대한 제한을 법률에 위임하였으며 영국의 경우에는 권리장전에 근거하여 Northern Ireland 헌법, Scotland 헌법, Wales 헌법, England 헌법 등의 6개의 법전에 의하여 사유재산권을 규정하고 있다. 이에 더하여 미국과 영국은 관습법과 판례에 의하여 사유재산권을 보장하고 있다.

둘째, 대륙법 계통인 독일의 경우에는 란트헌법과 연방기본법이 사유재산에 대한 국가의 과잉 금지의 원칙(비례의 원칙)과 보상의 의무를 국가가 시행하도록 하고 있으며, France의 경우는 헌법 제34조에 의거하여 사유재산권을 보장하고 구체적인 내용은 법률에 위임하고 있다. 한편, 유사한 법체계를 가지고 있는 일본의 경우 1946년에 공포된 평화헌법 제29조에 따라 사유재산권을 보장하고 정당한 보상에 의한 공공을 위한 이용으로 제한하고 있다.

셋째, 회사의 이사회 구성에 대한 법적 규정에 대해서는 미국이나 영국과 달리, 독일의 경우 500명 이상의 종업원을 두고 있는 회사의 경우 종업원의 대표가 이사회 구성원의 3분의 1을 구성하도록 하고 있으며, Austria 300명 이상, Denmark 55명 이상, Norway 50명 이상의 종업원이 회사에 근무하는 경우 독일과 같은 이사회를 구성하도록 하여 실질적으로 종업원이 회사의 경영에 적극 참여하도록 규정하고 있다. 이것은 곧 사유재산권의 사회적 책임의 중요성을 인식하게 할 뿐만 아니라 사유재산권의 분할로 간주될 수 있다. 이에 반하여 미국, 영국, France(2013년 500명 이상의 종업원이 근무하는 경우에 이사진에 참여할 수 있도록

수정함), Italy, Spain, 일본 등은 사유재산권의 보장에 더 중요성을 주고 있는데 이는 각 국가의 문화와 역사 등의 차이에 따라서 달라질 수 있는 것이다.

넷째, 현대 사회에서 몇몇 국가를 제외하고는 대부분의 국가가 이러한 사유재산권에 대한 법적 규정을 가지고 있으나, 이를 지키려는 정부나 사회, 국민의 복합적이면서도 지속적인 노력이 법적 규정 못지않게 매우 중요하다.

즉, 비록 법-성문법 또는 불문법을 불문하고-에 규정되어 있다 하더라도 대다수의 국민이나 소위 상대적으로 권력을 갖고 있는 소수의 Noblesse Oblige 집단에 있는 자(입법, 사법, 행정, 언론, 금융 등에 종사하는 자)들이 법을 이용하거나 부정하면 법치주의의 의미는 허울에 불과하고 불신과 무법의 약육강식 시대로 진입하여 국가 조직이 무너지는 계기가 될 것이다. 이러한 현상은 과거의 역사에서뿐만 아니라 현재에도 세계 도처에서 일어나고 있다.

Africa와 Latin America 대부분의 국가와 Russia, 중국, 북한, 중동아시아와 동남아시아의 많은 국가가 외관으로는 법치주의를 표방하고 있으나, 실질적으로는 법을 무시하는 독재국가일 뿐이며 역사적으로 살펴볼 때 이러한 국가가 오랫동안 지속하는 것은 매우 어려울 것으로 보인다. 이에 더하여 이러한 독재국가의 존재가 지속되면 될수록 세계인과 해당 국민의 정신적, 육체적 고통만 심화할 뿐이다.

6) 사유재산권 인정과 불평등 극복 방안

(1) 다각적인 접근

사유재산권의 인정은 신분제로 인하여 근본적으로 극복하기가 매우 힘든 "천부의 불평등"을 상대적으로 신분 상승이 용이한 "개인의 능력에 따른 불평등"을 인정하여 잘 살아보고자 하는 인간의 희망을 활용하여 국가 전체의 부를 확충함으로써 삶의 질을 향상하기 위한 기초를 확보하는 역할을 하는 것이지만 직접적으로 사회적 불평등을 극복하고 해소하는 제도는 아니다. 따라서, 이를 보완하기 위한 국가적, 사회적 노력을 통하여 절대적 평등의 확대를 위한 지난한 노력이 반드시 필요하다. 이것이 곧 제2차세계대전 이후 미국과 Canada, 유럽 각국을 중심으로 본격화된 진보적 조세제도와 이를 바탕으로 한 국가 재정을 적극적으로 활용하여 의료, 교육, 연금제도, 상하수도 시설과 전기, 도로 등의 각종 사회간접자본을 확충함으로써 절대적 평등을 확대하여 사회적 불평등을 극복하는 것이다.

앞에서 언급한 진보적 국가의 조세정책과 적극적 재정정책으로 개선되고 있던 빈부격차가 1980년대 이후 아시아의 금융위기, 미국의 금융위기, 유럽의 금융위기 등 몇 차례의 금융위기와 함께 진보적 조세제도가 약화함으로써 사회적 평등이 빠르게 악화하고 있다.

특히, 21c에 들어와 화석연료를 기반으로 한 기존의 산업생태계에 큰 변화를 일으켜 실업을 양산할 가능성이 매우 높고, 인간의 평균수명이 빠르게 상승함으로써 인구의 노령화가 가속화되어 국가와 사회가 조금이라도 방심하면 빈부격차가 더욱 심화할 가능성이 매우 높다. 더 구체적으로 얘기하자면, 1990년대 미국 New York의 살인사건이 빠르게 줄어든 중요한 이유 중의 하나가 지역경제의 활성화에 따른 취업의 증가인데, 역으로 실업이 증가하고 장기화하면 범죄의 증가로 이어질 수도 있을만큼 심각한 사회문제가 될 수도 있기에 산업의 빠른 변화에 따른 취업을 위한 재교육이 불평등의 극복과 사회의 안정을 위한 중요성으로 부각하는 것이다.

(2) 평등을 향한 문화의 극복–참정권의 중요성

사유재산권의 인정과 자유민주주의 정치제도의 도입으로 자본주의가 발전하기 시작하였지만, 그 발전 과정은 각 국가의 역사와 정치, 사회, 문화에 따라서 다양하게 전개되고 있다. 예를 들면, France와 영국, 독일의 경우에는 왕정 체제와 노예제도의 종식으로 정치와 경제 제도가 획기적으로 전환하였으며, 미국의 경우에는 남북전쟁을 통한 노예제도의 폐지가 중요한 계기가 되었다.

그러나, 대부분의 국가 중에서도 특히 India처럼 종교적인 이유로 인하여 신분 제도가 고착한 국가나 미국과 같이 노예제도가 법적으로 철폐되었지만, 인종차별 문화가 오랫동안 지속된 국가에서는 빈부격차가 여전하였으며 이러한 역사는 유럽의 경우에도 유사한 불평등을 겪을 수밖에 없었다.

한편, 이러한 사유재산권의 인정에 의한 불평등 극복의 또 다른 중요한 제도는 "참정권"이다. 참정권은 선거권과 피선거권을 갖고 정치적 행위를 하는 것을 말하는데 민주정치 체제하에서는 경제정책의 변화와 불가피하게 밀접한 관계를 갖고 있을 수밖에 없다. 제2차세계대전 이후 급격하게 변화한 진보적 조세제도와 각종 경제정책을 1800년대에 도입된 참정권의 확대와 1900년대에 형성되기 시작한 흑인과 여성의 참정권 인정과 확대를 연관하여 살펴보면 알 수 있다. 영국의 경우 1918년에 30세 이상의 여성에게 선거권을 인정하였고, 1928년에 남성과 동일한 21세 이상으로 확대하였다. 미국의 경우에는 1920년에 미국 각 주의 비준을 받아 여성의 선거권을 인정하였으며, 흑인에 대한 선거권 인정은 다인종 국가이면서도 노예제도로 인하여 흑인에 대한 인종차별의 문화가 깊이 자리잡혀 있었기에 오랜 기간 흑인 운동가들의 투쟁을 통하여 1965년에 최종적으로 선거권을 받게 되었다. 그리하여 동등한 인간으로서 대접을 받는 최소한의 권리를 법적으로 인정받은 것이다.

(3) 결론-평등을 향한 선순환의 흐름

결론적으로 얘기하자면, 사유재산권을 인정하면서 동시에 공익을 목적으로 한 최소한의 사유재산권 제한, 각종 진보적 조세제도와 이를 바탕으로 한 교육 등을 포함한 사회간접자본의 확충, 정치제도의 민주화와 Populism의 극복, 부정적 문화의 혁신적 개혁, 부정부패의 최소화를 통한 신뢰 사회의 달성, 각종 비영리사회단체의 활성화, 인구의 증가와 급격한 노령화 방지 등이 서로 복잡하게 맞물려 선순환의 흐름에 진입하여야 경제발전, 즉 국민의 소득 증대와 함께 불평등을 최소화하고 상대적 박탈감을 극복할 수 있을 것이다.

18. 미국은 몰락의 길로 갈까?

1) 개관

그동안 여러 부분에서 경제적으로 세계 최대의 국가인 미국에 대하여 언급하지 않을 수 없었지만, 여기서는 미국이 직면하고 있는 중요한 사회적, 경제적 문제를 지적하면서 이를 극복하지 못하면 미국이 경험하게 될 국가적 위기에 대해서 집중적으로 언급고자 한다.

앞에서 오랜 노예제도와 인종차별 문제로 인한 미국경제의 불평등에 대해서 언급하였지만, 여기서는 이러한 문제를 포함한 몇 가지 문제를 좀 더 자세히 살펴보면서 세계 1위의 경제 대국이면서 세계 많은 국가가 자유 체제를 유지할 수 있는 버팀목이 되는 미국의 미래를 전망하려고 한다.

인간의 삶이란 항상 문제점을 안고 살면서 이것을 어떻게 잘 극복해 나가느냐에 따라서 성공의 길로 더 발전하기도 하고 아니면, 이를 극복하지 못하고 실패하여 삶 자체가 불행할 수밖에 없는 상황에 직면할 수도 있는데, 인간의 구성체인 국가도 인간의 삶과 유사하게 변화하고 있다. Argentina와 아시아의 Philippines처럼 한때는 끝없이 발전할 수 있을 것처럼 하다가 연속된 정책 실패와 정치적 부패로 인하여 후진국의 반열로 추락하기도 하고, 정치와 정책의 실패가 거듭되고 독재와 극심한 인권탄압과 부정부패가 심화하여 발전의 문턱도 가보지 못한 북한과 같이, 국민이 살지 못하고 국가를 탈출하는, 겨우 명맥만 유지하는 상황에 부딪힐 수 있다. 또한, 한때는 풍부하게 저장된 Oil을 이용하여 장기적인 안목으로 지속적인 산업 발전을 위한 노력은 도외시하고 눈앞의

Populism에 빠져 안이한 삶에 빠져있다가 지금은 국민이 Hyperinflation의 경제난에서 허우적거리거나 국가를 탈출하고 있는 Venezuela도 현대국가에서 실패한 국가의 하나로 볼 수 있다.

따라서, 50개 주와 2개의 특별구-Washing D.C.와 Puerto Rico를 지칭하고 있지만, Puerto Rico는 사실상 자치령으로 보는 것이 맞음-로 형성되어 수많은 다민족으로 구성하고 있으며 법치국가를 표방하면서 성장한 미국 또한 많은 문제가 있을 수밖에 없는데 이를 어떻게 잘 극복하느냐에 따라서 미국과 세계 경제의 방향이 결정되기에 여기서 미국에 대해서 간단하게나마 언급하고자 한다. 1776년 7월 4일 13개 주로 구성하여 독립한 연방국가인 미국은 많은 문제점을 극복하면서 발전하였으며, 제2차세계대전 이후에 Bretton Woods 체제에 의하여 금을 기반으로 한 미국 Dollar 화에 대한 세계 기축통화로서의 지위를 확보하고 세계 경제의 안정적 성장을 위하여 경제의 발전을 주도하였지만, 급격하게 늘어난 무역적자와 재정적자를 감당하지 못하여 미국의 37대 Nixon 대통령이 1971년 8월 15일 Bretton Woods 체제의 일방적 폐기 선언을 하였다. 그 이후 미국경제는 심각한 Inflation을 겪었지만, 1981년 1월 40대 대통령으로 Reagan 대통령이 취임하여 신자유주의 경제정책을 적극적으로 실행하면서 위기를 극복하였으며 그 과정에서 미국의 불평등이 차츰 악화하기 시작하였다. 그런 과정에서 1995년 WTO(World Trade Organization)가 설립되고 2001년 중국이 가입하여 본격적인 세계화가 실행되어 제3차산업에 삶의 터전을 둔 미국 중산층의 위치가 더욱 약화하고 있었다. 여기에 2008년 미국 금융기관들의 탐욕으로 인하여 발생한 Subprime Mortgage로 인한 금융위기를 극복하는 과정에서 더욱 심각한 문제가 된 불평등과 2008년 Obama가 대통령으로 당선됨으로써 오히려 인종 갈등이 노골적으로 표출되면서, 2016년 대통령 선거에서는 극우적인 성향의 백인우월주의자이면서 미국의 신고립주의를 주장했던, 예측하기 힘든 인물인 Trump가 45대 대통령으로 당선되어 세계의 정치와 경제가 혼돈의 연속이 되었다. 특히, 2018년부터 세계 1위의 패권을 놓고 미국이 시작한 미중전쟁-중국의 약탈적 경제행위가 문제를 일으킨 측면도 있지만-은 세계 경제를 힘들게 했는데, 그에 더하여 2019년에는 중국 우한에서 시작된 COVID-19 전염병으로 인하여 미국을 포함한 전 세계의 경제가 단기에 회복되기 힘든 깊은 수렁 속에 빠지게 되었으나 다행히도 미국경제는 2022년 하반기부터 경제의 안정화에 성공하면서 세계 경제를 주도하고 있었다.

그러나, 2025년 1월 미국 47대 대통령으로 새롭게 취임한 Trump 대통령은 중국뿐만 아니라 세계를 상대로 관세를 이용한 무역전쟁을 일으킴으로써 자신의 의도와는 달리 스스로 경제를 후퇴시키는 고립주의로 나가고 있다. 제4차 산업 시대에는 잘못된 정책이었다고 판단하면 즉시 전환할 용기가 국가 지도자에게 필수적 요소인데 아직 그러한 조짐이 보이지 않고 있어 미국경제를 포함한 세계 경제에 어두운 그림자가 다가오고 있는 느낌이다. 즉, 1930년대 미국과 유럽에 대공황을 몰고 오면서 결국 제2차세계대전이 발생하고 인류에게 커다란 재앙까지 가져온 중요한 이유 중의 하나가 미국과 유럽의 무역전쟁이었다는 역사적 사실을 그는 적절하게 인지하지 못하고 있는 것으로 보인다.

다만, 하나의 바람이 있다면, Trump 대통령이 시작한 관세전쟁을 연방 항소심에서 불법으로 선고하면서 대법원판결이 남은 상태인데 만일 2025년 11월 5일부터 시작하여 1개월 이상 소요될 것으로 예상하는 관세부과에 대한 합법성 여부의 판단에 따라 만일 연방대법원이 불법으로 확정하면 연방정부가 그동안 부과하였던 관세가 모두 무효가 되면서 미국을 포함한 세계 경제가 그나마 조금씩 숨통을 틀 수 있을 것으로 보인다. 물론, 중국과의 미중전쟁은 계속되겠지만. 그러나, 합법으로 최종 판결이 나온다면, 오히려 관세전쟁이 더욱 탄력을 받으면서 지속될 것이며 세계 경제의 침체가 계속되어 그의 임기가 종료된 뒤에도 미국을 포함한 많은 국가에서 불평등과 경기침체, 사회적 결속력 약화와 양극화 현상의 확대 등의 부정적 효과로 인하여 상당 기간 후유증이 지속될 것이다. 한편, 그동안의 행동을 비춰 추론해 보면, 불법으로 판결이 종결되면 다른 방법을 통하여 그동안 관세전쟁을 하면서 상대 국가로부터 받은 막대한 자금은 환불하지 않는 방법을 찾을 수도 있다.

2) 미국의 뿌리 깊은 인종차별 문화 등

(1) 백인과 유색인종과의 갈등

한때 이민자에게 "기회의 땅"-자신의 노력으로 중산층 또는 그 이상으로 사회적 신분 상승이 가능하다는 의미임-이라고 불렸던 미국의 이면에는 역설적으로 오랜 노예제도의 영향으로 인한 흑인에 대한 인종차별과 백인 주도의 국가를 지속해야 한다는 백인우월주의적 사고가 중하위층의 백인들을 중심으로 깊이 내재하고 있으며, 역으로 흑인들에는 노예제도와 정치, 교육, 사회 등에서 겪었던 각종 차별적 대우로 인한 피해의식이 내재하고 있는데 정도의 차이는 있지만 흑인이 아닌 다른 Hispanic계나 아시아계도 소수 인종으로서 불이익을 받고 있다는 것이 여러 자료에도 나타나고 있다.

예를 보면, Anacostia 강을 가로지르면서 Washington DC의 교외에 있는 District Heights, Maryland는 미국에서 인종을 분리하여 거주하고 있는 지역 가운데 인종차별을 적나라하게 보여주는 가장 유명한 지역 중의 하나인데 2021년 현재 약 6,000명의 주민 가운데 90%가 흑인이며 백인이 거주하는 비율은 3% 미만이다. 미국의 평균 가계소득이 US $70,764인데 이 지역은 상대적으로 낮은 US $69,099이며 빈곤율은 Verginia의 Arlington보다 2배 이상 높다. 그리고 근처에 있는 Suitland 고등학교 학생의 2/3는 무료 급식 또는 저소득층 학생에게 지급하는 할인된 가격의 점심식사를 할 수 있는 학생들이다. (Poverty For Profit Published by The New Press 2024 by Anne Kim 1 page 참고)

1215년 영국의 Magna Carta로부터 현대의 법치주의가 시작되었다고 본다면, 법치주의가 영국 사회에 뿌리를 내리기 위해서 1688년의 명예혁명과 1689년의 권리장전까지 약 450년 이상의 세월이 흐른 것처럼 국가에 자연스럽게 문화로 자리를 잡기 위해서는 현대의 산업 발전과 달리 수백년이 흐르면서 서서히 바뀌어 왔다. 물론, 국가 지도자의 용기있는 결단과 교육을 통하여 시간이 앞당겨질 수 있지만. 미국의 인종차별 문제도 이와 마찬가지로 지도자의 의지와 함께 많은 투쟁과 저항을 통하여 매우 서서히, 그리고 시계추처럼 지전과 후퇴를 거듭하면서 변하고 있다고 생각된다.

예를 들면, 1861년부터 1865년까지 이어졌던 미국의 남북전쟁을 통한 노예제도가 금지된 후에도 인종차별 금지와 참정권을 쟁취하기 위하여 1960년대에 KKK(Ku Klux Klan)단의 죽음에 대한 위협에도 불구하고 Martin Luther King을 비롯한 많은 흑인 인권 운동가들이 폭력, 또는 비폭력 운동을 지속적으로 감행함으로써 결국에는 민주주의에서 중요한 권리의 하나인 참정권을 보편적으로 획득하였을 뿐만 아니라 인종과 사회적 약자에 대한 차별을 금지하는 Civil Rights Act를 통과시켜 급격한 권리의 신장을 이루게 되었다. 또한 이에 더 나아가, 미식축구단체인 NFL에서는 Rooney’s Rule을 제정하여 미식축구단은 coach 단 중에 최소 1인 이상을 채용토록 하였다. (Diversity Inc. Published by Bold Type Books 2019 by Pamela Newkirk 161~175 page 참고)

그러나, 이러한 긍정적인 문화의 변화는 매우 서서히 진행되었다.

그 한 예로 2018년 조사에서 미국 흑인의 인구 구성 비율은 대략 13%이지만 Fortune 500개 회사의 대표이사 가운데 흑인은 1% 미만이었으며, 흑인과 Hispanic 계, 아시아계를 포함하더라도 4.5% 미만에 그치는 것이 인종차별을 단적으로 보여주고 있다. (상기의 저서 13page 참고)

그러나, 그동안 미국 사회에서 차츰 약화하고 있던 인종차별의 분위기가 2008년의 금융위기와 흑인인 Obama 대통령의 당선, 그리고 금융위기의 회복 과정에서 겪은 중산층의 상대적 소외감, 1980년대 이후 지속적으로 진행된 불평등의 악화 등이 복합적으로 작용하면서 중하위계층의 백인계가 2016년의 대통령 선거에서 백인우월주의자이면서 극우성향인 Trump의 당선에 기여하게 되었다. 물론, Hillary Clinton의 대통령 경선의 패배는 기존 정치권에 대한 혐오와 함께 여성에 더한 차별, Russia를 비롯한 외부 세력의 개입 등이 복잡하게 영향을 주기도 하였지만.

그러나, 무엇보다도 인종차별과 관련한 사회적 분위기가 사회 전체에 좋지 않은 영향을 주는 이유는 인종차별에 의한 범죄(hate crime)가 급증하고 있어 사회의 결속력이 약화하는 중요한 요인이 되고 있다는 것인데, 같은 저서 25 page에 따르면, 2018년 FBI는 범죄 관련 발표를 하면서 인종차별과 관련한 범죄가 전년도에 비하여 17%가 증가하였다고 하였다. 심지어 백인들까지도 응답자의 39%가 인종차별의 공격을 당한 경험이 있다는 것이다.

미국의 뿌리 깊은 인종차별 문화는 비단 정치에서뿐만 아니라 미국 사회 전반에 걸쳐 있는데, 여기서 같은 저서 52 page의 내용을 참고하여 문화계의 예를 언급하자면, 2007년~2016년 동안에 상영된 미국에서 인기가 있었던 900편의 영화에 출연했던 배우들에 대한 인종의 다양성을 살펴보았는데, 2016년에 개봉된 상위 100편의 영화 중에 47편의 영화에 흑인 여배우가 전혀 출연하지 않았으며 66편의 영화에 아시아계 여배우가 전혀 출연하지 않았다. 또한, 72편의 영화에 히스패닉계 여배우가 출연하지 않았으며, 반대로 11편의 영화에는 백인 여배우가 출연하지 않았다.

역으로, 미국의 역사를 보면 이러한 현상도 지극히 조금씩 개선되고 있다는 것이다. 1963년의 Kennedy 대통령의 암살, 1968년 흑인에 대한 인종차별의 철폐를 위하여 비폭력 시민 운동을 이끌었던 Martin Luther King 암살 등의 비극적인 사건들이 인종차별을 개선하기 위한 과정에서 일어난 것이며 결과적으로 이것을 극복하면서 발전해 온것이다.

이처럼, 인종차별의 문화가 조금씩 개선되고는 있지만 Trump 행정부에서는 오히려 부분적으로 후퇴한 면이 있다. 특히, Trump 자신이 대통령으로 당선될 때부터 외국 세력의 지원과 부정한 일에 대한 폭로를 막기 위한 매수 등의 부정한 방법을 통하여 당선되었을 뿐만 아니라 재임 기간 내내 거짓말을 식은 죽 먹듯 하였다. 그는 미국의 역사에서 찾기 힘든 매우 자기중심적인 특이한 인물인데 대통령 재임 기간, 또는 퇴임

후, 2024년 대통령 선거에서 재선된 뒤에도 자신이 제시했던 공약이나 정책 등을 상황 설명이나 죄의식이 전혀 없이 변경하거나 취소함으로써 미국 사회 전반에 불신을 조장하고 있어 다음 대통령이 미국의 인종차별과 불신의 현상을 일부나마 치유하려면 엄청난 노력을 하여야 할 것으로 보인다.

그러나, 인간의 역사는 대부분 진퇴를 겪으면서 진행하고 있기에 정치적인 이유로 첨예하게 분열된 인종 간의 갈등이 앞으로 다시 인종 간의 화합으로 회복되면서 차츰 나아진다면 사회가 안정화될 수 있을 것이다. 이러한 측면에서 2029년은 새로운 정부가 시행하려는 인종 갈등과 성차별에 의한 갈등을 치유하는 정책과 사회적 분위기의 전환이 매우 중요한 시기가 될 것으로 예상된다.

이민의 활성화를 통하여 다양한 인종의 국가를 이룬 미국 사회가 Trump 정부와 같이 백인 우월적인 이종 차별 정책을 지속한다면 미국 사회가 경제, 정치 등의 많은 분야에서 퇴보하게 될 가능성이 높다.

인종의 다양성을 긍정적인 측면으로 활용하면서 국가가 지속적인 발전을 하기 위해서는 인종 간의 평균 소득의 차이를 없애는 것이 중요한 역할을 하는데 이를 위한 핵심적인 역할이 곧 교육이며, 이를 통한 좋은 직업으로의 취업이다. 미국은 이에 대한 중요성을 인식하고 꾸준히 노력하고 있는데 그 대표적인 대학이 New York에 있는 Columbia University이다. 이 대학의 경우는 학생뿐만 아니라 교수진까지도 다양한 인종으로 구성하여 인종차별을 줄이기 위한 노력을 지속적으로 하고 있다. 물론, 미국의 대학들이 이러한 인식하에 인종의 다양성을 유지하기 위하여 꾸준히 노력하고 있기에 진퇴를 거듭하면서도 서서히 발전할 것으로 예상된다.

한편, 기업에서 발생하고 있는 인종차별에 대해 간단하게 살펴보면, Air B&B, Uber, Amazon 등 많은 제4차산업을 기반으로 한 기업들이 사내에서의 근로자 구성에 대한 인종차별 문제가 반영되기도 하고 여성차별과 성추행 문제로 곤혹스러운 상황을 겪고 있는데, 사실 이것은 어

제, 오늘의 문제도 아니고 미국만의 문제가 아닌, 세계적인 문제이다. 단지, 미국이란 국가의 상징성과 이 기업들이 새로운 산업의 세계적인 기업들이기 때문에 더 부각하고 있을 뿐이다. 이미 언급한 문화계와 교육계에서의 인종차별, 상대적 약자에 대한 차별뿐만 아니라, 더 나아가 기업에서 발생하는 인종차별은 미국의 결속력을 약화하는 중요한 요인 중의 하나이기에 이러한 차별 문제를 법적으로도 가혹할 정도로 엄격하게 적용하고 있는데, 그 예로 앞에서 언급한 저서의 134~160 page에서 Texaco와 Coca-Cola에서 발생한 인종차별에 대한 소송을 자세히 이야기하고 있다. 물론, 2020년에 벌어진 "Black lives matter" 운동은 미국 사회에서 인종차별을 해결하거나 약화하기 위해서는 아직도 갈 여행길이 아주 멀다는 것을 보여주는 또 다른 예이기는 하지만.

(2) LGBT(Lesbian, Gay, Bisexual, Transgender)에 대한 배려

(가) 개관

여기서는 주로 경제적 관점에서 LGBT에 대한 차별 대우 금지가 경제적 시각에서 얼마나 긍정적인 효과를 가져오는가를 분석하겠지만, 사실, LGBT에 대한 차별 대우 금지는 경제적 시각을 넘어선, 훨씬 더 근본적인 인권과 평등의 문제이며 결과적으로 경제적인 문제와 밀접하게 연결될 수밖에 없는 복합적인 문제이다.

따라서, 근시안적인 숫자의 유, 불리로 계산이 안되는, 사회의 결속력 강화와 국가의 지속적 발전을 위한 근본적인 문제라는 시각에서 접근하여야 할 것이다. (The Economic Case for LGBT Equality 2020 by M. V. Lee 163 page 참고)

인종차별 극복과 더불어 또 다른 사회적 소수 집단인 LGBT(Lesbian, Gay, Bisexual, Transgender)에 대한 차별금지도 UN을 통한 국제적인 노력과 함께 미국에서도 20c 후반부터 차츰 미국 전체 인구의 3~5%에 해당하는 소수집단인 이들의 인권을 법적으로 배려하기 시작하였는데 상기의 저서 4 page에 따르면 성적으로 매우 소수집단인 이들에 대한 근

로의 권리, 동일한 직종의 동일 임금을 받을 권리, 교육을 받을 권리, 동일한 사회적 대우를 받을 권리, 행복을 추구할 권리 등을 보장함으로써 경제적 발전과 함께 사회적 분열을 극복하면서 국가의 영속성을 도모하는 필수적인 과정의 하나로 제시하고 있다.

미국에서 인종차별 문제의 극복을 위하여 오랜 시일에 걸쳐 투쟁과 화해의 길을 걸어온 것처럼, LGBT의 차별을 인식하면서 그들의 삶의 존엄성을 인정하는 과정도 당사자들의 적극적인 노력과 이들을 배려하는 사회의 분위기가 차츰 조화하면서 자유와 평등 그리고 경제발전을 함께 달성하는 하나의 과정이지만, 그들에 대한 법적, 사회적 배려가 아직은 매우 미흡하다.

(나) 교육

미국에서 13세부터 21세 사이의 LGBT 학생의 85%가 언어 폭력을 당한 경험이 있으며 27%는 성추행, 13%는 성폭행을 당한 경험이 있다고 밝혔다. 사실, LGBT에 대한차별 문제는 세계적인 문제인데 상대적으로 소수일 뿐만 아니라 이에 대한 학문적 연구도 미흡한 상황에서 피해 당사자가 밝히는 사례가 많지 않아 사회적으로 관심도가 낮았을 뿐이다. (상기의 저서 20 page 참고)

2016년 미국에서 실시된 조사의 내용에 의하면 LGBT로 인하여 소위 "따돌림"을 당한 학생의 학교 성적이 상대적으로 저조한 것으로 나올 뿐만 아니라, 심한 경우에는 LGBT로 인한 "따돌림" 때문에 학교에 출석하지 않은 학생이 다른 이유로 출석하지 않은 학생보다 많았으며 심지어 이러한 학생들 가운데 학교를 자퇴한 경우와 대학교를 가지 않은 경우가 상대적으로 많았다는 것이다. (상기의 저서 22 page 참고)

학교에서의 "따돌림"은 학교의 교사들도 이들에 대한 이해가 부족하여 보호하지 못한 경우도 많은데, 이는 결국 졸업 후의 취업에까지 영향을 주어 건강한 삶의 유지도 어렵게 만들어 상대적으로 사회적 저소득층을 형성할 가능성이 높아 경제발전과 사회적 결속력을 저해하는 요인이 될 것이다.

학교의 교사와 긍정적인 관계를 유지하는 LGBT 학생의 경우에는 다른 학생들과의 마찰이 거의 없이 학교생활을 잘 유지하여 결과적으로 평범한 삶을 유지할 수가 있다. (상기의 저서 25 page 참고)

(다) 법 제정과 직업 그리고 포용의 문화

미국에서 LGBT에 대한 차별을 개선하기 위한 입법을 통한 노력이 진퇴를 거듭하면서도 꾸준히 진행하였는데 그 가운데 긍정적으로 진행된 몇 가지를 예로 들면, 1975년 연방 공무원 채용금지 제도 철폐, 1977년 Civil Service Commission에서의 차별금지 시행, 2003년 Sodomy Law 폐지, 2014년 연방정부에서의 LGBT 채용금지 폐지 등과 같이 법적으로 개선하였다. 그러나, 문화적인 측면에서도 지속적으로 개선하여야 하는데, LGBT이면서 유색 인종인 미국인은 백인이면서 LGBT인 미국인에 비하여 차별 대우를 받은 비율이 훨씬 높은데, 예를 들면, 유색인 LGBT가 직장 내에서 차별 대우를 받는다고 응답한 경우가 32%인데 비하여 백인 LGBT는 13%가 직장 내에서 차별 대우를 받는다고 응답하였다. (상기의 저서 38 page 참고)

앞에서 언급한 인종차별 극복을 위한 과정에서 보듯이 문화의 변화와 법의 개정이 동시에 일어나기는 매우 어렵다. 그러나, 법의 개정이 오랜 기간에 걸쳐서 문화가 변화하도록 하는 기본적인 역할을 하는 것이다. LGBT에 대한 차별 대우 극복도 이러한 과정을 걷게 될 것으로 보이는데 성적으로 소수인 LGBT에 대한 보호는 포용의 문화와 함께 법적인 보호가 완성되어야 하며 미국의 경우 인종차별의 극복과 함께 LGBT에 대한 차별을 극복한다면, 불평등을 극복하는 길이 가까워지고 세계 1위의 경제 대국으로서의 위치를 유지할 수 있을 것이다.

역으로, 지난 45대 대통령 시대에 더하여 47대 시대인 2025년부터 시작한 4년 동안 Trump 행정부가 진행할 LGBT에 대한 차별 대우를 포함한 인종차별적 정책과 언행은 세계 1위의 경제 대국 위치를 상실하는 악영향을 미치게 될 것이며, 이러한 현상이 경제, 정치, 사회 등의 전 분야에 걸쳐 부정적인 영향을 줄 것이며 장기화하면, 결과적으로 SWIFT와 Dollar를 활용하여 미국이 주도하고 있는 세계의 금융제도가 약화하면서, 만일 극단적인 경우가 발생한다면 세계 화폐로서의 Dollar 지위도 상실할 뿐만 아니라, 연방국가로서의 United States of America도 역사 속으로 사라질 수 있을 것이다.

추가로 언급하자면, 이러한 LGBT에 대한 차별은 전 세계적인 현상이기에 조사한 내용을 간단히 밝히면, 2014년 유럽에서 LGBT 90,000명을 대상으로 직장에서의 차별 대우 여부를 조사한 결과 조사 대상자의 19%가 LGBT로 인하여 차별 대우를 받았다고 하였다. Vietnam의 경우는 조사 대상의 LGB의 20%와 T의 60%가 차별 대우를 받았다고 응답하였으며, LGBT 18,000명을 조사한 중국의 경우는 21%가 차별 대우를 경험하였다고 응답하였다. (상기의 저서 28~29 page 참고)

또한, 역사적으로 살펴보면 중세 유럽에도 신부와 수녀들 사이에 LG가 내밀하게 존재하였으며 사실 이러한 현상은 전 세계에 있었을 것으로 추정이 된다. 다만, 20c에 들어와 극우적인 Fascist 세력과 극좌적인 Communist 세력이 이들을 색출하여 비인간적인 대우와 잔혹한 살인을 자행하면서 이들에 대한 법적인 필요성이 대두된 것이다.

법 제정을 통한 LGBT에 대한 차별 대우 금지와 함께 사회적 분위기와 문화가 포용력을 갖는 개방적인 방향으로 변하면 LGBT 스스로 자살의 충동과 소외감 등의 여러 가지 Stress에서 벗어날 수 있을 뿐만 아니라 미시경제적 측면에서는 차별로 인한 비효율성과 시장의 위축을 해소할 수 있으며 나아가서 사회의 중장기적 발전을 안정적으로 이룰 수 있는 요인의 하나가 될 것이다.

최근의 조사에 따르면, 이러한 개방적인 현상이 매우 서서히 일어나고 있는다는 것이 나타나고 있는데, 미국의 경우 1985년에는 LGBT의 4인 중 1인 정도가 공개적으로 얘기했지만, 2013년에는 4인 중 3인이 공개적으로 얘기하였으며 최근에는 거의 모든 LGBT(88% 수준에 달함)가

공개하고 있다. (상기의 저서 46 page 참고)

가장 최근에 조사한 2019년의 Fortune 500 기업의 LGBT 93%가 성적 차별을 받지 않았다고 응답하였다. (상기의 저서 90 page 참고)

오히려, LGBT에 대한 차별 대우 금지가 회사의 주가에도 긍정적인 영향을 주어 CEI(Corporate Equity Index)가 올라가면서 다른 회사에 비하여 주가도 상승하는 경향을 보여주었다, (상기의 저서 92~94 page 참고)

(라) 의료제도

그럼에도 불구하고, 인간의 삶에서 가장 기본적인 조건(현대국가에서 절대적 평등으로의 확대)인 보건 및 복지에 대하여 아직도 동등한 대우를 받지 못하고 있기에 여기서 간단히 언급하고자 한다.

미국에서 실시한 2015년 조사에 따르면, LGBT의 17%가 병원에서 차별 대우를 받았다고 답변하였으며, 2015년 조사에 따르면, 미국에서 수술한 성전환 수술의 55%가 의료보험 혜택을 받지 못했다고 답변하였으며, 25%는 호르몬(hormone) 치료에 의료보험 혜택을 받지 못했다고 답변하였다. 한편, 2017년 조사에서는 조사 대상의 18%가 LGBT에 대한 차별 대우를 회피하기 위하여 병원을 방문하지 않았다고 답변하였는데 이 가운데에서도 성전환자의 경우는 23%로 상대적으로 높은 결과가 제시되었다.

즉, 비록 최근에는 LGBT에 대한 인식이 상당히 개선되고 있지만, 여전히 차별 대우를 받고 있다는 것을 보여주고 있다. (상기의 저서 82~83 page 참고)

3) Dollar의 세계화폐로서의 위치는?

금본위 화폐인 영국의 Pound 화가 1910년대에 들어와 대영제국의 쇠락과 더불어 금본위 세계화폐로서의 위치를 차츰 상실하게 되었는데 유럽 전체가 폐허가 된 제2차세계대전을 계기로 하여 유럽을 USSR의 정복으로부터 보호해 달라는 영국의 간청으로 고립주의를 탈피한 미국이 유럽 국가들과 함께 1944년 Bretton Woods System을 설립함으로써 미국의 Dollar가 금을 기본(금 1 Ounce 가격을 US $35로 고정)으로 한 세계 기축통화의 역할을 하게 되었다.

그런데, 빠른 경제성장과 급격한 예산 확대 등으로 더 이상 Bretton Woods System을 유지할 수 없게 된 미국의 Nixon 대통령에 의해 1971년 8월 15일 Bretton Woods System을 폐기하였지만, 세계 최대의 채무국인 미국의 Dollar가 세계 최대의 경제 규모와 앞선 금융 system, 사회적 투명성과 신뢰도에 대한 상대적 우위 등으로 가장 강력한 세계화폐로서의 위치를 여전히 유지하면서 SWIFT CODE를 이용하여 세계 금융 System을 장악하고 있지만, 2008년의 미국의 subprime mortgage로 시작한 미국의 금융위기는 미국의 정치와 금융 System에 대한 회의와 Dollar의 신뢰도에 의심하기 시작하였다.

이 사건을 계기로 하여 그동안 미국 사회에서 꾸준히 악화한 불평등이 정치와 시민 운동으로 확대하면서 2009년에는 극우성향의 Tea Party 단체가 출현하였으며 2011년에는 극좌성향의 Occupy Wall Street 운동이 출현하게 되었다.

이에 더하여, 2016년에 등장한 극우적 성향의 Trump 대통령의 미국 우선주의와 보호주의 정책, 법치주의의 후퇴, 그리고 미국의 지속적인 무역적자로 인한 세계 최대의 채무국으로 추락 등으로 인하여 세계 각국이 세계화폐에 대한 다른 대안을 찾고자 하는 계기가 되었다. 그런데, Trump 대통령이 2025년 47대 대통령으로 새롭게 역사의 전면에 등장하면서 미국의 법치주의와 자유 평등의 후퇴가 불가피할 것으로 예상되며 여기에 더하여 세계를 상대로 관세를 이용한 무역전쟁을 확대하여 제2차 세계대전 이후 지금까지 진행되었던 Pax Americana 시대의 종식이 빨리 다가올 것으로 예상되며 미국 Dollar 화에 대한 대안으로서의 1단계로 암호화폐를 포함한 더욱 다양한 화폐가 세계화폐로서 나타날 것으로 보인다.

물론, Bretton Woods System이 무너진 뒤 세계화폐가 IMF에서 발행하는 SDR, 유럽의 Euro 화, 일본의 엔화, 영국의 Pound 및 아직은 초기 단계이지만 Bitcoin(BTC), ETH, USDT의 암호화폐 등으로 다양하게 변하고 있다. 현대 사회의 화폐는 신뢰와 신용을 기반으로 움직이고 있기 때문에, 금본위 화폐의 중요성이 차츰 사라지고, 그 대신 각 국가의 중앙은행의 독립성과 국가에 대한 투명성 및 법치주의 확립 여부와 그에 따른 부정부패의 수준, 그리고 국가 경제의 규모와 경제적 안정화 등을 다각적으로 반영하여 사용되고 있으며, 심지어 국가 경제가 무너지고 있는 일부 국가에서는 국가의 간섭을 배제하고자 하는 무정부적 사고를 기반으로 한 Bitcoin 등의 암호화폐가 국가에서 발행하는 화폐보다 더 높은 신뢰도를 유지하여 사용되고 있다.

250년 가까이 이어온 미국의 법치주의가 Trump 대통령으로 인하여 후퇴되는 모습을 보면서 인간이 만든 제도가 얼마나 나약하기 짝이 없으며, 집권하고 있는 집단이 이것을 이용하려고 하면 법치를 포장하여 얼마나 국민을 우롱할 수 있는가를 여실히 보여주고 있는 좋은 예가 되었다.

여기서 Bitcoin 등의 암호화폐가 등장한 계기가 된 2008년의 미국의 금융위기를 간단히 살펴보면, 단독으로는 매도가 불가능한 신용도가 낮은 Junk Bond 수준의 Subprime Mortgage 상품을 신용도가 높은 Subprime Mortgage 상품들과 혼합하여 채권 투자자에게 판매함으로써 결과적으로 연쇄적인 부도 사태가 발생하였는데 이러한 영향으로 선량한 투자자 및 양호한 채무자까지 커다란 손실이 발생하게 되었으며, 중산층 미국인들에게 엄청난 상실감과 기존 정치권에 대한 불신을 증폭시킴으로써 Trump 대통령이 당선하게 된 요인의 하나가 되었다. (Money Changes Everything 2017 by William N. Goetzmann 477~478 page 참고)

물론, 2008년의 미국의 금융위기는 미국 금융기관의 도덕 불감증과 금융기관에 대한 필수적 규제의 해제, 정치권의 방조 등이 서로 밀접하게 작용하여 일어난 것이며, 이에 대한 근본적인 대책을 방관한다면 앞으로도 또 다른 형태의 금융위기가 발생하게 될 것이다.

1930년대 초반에 “인간의 합리성”을 전제로 하여 주식에 투자하고 결과적으로 큰 손실을 보았던 미국의 화폐론자인 Irving Fisher의 실패가 2008년에 재현한 것으로 볼 수 있다. 즉, 탐욕과 비이성으로 가득 찬 인간 사회, 특히 금융업에 대한 적절한 규제가 시행되지 않는다면 또 다른 세계적인 금융위기를 맞이할 가능성이 매우 높다. (상기의 저서 474 page 참고)

즉, 1991년 USSR의 멸망과 중국의 경제 부문에서의 Communism 부분적 포기가 규제적 자유시장경제를 전제로 한 자본주의가 Communism보다 우월하다는 것을 입증하였지만, 자유민주주의 정치제도와 자본주의에 입각한 경제 제도가 완벽한 제도라는 것을 보여주는 것은 아니며, 이 또한 꾸준히 개선되고 보완하여야 할 것이다. 이에 대한 실증적인 예가 2008년의 미국의 금융위기와 이어서 발생한 유럽의 금융위기이다.

이러한 금융위기에 더하여 2019년과 2020년 초부터 시작된 미중전쟁과 COVID-19 전염병으로 인하여 세계적인 대공황을 맞았는데, 이 상황이 마무리되는 시기에는 현재 진행되고 있는 세계화폐의 다양화와 그에 맞물려 금융의 다양화도 본격화될 것으로 예상되는데, 이 상황에서 미국이 지금처럼 자칫 폐쇄적이고 무책임한 정치적, 경제적 행태를 보인다면 미국에 대한 세계인의 신뢰를 상실하면서 Dollar의 세계화폐의 기능 상실, 미국 은행의 세계적인 지배 상실 등과 함께 상환 불능의 세계 최대의 채무국으로의 추락과 미국경제의 후퇴, 연방국가의 해체 등의 악순환을 맞이할 가능성이 있다. 2025년 5월 16일 세계신용평가회사인 Moody’s Corporation이 미국의 과다한 부채에 대하여 경고하면서 신용등급을 Aaa에서 Aa1으로 1단계 낮췄는데 세계금융기관들은 이러한 사실을 눈여겨 보고 있다.

향후 세계적으로 지속적인 기술의 발달과 함께 또 다른 거대한 자연재해나 전염병 등이 발생할 가능성이 매우 높은데 이러한 상황이 지금의 위기를 채 극복하기도 전에 발생한다면, 미국을 포함한 대부분의 국가가 Hyperinflation을 각오하지 않고는 지금처럼 중앙은행을 통한 추가적인 화폐 발행을 시행하기가 쉽지 않을 것이며 국민 사이에서도 Bitcoin과 같은 국가의 통제를 받지 않는 새로운 화폐에 더 신뢰할 수 있을 것이다. (Coined Published by Hachette Book Group 2015 by Kabir Sehgal 168 page 참고)

만일, 이상의 요인들이 복합적으로 작용하여 새로운 형태의 화폐가 발생하고 이에 대한 신뢰가 형성되어 기존의 은행 대신에 새로운 금융기관이 탄생한다면 미국 금융기관의 결제기관 기능 쇠퇴와 함께 세계 화폐로서의 Dollar 화 위치는 미국 주도의 세계 경제 위축과 함께 차츰 사라질 것이다. 극히 일부이긴 하지만, 이미 이러한 현상은 비단 Bitcoin 등의 암호화폐를 통한 거래뿐만 아니라 internet을 기반으로 한 물건과 물건, 그리고 service 등의 직거래 방식을 통하여 거래가 이뤄지고 있다. (상기의 저서 168~169 page 참고)

물론, 위기는 곧 기회인 것이 삶의 이치이고 경제발전의 이치이기에 미국도 이에 대한 새로운 대응을 적극 시도함으로써 신뢰 회복과 세계화폐로서의 위치를 지속적으로 유지하기 위한 노력을 증진할 것이다. 즉, 미국경제에 도전하는 중국과의 전쟁도 그러한 노력의 하나이다. 미국 스스로 세계화폐로서의 위치가 얼마나 중요한 것인가를 잘 알고 있기에…

미국에서 기술과 기계, service, 토지, 강, 숲 등에 기반을 둔 지역화폐인 Ithaca Hours라는 지역화폐를 만들어 취업에도 도움을 주었을 뿐만 아니라, Starbucks와 Amazon 간에 계약을 맺어 서로의 카드를 결제할 수 있게 하는 기업 화폐를 만들었으며 Pay Pal이나 Apple Pay 등이 이동통신사와 계약하여 Mobile-phone으로 결제하도록 하였다. 물론, 미국에서의 결제 기반은 Dollar로 하여 Dollar의 활용을 최대한 확장하고 있다. (상기의 저서 175 page 참고)

4) 미국의 소득불평등

Thomas Piketty가 2018년 미국 사회의 소득계층 상위 10%가 차지하는 전체 소득 대비 비율을 제시하면서 미국이 가지고 있는 소득불평등 문제의 심각성을 적나라하게 나타내고 있는데, 소득 상위 10%가 미국의 민간 부분의 부의 70% 이상을 소유하고 있으며 하위 50%의 소득계층은 5% 미만을 소유하고 있을 정도로 미국의 소득불평등이 매우 심각하다는 것이다. 그런데, 여기서 Gini's Coefficient로 표시하는 미국의 소득불평등에 대한 World Bank 자료를 이용하여 살펴보면, 0.4에서 0.42 사이를 기록하고 있으며 이 수치는 소위 1인당 GDP US $30,000 이상에 해당하는 선진국 중에 소득불평등이 가장 심각한 수치이다. 일반적으로 Gini's Coefficient가 0.35 미만이면 사회가 안정적이라는 의미로 받아들이고 있는데 이 수치는 미국 사회가 사회적 정치적으로 양극화할 가능성이 매우 높다는 것이며 그동안 축적된 사회적 갈등과 양극화 현상이 이미 극우적 성향의 Populist인 Trump 대통령의 출현으로 적나라하게 보여주고 있다.

그리고, 그는 2025년 1월 20일 47대 대통령으로 취임하자마자 상대적 저소득층 자녀들에게 제공하는 교육의 혜택을 주도하는 연방 교육부의 폐쇄, Medicare와 Medicaid의 축소, 세계를 상대로 한 관세전쟁의 시작 등으로 미국의 소득불평등이 더욱 심화할 것으로 예상할 수 있다.

소득불평등의 악화는 경제성장에도 악영향을 주며 미국의 경우 지속적으로 경제성장률이 낮아지고 있는 주요 원인을 부채 증가와 불평등을 들 수 있다. 미국의 경우는 한국과 다르게 노령화, 기업가 정신의 후퇴, 정치의 양극화로 인한 사회적 불안정보다는 부채 증가와 불평등이 중요한 이유 중의 하나이다. 즉, 일반적으로 경제성장률 하락의 주요 원인을 정치 불안, 부정부패, 부채 증가, 노령화, 불평등 등으로 들 수 있는데, 불평등에 한정하여 살펴보면, 상위계층의 소득은 저축 또는 투자로 이어지고 하위계층의 소득은 소비로 연결이 되면서 경제 활성화와 직결되는데 미국의 소득불평등 현상은 결국 하위계층이 소비할 여유가 없다는 것을 의미하기 때문이다.

이러한 현상을 더욱 자세히 살펴보면, 1976년에서 2007년 사이 미국의 경제성장에 따른 과실의 58%가 소득계층 상위 1%에게 돌아갔으며 2002년부터 2007년 사이만 분석하면 경제성장의 과실 65%가 소득계층 상위 1%에게 돌아갔다.

1980년 이후 상대적으로 정부가 사회보장 비용을 많이 지출하는 유럽 국가들을 살펴보면 유럽 15개 국가의 GDP 대비 평균 19.9%를 지불하였는데 미국은 GDP 대비 13.3%를 지불하였다. 그럼에도 불구하고 미국의 경제성장률은 유럽 국가에 비교하여 꾸준히 낮아지고 있다. 결국 경제성장을 위하여 세금을 낮추는 미국의 신자유주의 경제정책은 현실적으로 더 이상 지속할 수 없는 것이며 사회적, 경제적 갈등을 부추기고 있는 결과를 가져왔다.

또한, 높은 불평등은 저소득층의 건강한 삶과 어린이의 교육을 통한 사회적 신분 상승의 기회를 박탈할 가능성도 높게 만들어 결과적으로 잠재적 노동생산성도 낮아지면서 GDP 성장도 부정적인 영향을 주게 된다. (Social Capitalism Published by Austin Macauley Publishers Ltd 2022 by Andrew Blackwood 180, 185, 366 page 참고)

물론, 미국이 불평등 극복을 위하여 게을리하고 있는 것은 아니다. 단지, 노력에 비하여 좋은 결과가 나오지 않고 있으며 1971년 Reagan 대통령이 취임하면서 신자유주의 경제정책을 실행하면서 복지정책 분야에서 예산을 대폭 축소하고 기업의 효율성 개념을 도입하였으며 민주당에서도 이 정책을 지속적으로 유지함으로써 불평등이 꾸준히 확대하였다. 즉, 1965년부터 1971년까지 미국경제가 침체이었음에도 불구하고 각종 사회보장 예산이 꾸준히 증가하였다. 수치로 살펴보면, US $8억 1,200에서 US $12억으로 증가하였다. 그리고, 이 기간을 확대하여 1965년부터 1981년까지 살펴보면, 노인 및 장애인에 대한 Medicare를 포함하여 각종 사회보장제도에 대한 연방정부의 지출이 US $922억에서 US

$6,782억으로 급증하였다.

여기서 신자유주의 경제정책을 도입한 1971년 Reagan 대통령 이후 미국이 지속적으로 노력하고 있는 정책을 살펴보면, 2022년 IRS(Internal Revenue Service)에 따르면, 연방정부는 EITC(The Federal Earned Income Tax Credit)을 통하여 노동자와 그의 가족들에게 US $640억을 지급하였으며 1978년 Revenue Act로 시작한 EITC는 꾸준히 증가하여 Clinton 대통령이 재임할 때인 1998년에는 460만명의 미국인이 빈곤에서 탈출하였다. 지금은 매년 3백만명의 어린이를 포함하여 560만명의 미국인이 빈곤에서 탈출하고 있다. 여기에 투입하는 예산은 AFDC(Aid to Families With Dependent Children)라는 사업으로 지출하고 있다.

이와 함께 저임금 근로자를 위한 EITC도 미국인의 빈곤 탈출을 지원하는 중요한 역할을 하고 있다. (Poverty For Profit Published by The New Press 2024 by Anne Kim 10, 18~19, 42 page 참고)

5) 법치주의와 투명성의 위기

이 글을 작성하는 동안 지속적으로 법치주의의 중요성에 대하여 언급하였기 때문에 여기서는 미국에 대해서만 간단히 얘기하고자 한다.

1776년 7월 4일 이후 남북전쟁(The Civil War)을 비롯한 많은 위기를 극복하면서 200년 넘게 이어온 미국의 법치주의가 2016년과 2024년에 대통령으로 당선된 Trump 대통령으로 인하여 신뢰의 감소, 인종차별의 망령 재현, 국가의 결속력 와해 등의 많은 상처를 입었으며 입고 있는데, 이러한 현상을 극복하기 위해서는 또 다른 엄청난 노력이 필요할 것이다.

미국이 이 정도 선에서 법치주의의 위기를 극복하지 못하면, 법치주의의 후퇴와 함께 사회적 투명성의 상실과 이로 인한 미국경제의 정체 및 후퇴, 그리고 세계 경제에서 미국의 위상 실추와 함께 미국 Dollar 화의 세계화폐로서의 위상이 사라짐과 함께, 앞에서 이미 언급하였던 것처럼, 미국인이 자랑하는 USA가 역사 속으로 사라질 수도 있다.

즉, 법치주의의 확립은 국가가 발전을 지속하기 위한 최소의 조건이기에 Trump 대통령이 집권한 지난 4년과 지금처럼 법치주의가 지속적으로 후퇴하면, 현재의 중국에 대한 세계인의 신뢰가 상실되고 있는 것처럼, 미국도 예외 없이 세계인의 신뢰가 상실되고 지금과 같이 세계가 밀접하게 연결된 상황에서는, 수백년 동안 노력하여 달성한 미국의 위상도 불과 몇십년만에 사라질 위기에 처할 수도 있게 된다.

6) 미국의 앞날을 위하여

정부와 국민 사이에 상호 호혜적인 적절한 교환관계-국민의 세금 지급, 국가의 국민에 대한 생명 보호, 복지, 교육 등-가 필요하며 결과적으로 배제되는 국민이 없이 모든 국민이 함께 사회적 관계를 형성하면서 참여하여 훨씬 더 강한 사회적 응집력을 발휘하고 모든 국민이 향상된 삶의 질을 누리는 것이 바람직한 미국의 미래가 될 것이다.

즉, 성공적인 사회의 핵심 요소는 거시경제학의 각종 요소나 기업의 이익 또는 경제적으로 성공한 기업가의 규모에서 보여주는 것이 아니라 사회를 구성하는 국민의 삶의 조건이나 안전성, 삶에 대한 기회의 확대, 자유와 평등, 법치주의의 강화 및 Humanism이 내재한 경제 등이 문화화하면서 국민 개개인에게 깊이 내재하는 것이 성공적인 사회이며 미국이 경제적, 정치적 갈등을 극복하고 이러한 방향으로 나가야 할 것이다.

물론, 세계 최초로 자유와 법치주의에 입각한 국가를 건설한 미국은 대부분의 인간사가 그렇듯이 지난 250 동안 수많은 우여곡절과 진퇴를 거듭하면서 지금에 이르렀는데 2008년의 금융위기와 2020년의 COVID-19 전염병에 이어서 Trump 대통령의 관세를 무기로 한 무역전쟁은 당분간 세계의 많은 국가뿐만 아니라 미국인들의 삶을 힘들게 하면서 지나갈텐데 그 과정에서 불평등이 더욱 심화할 가능성이 높다. 그러나, 1930년대 대공황 시기에 평균 30%가 넘는 실업률과 지금보다 훨씬 미약한 경제

대응 능력 속에서도 경제위기와 제2차세계대전을 겪으면서 새로운 도약을 하였기에 앞에서 언급한 핵심 요소를 지속적으로 유지하면서 지금의 어려움을 극복한다면 또 다른 밝은 앞날을 기대할 수 있을 것이다.

19. 환경 및 생태계 보호와 불평등 극복

1) 개관

이미 "제6장 시장의 역할"에서 환경과 관련한 지구온난화에 대해 간단하게 언급하였지만, 여기서는 좀 더 다각적인 시각으로 환경과 산업의 발전, 그리고 불평등 극복에 대하여 언급하고자 한다.

네안데르탈인으로 시작하여 약 50만년의 역사를 가진 인간이 초기의 동물 생태계에서 육식동물인 맹수의 아래 단계에 해당하는 잡식동물로서의 집단생활을 하는 삶으로부터 나아가 동물의 세계에서 1위를 차지하면서 생태계의 큰 변화를 일으켰으며 20c에 들어와 대량 생산의 제3차산업혁명이 본격화하면서 화석연료를 기반으로 한 100여년의 경제활동이 45억년의 역사를 갖고 있는 지구의 환경과 생태계를 망가뜨리고 있기에 지구도 자신의 생존을 위하여 몸부림하지 않을 수 없다. 그러기에 생존을 위한, 인간에 대한 지구의 적대적 저항이 곧 지구온난화이다. 지구와 인류는 적대적인 관계를 형성하는 순간, 악순환으로 인하여 지구의 환경은 잔혹해지고 인류가 멸망할 수밖에 없기에 더 늦어지기 전에 서로 보완관계를 가지면서 공존할 수 있는 길을 찾아야 하는데, 이것이 곧 기술과 과학의 발전을 통한 제4차 산업을 일으킴으로써 화석연료의 종식 및 3D와 AM 등의 발전을 통한 생산과정의 대변혁과 대량 생산, 대량 소비로부터 탈출하는 새로운 Paradigm으로의 전환이다. 이를 통하여 GDP로 표현하는 단순한 소득의 상승뿐만 아니라 인류의 삶의 질을 향상하는 길을 모색하여야 하는 것이다.

즉, 20c 중반부터 시작한 빠른 경제 성장과 함께 화석연료를 기반으로 한 대량 생산, 대량 소비로 대표되는 제3차산업의 폭발적인 발전은 소득의 증가와 더불어 그에 따른 역효과로 인하여 지구의 환경 악화가 심각하게 우려됨에도 불구하고 20c 중 후반까지 선진국을 포함한 대부분의 국가가 이에 대한 체계적인 대책이 극히 미미하였다.

그러나, 1970년대 이후 지구의 환경이 급격하게 악화함에 따라 환경의 중요성을 점차 인식하게 되었으며 정부와 민간단체가 환경의 악화가 인간의 삶과 경제활동에 어떻게 악영향을 미치고 있는가를 과학적으로 접근하게 되었다. 그 결과, 이제 시작에 불과하고 매우 부족하지만, 실질적인 결실을 맺어 환경을 보호하기 위하여 일부 국가에서 실시되고 있는 Green Tax나 Carbon Tax가 예이다. (The New Environmental Economics 2020 by Eloi Laurent의 참고)

아래의 Graph는 지구온난화에 큰 영향을 주고 있는 원인 중의 하나인 CO_2 배출을 보여주고 있으며 대응책 수립의 시급함을 보여주고 있다.

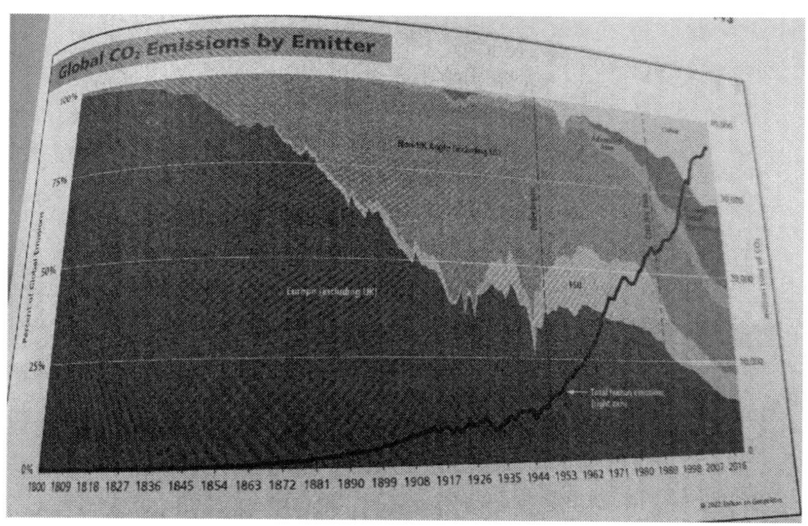

(The End Of The World Is Just The Beginning Published by HarperCollins Publishers 2022 by Peter Zeihan 443 page 참고)

2) 지구온난화의 사례들

1900년대 초반부터 지금까지 제3차산업을 기반으로 한 본격적인 산업화가 시작된 이후 지구의 평균 온도가 약 1.5oC 상승한 것으로 보고 있는데 이 정도 수준의 온도상승만으로도 세계 각 지역에서 과거에 없었던 극단적인 기후 연상이 나타나고 있는데 여기서 지구온난화로 인하여 최근에 North America 대륙에서 발생한 비정상적인 고온 현상에 대한 현실감이 있는 기사와 최근 한국에서 발생하고 있는 이례적인 기후 현상들을 소개하고자 한다. 먼저 언급한 사례는 내가 집에서 실제 엄청난 이상 고온에 힘들었던 체험을 한 것이다.

(1) 지구온난화로 인한 America 전역의 Heat Dome

(가) 북미대륙 삶는 "압력솥"…"섭씨 49.6도" 폭염 뒤 이놈 있다.

지난달 중, 하순부터 한 달 가까이 태평양 쪽 Canada와 미국이 끓고 있다.

특히, 2021년 25일부터는 열돔(heat dome) 현상까지 나타나고 있다. 뜨거운 공기 덩어리가 내리누르는 열돔으로 인해 기온이 치솟으면서 많은 인명 피해까지 발생하고 있다.

이런 가운데 "세계 기상 원인 분석(WWA)" Project에 참여하는 미국, Nederland, 영국, Canada 등 27명의 과학자는 지난 8일(현지 시각) 긴급 발표한 논문을 통해 "이번 열돔 현상은 1000년에 한 번 일어날 정도로 큰 사건"이라며 "인간이 일으킨 기후변화로 인해 이런 현상이 나타날 확률이 150배 높아졌다."고 지적했다.

(나) 사람 탓 열돔 150배 자주 발생

기후 위기를 경고하듯이 북미를 휩쓰는 열돔은 큰 피해를 내고 있다.

Canada 서부 British Columbia 주에서는 지난달 25일 시작된 불볕더위로 수백 명이 목숨을 잃고 150건 넘는 산불도 발생했다. 소도시 Return은 지난달 30일 기온이 섭씨 49.6도까지 치솟아 역대 최고치를 기록했다.

이로 인해 British Columbia 주에서는 일주일 동안 719명이 돌연사해 일반적인 수준의 3배에 이르렀다. 미국 북서부 Oregon 주와 Washington 주에서도 폭염에 따른 사망자가 100명 이상 발생했다.

Oregon 주 Portland 기온은 지난달 29일 46.6도로 역대 최고치를 기록했는데, 1965년에 측정된 종전 최고치 41.6도보다 5도나 높았다. Washington 주에서는 지난달 25일부터 지난 1일까지 응급실을 찾은 온열 질환자가 1,792명에 이르렀고, 사망한 사람도 30여 명이나 됐다. Washington Post(WP)지는 지난 7일(현지 시각) 열돔이 미 서부 내륙까지 퍼지고 있다고 밝혔다.

미 서부 사막 지대인 California 주 Mojave 사막, Nevada 주 남부, Arizona 주 북서부까지 폭염이 뒤덮을 것으로 전망된다는 것이다.

(다) 서태평양 상승 기류가 육지에서 하강

열돔은 Jet 기류가 약화하고 고기압이 정체되면서 생긴다.

Jet 기류는 대류권과 성층권 사이에서 빠르게 서에서 동으로 흐르는 기류인데, 북극 지방의 기온이 오른 탓에 Jet 기류가 느려지면 기류가 뱀처럼 구불구불하게, 남북으로 출렁이며 흐르게 된다.

Jet 기류 흐름 사이에 낀 고기압은 이동을 못 하고, 남쪽의 따뜻한 공기가 북쪽까지 밀고 올라가는 현상도 생긴다.

정체한 고기압은 지붕과 같은 역할을 하면서 지열에 의해 데워진 공기가 흩어지지 않도록 뚜껑처럼 내리누르는 역할을 한다.

특히 고기압이 발달한 지역에선 하강기류가 발생해 지상의 공기를 누르며 “단열 압축” 하기 때문에 기온이 오른다.

세계기상기구(WMO)는 열돔을 “압력솥과 같은 효과를 내는” 기후 현상이라고 설명하기도 했다.

이런 열돔 현상 뒤에는 태평양의 수온 변화가 자리 잡고 있다.

미 해양대기국(NOAA)은 "열대 태평양 서쪽과 동쪽 사이의 온도 차이가 크게 벌어지는 것이 열돔의 원인으로 분석됐다."고 밝히고 있다. 강한 고기압이 라니냐의 영향과 결합할 때 열돔 현상이 발생한다는 것이다.

라니냐는 적도 동태평양의 해수면 온도가 평년보다 0.5도 이상 낮은 경우를 말한다. 서태평양 쪽에서는 지난 수십 년 동안 수온이 상승했고, 상승 기류가 만들어졌다.

상승한 따뜻한 공기는 동쪽으로 이동하여 태평양 중앙 또는 동쪽에서 하강하게 된다. 이런 상황에서 Jet 기류가 느려지고 북쪽으로 치우쳐 흐르면, 동태평양에서 하강하던 더운 공기는 육지까지 이동한 다음 하강하게 되고, 이것이 결국 열돔 현상으로 이어진다는 설명이다.

(라) 온난화 계속되면 5년~10년마다 열돔 발생

WWA Project 연구팀은 이번 논문에서 "북위 45~52도 지역에서 관측되는 일 최고기온으로 볼 때 지금의 폭염은 너무도 극단적이고, 역사적으로 관측된 온도 범위를 훨씬 벗어났다."며 "인위적인 기후변화 없이는 거의 불가능한 수준"이라고 설명했다.

이런 정도의 폭염이 얼마나 자주 일어나는 수준인지 가늠하기도 어렵고, 단지 1000년에 한 번 정도로 추정할 수밖에 없다는 것이다. 또, 지구 기온이 산업혁명 전보다 2도 상승할 미래에는 이런 폭염이 대략 5년~10년마다 발생할 것이라고 전망했다.

열돔이 아니더라도 세계 곳곳은 이미 온난화로 여름철 고온 사망자가 늘고 있다.

영국 런던 위생, 열대의학 대학원(LSHTM) 연구팀은 지난 5월 과학저널 "Nature 기후변화"에 발표한 논문에서 "세계 43개국 732개 지역의 1991년~2018년 자료를 분석한 결과, 고온 관련 사망자의 약 37%가 인간에 의한 지구 온난화의 영향을 받은 것으로 나타났다."고 밝혔다.

UN 기후변화에 관한 정부 간 협의체(IPCC)는 내년 2월 공식 발표를 앞둔 기후변화 평가 보고서의 초안에서 "지구 평균기온이 지금보다 0.4도, 산업화 이전보다 1.5도 상승할 경우 지구 인구의 14%가 5년마다 최소 한 차례 극심한 폭염에 노출될 것"이라고 전망했다. WWA 연구팀은 "지금과는 매우 다른 미래에 대비하기 위해 온실가스 감축과 기후변화 적응 대책이 시급하다."며 "폭염 조기 경보 System을 통합한 폭염 조치 계획, 미래에 적합하도록 건축 환경을 수정하는 장기 계획이 필요하다." 고 강조했다. (중앙일보 인터넷 입력 2021년 7월 10일 강찬수 환경전문 기자 기사 참고)

(2) “200년에 한번 내릴 폭우” …충청 강타한 후 전라, 경상도까지 초토화

경기 남부와 충청권, 광주·전남 일대에 “물 폭탄”이 쏟아졌다. 충남 서산에는 11시간 동안 무려 400㎜ 넘는 극한 호우가 내려 역대 최고 강수량 기록을 다시 썼다. 충남을 초토화한 비구름이 남하하면서 광주에도 시간당 188㎜의 장대비를 뿌렸다. 이에 따라 도로와 건물 곳곳이 침수되고 4명이 숨지는 등 인명, 재산 피해가 속출하고 있다.

17일 중앙재난안전대책본부에 따르면 전날부터 이날 오후 9시까지 지역별 누적 강수량은 서산 519㎜, 광주 420.9㎜, 홍성 414.3㎜, 나주 391.5㎜, 세종 386㎜, 당진 378㎜ 등이다. 서산에는 이날 들어서만 20 시간 동안 519㎜의 비가 쏟아졌다. 519㎜는 1968년 1월 서산에서 기상 관측을 시작한 뒤 하루 강수량 역대 최고치에 해당한다. 기존 최고치는 1999년 8월 2일 274.5㎜다. 기상청은 충청권 강수량을 두고 “200년에 한 번 내릴 확률의 기록적 폭우”라고 평가했다.

중남부에 내린 호우로 4명이 숨지고 5명이 다치는 등 피해가 잇따랐다. 이날 오전 3시59분께 충남 서산의 한 도로에서는 차량이 침수돼 50대 1명이 심정지 상태로 발견돼 결국 숨졌다. 80대 1명도 수중에서 숨진 채 발견됐다. 당진의 한 건물 지하에서도 1명이 고립돼 숨진 것으로 확인됐다. 충남 예산군 봉산면에선 산사태로 축사가 무너져 소 10여 마리가 매몰되고, 마을이 전기·수도, 도로 모두 끊긴 채 고립되는 등 피해가 잇달았다.

중대본은 17일 집중호우 대응을 위한 회의를 열고 풍수해 위기경보 "심각" 단계를 발령했다. 또 중대본 3단계를 가동해 비상대응태세를 최고 수준으로 높였다. 충청권 전역과 대구, 경기 등에도 산사태 위기 경보가 발령됐다. 충남 청양군에서는 이날 오전 9시35분께 대치면 주정리에서 산사태가 발생해 주민 2명이 매몰됐다가 구조됐다. 앞서 오전 8시께 충남 공주시 정안면에서는 굴착기로 배수로를 정비하던 주민 등 4명이 토사에 매몰됐다. 2명은 자력으로 빠져나왔으며 2명은 소방당국에 의해 구출됐다.

이날 오후부터 비구름이 남하하면서 전라·경상 지역에도 피해가 속출했다. 광주, 전남은 한때 시간당 90㎜ 이상의 강한 호우가 쏟아졌다. 광주 북구 과학기술원에는 188㎜의 장대비가 내렸다. 광주소방본부는 이날 총 140건의 도로 침수 피해 구조 활동을 펼쳤다. 오전 11시36분께 광주 남구 진월동 도로가 침수돼 차량에 고립된 운전자 등 2명이 구조됐다. 무등산국립공원 탐방로 37곳과 하천 징검다리 57곳도 전면 통제됐다.

경상권에서도 비 피해가 이어졌다. 이날 대구를 비롯해 경북 상주, 문경, 고령 등에는 54~115㎜의 많은 비가 내렸다. 시간당 112㎜가 쏟아진 대구 북구 노곡동에서는 주택 62채와 차량 118대가 침수돼 주민들이 대피에 나섰다. 대구소방본부는 이날 오후 7시 기준 안전조치 16건, 도로 장애 30건 등 호우와 관련해 신고 151건이 접수돼 76건을 처리했다고 밝혔다.

이날 전국 8개 시, 도, 20개 시, 군에서 범람과 산사태로 대피한 주민만 1,382명에 달했다. 당국은 그중 1,095명에게 마을회관, 경로당, 학교 등 임시 주거시설을 제공했다.

교육부는 집중호우로 667개교에서 학사 일정이 조정됐다고 밝혔다. 충남교육청은 당진, 서산, 아산, 예산, 홍성 등 5개 시, 군 모든 학교에 휴교령을 내렸다. 교통 시설도 마비됐다. 한국철도공사는 이날 오전 4시30분 경부선 서울역~대전역 일반열차 운행을, 오후 6시부터는 동대구역~부산역 일반열차 운행을 일시 중단했다. 장항선, 서해선, 충북선 일부

구간의 일반열차 운행도 멈춘 상태다. (한국경제신문 2025년 07월 17일 김영리 기자 기사 참고)

이러한 집중적인 폭우 현상과 반대로 태백산맥을 사이에 두고 동해안 지역에 위치한 강릉 지역은 극심한 가뭄에 시달리고 있어 "국가 재난지역"으로 선포할 정도이며 제한 급수를 실시하고 있는 상황이다. 그리고, 저녁에도 최저 기온이 25_0C 이하로 하락하지 않는 현상을 열대야라고 하는데 2025년에는 열대야 기간이 이래적으로 장기화하면서 6월부터 시작하여 9월 초까지 지속되었다.

(3) 지구온난화로 인한 생태계의 변화

지구온난화, 인간의 각종 자연 파괴 행위 등으로 인하여 지난 50년 동안 45%의 곤충과 50%의 동물이 지구상에서 사라졌으며 지구온난화로 인하여 해수면이 상승함으로써 태평양의 솔로몬 군도(Solomon Islands)의 5개의 작은 섬이 수면 아래로 사라졌으며 향후에는 6개의 섬이 추가로 해수면 아래로 사라질 위기에 있다. 또한, 2017년에 발생한 Hurricane Maria로 인하여 약 3,000명이 사망하였다. (On Fire Published by Alfred A. Knopf Canada 2019 by Naomi Klein 1~3 page 참고)

3) 효율성, 비용 이론의 한계와 친환경 Energy 시도

20c 중반까지만 하더라도 환경의 중요성과 이에 따른 경제적 분석이 극히 미미하였으며, 이러한 상황에서 환경에 대한 영향을 효율성 이론에 도입하는 것이 사실상 불가능하였다.

그러나, 20c 후반부터 화석연료를 기반으로 한 경제가-특히 중국을 중심으로 하여-세계적으로 급속히 발전함에 따라 환경이 악화하기 시작하였으며 환경의 중요성을 차츰 인식하기 시작하여 화석연료를 이용하지 않는 새로운 기술의 개발을 포함한 이에 대한 범세계적인 노력에 공을 들이게 되었다. 따라서, 비록 완벽하지는 않지만 제품 생산과 이에 따른 환경 악화에 의한 비용과 효과를 수치로 분석하여 시장의 가격에 반영하여야 하는 초기 단계에 이르렀는데 이러한 노력이 앞에서 언급한 Green Tax나 Carbon Tax이며 이는 환경의 중요성과 공공성을 반영할 때 시장과 정부가 함께 노력한 결과인 것이다. 물론, 생산에 따른 환경에 의한 비용을 어떻게 측정하느냐는 매우 어려운 과제이며, 이것은 한 국가의 문제가 아닌 주변 국가, 나아가서는 세계적인, 세대 간의 문제인 것이다. 따라서, 효용성과 비용을 정확하게 분석하는 단계가 아닌 세계 대부분의 국가가 관심을 가지고 지구의 보존과 인간의 생명과 직결된 지구온난화 등의 환경개선을 위하여 함께 노력하는 단계인 것이다.

이를 위한 대표적인 국제협약 중의 하나가 1989년 1월에 발효된 "Montreal Protocol"인데, 구체적인 내용은 성층권의 으존층이 파괴되면 지구상의 생명체가 큰 피해를 입게 되기에 오존층을 파괴하는 염화불화탄소, 프레온가스, 할론 등의 사용 금지 및 규제를 통하여 오존층을 보호하자는 것이다. 처음에는 46개국이 참여하였으나, 현재는 200여개국이 참여하여 범세계적인 노력을 기울이고 있는데 이러한 세계적인 노력이 차츰 결실을 맺어 지구와 인류가 공존하는 길을 찾아가고 있다.

일부 산업계에서는 환경 보호를 위한 규제는 산업의 발전을 제약하고 실업을 양산할 수 있다는 우려가 있으나, 환경 악화를 완화하거나 환경개선을 위한 새로운 기술-예를 들면, 전기자동차, 수소 트럭 등-을 꾸준히 개발함으로써 새로운 산업생태계가 탄생하여 직업을 다양화할 수 있으며, Montreal Protocol에서 보여주었던 것처럼 수많은 생명과 지구의 환경을 구함으로써 그로 인한 긍정적 경제적 가치는 계산이 힘들 정도로 엄청난 것이다.

또 다른 좋은 예는 미국의 Obama 행정부가 2014년 실행한 "Clean Power Plan"에 따르면, 기후 악화 방지와 국민의 건강에 대한 혜택을 고려한 이익은 2030년 이후에는 매년 US $260억~450억에 달하는 것으로 밝혔다. (The New Environmental Economics 2020 by Eloi Laurent 116 page 참고)

또한, 아직은 시작에 불과하지만, 거대 Oil 기업들도 친환경의

Energy 산업에 대비하여 거대 Energy 기업으로 전환하고 있는데 화석연료를 기반으로 한 Energy 기업에서 자연을 이용한 친환경 연료로의 확대를 시도하고 있는데 유럽의 Energy 기업들도 2020년 초부터 본격적인 개발을 시도하고 있다. New York에 본사를 둔 종합금융 회사인 Goldman Sachs의 조사에 따르면, 전체 Energy 생산에서 저탄소 배출 Energy 생산 비중이 2018년과 2019년 사이에는 2%~5%이었는데 2020년과 2021년 사이에는 10%~15%로 증가했다고 발표했다.

2016년 현재, 미국의 Energy 생산비용을 살펴보면, 전기 1Mwh 생산비용이 석탄의 경우 US $59, 태양열 US $37, 풍력 US $26으로 산출하고 있는데 친환경 Energy에 대한 정부 보조금을 감안하면 각각 US $32와 US $17까지 절감할 수 있다. 물론, 기술의 발전이 지속된다면, 더욱 절감할 수 있는 것은 당연하다. (Value(s) Published by Harper Collins 2021 by Mark Carney 296, 301 page 참고)

아래의 Graph는 아직 시작에 불과한 친환경 연료의 시용을 잘 보여주고 있다.

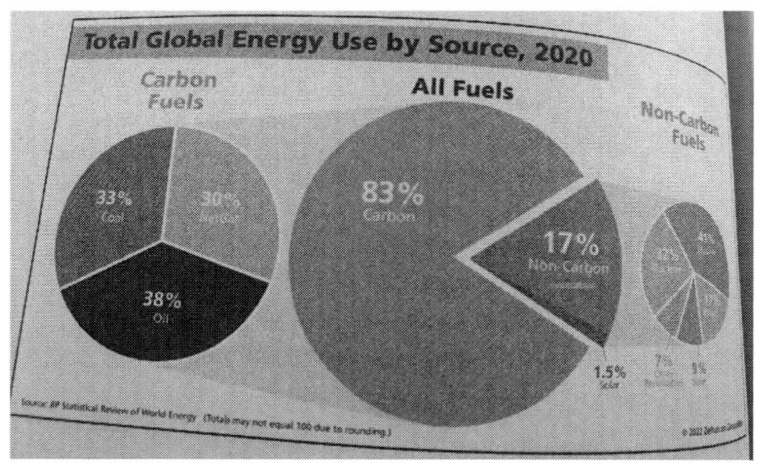

(The End Of The World Is Just The Beginning Published by HarperCollins Publishers 2022 by Peter Zeihan 270 page 참고)

4) Green New Deal 운동

여기서는 미국과 유럽 각국 등의 선진국을 중심으로 하여 진행되고 있는 환경 보호와 산업의 지속적인 발전, 불평등 해소 등의 복합적인 목적을 위한 정책인, 2018년 11월에 새롭고 강력하게 추진하고 있는 Green New Deal에 대하여 언급하고자 한다. 1930년대의 극심한 Great Depression을 극복하기 위하여 미국의 Roosevelt 대통령이 실행한 사회간접자본 등의 공공투자를 활성화하여 새로운 직업을 창출하고 국민의 삶을 안정화하자는 정책이 New Deal 정책인데 Green New Deal 운동은 New Deal 정책을 21c의 경제 상황에 맞게 앞에서 언급한 내용을 포함하여 새롭게 수정하여 시행하자는 운동이다.

이 운동은 최대한 빨리, 그리고 최대한 폭넓게 기후 위기를 극복하기 위하여 노력하는 과정에서 수많은 새로운 양질의 직업이 창출되고 있으며 이를 통하여 국민의 건강이 지켜질 수 있을 뿐만 아니라 불평등 극복에 도움이 될 수 있는 것이다. 이와 더불어 건강을 해치고 환경을 악화시키는 직업에 종사하는 사람을 후기산업사회에 맞는 새로운 직업에 대한 훈련을 통하여 친환경적인 양질의 직업에 종사토록 함으로써 상대적으로 저소득층에 있는 사회적 약자의 삶을 좀 더 행복하도록 하자는 것이다. 즉, Green New Deal은 이와 같이 기후 환경개선, 불평등 극복, 국민의 생명과 건강을 보호 하자는 세 가지 목적을 동시에 달성하고자 하는 것이다.

이처럼 자신의 세대뿐만 아니라 후세대를 위한 지속적인 생활 환경개선, 경제 성장, 사회 안정화 등의 여러 가지 목적을 가지고 있다.

Green New Deal 운동의 결과물 중의 하나로 환경에 대한 관심이 국민 사이에 널리 퍼짐으로써 미국에서 향후 10년 이내에 CO_2 배출 “0”을 달성하기로 하고 21c 중반까지 전 세계의 CO_2 배출을 “0”으로 완성하자는 것이었다. 이것을 현실화하기 위하여 정치인들이 Green New Deal을 적극 지지하여 그들이 위의 목적을 달성하기 위한 법제화를 노력하도록 하는 것이다.

또한, 유럽에서는 2019년 1월에 Green New Deal을 위한 정치적 연합체가 구성되도록 하기 위한 계획이 수립되었는데 이것을 DiFM25라고 명명하였다.

이처럼 환경 보호 정책은 지금의 세대뿐만 아니라 후세대를 위해서 지구의 보호가 매우 중요한 것이기에 지구생태계의 보호를 위한 경제와 사회의 체계적인 변화가 필요한 것이다. 이와 관련한 좋은 예로서 과거의 New Deal 정책에서 소외되었던 여성과 유색인종, 원주민 등을 모두 포함하는 Green New Deal 정책을 시행하여 사회의 통합과 영속성을 유지하는 것이다.

한편, 과거에 환경문제를 해결하기 위하여 시행하면서 발생했던 시행착오-정부의 일방적인 정책이나 지시, 법제화 등-를 극복하고 이 시대를 살고 있는 우리 모두가 환경문제는 지구와 인간이 함께 생존해야 한다는 문제이며, 이 문제를 해결해야 한다는 절박감과 시급함을 갖고 접근하면서 다른 대안이 없는, 반드시 해결해야 하는 "필수적인 문제"라는 생각으로 접근하면서 정부, 시장, 개인이 공동 노력을 하는 것이다. (On Fire Published by Alfred A. Knopf Canada 2019 by Naomi Klein 25~33 page 참고)

또한, Green New Deal 즉, "Climate Keynesianism"에 바탕을 둔 삶의 자세는, 제2차세계대전 이후에 지속된 소비와 쇼핑이 자신을 인지하는 문화 요소가 아니며, 인간의 삶의 질을 추구하고 끊임없는 소비의 삶이 아닌, 예술과 도시의 창조성 또는 자연을 보호하기 위한 노력 등을 통하여 새로운 즐거움을 만끽한다는 것이다. 그리고 일에 몰입하기보다는 삶을 즐기는 시간을 추구하는 것이며, 이것이 곧 삶의 질, "Good Life"에 중점을 두는 것이다. 다시 말하면, "더 많은 물질과 더 많은 소비"와 정반대의 삶의 방식이다. (상기의 저서 264 page 참고)

여기서 Clean New Deal의 특징과 성공 요건을 요약하여 언급하자면,

첫째, 화석연료를 기반으로 한 산업군이 차츰 사라지면서 친환경의 산업군으로 대체되는데 새로운 직업군은 과거의 직업군보다 훨씬 다양하고 안정적이며 상대적으로 나은 근무 환경이 조성될 것이다.

둘째, 환경 악화에 취약한 사회적 약자를 직, 간접적으로 보호하여 더욱 공정한 경제를 형성하고 환경친화적인 친환경의 산업을 활성화함으로써 결과적으로 공정한 사회를 달성하기 위하여 노력하는 것이다.

셋째, 기후변화, 지구온난화, 환경 악화 등을 우리 모두에게 시급한 문제로 인식하고 이러한 문제들을 해결하기 위하여 문화의 변화, 기술의 혁신, 정책의 변화와 지원, 예술 방면의 협력, 사회간접자본의 확대, 각종 사회보장제도의 확립, 교육 등의 다양한 방법들이 함께 형성되도록 하여야 한다.

넷째, 환경 악화, 기후변화 등은 축적이 되어 결과는 5년, 10년 뒤에 발생하기 때문에 당장 눈앞의 변화를 확인하고자 하는 사람들을 설득하기는 쉽지 않은 일이지만, 과거의 역사와 지금과 같은 상황이 지속된다면 5년, 10년 후에 어떻게 될 것인가를 보여줌으로써 설득할 수 있을 것이다. 또한, 이 문제의 해결을 위하여 세계 각국의 공동 노력과 입법을 위한 정치권의 노력, 정부와 사회, 기업, 개인 등의 집단적인 노력이 지속적으로 필요하다는 것을 각인시켜야 한다.

다섯째, 경제 침체나 위기 시에는 비용의 문제가 발생하기 때문에 눈으로 볼 수 없는 환경 악화, 지구온난화 등을 대처하기 위한 노력이 약화할 가능성이 높기에, Green New Deal에 의한 새로운 산업으로의 도전과 이를 통한 좋은 직업군의 창출을 시행토록 함으로써 경제위기를 극복할 수 있는 발상의 전환에 의한 방법이며 경제위기에 취약한 중산층 이하의 사회적 약자에게 많은 도움이 된다는 것을 정책 입안이나 예산을 집행하는 정부에게 제시하고 이러한 시기에 오히려 경제적 지원이 필요하다고 인식시키는 것이 중요하다.

여섯째, Green New Deal을 방해하는 정치인이나 단체 등의 집단적 공격에 대응하기 위하여 홍보와 현재 일어나고 있는 환경 악화의 증거와 이것으로 인하여 발생하는, 이론을 기반으로 한 불평등 심화로 인한 사회적 불안 가능성을 적극적으로 제시하여야 한다.

일곱째, 모든 인간이 환경문제의 당사자이므로 Green New Deal의 필요성과 절박함을 강조하면서 최대한 많은 지지자를 확보하여야 한다. 이를 위하여 이미 언급한 것처럼 단순하게 수치로 표기가 가능한 손익 분석과 인건비 부담 등을 넘어선, 환경과 지구온난화 문제가 악화할 경우에는 실제 일어날 수 있는 심각성을 확실하게 보여줌으로써 정치권을 포함한 사회 각 분야의 관심과 지지를 얻어내는 것이다. 이와 함께 다음 세대에게 좋은 환경을 물려주는 것이 우리의 책임이라는 것을 확실하게 인식하면서 불평등 극복을 위한 첫걸음이라는 것을 강조해야 한다. "Later will be too late. Later is officially over."

여덟째, Green New Deal을 현실화하고 빠르게 안착시키기 위하여 새로운 협력체를 구성하는 것이다. 이 문제는 진보, 보수의 정치경제적 측면의 접근이 아닌 인류의 보편적 가치인 "인간의 생존과 지구와 생태계 보존" 문제라는 것을 강조하면서 지속적으로 우군을 확보, 확대하여 가면서 후기산업사회에서 매우 중요한 사회적 문제인 불평등 극복을 위한 필수적인 문제임을 강조하는 것이다. 또한, 지식을 기반으로 한 후기산업사회에서의 Green New Deal은 질이 높고 다양한 직업군을 창출하는데 크게 기여할 것이라고 설명하는 것이다.

아홉째, 지금의 시점이 너무 늦었다고 생각하면 안된다는 것이다. 1980년대부터 본격적으로 인식하기 시작한 환경문제는 이제 많은 사람들이 기후변화로 인한 다양한 천재지변과 환경 악화를 심각하게 인식하고 있기에 Green New Deal 정책을 조화롭게 운영하면 새롭고 질 좋은 다양한 직업을 창출할 수 있다는 것을 강조하면 지금도 결코 안 늦은 것이다. 지금 시작하면 되는 것이다. 경제발전, 불평등 극복, 환경문제 해결, 사회적 안정을 위한 중산층의 확대 등의 경제발전의 선순환구조 달성을 위하여… (상기의 저서 280~291 page 참고)

5) 환경에 대한 세대, 국가 사이의 불평등 극복

우리가 지구온난화와 환경 오염을 최소화하기 위하여 세계적인 노력을 하자는 것은 현세대의 문제와 함께 후세대의 경제적, 질적 삶을 보호하기 위한 의무이기 때문이다.

특히, 상대적 저소득층이나 후진국이 환경의 악화와 Tsunami, Typhoon, Hurricane, Tornado, 지진 등의 각종 천재지변으로 인한 피해가 훨씬 심각한 것이 현실이다. 이에 더하여, 선진국의 경제가 발전함에 따라 환경 오염의 원인이 되는 산업을 후진국이나 개발도상국으로 넘기는 것이 일반화되었는데 이제는 선진국도 이에 대한 공동 책임을 느끼고 국제적인 노력을 더 이상 미루지 말아야 할 것이다.

이러한 경제발전에 따른 환경 오염과의 상관관계를 나타내주는 것이 “Kuznets 환경 곡선”인데 이 곡선의 모양은 “역 U”자 형으로 나타낼 수 있다. 즉, 경제발전의 초기에는 환경 오염이 급증하다가 일정 기간이 지난 후에는 정체 상태를 유지하며, 그 경제발전이 지속되면 환경이 개선된다는 1995년 Grossman과 Krueger에 의하여 발표된 이론인데 경제발전에 따라 환경 오염이 급감하는 이유는 정부가 환경과 생태계의 보호와 관련된 정책을 강력하게 시행하기 때문인 것이다. (The New Environmental Economics 2020 by Eloi Laurent 92page) (아래의 도표 참고)

“역 U”자 형으로 보았을 때, 바탕은 1인당 GDP 수준을 나타내며 높이는 환경 오염의 수준을 나타내는데, 어느 정도의 GDP 수준에서 어느 정도의 환경 오염의 수준을 보여주는가는 각 국가의 문화, 경제정책, 교육 등의 환경이 모두 다르기에 일률적으로 적용할 수는 없다.

한편, 이 이론을 불평등에도 원용할 수 있는데, 경제발전 초기에는 불평등이 급증할 수 있으나 경제발전이 지속됨에 따라 정부의 재정이 풍부해지고 다양한 민간단체의 활동이 활발해짐에 따라 불평등이 극복될 수 있다. 이것 또한 각 국가의 역사적 배경과 법적 제도적 상황에 따라서 다르지만, “역 U자”의 높이는 불평등 지수(0~1), 바탕은 소득 수준을 나타낼 수 있다. 물론, 완전한 역 U자형은 아니지만.

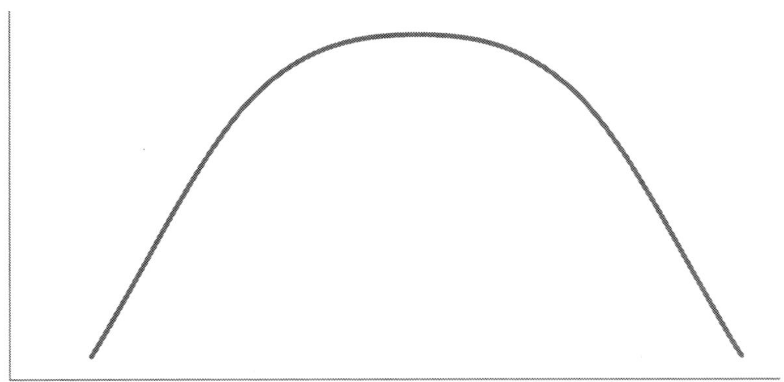

한편, 2020년 이후 전 세계에 3년 넘게 괴롭혔던 COVID-19 전염병에서 볼 수 있듯이 환경 악화에 따른 저소득층에 대한 충격은 삶의 질의 문제를 넘어선, 심각한 경제불황이 장기화하면서 그 경제적인 후폭풍으로 인하여 수많은 가족의 파괴 현상과 수많은 생명을 빼앗아 갈 정도로 심각하였다.

실례로 미국 각지에서 데모가 발생한 것이나 India에서 정부가 전염병으로 인하여 경제활동의 자제를 압박하자 국민이 데모하면서 “이렇게 죽으나 저렇게 죽으나 마찬가지”라면서 외치고 있었다는 것이 저소득층의 슬픈 현실이었다. 또 다른 예로 중국과 India의 화석연료를 기반으로 한 경제발전으로 인하여 자국뿐만 아니라 한국을 포함한 주변국까지도 극심한 환경 오염의 어려움을 겪고 있는데 이러한 환경 오염은 다음 세대에게도 이어지기 때문에 환경 오염의 해결을 위한 국제적인 노력이 매우 시급한 실정이다.

6) 환경 보호를 위한 투자기관의 노력

(1) 개관

이제, 환경 자체의 보존을 위하여, 그리고 환경의 아름다움과 함께 당신과 당신의 다음 세대의 건강한 삶을 위하여 Cap-and-Trade Systems와 Green Taxes 등의 각종 규제와 지원을 통하여 환경 오염을 유발하는 산업을 혁신적으로 개선하여 진행하여야 할 시대이다. (Sacred Economics 2021 by North Atlantic Books by Charles Eisenstein 260, 372~373 page 참고)

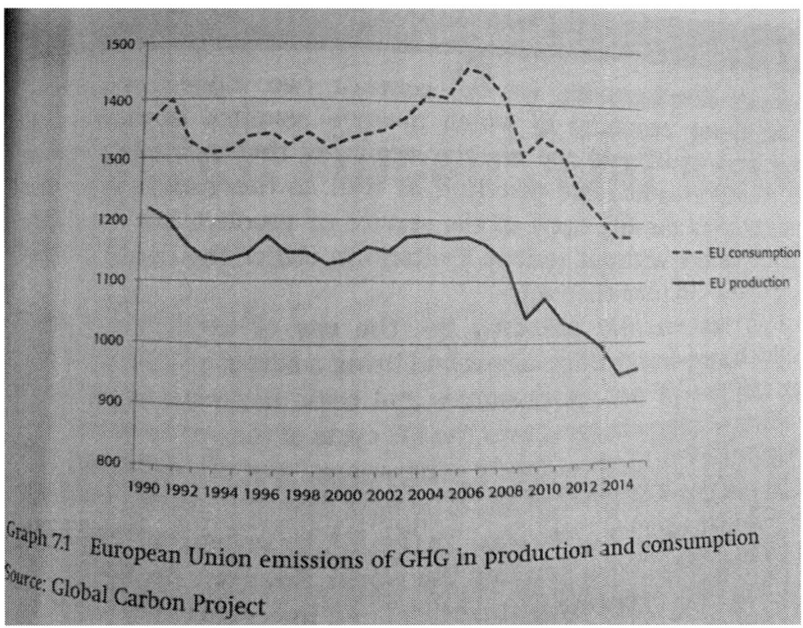

Graph 7.1 European Union emissions of GHG in production and consumption
Source: Global Carbon Project

이러한 노력의 하나로 최근에 유럽투자은행이 발표한 지구의 기후변화에 대응하기 위한 투자계획을 소개하고자 한다.

2050년까지 국가 내 탄소(온실가스) 순 배출량을 "0"으로 줄이겠다는 전 세계적 “탄소 중립 선언”의 선두에는 EU(유럽연합)가 있다. 기후변화로 인한 혹한과 폭서, 해수면 상승 등의 문제에 회원국 정부와 국민이 민감하게 반응하면서 관련 정책을 선보이고, 또 실천하고 있다.

EU 내 저개발 지역의 개발과 원조를 목적으로 설립된 EIB(유럽투자은행)도 지난해 11월 기후은행(Climate bank)으로 전환을 선언했다. EIB 베르너 호이어 총재가 Mint를 만나 처음 꺼낸 이야기도 기후변화 대응 문제였다. 현재 기온과 해수면 상승 속도를 감안할 때, 앞으로 10년이 이른바 “마지막 기회”란 것이다. 호이어 총재는 “당장 올해부터 10년간 기후변화 대응에만 1조 유로(약 1,347조원)를 투자할 예정”이라며 “(지구온난화를 막는 데 도움이 된다면) 아시아 지역이나 기업의 Project에도 돈을 대겠다.”고 했다.

(2) 재원의 50% 친환경에 투자

EIB는 현재 친환경 분야에서 세계 최대 자본력을 자랑하는 금융기관이다. 작년 말 기준 EIB의 총자산은 5542억 9,100만유로(약 749조 6,287억원)에 달한다. 한국의 2020년 국가 예산(약 555조원)보다 많다. 호이어 총재는 “EU 회원국에서 2,500억유로(약 338조 3,500억원) 이상을 지원받고, 연간 600억~900억유로도 녹색채권(Green bond) 발행으로 조달하는 등 자본시장도 적극 활용하고 있다.”고 했다.

녹색 채권은 친환경 에너지 발전소와 전기차, 수소차 보급 같은 사업에 투자할 돈을 마련하려 발행하는 채권이다. EIB가 2007년 세계 최초로 발행, “녹색 금융”이라는 금융시장의 새 영역을 개척했다. 최근에는 민간 기업들도 적극적으로 발행하면서 시장이 커졌다. EIB는 녹색채권으로 총 337억유로를 끌어모아 전 세계 57국 266개 이상의 친환경 Project에 투자됐다.

탄소 배출량을 줄이는 친환경 에너지 분야가 주요 투자처다. 호이어 총재는 “지난 5년간 이 분야에 투입된 금액만 530억유로(약 71조 7,300억원)”라며 “2025년까지 투자의 절반 이상을 기후 대응 관련 프로젝트에 하려 한다."고 했다. 지난해에는 자금 조달액의 37%에 달하는 242억 유로를 해상 부유식 풍력 발전소를 개발하는 Portugal의 Wind Plus, 차세대 연료 전지 기술을 개발 중인 Eatonia의 Elcogen, Sweden Battery 제조사 노스볼트 등에 투자했다.

전 세계로 투자 영역 넓힌다.

호이어 총재는 "2050년까지 전 세계가 탄소 중립을 달성하려면 Energy 분야만큼이나 첨단 기술에 대한 투자도 중요하다."고 했다. 현재 기술의 한계를 뛰어넘어야만 탄소 발생량을 더 효율적으로 줄일 수 있다는 것이다.

EIB는 이를 위해 CERN(유럽입자물리연구소)의 대형강입자충돌기(LHC)나 ESRF(유럽 싱크로트론 방사선 연구 시설) 같은 기초과학 Project부터 AI(인공지능), 양자 Computing, 5G(5세대 통신), 암 치료 기술 등에도 투자하고 있다. 작년 한 해 동안 이런 각종 첨단 기술 개발에 자본 144억유로(약 19조 4,900억원)를 조달했다. 그는 "(이산화탄소를 발생시키는) 석탄을 캐는 Poland 광부가 2주 만에 Start-Up 사장이 되진 않는다."며 "첨단 기술에 대한 적극적인 투자를 거듭해야 산업이 바뀌고 지구를 구할 수 있다."고 했다.

(3) 세계를 위한 친환경 투자의 확대

호이어 총재는 "투자 역시 앞으로 유럽에만 머물지 않을 계획"이라며 "저개발 지역인 아프리카는 물론이고, 한국이 있는 아시아와 North America 대륙 등 전 세계 모든 지역에 투자할 준비가 돼 있다."고 밝혔다. EU 지역 국책은행을 넘어 지구의 기후은행으로서 역할을 하겠다는 것이다. 이미 지난 10년간 Africa를 중심으로 한 비유럽 지역에 780억유로(약 105조 5,700억원)를 지원해온 EIB는 지난달(6월)에도 동 Africa 지역 지열 발전 사업에 8,000만유로(약 1,082억원) 대출을 승인했다. (조선일보 2021년 7월 2일 안상현 기자, 오명언 인턴기자 기사 참고)

7) 환경을 보호하기 위한 국제 협약들

이미 앞에서 언급한 성층권의 오존층을 보호하기 위한, 1989년 1월에 발효된 "Montreal Protocol" 이외에도 지구의 환경을 보호하기 위한 노력이 1990년대부터 더욱 확대하면서 꾸준히 계속되고 있는데 여기서는 대표적인 사례를 간단히 언급하고자 한다.

첫째, UN의 기후와 관련된 회의로서 1992년에 Brazil의 리우데자네이로에서 개최된 Rio 정상회의인데 1992년 6월 3일부터 14일까지 전 세계 185개국의 정부대표단 등이 참여하여 지구의 환경문제를 논의한 회의이다. 이 회의에서 선언적 의미의 "Rio Declaration"과 함께 의제 21을 채택하고 "지구온난화 방지 협약", "생물다양성 보존 협약" 등에 수십개 국가가 서명함으로써 지구 보호 활동 수준을 한 단계 높이는 성과를 달성하였다.

둘째, 1997년 11월에 일본의 Kyoto에서 개최하여 협의한 후, 2005년 2월 16일에 발효된 "Kyoto Protocol"인데 이 의정서의 정식 명칭은 "기후 온난화에 대한 국제연합규약의 교토 의정서"이다. 이 의정서는 이산화탄소를 포함한 여러 종류의 온실가스의 배출을 감축하며 배출을 감축하지 않는 국가에 대해서는 비관세 장벽을 적용하도록 규정하고 있다. 그런데, 이 의정서가 발효되기 전인 2001년에 중국과 India에 대한 차별적 우대에 불만을 품은 미국이 탈퇴하고 의정서 발효 후에는 2011년 Canada에 이어 2012년에는 일본과 Russia 등이 연이어 탈퇴함으로써 국제적 협약이 사실상 유명무실하게 되었다.

셋째, COP 21 Paris인데, 2016년 11월 4일에 발효된 Paris Agreement는 21c 말까지 기온을 1.5₀C 정도의 상승으로 억제하고 장기 목표로는 지구의 온도상승을 2₀C 이내에서 억제한다는 것이다. 유명무실화된 Kyoto Protocol이 2020년에 만료됨으로써 이를 대체할 새로운 기후협약으로 COP21을 작성한 것이며 3015년 12월 12일에 Paris에서 195개국이 만장일치로 채택하여 온실가스 감축에 동참하기로 한 세계적 기후 합의이다.

이처럼 지구의 환경을 보호하기 위한 세계적인 노력이 꾸준히 계속되는데 반하여, 2017년에 Paris Agreement를 탈퇴한 미국의 Trump 대통령의 결정-미국의 한 경제학자가 현 시기가 태양의 흑점설에 의한 냉각기의 진입 시점이라는 주장을 Trump 대통령이 지지함-은 세계 제2위의 탄소 배출국이면서 세계 최대의 경제 대국으로서 적절하지 못한 행태이며 예측 불허의 거칠어진 기후변화로 인하여 환경에 의한 불평등 현상이 더욱 심화할 것이다.

그런데, 2020년 미국의 대통령 선거에 민주당 후보로 출마한 Joe Biden이 공약한 중요한 내용 중의 하나가 "Paris Agreement의 재가입"이었으며 대통령으로 취임한 즉시 재가입을 시행하였다. 세계를 위하여, 그리고 지구를 위하여 매우 긍정적인 효과를 발휘한 것이다. 2025년 1월 Trump 대통령이 47대 대통령으로 다시 취임하였지만, 지구온난화에 대한 그의 부정적인 시각에도 불구하고 "Paris Agreement"의 탈퇴 선언을 하지 않아 그나마 다행이지만...

8) 결론

지구온난화와 환경 악화가 지속된다는 것은 불평등을 악화시키는 중요한 원인이 되는 것인데 이것을 수치로 파악하자면,

세계 소득계층의 상위 10%가 세계 50%의 열을 방출하고 있으며 세계 소득계층의 상위 20%가 세계 70%의 열을 방출하고 있는 것으로 보인다. 그러나, 이러한 지구온난화의 충격은 세계의 빈곤층이 자신들의 생명을 포함하여 상대적으로 거대한 피해를 입고 있는 것이다. 또한 2018년 World Bank가 제시한 연구 자료에 따르면, 1050년까지 Africa의 Sahara 사막 주변 지역과 남아시아 지역, Latin America 지역에 거주하고 있는 약 1.4억명 이상의 인구가 기후 악화로 인하여 이주해야 할 상황을 맞을 것으로 예측하고 있다. (On Fire Published by Alfred A.

Knopf Canada 2019 by Naomi Klein 45 page 참고)

따라서, 과거와 같은 세금이나 벌금과 같은 중앙 정부의 역할에만 의존하면 한계를 맞을 수밖에 없으며 경제가 위축될 가능성도 있기에 이러한 상황을 방지하거나 최소화하기 위해서는 세계 각 정부의 환경 악화를 저지하기 위한 적극적인 역할과 함께 기술의 발전을 통한 3D, AM(Additive Manufacturing) 생산 방식, AI, 전력 생산방식의 대전환과 함께 다양한 친환경 생산방식 등을 도입하고 제4차산업을 대응하는 소비자의 책임있는 행위, 즉 절제적 소비 행위 등이 서로 협력하여 진행하여야 할 것이다. 이처럼 환경 악화를 최소화하면서 지속 가능한 지구 생태계를 유지하는 것이 후기산업사회에서 불평등 극복을 위한 또 다른 이유이기도 한 것이다.

향후의 지구온난화에 따른 경제에 미치는 영향을 예측할 때 앞으로 100년 동안에 몇 도의 온도가 상승하고 세계 GDP에 대한 영향은 어느 정도일까에 따른 예측은 다양하게 나타날 수 있지만, 환경친화적인 기술의 혁신에 대한 당위성은 매우 확실한 사실이다.

20. 미중전쟁 이후의 세계는?
- 불평등 시각에서 -

1) 개관

전 세계가 매우 밀접하게 연결되어 서로 다양한 영향이 작용하면서 움직이는 복잡한 세계 경제(Complexity Theory)를 예측한다는 것은 하루나 일주일 앞에 닥칠 Typhoon이나 일기예보와 비교하면 매우 힘든 일이지만, 평생 경제 관련 일을 해온 나로서는 큰 줄기에서 경제에 대한 세계적 흐름을 예측하는 것이 나와 같은 평범한 사람들에게 약간의 도움이 되지 않을까 싶다.

2019년에 중국 우한에서 시작하여 Africa 오지를 포함한 전 세계를 죽음의 공포 속으로 넣었던 COVID-19 전염병과 지난 30년 이상 세계를 상대로 하여 중국이 벌려 온 탐욕에 가득 찬 온갖 기술과 특허의 탈취와 불법과 탈법의 약탈적 경제 행위로 인하여, 자국의 이익을 중시하는 정책으로 전환한 미국의 Trump 행정부가 시작한 후 7년째 계속되는 미중전쟁과 2025년 Trump가 47대 대통령으로 새롭게 취임하면서 세계로 확대한 관세를 이용한 무역전쟁으로 인하여 1930년대의 대공황 이후 최대의 경제위기를 맞고 있는 세계 경제는 제4차산업의 도래와 함께 커다란 변화에 직면하고 있는데, 이 상황이 회복 국면으로 돌아서기 위해서는 미중전쟁과 세계를 상대로 한 미국의 관세를 이용한 무역전쟁 종식 등이 반드시 선결되어야 하는데 이것을 완전히 해소되기 위해서는 앞으로도 최소한 3년 이상 걸릴 것으로 예상되기에, 현실을 살아가는 우리는 향후의 세계 경제가 어떻게 진행될 것인가를 생각하지 않을 수 없다. 따라서, 여기서 몇 가지 중요한 변수들을 언급하고자 한다.

2) 금융기관의 부실화 가능성 고조

세계적으로 급증하는 국가 부채와 함께 금융기관의 부실화가 세계적인 현상으로 나타남으로써 또 다른 장기적 경기침체에 돌입할 요인이 될 가능성이 있는데, 인구의 노령화와 감소, 건설경기 침체를 비롯한 내수경기의 지속적인 침체와 젊은 세대의 높은 실업률 및 미중전쟁으로 이미 심각한 내상을 입은 중국의 금융기관을 포함한 세계 많은 금융기관의 문제는 채무자인 기업들의 부실이 현실화하면 그에 따른 금융기관의 부실화로 이어지면서 세계적인 경기침체가 장기화할 가능성이 매우 높기에 그동안 겪었던 산업계의 불황을 넘어서 금융기관의 부실화로 이어지면서 또 다른 세계적인 위기가 오게 될 것으로 보인다. 여기에 더하여 미국의 세계를 상대로 한 관세전쟁이 지속된다면 21c의 대공황도 준비하여야 할 것으로 예상된다.

물론, 각 국가에 따라서 직면하고 있는 경제적, 정치적, 사회적 문제와 대응 능력이 차이가 있기 개별 국가에 따른 상황은 다를 수 있다.

3) 국가 부채에 의한 충격

Africa와 Sri Lanka의 일부 국가들이 벌써 중국에 대한 부채에 관한 Default를 선언하고 아직도 Populism의 늪에서 빠져나오지 못한 Latin America 지역의 Venezuela, Argentina의 Default 선언에서 보여주는 것과 유사하게 세계의 많은 국가는, 과거 제1차세계대전과 제2차세계대전을 겪는 과정에서 일어났던 것처럼, 엄청난 부채의 늪에서 빠져나오는 것이 만만하지 않을 것이다. 이 문제는 비단 앞에서 언급한 중진국이나 후진국의 문제가 아니라 미국, 일본, 유럽의 일부 국가들과 같은 선진국을 포함한 세계의 많은 세계 국가가 직면하고 있는 문제이다. 특히 최근에는 계속되는 미중전쟁과 내수경기의 침체 등으로 인하여 중국의 지방정부 재정이 급격히 악화하고 이에 따른 금융기관의 부실도 이어지면서 중국의 급격한 부채상승이 중국은 물론이고 세계 경제에 부담을 주고 있다.

한편, 이 과정에서 재정과 산업이 건전한 일부 국가는 빠른 시일 내에 해결할 수 있겠지만, 산업 기반과 의료시설 등이 상대적으로 열악한 Africa, Latin America, 중동, 동남아시아, 동부 유럽 지역 등의 많은 국가가 과다한 국가 부채를 극복하기까지는 많은 시간이 소요될 것이다.

물론, 현대국가에서 국가나 기업, 개인이 빠른 성장과 부를 달성하기 위하여 부채를 일으키는 것은 당연한 현상으로 받아들일 수 있지만, 발생한 부채를 Populism에 의한 소비성이나 비생산적인 비용 지출을 일으키는 부분에 사용하거나 단순한 부채의 연장과 기존 부채의 이자에만 충당하려는 부채 등은 결국 불평등을 심화시키면서 파산으로 가는 길일 뿐이다. 최근, 미국을 비롯한 많은 선진국의 성장률이 계속 낮아지고 있는 중요한 이유는 인구의 노령화, 인구 감소, 불평등 악화 등도 있지만, 정부, 기업, 개인 등의 경제 주체의 부채가 꾸준히 증가하고 있는 것도 또 다른 중요한 이유 중의 하나이다.

그런데, 만일 이러한 부정적 요인에 더하여 지도층의 부정부패와 경제 악화와 이로 인한 높은 실업률, 자유의 억압, 사회적 신분 상승의 기회 약화까지 더해지면 최근 발생한 Nepal의 시민 혁명과 유사한 사태가 세계 곳곳에서 발생할 가능성이 높다. 즉, Nepal 혁명이 다른 국가들로 이어질 수 있다.

2024년 기준으로 IMF가 발표한 GDP 대비 세계 부채 규모의 변화 추이를 살펴보면,

2021년~2023년 점진적 완화: 민간 부문(가계+기업) 부채 축소의 영향으로 비율이 하락, 2023년 말 기준 약 237% 수준을 유지

2023년: 공공부채 증가, 민간 부채 감소: 공공부채는 GDP 대비 약 94%, 민간은 약 143% 수준

- 지역, 국가별 특징

선진국(excluding 미국): 2023년에 민간 및 공공 부문 모두 감소하

며, 총부채 비율이 268% 수준까지 낮아짐

미국: 민간 부채 감소→총비율 273%, 공공부채는 소폭 증가

신흥국(신흥시장, 중국 제외): 공공부채 증가로 총비율 약 126%, 민간은 안정

중국: 총부채는 289%, 전년 대비 +14ppts 폭등. 공공(+7ppts), 민간(+7ppts) 모두 큰 폭으로 증가. 특히 지금의 중국 부채가 빠르게 증가하면 2008년의 미국 Subprime Mortgage 금융위기보다 훨씬 큰 위기가 도래할 것으로 보이는데 세계인에게 또 다른 위기와 도전의 시기가 될 것이다.

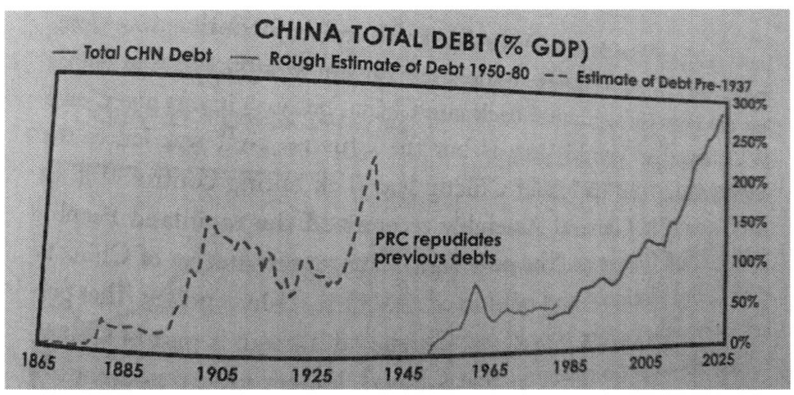

(How Countries Go Broke (The Big Cycle) Published by Avid Reader Press 2025 by Ray Dalio 269 page 참고)

저소득국(LIDCs): 공공부채와 민간 부문 모두 증가 추세

- Global 부채 전망

Global 부채는 2025년 1분기 기준 324조 USD로 사상 최고 수준, GDP 대비 비율은 약 325% 유지

IMF는 Global 공공부채 비율이 2025년 약 95%, 2030년에는 100%에 달할 것으로 전망

BIS 분석에 따르면, 2020년 이후 PPP 기준 전 세계 총부채/GDP는

2019년 대비 +14ppts, 2024년엔 약 229.8% 증가한 것으로 발표하였다.

요약하면, 총부채/GDP는 2019년 약 229%, 2020년 249%, 2023년 237%로 이미 매우 높은 상태이다. 즉, COVID-19 전염병 충격: 민간+공공부채 급증→총 250% 근접

회복기 이후: 민간 부채 감소 주도하에 소폭 하락 중이며 공공부채는 여전히 높은 수준 유지 중이다.

4) 세계화의 위축과 빈부격차의 심화

2025년 새롭게 들어선 미국 Trump 행정부는 2018년부터 시작한 미중전쟁에 더하여 미국 중심의 국수주의적 대외 경제정책을 실행하면서 세계를 상대로 무역전쟁을 일으키고 있는데 미중 간의 경제적, 군사적 대립은 더욱 심화할 것으로 예상되며 기업에 대한 조서제도의 개정을 통하여 해외로 진출한 미국기업들의 현지 제조공장들까지 “미국인에 의한 미국 내 제조”라는 구호 아래 국내로 유도할 것으로 보이기에 국가 사이의 빈부격차는 확대될 가능성이 매우 높다.

또한, 이러한 현상은 다른 선진국에게도 일어날 것이다. 이와 함께 그동안 후진국들의 정치적 불안정과 경제적 위험에도 불구하고, 세계적인 흐름의 하나였던 세계화는 이제 정체될 가능성이 높은데, 3D와 AM 등의 기술을 더욱 빠르게 개발하여 제조공정의 단순화와 인건비 절감으로 인한 시설비와 인건비 부담의 대폭 감소와 환경 악화의 우려 감소, 세계 경제공급망의 Grouping 등이 함께 진행되면서 산업의 세계화라는 흐름은 차츰 사라질 가능성이 매우 높아 국가 사이의 불평등이 심화할 것이다.

소비시장이 거대한 몇몇 국가는 내수시장을 기대하고 물류비 등의 부대비용을 절감하기 위하여 현지 제조공장을 일부 가동하기도 하고 영국과 같이 EU의 탈퇴와 함께 새로운 시장의 개척을 위하여 Africa로 적극 탈출할 수는 있겠지만 과거와 같은 거대한 세계화의 흐름은 더 이상

일어나지 않을 것으로 예상된다.

또한 국가 내에서도 지식을 기반으로 한 제4차산업이 본격적으로 진행됨으로써 불평등의 심화와 신중산층, 구중산층, 위태로운 저소득층 등의 다양한 형태로 사회구조가 변화하고 산업과 고용의 형태도 변화할 것이기에 정부는 이러한 산업과 사회구조의 변화에 빠르게 대응하여야 하는데 자칫 소홀하게 대응하면 Nepal 혁명이 다 이상 "강 건너 불구경"이 아닐 수 있다.

5) 중국의 경제력 약화와 쇠퇴

2000년까지만 해도 중국 국민 1인당 GDP가 겨우 US $1,000에 불과했던 중국이 미국과의 무역전쟁을 시작한 시점에는 국민 1인당 GDP 수준이 US $10,000 이상이었는데, 그동안의 경제발전 과정에서 지나친 자국 중심의 법 규정과 해석으로 문제가 되었다. 여기서 더 나아가 국제법을 무시한 남중국해에서의 인공섬 건설, 1 국가 2 체제 유지라는 국제적인 약속을 무시한 Hong Kong의 강제 흡수와 COVID-19 전염병과 Russia의 Ukraine 침략전쟁에 대하여 겉으로는 중국의 불투명한 대응이었지만, 암암리에 침략 국가인 Russia를 지원함으로써 세계인의 불신이 확대하여 중국에 대한 세계인의 신뢰가 바닥으로 떨어져 버렸는데, 한번 잃어버린 신뢰를 회복하기에는 극히 어렵기 때문에 중국의 발전에 대한 회의적인 시각은 어쩔 수 없이 현실화할 것이며, 그동안 중국의 발전을 지탱해 왔던 1)"세계의 공장"과 2)"거대한 내수시장"이라는 양축 가운데 하나인 "세계의 공장"이라는 시각은, Vietnam과 Indonesia 등의 동남아시아의 발전과 India의 부상 및 앞에서 언급한 것과 같은 기술의 발달로 인한 세계화의 필요성 약화 등으로 인하여, 차츰 사라지고 있을 뿐만 아니라, 세계의 공장이 다양화되고 있다. 물론, 중국에 대한 "거대한 내수시장"이라는 매력도 심각한 내수시장의 부진과 인구의 감소와 급격한 노령화, 높은 부채비율 등으로 인하여 차츰 한계를 보일 것이다. 한편,

RCEP(역내포괄적동반자협정) 등의 다자간 무역자유화 등을 통하여 내수 시장을 넓히면서 일정 기간 소폭의 경제발전이나 현상 유지 정도는 유지할 수는 있겠지만. 환경친화적이면서 제조공정의 단순화를 추구하는 3D, AI 등의 제4차산업의 발전으로 인하여 갈수록 세계 경제에서 중국의 중요성은 희석될 가능성이 높다.

이와 더불어, 중국경제의 후퇴로 인한 중국의 실업자 양산, 노령인구의 가속화, 범국민적 의료시설 및 의료보험 부족과 만연한 부정부패, 빈부격차 확대, 각종 종교 및 인권에 대한 탄압에 의한 국민적 저항 가능성과 북서 방면의 티베트 장족과 신장의 위구르족, 동북 방면의 몽골족, 동남 방면의 조선족 등의 소수민족들의 독립운동이 가속화하고 일당 독재 국가로서의 중국 통제력은 약화하여-그 과정에서 많은 혼란을 겪게 되겠지만-과거 Soviet Union처럼 여러 개의 변방의 국가들로 분화될 가능성이 매우 높다.

이에 더하여, 중국의 경제적 후퇴 과정에서 단기적으로 주시하여야 할 것은 중국의 Dollar 부족으로 인한 외환위기의 발생과 부채 급증, 불평등이다. 만일 미중전쟁과 세계인의 중국에 대한 신뢰 하락이 빠른 속도로 가시화하면서 그동안 미국 주도의 세계 경제를 중국 주도의 세계 경제로 전화하기 위한 일대일로 정책으로 유출된 Dollar의 회수가 단기적으로 불가능하면서 부채의 급증으로 인하여 지방정부와 금융기관의 파산이 연쇄적으로 발생하면 중국발 금융위기가 세계 경제를 강타할 수 있다. 이 경우 중국에 대한 무역 의존도가 높은 독일과 Australia, 한국과 같은 국가의 피해는 엄청날 것이다. 여기에 더하여 2025년 10월 현재 시진핑 주석의 정치 우선의 경제정책, 공산당 독재정권의 폐쇄적 정치행태 등의 악재가 겹치면서 권력 충돌의 조짐까지 나타나고 있어 중국경제는 더욱 빨리 추락할 가능성도 높아가고 있다.

한국의 시각에서 보면, 중국에 대한 무역 의존도를 최대한 빨리 줄일수록 충격을 최소화할 수 있을 것이다.

한편, 미중전쟁, COVID-19 전염병, 인구의 노령화와 인구 감소, 부동산 경기침체로 인한 복합적인 매수 경제 위축과 중국의 경제 악화 등으로 인하여 중국 국민의 내부 동요도 차츰 악화하면서 시진핑의 경제 침체에 대한 책임론 부각과 장기 집권에 대한 반감, 공산당 독재정권에 대한 반항 등에 더하여 최근에는 공산당 독재정권 내부에서도 권력투쟁이 발생하고 있는 것으로 보여 장기적으로는 중국 정치체제의 교체까지도 예상되고 있다.

6) 지구 환경 문제의 관심 확대와 현실화

이미 "환경을 보호하기 위한 국제 협약들"에서 언급하였지만, 1950년대부터 화석연료를 기반으로 한 제3차산업의 급속한 산업화와 이에 따른 환경의 악화로 인하여 소득 수준의 향상에 반하여 환경의 질은 악화함으로써 지금 세대의 삶뿐만 아니라 다음 세대의 삶과 인간의 삶의 터전인 지구생태계의 영속성에도 차츰 관심을 갖게 되어 UN을 중심으로 하여 세계적인 공동 노력이 계속되고 있다. 이 문제는 산업 발전 과정에서 상대적으로 많은 책임이 있는 미국과 일본, 유럽 각국의 선진국과 한국, 중국 등이 더욱 적극적으로 협조하여 더 이상의 환경 악화를 방지하기 위하여 노력하여야 할 것이다.

7) 국가 사이의 불평등 확대

제4차산업의 발전은 제3차산업에 비하여 상대적으로 빠른 기술 발전을 통하여 환경친화적이면서 적은 인원과 작은 시설을 가지고 높은 생산성을 유지하기 때문에 과거에 비하여 현저하게 산업에 대한 세계화의 욕구가 낮아질 것이며, 후진국의 성장을 위한 단순한 생산공장으로의 역할이 차츰 사라질 가능성이 높다. 따라서 과거와 같은 세계화와 "Fast Follower"로써의 성장 가능성이 현저하게 사라질 것이다. 2025년 미국의 Trump 대통령이 취임하면서 세계를 상대로 시작한 무역전쟁의 주요 요인이 미국의 과도한 무역적자와 이러한 상황을 전환하기 위한 생산공장

이전인데 무역전쟁은 미국경제의 침체를 일으키면서 미국을 비롯한 모든 국가의 국제 침체를 일으킬 가능성이 높다. 한편, 이미 여러 차례에 걸쳐 언급한 것처럼 산업의 큰 흐름이 기술을 기반으로 한 제4차산업 출현과 다양한 형태의 Soft 전쟁이 진행되면서 세계 각국이 안보 문제에 새로운 관심을 갖게 되어 과거와 같은 세계화의 흐름은 크게 약화할 것으로 보인다.

또한, 세계 인구의 빠른 증가와 선진국을 중심으로 한 급격한 노령화-물론, 이민 정책 등에 폐쇄적인 중국, 일본, 한국 등의 일부 국가는 인구 감소로 인한 내수 산업의 위축도 불가피할 것으로 보이지만-등으로 인하여 그 어느 때보다도 불평등 해소가 절실하지만, 시대의 흐름에 맞춰 각종 복지 혜택을 국민에게 제공하는 일부 선진국을 제외하고 대부분의 국가에서의 현실은 그와 정반대의 방향으로 진행될 가능성이 매우 높다.

따라서, 중산층의 약화에 따른 정치적 불안정도 미국, 중국, France, Nepal 등에서 나타나고 있는 것과 같이 세계적 현상이 되면서 지속될 뿐만 아니라 기술의 빠른 발달로 인한 고도의 기술력을 가진 Terror 집단이나 Hacking의 도발 위험성이 더욱 고조될 것이며, 사회적 낙오자에 의한 각종 범죄의 가능성이 높아질 것이기에 사전에 각종 사회적 안전망(교육, 의료, 노후연금 등)이 필수적임에도 불구하고 새로운 경제 환경에 적응하지 못하는 국가는 과거에 비하여 오히려 추락할 가능성이 높기에 이를 위한 세계 공동의 노력이 반드시 필요할 것이다. (국가 발전을 위한 구조적 분석 2017 by William H S Lee 참고)

21. 한국의 앞날은?

1) 개관

국가발전과 자유와 평등을 위한 사상적 수단인 진보 또는 보수와 같은 정치적 성향과 무관하게 자유와 법치주의를 기본으로 하여 지금까지 "평등의 역설"에 대한 주제를 가지고 이 저서를 전면 수정하면서 한국에 대한 언급을 조금씩 하였지만, 현재의 한국 사회가 1948년 8월 15일 건국한 이래 1950년 김일성의 남침으로 인한 6.25 전쟁 이후 정치적, 경제적 위기 이상의 가장 심각한 국가 정체성의 위기를 맞이하고 있는 것을 보면서 안타까운 마음으로 간단하게나마 한국의 미래를 살펴보고자 한다.

물론, 개인의 인생사에서 일생을 통하여 평탄한 삶을 살아가는 사람이 매우 드문 것처럼 국가나 국가를 뒷받침하고 있는 정치나 경제, 사회도 마찬가지이다. 따라서, 좋은 시절과 고통의 시절이 오고 가는 것이 당연한 현상이며 경제도 호황과 불황의 Cycle을 그리면서 진행하게 되는데 이 과정에서 어떤 국가는 헤어날 수 없는 나락에 빠지기도 하는 것이다. 이러한 과정에서 각 국가가 처한 경제의 중요한 요인들을 파악하여 이러한 요인들이 선순환의 흐름으로 작동하도록 하는 것이 경제 전문가나 관계 공무원, 기업인 등이 서로 협조하면서 극복하여야 할 과제이다.

이 글 이전에도 2024년과 2025년에 "한국경제의 대도약을 위하여"와 "한국경제의 약탈자들"를 각각 출간하면서 한국에 대한 깊은 사랑을 담았지만, 지금의 현실은 나의 바램과는 전혀 반대 방향으로 가고 있는 것으로 보여 이 저서의 마지막 부분에 지금의 주제와 관련하여 한국에 관한 문제를 간단하게 언급하려고 한다.

인간의 역사를 보면 수많은 국가가 부침을 거듭하면서 성장하기도 하지만, 종국에는 멸망의 길을 걷거나 총체적인 지배 세력의 교체를 통하여 새로운 국가로 탄생하기도 하며 국가의 존재가 사라지면서 민족도 구심점이 없이 세계를 방랑하는 경우도 있다. 일본의 경우를 보면, 1853년 미국의 Matthew C. Perry가 함대를 지휘하여 일본에 도착하고 150년 동안 일본을 지배하였던 Tokugawa 가족과 군벌 세력의 항복을 받아냈는데 이 과정에서 일본은 서구 사회의 상대적 우수성을 느끼면서 1968년 Meiji 유신을 통하여 총체적으로 서구 사회의 권력구조로 개편하였다. 한편, 당시의 조선시대는 비슷한 시기에 대원군의 쇄국정책으로 개혁의 기회를 버리고 세계의 변화를 읽지 못하고 부정부패와 무능함에 안주하다가 결국 1910년 한일합병으로 인하여 일본의 식민국가로 몰락함으로써 한민족이 2등 민족으로 취급되면서 굴종적인 삶을 살아가는 경우도 있었다. 물론, 지금의 한국은 역사적으로 매우 중요한 변곡점에 서 있으며 이러한 위기를 극복하지 못하면 지금의 북한과 같이 독재 집단 아래에서 자유와 권리가 전혀 없는 노예 이상의 갇힌 세계의 삶을 살 수도 있다. 이러한 생각이 나 혼자만의 생각일까?

French Revolution, Russia Revolution, Iran Revolution 등 인간의 역사에서 커다란 변화를 일으킨 이러한 사례는 셀 수도 없이 많이 발생하였으며 앞으로도 꾸준히 발생할 것이다.

이미 여러 차례에 걸쳐 이 글의 주제인 자유 및 평등을 다양한 관점에서 살펴보면서 한국에 대해서도 함께 언급하였지만, 현재 한국이 안고 있는 가장 시급한 현실은 경제적 성장 동력의 저하와 정치적·경제적 양극화, 인구의 노령화와 감소, 그리고 최근에는 국가 정치체제의 극단적인 변화로까지 이어지고 있는데 이미 국가발전을 위한 10개 이상의 요소에 대하여 언급하였기에 여기서는 경제성장률이 지속적으로 하락하고 있는 한국이 해결하여야 할 당면한 최소한의 과제들을 간단하게 살펴보기로 한다.

2) 불평등의 심화와 사회적 계층 이동의 약화

이미 Gini's Coefficient에서 살펴본 것처럼, 한국 통계청에서 발표하는 통계의 신뢰성을 믿지 못하는 상황에서는 하나의 지표가 아닌 다양한 측면에서 살펴보는 것이 한국의 현실을 더욱 정확하게 바라보면서 방향을 제시할 수 있기에 다른 자료들도 함께 살펴보면, 첫째, 가처분소득 기준으로 KDI(한국개발연구원)가 발표한 자료는 중산층(중위소득의 50%~150%) 규모의 변화는 1990년 75.4%, 2010년 57.5%, 2013년 51.8% 등으로 꾸준히 감소 추세를 보이다가 2023년에는 63%로 상승하였다. 물론, 자산 등의 다른 평가 기준을 함께 바라보면 차이가 날 수도 있다. 즉, 단순히 중산층의 기준을 가지고 정책을 실행할 수 없다.

둘째, 이미 앞에서 살펴본 것처럼, 상위 10%가 국가 GDP를 차지하는 비율을 살펴보면, 미국 52%, 한국 45.5%, 일본 40.5%이다. 그리고, 상위 1%를 기준으로 하여 살펴보면, 미국 약 20%, 한국 12.5%, 일본 10% 미만이다.

또한, 사회 안정화에 대한 또 다른 주요 변수인 소득계층 상승 가능성을 살펴보면, "자신의 사회경제적 지위가 높아질 가능성"이 있다는 응답률이 2011년 28.8%→2019년 23%로 하락하였으며 "자녀 세대가 부모 세대보다 더 나은 지위로 갈 가능성" 응답률도 2011년 41.7%→2021년 30.3%로 떨어진다. (노컷뉴스 자료 참고)

불평등의 심화는 국가 소득의 많은 부분이 소득 상위계층으로 향한다는 것을 의미하며 소득 하위계층은 상대적으로 소비할 여유가 줄어든다는 것이다. 즉, 내수기반이 취약해지는 한 원인이 되는 것인데 만일 부채와 노령화, 인구 감소까지 확대한다면 내수를 기반으로 한 경제 성장을 더 이상 기대할 수 없게 된다. 물론, 한국의 성장은 수출주도형의 성장이라는 것은 익히 알려진 사실이지만.

3) GDP 대비 한국의 국가 부채(정부, 기업, 개인)의 규모(IMF 자료)

2024년 IMF가 발표한 한국의 국가 부채를 살펴보면,

일반정부 부채(Gross public/general government debt)는 약 45.5%이며 중앙 정부 부채(Central government debt)는 약 48.85%이다. 가계부채(Household debt)는 약 88.8 %, 민간 부문 신용(은행 대출 등, 기업+가계)은 약 150%~160% 전후이다.

요약하자면, IMF 기준으로 보면:

정부부채는 GDP의 약 45%~50% 수준이며 가계부채는 GDP의 약 90% 내외이다.

기업+민간 부채 전체로 본다면 GDP의 1.5배 정도에 이를 가능성 있다.

이러한 상황에서 가계부채는 빠르게 증가하고 있다. 1997년 한국의 IMF 발생은 과다한 기업 부채로 인하여 발생하였지만, 지금은 가계부채와 정부의 국가 정체성의 위기, 인구 감소와 노령화, 지정학적 위기 등의 더욱 복잡한 환경에서 새로운 위기를 맞이할 수 있다.

물론, 수치로 나타나는 부채 현황을 보면, 우려할 정도는 아니라고 볼 수 있지만, 문재인 대통령 시대에 실행하였던 Populism 정책과 현재 이재명 대통령이 추진하고 있는 "노란 봉투"로 상징하는 반기업 정책 및 인기영합적이면서 비생산적인 Helicopter 지출 등의 전형적인 Populism 정책을 추진하고 있는 것으로 보여 매우 우려할 상황이다. 또한, 만일 한국에 대한 미국과 유럽과의 관세전쟁이 확대된다면 한국경제가 심각한 위기에 처할 수 있는데 여기에 더하여 한국의 지정학적 위치를 고려하면 Taiwan과 남중국해에 중국과 미국과의 긴장 관계가 고조한다면 한국에 직접적인 영향을 미칠 수 있기에 한국 정부는 긴장의 끈을 놓을 수 없는 현실이다.

한편, 부채의 증가가 장기적, 또는 단기적 관점에서 경제의 생산성 향상과 연결되어 경제 성장이 더욱 빠르게 진행한다면 문제가 없지만, 최근 한국에서 진행하고 있는 Populism과 반기업적 정책은 한국의 경제

후퇴를 부채질하면서 불평등이 더욱 확대할 가능성이 농후하다.

4) 인구의 노령화와 인구 감소 위기

2023년 8월 22일 행정안전부가 발표한 "2023년 행정안전통계연부"에 따르면 주민등록 인구가 3년 연속 감소하고 1년 사이 평균 연령이 0.5세 높아지는 등 대한민국의 고령화 현상이 가속화하고 있다. 인구는 계속 감소 추세이지만, 도시화와 고령화에 따라 세대 수는 오히려 증가하는 것으로 나타났다.

한국 사회에서 나타나는 인구 노령화와 감소의 원인을 살펴보면,

첫째, 치열한 경쟁사회라는 사회적 환경과 함께 공교육이 약화하면서 사교육 위주의 교육환경으로 변화하여 자녀에 대한 과다한 교육비 지출도 출산율의 감소와 노령화의 가속화를 일으키는 한 요인이 된다.

물론, 이러한 사회적 요인은 인구 감소와 노령화의 많은 요인 중의 일부에 불과하기에 경제적, 정치적, 문화적 요인의 변화 등을 복합적으로 파악하여야 바람직한 해결 방안도 모색할 수 있을 것이다.

둘째, 취업의 불안정성은 1990년대 말 아시아 전역을 휩쓸었던 금융위기 속에서 한국의 경우 IMF의 긴급 자금을 지원받으면서 신자유주의 경제정책을 도입하였는데, 많은 기업의 파산과 함께 비록 파산을 면한 우량기업에 근무한 근로자들도 IMF 이전과는 판이하게 다른 근무 환경 속에서 생활하게 되었다. 즉, 이전과 달리 평생직장이라는 개념은 자연스럽게 사라진 것이다. 기업이 금융위기 속에서 이익 제고와 효율성을 강조하는 문화로 빠르게 변화하였다. 여기에 더하여 제4차산업이 빠르게 성장하면서 제3차산업의 특징으로 나타났던 대량생산과 대량 고용의 기업보다는 Gig Job이나 전문가들도 개인 단위의 사업을 하는 환경에 익숙하게 바뀌었다.

이미 언급한 것처럼, 사회적 신분 상승의 가능성까지 약화한, 불안정한 삶의 환경 속에서 가정을 꾸리고 과다한 교육비를 부담하면서 자식을

훌륭하게 양육할 엄두가 나지 않게 된 것이다.

셋째, 주택 가격의 급상승은 한국에서 결혼 적령기에 이른 30대 내외의 남녀가, 아주 특별한 경우를 제외하면, 부모의 도움없이 집을 마련한다는 것을 사실상 불가능하게 만들어 버렸다. 이러한 현실은 불평등 악화와 사회적 계층 상승 가능성 약화, 유주택자와 무주택자와 같은 새로운 계층으로의 분화 등의 다양한 부정적 요인을 발생하면서 결과적으로 지금과 같은 인구의 노령화와 인구 감소가 나타나게 되었다.

5) 정치적, 사회적 양극화

한국의 16대 대통령(임기: 2003년~2008년)인 노무현 대통령이 2009년 5월 23일 자살한 사건 이후 한국 정치와 사회가 극단적으로 양극화하기 시작하였는데 헌법재판소가 18대 박근혜 대통령(재임: 2013년~2017년)을 2017년 3월 10일 탄핵 인용함으로써 정치적 타협을 하기 어려운 좌, 우의 극단으로 향하게 되었다. 이러한 한국 정치의 어려운 상황을 교묘하게 이용한 중국과 북한의 독재국가는 지정학적으로 매우 중요한 한국을 자신들에게 우호적인 정치집단이 정권을 획득하도록 돕기 위하여 한국의 정치뿐만 아니라 정부 각 분야, 법조계, 학계, 언론계, 경제계 등 한국 사회 전반에 뿌리를 내리면서 강력한 영향을 발휘하게 되었다.

독재국가의 영향력이 확대되면서 법치주의와 공정성, 신뢰와 국가의 투명성 등이 하락하고 있는 것 또한 당연한 결과이다.

이러한 결과로 한국은 현재 매우 심한 사회적 혼란을 맞이하고 있는데 2009년의 노무현 대통령 자살 사건은 사회적 혼란으로 인한 한국경제의 기초체력 저하를 유발한 시발점이 된 하나의 요인이 되고 있다.

물론, 앞에서 언급한 문제들과 앞으로 언급할 문제들이 현재 언급하고 있는 문제와 함께 서로 영향을 미치면서 한국경제 저성장의 요인으로 작용하고 있다. 한국경제가 소위 저성장이라는 악순환의 소용돌이 속에 빠져 있는 상황이다. 그런데, 최근에 발생하고 있는 미국의 세계를 향한 관세전쟁은 한국을 더욱 힘들게 하고 있다.

6) 한국경제의 저성장을 극복하기 위하여

한국의 경제에 대한 방향은 내가 이미 언급한 저서에 자세히 소개되어 있어 여기서는 한국경제의 저성장에 대한 대책을 간단하게 언급하면서 마치고자 한다.

앞에서 간단하게 언급한 저성장 요인 외에도 전 세계의 위협이 되고 있는 지구온난화와 유럽과 Russia의 대결과 남중국해를 중심으로 한 미국, 호주, 일본, Philippines 등과 중국과의 대결과 같은 지정학적 대결이 첨예화하고 있어 우리가 예측하기 힘든 돌발적인 상황이 언제든지 발생할 수 있기에 이러한 상황에 여유있게 대응하기 위해서는 정부, 기업, 가계가 자산 운용을 보수적으로 하는 것이 원칙이다. 쉽게 이야기하면 개인이나 기업의 경우 수입이 전무하거나 거래기업이 파산할 경우를 대비하여 1년 정도의 여유자금을 항상 비축하고 있어야 하며 정부는 예산 편성 시의 세수 예측에 비하여 저조한 결과가 나올 경우를 위하여 재정정책과 금융정책의 조화를 이루도록 하면서 경기침체에 대비한 신축적인 대응하여야 한다. 이 경우에 국회의 동의를 받아야 할 경우와 국회의 동의가 어려울 경우를 각각 상정하여 3~4가지 정도의 방안을 마련한다. 이와 함께 독립적인 금융정책 수행을 담당하는 한국은행과의 조율도 필요하다. 즉, 재정정책은 적자재정을 낮추기 위하여 긴축재정을 집행하면서도 금융정책은 경기침체를 예방하기 위하여 금리를 낮추거나 한국은행이 주도하여 기존에 매각한 국채를 매입할 수 있다.

2025년 8월 이후 2.5%로 유지되고 있는 기준금리는 한국의 경제 환경뿐만 아니라 미국과 세계 경제 변화에 대응하는 것은 당연하다.

물론, 인구 감소와 불평등 해소, 부채율 인하가 내수를 활성화하면서 낮은 성장률을 극복하기 위한 중요한 요소이기에 앞에서 언급한 단기적인 대응책 외에도 공교육의 질을 향상하여 사교육비를 대폭 낮추는 방법과 1등만을 지향하는 한국 사회의 치열한 경쟁문화의 개선이 시급하다. 즉, 지식교육도 중요하지만, 더불어 살아가는 공동체의 중요성에 대한 인식과 도덕성, 자애심, 다른 의견에 대한 존중, 법치주의 확립 등의 인성교육이 중요하다는 것을 인식하여야 한다.

이와 함께 인구 감소를 극복하기 위하여 중국 독재국가의 영향을 최소화하면서 다른 국가의 예를 살펴보면서 한국 문화와 역사적 특성에 맞는 이민 정책도 신축적으로 고려하는 것이 필요하다.

한편, 저성장의 주요 요인을 언급한 국가 부채의 증가, 불평등, 인구 감소 등을 언급하였지만, 이러한 문제들은 서로 밀접한 관계를 유지하면서 움직이기 때문에 어느 한 분야만 집중하여 해결할 수 있는 문제가 아니다. 또한, 이미 불평등 극복을 위한 기술의 혁신과 창조적 파괴를 언급하면서 성장과 불평등 해소의 한 방안으로서 언급하였지만, 이 또한 한국을 포함한 많은 국가가 겪는 저성장을 극복하기 위한 방법 중의 하나이다.

성장률을 높이기 위하여 환경문제를 고려하여야 하는 것은 당연하지만, 이 문제는 한국이 독자적으로 해결하는 것이 아닌, 세계 모두의 문제이기에 이 문제는 이미 환경문제에서 언급한 방법을 통하여 세계 모든 국가가 합심하여 해결하여야 할 문제이다.

사실, 한국의 현실은 저성장보다 훨씬 긴급한 상황인 "독재체제로의 전환인가?" 아니면 "민주주의 국가 정체성을 유지할 수 있는가?"라는 선택의 기로에 있는데, 최근 일어나고 있는 Dollar와 비교한 한국 원화의 환율이 급등하는 현상은 한국의 미래에 대한 신뢰가 약화하였기 때문이다. 그러나, 이 또한 한국이 앞으로 나가는 하나의 과정으로 생각하고 국민이 좌, 우의 정치적 성향의 선택이 아닌, 국가가 한 단계 더 Upgrade할 수 있는 기회로 삼고 모든 국민이 하나가 되어 IMF 외환위기를 극복하였던 때처럼 노력하면 중국과 북한의 조용한 침략을 이길 수 있을 것이다. 마침, 중국 독재정권이 미국과의 전쟁으로 인하여 내부가 권력투쟁에 휩쓸리고 있어 국제정치적 힘이 약화하고 있기에 한국이 강력한 의지를 갖고 행동한다면 새로운 도약을 할 수 있을 것으로 보인다.

22. 이 글을 마치면서

인간을 포함한 모든 동물은 동일한 생명의 가치를 가지고 있으며, 자유를 추구한다. 다만, 인간은 이성을 가지고 있기에 완전하지 않지만, 일정한 범위내에서 본인과 가족, 공동체-예를 들면, 국가와 사회-를 위하여 규정을 만들고 과학을 통한 삶의 질을 향상하는 것이다. 그러나, 인간은 신이 특별하게(?) 부여한 뇌의 수준(이성과 지성)을 악용함으로써 다른 동물보다 훨씬 더 탐욕스럽게 되지만, 다른 한편으로는 인성을 기반으로 한 이성을 잘 이용함으로써 생명의 연장과 질적인 삶의 수준을 높이는 것이다. 즉, 대부분의 인간은 발전과 후퇴를 거듭하고 있다. 이러한 생각을 바탕으로 하여 인간의 숭고한 두 가치-공정함과 법치주의를 기반으로 한 "자유"와 "평등"-를 바라보면, 어느 한 가치를 추구하기 위하여 다른 가치를 과도하게 희생하는 사회는 영속성을 이룰 수 없다. 인간의 삶에서 두 개의 가치 모두 소중한 가치이기에 이 모두를 잘 조율하면서 보호하여야 사회가 지속적으로 발전할 수 있는데 불완전한 인간이 이를 순조롭게 유지한다는 것은 엄청나게 어려운 일이다. 즉, 세계는 수많은 진통을 겪으면서 여기까지 달성한 것이다, 완벽하지는 않지만.

다만, 우리가 자유의 가치를 자칫 자유방임(Laissez Faire)으로 잘못 이해함으로써 공동체를 망가뜨릴 수 있기에 이를 보호하면서 구성원 모두가 자유와 평등을 향유하기 위하여 법치주의를 실행하는 것이다. 물론, 법치주의에 앞선 중요한 가치인 공정함(Fairness)과 성실함((Honesty)과 윤리의식(Morality), Humanity 등이 (좋은) 교육을 통하여 사회 전반에 걸쳐 문화로서 형성되어야 하겠지만.

20c 초에 평등의 의미를 모든 인간이 갖는 절대적 평등과 상대적 평

등의 차이를 인정하고 상대적 평등의 의미와 절대적 평등의 확대 및 공공교육을 통한 기회의 평등의 중요성을 국민이 인식, 확대하여야 하는데 이러한 자유와 평등의 철학적인 기초가 국민에게 널리 확산하기 전에 대중 선동적인 Communism의 극좌적 독재국가와 Fascism의 극우적 독재국가가 세계를 위협하였으며, 북한이나 중국, Cuba 등과 같은 일부 국가에서는 지금까지 극좌적 독재의 함정에 빠져 있다.

한편, 극좌적인 독재국가인 Soviet Union은 1991년 붕괴하였지만, Putin이 Russia의 독재자로 들어서면서 10년 이상의 장기 집권으로 권력을 장악하여 극우적인 독재국가로 변하면서 2022년 2월 24일 Ukraine의 침략을 감행하여 과거의 Soviet Union의 독재정권 장악력을 재현하려고 시도하였다, 2025년 12월 현재도 전쟁이 계속되면서 그의 계획은 수포로 돌아가고 수많은 젊은이의 목숨을 희생하면서 자신의 독재 권력도 종말을 향하고 있는 것으로 보이지만...

나는 이 글을 시작하면서 이 글의 전제로서 "인간은, 이성을 가지고 있지만, 비이성적이고 비합리적이며 동물 중에 가장 탐욕스러운 존재라는 것과 평등의 의미는 인간의 능력이 차이가 있기에 "절대적 평등"과 "상대적 평등의 의미"로 분리하였으며 이와 함께 공정(Fair)의 중요성을 지속적으로 강조하였다.

따라서, 불완전한 인간의 경제활동을 이론적으로 분석하는 경제학이 완전할 수 없기에, 인간의 합리성을 전제로 한 기존의 주류경제학 이론을 최대한 배제하고 새롭게 시작하고 있는 이론인 "Complexity 이론"을 기반으로 한 이단 경제학(Heterodoxy Economics)의 관점에서 이야기를 전개하였으니 아마도 한국에서는 내 생각과 다른 이론을 가지고 있는 경제학자들이 많이 있을 것이다. "인간은 합리적이며 애타적이고 이성적인 존재이기에 세상이 발전하는 것이라고…" 나는 이 논리가 일면 맞는 측면이 없는 것은 아니라고 생각한다. 단, 이 논리가 "맞다"고 인정되기 위해서는 "완벽한(?) 좋은 교육을 통하여 아주 더디게 한걸음, 한걸음 진일보하는 것"이다.

여기서 나의 경험을 간단하게 언급하면서 구태여 “Complexity 이론”을 주장하고자 하는 이유를 제시하자면, 나는 17년 전인 2008년 11월 10일 약 10시간에 걸친 첫 번째 뇌수술을 VGH(Vancouver General Hospital)에서 Dr. Wimpher Thomas로부터 받은 적이 있는데 수술을 받기 전에 그가 한 얘기는 “오른편의 뇌 조직을 제거하기 때문에 왼쪽 시야가 좋지 않을 것이며 점차 좋아질 것이다.”라고 하였다. 그러나, 그 이후 나는 시야가 나빠질 뿐만 아니라 지적 수준도 나락으로 추락하였으며 짧은 시간에 바보가 된 느낌이었다. 그리고, 심한 저혈압 현상도 보였다. 이에 더하여 성격까지 변한 느낌을 받았다. 또한, 내가 뇌수술까지 받게 된 요인은 유전적인 요소-아버님이 이 병의 영향으로 돌아가신 것으로 추정됨-와 다른 형제와 자매들 - 4남 3여 - 과는 차이가 있는 특이한 환경에서 성장한 후천적인 요소가 복합적으로 영향을 주었기 때문에 다른 형제들에게는 전혀 없었던 병이 발생하여 뇌수술까지 받게 된 것이다. 즉, 인간의 몸과 마음이 매우 복잡하게 서로 연결되어 있는 것처럼, 인간의 집합체인 사회, 정치, 경제 역시 매우 복잡하게 서로 얽혀있으며 영향을 주고 있다.

한편, 한국의 IMF 금융위기를 뼛속 깊숙이 체험하고 주변의 직장 동료들이 실업과 가정 파탄의 고통을 견디지 못하여 자살까지 하였다는 이야기를 훗날 전하여 들으면서 한 국가 지도자의 무능과 국민의 낮은 지적, 도덕적 수준이 국가를 어떻게 무너뜨렸는가를 직접 체험하고 목도하였다. 물론, 훨씬 이전의 유신시대와 광주사태와 11대와 12대를 재임했던 전두환 대통령(임기: 1980년 9월~1988년 2월) 시절의 군부독재도 직접 체험하였지만.

또한, 지난 몇 년간 세계인이 겪었던 COVID-19 전염병과 2008년의 Subprime Mortgage 등에서 보여준 것처럼 한 국가의 지도자를 포함한 대부분의 인간이-당연히 전부는 아니지만-전염병 전문가(주로 의사)의 전문적인 방역 지침(Mask 착용, 거리 유지, 손 자주 씻기 등)을 무시하고 “나는 걸리지 않을 것이라는 확신(?)”과 “설사 전염병에 걸린다고 하더라도 나에게 특별한 문제는 없을 것이다.”라는 비이성적인 자신감(?)으로 집단적인 행사를 하다가 감염되어 심지어는 일가족이 모두 사망하기도 하고, 신혼여행을 병실에서 보내기도 하는 상황까지 겪고서야 뒤늦게 후회하는데 이것이 적나라한 인간의 수준이다. 즉, 인간은 기존의 경제학에서 전제하는 것처럼 그렇게 이성적이고 지적 수준이 높은 동물이 아니라는 것이다, 비록, 다른 동물과 달리 이성을 가지고 있기는 하지만.

그런데, 이러한 나의 전제에서 더 나아가 인간은 사회적 동물이기에, 그리고 신으로부터 “이성(Rationality)”이라는 특별한 혜택을 받았기에 이것을 악용하여 엄청나게 탐욕스러운 존재로 변하는 것이 아니라, 세상을 좀 더 나은 방향으로 발전하도록 하는 것이 바른 삶의 자세이기에 이 글을 시작한 것이며 그러한 길의 극히 일부-내가 아는 지식의 한도 안에서-를 얘기한 것이다.

또한, 우리가 살고 있는 이 시대는 인간과 인간과의 관계, 인간과 자연과의 관계, 사회와 사회와의 관계, 국가와 국가와의 관계가 과거 어느 시대보다도 복잡하고 밀접하게 연결되어 있어 어느 한 측면만 보고 쉽게 판단하거나 확실한 해결책을 마련하기가 매우 힘들다.

즉, 미시적, 거시적 경제문제를 해결하기 위하여 국가 내적인 정치문제, 국제정치적인 문제, 의학, 심리학과 역사와 문화, 생물학, 물리학, 화학, 자연의 생태계 등의 복잡하게 연결된 다양한 영역을 고려하면서, 얽혀진 실타래를 풀듯이, 하나, 하나 해결해 가야 하지만, 이 또한 완벽하다고 할 수 없기에 정책의 시행 시점을 결정하기 위하여 주변의 환경과 문화 등을 고려하면서 각 정부와 사회 구성원(국민)이 서로 신뢰를 형성하면서 공동 노력을 하여야 할 것이다.

한편, 이 글의 주제인 평등이 악화한다고 우리 모두가 갑자기 확연하게 느낄 수 있는 것처럼 국가가 즉시 후퇴하고 멸망의 길로 가면서 위기를 체감하는 것이 아니라 불평등이 한 요인이 되어 다른 부정적인 요인과 함께 수십년에 걸쳐서 국가가 서서히 와해하거나 사회의 결속력이 약화하여 경제적, 정치적, 사회적으로 극단화하면서 후퇴의 길을 걷는 것이기에 국가의 기득권 집단이나 사회의 정신적 지도층이 항상 높은 도덕성을 유지하면서 장기적 관점을 가지고 공동체 의식을 갖고 국가를 발전시켜야 할 것이다.

인간의 긴 역사를 보면, 세계는 전진과 후퇴를 거듭하면서 결과적으로 발전하였으며 이러한 발전이 모든 사람에게 혜택을 입도록 하는 진정한 자유와 평등을 지향하는 민주주의 사회로 나갈 수 있는 방향을 당신이 결정하는 것이다. 당신의 남은 인생과 당신의 후손들이 자유가 없는, 희망이 없는, 굴종적인, 불평등한 삶을 살아가지 않도록 하기 위해서는 자금의 자본주의를 넘어선, 진정한 민주주의와 자유와 평등을 누리기 위하여 끊임없는 노력을 하여야 하며 이러한 상황을 인식하는 사람이 지금에 비하여 훨씬 많은 다수가 되면 새로운 현실적인 이상향(Realistic Utopia)의 세상을 열 수 있을 것이다.

참고문헌

1) People, Power and Profits, 2019
2) The Great Divide, 2015
3) The Price of Inequality, 2012
Three of Them Published by W.W. Norton & Company Inc. by Joseph E. Stiglitz
4) Capital, Published by Belknap & Harvard 2014 by Thomas Piketty
5) Austerity Published by Princeton 2019 by Alberto Alesina, Carlo Favero, Francesco Giavazzi
6) The Business of Platforms Published gy Harper Collins 2019 by Michael A. Cusumano, Annabelle Gawer, David B. Yoffie
7) Not Working Published by Princeton 2019 by David G Blanchflower
8) The Pan-Industrial Revolution Published by HMH(Houghton Mifflin Harcourt) 2019 by Richard D'Aveni
9) Measuring Poverty Around World Published by Princeton 2019 by Anthony B. Atkinson
10) Nudge Published by Penguin Group 2008 by Richard H. Thaler & Cass R. Sunstein
11) The Prosperity Paradox Published by Harper Collins 2019 by Clayton M. Christensen & Efosa Ojomo & Karen Dillon
12) Rebel Talent Published by Harper Collins 2018 by Francesca

13) 철학이 담긴 M&A 이야기 하이미디어출판사 발간 3015 by William H S Lee
14) The World of Three Zeros Published by Public Affairs 2017 by Muhammad Yunus
15) Blue Ocean Strategy 2005 Published by HBS press by W. Chan Kim & Renee Mauborgne
16) Blue Ocean Shift Beyond Competing Published by HBG(Hachette Book Group) 2017 by W. Chan Kim & Renee Mauborgne
17) Good Economics for Hard Times Published by Public Affairs 2019 by Abhijit V. Banerjee & Esther Duflo
18) Sapiens Published by Penguin Random House 2014 by Yuval Noah Harari
19) Arguing With Zombies Published by W. W. Norton & Company Inc. 2020 by Paul Krugman
20) The Great Deformation Published by Public Affairs 2013 by David A. Stockman
21) Cracking Complexity Published by Hachette Book Group 2019 by David Benjamin & David Komlos
22) Capital and Ideology Published by Belknap & Harvard 2020 by Thomas Piketty
23) The New Environmental Economics Published by Polity Press 2020 by Eloi Laurent
24) The Tipping Point Published by Back Bay Books 2013 by Malcolm Gladwell
25) Quantum Economics Published by Icon Books Ltd 2019 by David Orrel
26) Diversity Inc. Published by Bold Type Books 2019 by Pamela Newkirk

27) The Economic Case for LGBT Equality Published by Beacon Press Books 2020 by M. V. Lee Badgett
28) Inventing Equality by Published with ST. Martin's Press 2020 by Michael A. Rellesiles
29) Belonging Published by Bloomsbury Publishing Plc 2020 by Kathryn Jacob, Sue Unerman, Mark Edwards
30) The Age of Cryptocurrency Published by Picador 2016 by Paul Vigna & Michael J. Casey
31) The Digital Matrix Published by LifeTree Media Ltd. 2017 by Venkat Venkatraman
32) Breaking Point Published by Humanix Books 2017 by James Dale Davidson
33) The Road To Ruin Published by Penguin Random House LLC 2016 by James Dickards
34) Trillion Dollar Economists Published by Bloomberg Press 2014 by Robert E. Litan
35) Meltdown Published by Pengin Canada 2018 by christopher Clearfield & AndrasTilcsik
36) Money Changes Everything published by Princeton University Press 2017 by William N. Goetzmann
37) Coined Published by Grand central 2015 by Kabir Sehgal
38) The Age of Cryptocurrency Published by Picador 2016 by Paul Vigna & Michael J. Casey
39) The Big Short Published by Norton 2011 by Michael Lewis
40) Complexity Economics Published by SFI Press 2020 by W. Brian Arthur & Eric D. Beinhockir & Allison Stanger
41) Postcapitalism Published by Penguin Random House 2015 by Paul Mason

42) The Price Of Tomorrow Published by Stanley Press 2020 by Jeff Booth
43) Mass Flourishing Published by Princeton University Press 2017 2013 by Edmund Phelps
44) Saving Capitalism Published by Alfred A. Knopf 2015 by Robert B. Reich
45) Predictably Irrational Published by Harper Perennial 2008 by Dan Ariely 2008
46) The Systems Thinker Published by Amazon.ca 2020 by Albert Rutherford
47) Reimagining Capitalism In World On Fire Published by PublicAffairs 2020 by Rebecca Henderson
48) How Economics Can Save The World Published by Penguin Random House UK 2024 by Erik Angner
59) The Seventh Sense Published by Little, Browm and Company 2016 by Joshua Cooper Ramo
50) Misbehaving Published by W. W. Norton & Company Inc. 2015 by Richard H. Thaler
51) The New Great Depression Published by Penguin Random House LLC 2021 by James Rickards
52) The Pandemic Information Gap Published by The MIT Press 2020 by Joshua Gans
53) The Value of Everything Published by PublicAffairs 2018 by Mariana Mazzucato
54) The Moral Economy Published by Yale University Press 2016 by Samuel Bowles
55) Sacred Economics Published by North Atlantic Books 2021 by Charles Eisenstein

56) 국가발전을 위한 구조적 분석, 지식과 감성출판사 2021 by William H S Lee
57) ko.Wikipedia.org, namu.wiki.com 등의 인터넷 자료
58) Fall of Giants 2010, The Winter of The World 2013, The Edge of Eternity 2014 등의 3부작 역사소설 Published by New American Library by ken Follett
59) World Without End Published by New American Library 2007 by ken Follett
60) A People's Guide To Capitalism Published by Haymarket Books 2020 by Hadas Thier
61) Licence To Be Bad Published by Penguin Random House UK 2020 by Jonathan Aldred
62) Love, Money, And Parenting Published by Princeton University Press 2019 by Matthias Doepke & Fabrizio Zilibotti
63) The Deficit Myth Published by Machette Book Group Inc. 2021 by Stephanie Kelton
64) Superpower Showdown Published by Harper Collins Publishers 2020 by Bob Davis and Lingling Wei
65) What To Do When The Bubble pops Published by Gildan Media LLC aka G&D 2020 by Harry S. Dent, JR
66) The End Of Illusions Published by Polity Press 2021 by Andreas Reckwitz
67) The Poetry of Economics, Politics and Compassion Published by Design llc/Fresco Books 2021 by Patrick Pietroni
68) Compassion INC. Published by Ebury Press 2018 by Gaurav Sinha
69) The New Economics Published by Polity Press 2022 by Steve Keen

70) Opportunity Knocks Published by Hachette Book Group Inc. 2020 by Timothy Scott

71) How Economics Can Save The World Published by Penguin Random House UK 2024 by Eric Angner

72) Liberation! Economics of Hope Published by Trine Day LLC 3019-2020 by Paul Hellyer

73) DeFi And The Future Of Finance Published by John Wiley & Sons, Inc 2021 by Campbell R. Harvey, Ashwin Ramachandran, Joey Santoro

74) The Secret Of Home Economics Published by W.W. Norton Company, Inc. 2021 by Danielle Dreilinger

75) On Fire Published by Alfred A. Knopf Canada 2019 by Naomi Klein

76) The Crypto-Currency Published by Kogan Page Limited 2021 by Rhian Lewis

77) The Art Of Social Excellence Published by St, Partin's Essentials 2020 by Menrik Fexeus & Jan Salomonsson

78) The Money evolution Published by John Wiley Sons Ltd. 2022 by Richard Duncan

79) Money Like You Mean It Published by Dundurn Press 2022 by Erica Alini

80) The Culture Code Published by Bantam Books 2018 by Daniel Coyle

81) The Economics of The Parables Published by Regnery Gateway 2022 by Robert Sirico

82) Tarzan Economics Published Little, Brown and Company by Bill Page

83) Doughnut Economics Published by Chelsea Green Publishing

2017 by Kate Raworth
84) Competing In The New World Of Work Published by Harvard Business School Publishing 2022 by Keith Ferrazzi & Kian Gohar & Noel Weyrich
85) Doing Economics Published by Massachusettes Institute of Technology Press 2022 by Marc F. Bellemare
86) Millionaire Success Habits Published by Hay House Inc. 2019 by Dean Graziosi
87) Value(s) Published by Harper Collins 2021 by Mark Carney
88) Consumed Published by Hachette Book Group Inc 2021 by Aja Barber
89) Economics For The Common Good Published by Princeton University Press 2017 by Jean Tirole
90) Don't We Just Print More Money? Published by Cornerstone Press 2022 by Rupal Patel & Jack Meaning
91) Narrative Economics Published by Princeton University Press 2020 by Robert J. Shiller
92) Power and Prediction Published by Harvard Business School 2022 by Ajay Agrawal & Joshua Gans & Avi Goldfarb
93) Prediction Machines Published by Harvard Business School 2022 by Ajay Agrawal & Joshua Gans & Avi Goldfarb
94) Megathreats Published by Little, Brown and Company Hachette Book Group 2022 by Nouriel Roubini
95) These Are The Plunderers Published by Simon & Schuster 2023 by Gretchen Morgenson & Joshua Rosner
96) The Crisis of Democratic Capitalism Published by Penguin Random House LLC 2023 by Martin Wolf
97) 제4차산업(후기산업사회)의 출현과 대응 다솜출판사 출간 2023 저자: William Lee

98) 악마의 경제학 다솜출판사 출간 2021 저자: William Lee
99) Power And Progress Published by PublicAffairs 2023 by Daron Acemoglu & Simon Johnson
100) Beyond Disruption Published by Harvard Business School Publishing Corporation 2023 by W. Chang Kim & Renee Mouborgne
101) Sold Out Published by Penguin Random House LLC 2022 by James Rickards
102) These Truths Published by Norton 2018 by Jill Lepore
103) From Free To Fair Markets Published by Oxford University Press 2022 by Richard Holden & Rosalind Dixon
104) Five Times Faster Published by Cambridge University Press 2023 by Simon Sharp
105) The Next Age of Uncertainty Published by Poloz Advisory Inc. 2022 by Stephen Poloz
106) The Changing World Order Published by Avid Reader Press 2021 by Ray Dalio
107) Why Nations Fail Published by Currency New York 2012 by Daron Acemoglu & James A. Robinson
108) Capital Published 2010 by Pacific Publishing Studio by Karl Marx (이 책은 Karl Marx의 원본(1867년 독일어 출판)을 영어로 번역하여 재출간한 책임)
109) Confessions of an Economic Hit Man 3rd edition Published by Berrett-Koehlers Publishers Inc. 2023 by John Perkins
110) Chip War Published by Scribner An Imprint of Simon & Schuster Inc. 2022 by Cristopher Miller
111) 한국경제의 재도약을 위하여 다솜출판사 출간 2024 저자: William Lee

112) Korea The Impossible Country Published by Tuttle Publishing 2012, 2018 by Daniel Tudor
113) The Economic Government Of The World Published by Farrar, Straus and Giroux 2023 by Martin Daunton
114) From Left To Right Published by University of Regina Press 2022 by Dale Eisler
115) American Oligarchs Published by Norton Paperback 2020 by Andrea Bernstein
116) Free and Equal Published by Alfred A. Knopf 2023, 2024 by Daniel Chandler
117) The South Korean Economy Published by Agenda Publishing 2022 by Sunil Kim and Jonson Porteux
118) Boom and Bust in Puerto Rico Published by University of Notre Dame Press 2021 by A. W. Maldonado
119) Building A Ruin Published by Havard Univercity Press 2024 by Yakov Feygin
120) Radical Reformation Of Neoclassical Economics Published by Generis 2020 by Dimitrios And Nomidis
121) Making Sense of Chaos Published by Yale University 2024 by J. Doyne Farmer
122) How Sactions Work Published by Stanford University Press 2024 by Narges Bajoghli and Vali Nasr and Djavad Salehi-Isfahani and Ali Vaez
123) Social Capitalism Published by Austin Macauley Publishers Ltd 2022 by Andrew Blackwood
124) Constitutional Economics Published by Cambridge 2020 by Stefan Voigt
125) The Power of Creative Destruction Published by Harvard

University Press 2023 by Philippe Aghion and Ce'line Antonin and Simon Bunel

126) Constitutional Economics Published by Cambridge 2020 by Stefan Voigt

127) How Economics Explains The World Published by Harper Collins Publishers 2024 by Andrew Leigh

128) An Economic History of India Published by Cambridge University Press 2025 by Bishnupriya Cupta

129) Economics After Neoliberalism Published by Boston Review 2019 by Editor Joshua Cohen

130) Risk, Choice, and Uncertainty Published by Colombia University Press 2020 by George Szpiro

131) Vulture Capitalism Published by Atria Books 2024 by Grace Blakeley

132) The End Of The World Is Just The Beginning Published by HarperCollins Publishers 2022 by Peter Zeihan

133) Poverty For Profit Published by The New Press 2024 by Anne Kim

134) Why Women Are Poorer Than Men Published by Penguin Random House UK 2021 by Annabelle Williams

135) How Countries Go Broke (The Big Cycle) Published by Avid Reader Press 2025 by Ray Dalio

136) Decolonizing Economics Published by Polity Press 2025 by Devika Dutt and Carolina Alves and Surbhi Kesar and Ingrid Harvold Kvangraven

137) Marketcrafters Published by Avid reader Press 2025 by Chris Hughes

138) Foundations of Social Ecological Economics Published by

Manchester University Press 2024, paperbook 2025 by Clive L. Spash
139) The Philosophy Book Published by DK 2011
140) Disrupt Everything And Win Published by Little, Brown and Company 2025 by James Patterson
등의 내용을 참고하며

‖저자 약력‖

►저자 : William H S Lee

1. 기업 M&A 및 투자유치, IPO Consultant
2. 사모 Fund 설립 및 대표이사 역임
3. 경제학 관련 저서
   (1) 평등의 역설
   (2) 국가발전에 대한 구조적 분석
   (3) 악마의 경제학
   (4) 미중전쟁의 종말
   (5) 철학이 담긴 M&A 이야기 등
   (6) 제4차산업(후기산업사회)의 출현과 대응
   (7) 미합중국의 붕괴
   (8) 한국경제의 재도약을 위하여
   (9) 한국경제의 약탈자들
4. 학력: 성균관대학교 행정학과 졸업
   성균관대학교 대학원 이론경제학 수료

평등의 역설 (증보판) 정가 28,000원

2026년 1월 22일 인쇄
2026년 1월 26일 발행

저 자 : William H S Lee
발행인 : 박 중 열
발행처 : 다 솜 출 판 사
인쇄처 : 효 성 문 화 사

등록번호 : 1994년 4월 22일 제325-2001-000001호
부산광역시 중구 대청로 135번길 10-1
TEL : (051)462-7207/8 FAX : (051)465-0646

ISBN 978-89-5562-836-4 93300